城市轨道交通工程施工技术

黄大维　李明华　编著

中南大学出版社
www.csupress.com.cn

·长沙·

内容提要

　　《城市轨道交通工程施工技术》是为高等学校铁道工程、土木工程等专业及其相关专业方向编写的教材，主要讲述城市轨道交通工程的施工准备、地铁车站、地铁区间隧道、区间联络通道、高架桥梁、轨道铺设等相关施工技术。全书共分8章，内容主要有：第1章，绪论；第2章，地下车站围护结构施工；第3章，城市轨道交通车站基坑开挖施工；第4章，城市轨道交通区间隧道施工；第5章，区间隧道之间的联络通道施工；第6章，城市轨道交通桥梁施工；第7章，城市轨道交通轨道施工；第8章，城市轨道交通施工风险分析。主要介绍各类工程的基本施工程序、施工方法及工艺操作要点等。

　　本书除作为高等学校相关专业教学用书之外，也可供从事地铁工程施工相关技术人员及监理工程师参考。

高等院校交通运输类"十四五"规划教材

编 审 委 员 会

总序

    交通运输业是国民经济体系的重要组成部分，也是促进国民经济发展的重要基础产业和推动社会发展的先决条件。最近 30 年来，我国交通运输业整体上取得了飞速发展，交通基础设施、现代化运输装备、客货运量总量和规模等都迅猛扩展，大量的新技术、新设备在铁路、公路、水运等交通运输方式中被投入应用。同时，大量的交通基础设施建设，特别是近年来我国高速铁路的不断投入使用，使我国的交通供需矛盾得到了一定的缓解，我国交通运输网络结构也得到了明显改善，颇具规模的现代化综合型交通运输网络已经初步形成。

    我国交通运输业日新月异地发展，对专业人才需求提出了更高的要求，在人才完善中教材建设成为专业建设的重点和难点之一。为解决当前国内高校交通运输类专业教材内容落后于专业与学科科技发展实际的难题，中南大学出版社组织国内交通运输领域内的一批专家学者，协同编写了这套交通运输类"十四五"规划教材。参与规划和编写这套教材的人员都是长期从事交通运输专业的科研、教学和管理实践的一线专家学者，他们不仅拥有丰富的教学和科研经验，而且对我国交通运输相关科学技术的发展和变革也有深入的了解。这套教材比较全面、系统地介绍了目前国内交通运输领域尤其是高速铁路的客货运输管理、运营技术、车站设计、载运工具、交通信息与控制、道路与铁道工程等方面的内容，在编写时也注意吸收国内外业界最新的实践和理论成果，突出了实用性和操作性，能适应大中专院校交通运输类以及相关专业的培养目标和教学需求，是较为系统和完整的交通运输类教材。该套教材不仅可以作为普通高校交通运输专业课程的教材，还可以作为各类、各层次学历教育和短期培训的首选教材，也比较适合作为广大交通运输从业人员的学习参考用书。

由于我们的水平和经验有限，这套教材的编写也有不尽如人意的地方，敬请读者朋友不吝赐教。编者在一段时间之后会根据读者意见以及学科发展和教学等的实际需要，再对教材进行认真的修订，以期保持这套教材的时代性和实用性。

最后衷心感谢参加这套教材编写的全体同仁，正是由于他们的辛勤劳动，编写工作才得以顺利完成。我们真诚感谢中南大学出版社的领导和编辑，正是由于他们的大力支持和认真督促，才使这套教材能够如期与读者见面。

中国工程院院士

前言 ······

随着城市化进程的发展，以及居民出行要求的提升，城市交通拥堵问题日趋严重，给城市经济发展带来了不利影响。"交通强国"发展战略将"坚持绿色交通发展"与"破解城市交通拥堵"作为两个战略重点，"十四五"规划提出"加快建设交通强国"，推进城市群都市圈交通一体化，有序推进城市轨道交通发展，当前形势下发展城市轨道交通成为解决当下城市交通拥堵、实现"双碳"目标的关键。基于城市轨道交通的高效、节能、环保、运量大、速度快、安全性高、气候影响小等优点，城市轨道交通在改变城市布局、实现城市环境和交通综合治理、引导城市走可持续发展等方面作用显著。

随着城市地铁工程在基建工程中所占比重的与日俱增，这就要求从业人员特别是工程技术人员应尽快掌握城市地铁施工技术，以满足城市地铁工程建设的需要。同时只有深刻理解城市地铁工程的施工程序、施工方法和工艺要求，才能在地铁建设过程中更好地组织施工与管理项目，从而高效、优质地完成地铁建设任务。

城市地铁工程主要由土建工程和系统工程两大部分构成，其中土建工程又分为车站和区间土建工程以及物业开发等。单就土建工程而言，其施工技术所涉及的内容也极为广泛，加之各专业之间互相渗透，新技术、新工法不断出现，对从业人员提出了更高要求。为适应应用型人才培养需要，本书在编写过程中以土木工程通用施工技术知识为基础，以地铁工程主体结构为对象，重点介绍了地铁车站与区间隧道施工的常用方法、基本程序与操作要点，力求全面而系统地了解地铁施工基本过程与基本操作。

本书结合作者多年的现场施工经验和教学体会编写，可作为高等学校铁道工程、土木工程专业相关方向（如道路与铁道工程、隧道与地下建筑、城市轨道工程等)的教学用书，也可供地铁工程相关工作人员及监理工程师参考。

本书在编写时，素材选用上力求以常用方法为主，尽可能反映国内外先进水平，力求知识的系统性与简明性。全书共分8章，第1章对城市轨道交通进行概述，简要地介绍城市地铁施工方法；第2章介绍基坑围护结构施工，包括基坑围护体系及常用围护结构技术；第3章介绍地铁车站基坑开挖施工，包括明挖顺作法、盖挖逆作法、附属建筑及防水施工、基坑开挖施工监测等；第4章介绍区间隧道施工，包括盾构法、浅埋暗挖法、区间隧道施工监测等；第5章介绍区间隧道之间的联络通道施工方法，主要包括冻结法施工、浅埋暗挖法施工、机械法施工；第6章介绍城市轨道交通桥梁施工，主要包括常规跨度桥梁施工、大跨度桥梁施工及转体桥施工；第7章介绍地铁轨道施工，包括铺轨基地建设、铺轨基标测设、常用地铁道床施工及洞内长轨焊接施工；第8章对地铁施工风险进行分析、风险源进行辨识等。

编写过程中除参看参考文献中所列资料外，还参看了部分作者论文及网络资料，恕不一一列举。由于作者水平有限，错漏之处在所难免，敬请读者批评指正。

黄大维　李明华

2023 年 11 月于华东交通大学

目 录

第1章 绪 论

1.1 城市轨道交通概述

1.1.1 城市轨道交通的定义

城市中使用车辆在固定导轨上运行并主要用于城市客运的交通系统称为城市轨道交通。在中国国家标准《城市公共交通常用名词术语》中,将城市轨道交通定义为"通常以电能为动力,采取轮轨运转方式的快速大运量公共交通的总称"。

城市轨道交通是指具有固定线路、铺设固定轨道、配备运输车辆及服务设施等的公共交通设施。"城市轨道交通"是一个包含范围较大的概念,在国际上没有统一的定义。一般而言,广义的城市轨道交通是指以轨道运输方式为主要技术特征,是城市公共客运交通系统中具有中等以上运量的轨道交通系统(有别于道路交通),根据城镇建设行业标准《城市公共交通分类标准》(CJJ/T 114—2007)的规定,城市轨道交通系统分为地铁系统、轻轨系统、单轨系统、有轨电车、磁浮系统、自动导向轨道系统、市域快速轨道系统七个种类。是一种在城市公共客运交通中起骨干作用的现代化立体交通系统。

1.1.2 地位与作用

(1)城市轨道交通是城市公共交通的主干线、客流运送的大动脉,是城市的生命线工程。建成运营后,将直接关系到城市居民的出行、工作、购物和生活。

(2)城市轨道交通是世界公认的低能耗、少污染的"绿色交通",是解决"城市病"的一把金钥匙,对于实现城市的可持续发展具有非常重要的意义。

(3)城市轨道交通是城市建设史上最大的公益性基础设施,对城市的全局和发展模式将产生深远的影响。为了建设生态城市,应把摊大饼式的城市发展模式改变为伸开的手掌形模式,而手掌状城市发展的骨架就是城市轨道交通。城市轨道交通的建设可以带动城市沿轨道交通廊道的发展,促进城市繁荣,形成郊区卫星城和多个副中心,从而缓解城市中心人口密集、住房紧张、绿化面积小、空气污染严重等城市通病。

(4)城市轨道交通的建设与发展有利于提高市民出行的效率,节省时间,提高生活质量。国际知名的大都市由于轨道交通事业十分发达方便,人们出行很少乘私人车辆,主要依靠地铁、轻轨等轨道交通,故城市交通秩序井然,市民出行方便、省时。

1.1.3　技术特性

（1）较大的运输能力。城市轨道交通由于高密度运转，列车行车时间间隔短，行车速度高，列车编组辆数多而具有较大的运输能力。单向高峰每小时的运输能力最大可达到6万~8万人次（市郊铁道）；地铁达到3万~6万人次，甚至达到8万人次；轻轨1万~3万人次，有轨电车能达到1万人次，城市轨道交通的运输能力远远超过公共汽车。据文献统计，地下铁道每公里线路年客运量可达100万人次以上，最高达到1200万人次，如北京地铁、上海地铁、莫斯科地铁、东京地铁等。城市轨道交通能在短时间内输送较大的客流，据统计，地铁在早高峰时1 h能通过全日客流的17%~20%，3 h能通过全日客流的31%。

（2）较高的准时性。城市轨道交通由于在专用行车道上运行，不受其他交通工具干扰，不产生线路堵塞现象并且不受气候影响，是全天候的交通工具，列车能按运行图运行，具有可信赖的准时性。

（3）较高的速达性。与常规公共交通相比，城市轨道交通由于运行在专用行车道上，不受其他交通工具干扰，车辆有较高的运行速度，有较高的启、制动加速度，采用高站台，列车停站时间短，上下车迅速方便，而且换乘方便，从而可以使乘客较快地到达目的地，缩短了出行时间。

（4）较高的舒适性。与常规公共交通相比，城市轨道交通由于运行在不受其他交通工具干扰的线路上，城市轨道车辆具有较好的运行特性，车辆、车站等装有空调、引导装置、自动售票等直接为乘客服务的设备，城市轨道交通具有较好的乘车条件，其舒适性优于公共电车、公共汽车。

（5）较高的安全性。城市轨道交通由于运行在专用轨道上，没有平交道口，不受其他交通工具干扰，并且有先进的通信信号设备，极少发生交通事故。

（6）能充分利用地下和地上空间。大城市地面拥挤、土地费用昂贵。城市轨道交通由于充分利用了地下和地上空间，不占用地面街道，能有效缓解由于汽车大量发展而造成道路拥挤、堵塞的难题，有利于城市空间合理利用，特别有利于缓解大城市中心区过于拥挤的状态，提高了土地利用价值，并能改善城市景观。

（7）运营费用较低。城市轨道交通由于主要采用电气牵引，而且轮轨摩擦阻力较小，与公共电车、公共汽车相比节省能源，运营费用较低。

（8）环境污染低。城市轨道交通由于采用电气牵引，与公共汽车相比不产生废气污染。由于城市轨道交通的发展，还能减少公共汽车的数量，进一步减少了汽车的废气污染。由于在线路和车辆上采用了各种降噪措施，一般不会对城市环境产生严重的噪声污染。

1.1.4　技术等级

城市轨道交通种类繁多，技术指标差异较大，世界各国评价标准不一，并无严格的分类。由于城市轨道交通在世界范围内发展较快，地区、国家、城市的不同，服务对象的不同等，使城市轨道交通发展呈多类型。其技术等级见表1-1。

表1-1　城市轨道交通技术等级表

等级	Ⅰ级	Ⅱ级	Ⅲ级	Ⅳ级	Ⅴ级
系统类型	高运量地铁	大运量地铁	中运量轻轨	次中量轻轨	低运量轻轨
使用车辆类型	A型车	B型车	C-Ⅰ,C-Ⅱ型车	C-Ⅱ型车	现代有轨电车
最大客运量/（单向万人次·h^{-1}）	4.5~7.5	3.0~5.5	1.0~3.0	0.8~2.5	0.6~1.0
线路　线路形态	隧道为主	隧道为主	地面或高架	地面为主	地面
线路　路用情况	专用	专用	专用	隔离或少量混用	混用为主
项目/等级	Ⅰ级	Ⅱ级	Ⅲ级	Ⅳ级	Ⅴ级
站台　平均站距/m	800~1500	800~1200	600~1000	600~1000	600~800
站台　站台长度/m	200	200	120	<100	<60
站台　站台高低	高	高	高	低（高）	低
车辆　车辆宽度/m	3.0	2.8	2.6	2.6	2.6
车辆　车辆定员/人	310	240	320	220	104~202
车辆　最大轴重/t	16	14	11	10	9
车辆　最大时速/（km·h^{-1}）	80~100	80	80	70	45~60
车辆　平均运行速度/（km·h^{-1}）	34~40	32~40	30~40	25~35	15~25
车辆　轨距/mm	1435	1435	1435	1435	1435
供电　额定电压/V	DC1500	DC750	DC750	DC750（600）	DC750（600）
供电　受电方式	架空线	第三轨	架空线/第三轨	架空线	架空线
信号　列车自动保护	有	有	有	有/无	无
信号　列车运行方式	ATO/司机驾驶	ATO/司机驾驶	ATO/司机驾驶	司机驾驶	司机驾驶
信号　行车控制技术	ATC	ATC	ATP/ATS	ATP/ATS	ATS/CTC
运营　列车最大车辆编组/辆	6~8	6~8	4~6	2~4	2
运营　列车最小行车间隔/s	120	120	120	150	300

1.1.5　体系构成

城市轨道交通是属于集多专业、多工种于一身的复杂系统，通常由轨道路线、车站、车辆、维护检修基地、供变电、通信信号、指挥控制中心等组成。城市轨道交通的运输组织、功能实现、安全保证均应遵循轨道交通的客观规律。在运输组织上要实行集中调度、统一指挥、按运行图组织行车。在功能实现方面，各有关专业如线路、车站、隧道、车辆、供电、通信、信号、机电设备及消防系统均应保证状态良好，运行正常。在安全保证方面，主要依靠行车组织和设备正常运行，来保证必要的行车间隔和正确的行车线路。

1.1.6　规划及发展前景

城市轨道交通是城市公共交通的一个重要组成部分，包括地铁、轻轨、有轨电车和磁悬浮列车等，部分如图1-1~图1-4所示。在我国，随着区域经济和城市群的发展，人们又把连接这些地区的城际铁路和铁路客运专线也称为城市轨道交通。新中国成立70年来，我国的城市轨道交通从无到有，从单一线路到四通八达，实现了跨越式发展。由于经济实力和技术水平的限制，我国的城市轨道交通建设起步较晚。在2000年之前，中国（除港澳台地区）仅有北京、天津、上海、广州4个城市拥有轨道交通线路。进入21世纪以来，随着国家经济的飞速发展和城市化进程的加快，城市轨道交通也进入大发展时期。

图1-1　独轨列车

图1-2　有轨电车

图1-3　磁悬浮列车

图1-4　空铁列车

轨道交通很早就作为公共交通在城市中出现。随着公共交通的发展，轨道交通起着越来越重要的作用。经济发达国家城市的交通发展历史告诉我们：只有采用大客运量的城市轨道交通（地铁和轻轨）系统，才是从根本上改善城市公共交通状况的有效途径。

从历史上来看，单位城市轨道交通的投资拉动效应为1：2.87，即1亿元的投资会带来2.87亿元的产出。在就业拉动上，1亿元的投资会带来8000个就业岗位。2012年，全国城市轨道交通行业共完成固定资产投资近1900亿元，比2011年增长17%，在交通领域仅次于铁路和公路。

据中国城市轨道交通协会统计，2013年年末，中国累计有19个城市建成投运城轨线路87条，运营里程2539 km。2013年实际新增2个运营城市、16条运营线路、395 km运营里程。在2539 km运营里程中，地铁2074 km，占总里程的81.7%；轻轨192 km，占总里程的7.6%；单轨75 km，占总里程的3.0%；现代有轨电车100 km，占总里程的3.9%；磁浮交通30 km，占总里程的1.2%；市域快轨67 km，占总里程的2.6%。

截至2023年年底，中国已开通城市轨道交通的城市共有62个，其中中国内地累计有55个城市，投运城轨交通线路里程达到10291.95 km。在10291.95 km城轨交通运营线路中共有9种制式，其中，地铁8547.67 km，占比77.86%。

1.2 城市地铁施工方法

地下铁道，简称地铁，狭义上专指在地下运行为主的城市轨道交通系统，是沿着地面铁路系统的形式逐步发展形成的一种用电力牵引的快速大运量城市轨道交通模式，是一种独立的有轨交通系统，不受地面道路情况的影响，能够按照设计的能力正常运行，从而快速、安全、舒适地运送乘客。地铁效率高，无污染，能够满足大运量的要求，具有良好的社会效益。

1.2.1 地下铁道建筑物的组成

地铁根据其功能、使用要求、设置位置的不同划分成车站、区间和车辆段三个部分。

地铁线路由三部分组成：

(1)车站及其附属建筑物：旅客上、下车及换乘的地点，主要有车站主体(站台、站厅、生产、生活用房)、出入口及通道、通风道及地面风亭等，如图1-5、图1-6所示。

图1-5 地铁车站

图1-6 地铁出入口

(2)区间隧道：区间隧道是连接相邻两个车站的行车通道，它直接关系到列车的安全运行。内铺轨道，并设有排水沟、接触轨、各种管线及信号设备，如图1-7所示。

(3)车辆段：地铁列车停放和进行日常检修维修的场所，又是技术培训的基地，如图1-8所示。

图 1-7　地铁隧道

图 1-8　车辆段

1.2.2　地铁施工的主要方法

我国地铁的研究是从 1956 年由北京开始的，目前已在地下工程施工技术与方法上取得了较大发展，先后采用了明挖法、逆作法、暗挖法、沉井法、盾构法、顶管法及沉管法以及许多辅助工法等施工技术，这些技术的研究与应用已达到国际领先水平。

（1）明挖法。先将隧道部位的岩(土)体全部挖除，然后修建洞身、洞门，再进行回填。具有施工简单、快捷、经济、安全等优点，但也存在对周围环境的影响较大的缺点，适用于地面开阔和地下地质条件较好的情况。明挖法主要用深基坑工程，并形成了种类齐全的多种基坑围护开挖技术。20 世纪 90 年代以来，基坑工程规模不断加大，深度不断加深，与建筑物等已有设施距离越来越近，推动了深基坑工程的设计向更高水平迈进。

（2）盖挖法。当地下工程明做时需要穿越公路、建筑等障碍物而采取的方法，即由地面向下开挖至一定深度后，将顶部封闭，其余的下部工程在封闭的顶盖下进行施工。主体结构可以顺作，也可以逆作。其特点是：根据不同的地质和水文条件，以连续墙、混凝土灌注桩作为支护结构，然后施作盖板，形成框架结构后，在其保护下开挖土方，并完成结构施工。盖挖法是一种快速、经济、安全的施工方法，对人们生活干扰少，采取措施后可以做到基本不影响交通，较暗挖法要经济。

（3）暗挖法。暗挖法是指不挖开地面，采用在地下挖洞的方式施工。优点是对人们生活无干扰，但技术要求和造价较高。主要有新奥法、浅埋暗挖法、管幕法 3 种工法。

1)新奥法：即"新奥地利隧道施工法"(New Austrian tunnelling method)，国际上简称为 NATM，是一种在岩质、土砂质介质中开挖隧道，以使围岩形成一个中空筒状支撑环结构为目的的隧道设计施工方法。其优点主要有：①可适用于各种地质条件下的大跨及深埋的地下工程；②可成功地控制地表下陷；③由于它使围岩与支护结构共同工作，最大限度地发挥了围岩本身的支承能力；④由于支护结构是永久性的，不用拆除，不占据有效空间，作业面宽阔，便于组织大型机械化施工。但同时要求有良好的施工组织和管理。

2)浅埋暗挖法：以加固和处理软弱地层为前提，采用足够刚性复合衬砌(由初期支护和二次衬砌及中间防水层所组成)为基本支护结构的一种用于软土地层近地表修建各种类型地下洞室的暗挖施工方法。具有造价低、拆迁少、灵活多变、无需太多专用设备及不干扰地面交通和周围环境等优点。但风险管理难度大，只适用于第四纪地层、无水、地面建筑物较少等简单条件,现已拓展到非第四纪地层、超浅埋(埋深已缩小到 0.8 m)、大跨度、上软下硬、高水位等复杂地层及环境条件下的地下工程中。

3)管幕法:以单管顶进为基础,各单管间依靠锁口在钢管侧面相接形成管排,并在锁口间注浆,形成密封的止水管幕,然后对管幕内的土体进行加固处理,随后边内部开挖边支撑,直到管幕段贯通再浇筑结构体。其优点是施工无噪声、振动,对周围影响小;不必大开挖,不影响道路正常交通;不需降低地下水,地面沉降小;无需加固附近建筑物地基和桩基。缺点是要求顶管精度高、速度快;钢管不能回收,成本高;适用范围较广,适用于回填土、砂土、黏土、岩层等各种地层。管幕法作为穿越道路、铁路、机场等的非开挖技术,在日本、美国等国家都取得了较好的效果。

(4)沉井法。又称沉箱凿井法,是适用于在不稳定含水地层中建造竖井的一种特殊施工方法。在不稳定含水地层掘进竖井时,在设计的井筒位置上预先制作一段井筒,井筒下端有刃脚,借井筒自重或略施外力使之下沉,将井筒内的岩石挖掘出的施工方法。其优点是:技术简单、无需特殊设备,挖土量及占地面积较小、造价低,沉井结构又可作为地下构筑物的围护结构,其内部空间可得到充分利用。不过地铁施工中较少采用。

(5)盾构法。利用盾构机进行隧道开挖、衬砌等作业的施工方法。盾构是一种带有护罩的专用设备,利用尾部已装好的衬砌块作为支点向前推进,用刀盘切削土体,同时排土和拼装后面的预制混凝土管片。盾构是 1874 年发明的,首先用的是气压盾构,开挖英国伦敦泰晤士河水底隧道。盾构机掘进的出渣方式有螺旋输送机(土压平衡盾构)与泥水循环(泥水平衡盾构)两种方式。

(6)顶管法。采用液压千斤顶或是具有顶进、牵引功能设备,以顶管工作井作承压壁,在地层土体开挖的同时,将预制好的地下管道(或隧道)一起沿着设计路线分节向前推进,直达目的地。它是隧道或地下管道穿越铁路、道路、河流或建筑物等各种障碍物时采用的一种暗挖式施工方法。其优点是地面作业少,因振动、噪声引起的环境影响较小,施工不影响地面交通和水面航道,也不受气候影响等,同时能够大大加快施工进度与节约造价。缺点是需注意接缝防水处理,地表沉降控制等问题。适用于铁路、公路及不易或不宜开挖沟槽的地下管道施工。其独特的优点使该工法在世界各国得到广泛应用。

(7)沉管法。也称预制管段沉放法,即在船坞内预制钢筋混凝土结构,然后放水浮运,沉埋到设计位置,建成水下工程。其优点是:①容易保证隧道施工质量;②工程造价较低;③在隧道现场的施工期短;④操作条件好、施工安全;⑤适用水深范围较大;⑥断面形状、大小可自由选择,断面空间可充分利用。但缺点在于技术要求高。施工的主要条件是:水道河床稳定,便于顺利开挖沟槽,并能减少土方量;水流不能过急,便于管段浮运、定位和沉放,特别适用于软弱地层。

1.2.3 地铁施工中的辅助工法

城市地铁施工中,辅助工法是一项必不可少的重要技术,有时甚至影响工程的成败。采用辅助工法的主要目的是为工程主体顺利施工创造条件,或出于工程安全考虑,或为保护建、构筑物等。目前采用的辅助工法主要如下:

(1)降水:有井管降水、真空降水、电渗降水等,北京及其他北方地区多采用基坑外地面深井降水和回灌,也有采用洞内轻型井点降水;上海及其他南方地区则多采用基坑内井管降水，也有采用真空或电渗降水。

（2）注浆：主要用于止水或加固地层，以防沉陷或结构滞水。注浆方式主要有软土分层注浆、小导管注浆、TSS 管注浆、帷幕注浆等，注浆材料有普通水泥、超细水泥、水泥硅酸钠、改性硅酸钠、化学浆等。

（3）高压旋喷或搅拌加固：主要用于地层加固，如采用浅埋暗挖法或矿山法施工的隧道局部特别软弱的地层或有重要建、构筑物需要特殊保护时采用，盾构法隧道的始发和到达端头常用高压旋喷或搅拌加固，联络通道也常用此法加固地层。近年来也开发了隧道内施作的水平旋喷或搅拌加固技术。

（4）钢管棚：用于暗挖隧道的超前加固，布置于隧道的拱部周边，常用的规格主要有：直径 42 mm、长 4~6 m，直径 108/159 mm、长 20~40 m，前者采用风镐顶进，后者则用钻机施作。近几年来也有采用 300~600 mm 直径的钢管棚，采用定向钻或夯锤施作。管棚一般都要进行注浆，以获得更好的地层加固效果。

（5）锚索或土钉：预应力锚索主要用于基坑维护结构的稳定，以便提供较大的基坑内作业空间。

（6）冷冻法：主要用于止水和加固地层，多用于盾构隧道出发、到达端头、联络通道和区间隧道局部具流塑或流沙地层的止水与加固。

1.2.4　施工技术展望

我国已有近 60 年的地铁修建史，近二十多年来快速发展，"十四五"规划提出加快建设交通强国，推进城轨交通发展。实践表明，发展城轨地铁成为解决交通拥堵、实现"双碳"目标的重要举措。尽管我国地域广大、地质情况多样，地铁修建技术也必然极具复杂性和高难度，但我国现有的施工装备与施工技术均能满足建设需求，更为可贵的是我们已经锻炼和造就了一大批有经验的、有高度责任感的地铁建设工作者和能吃苦耐劳、有奉献精神及创新智慧的设计、施工队伍。

展望未来，为使我国地铁修建技术日臻完善，保证地铁工程质量，实现地铁的社会经济效益最大化。地铁区间隧道施工方法根据地质条件、环境要求、施工单位技术水平等因素进行选择，可以单独选用，亦可相互结合变通使用。对特殊地层的区间隧道施工，将不断完善隧道施工技术水平与施工装置性能；在城市建筑物密集地区修建地铁车站，盖挖法和逆作法将是首选的方法。在城市轨道交通施工方面，需要进一步加强工程施工的智能化，减少人力投入，尤其对于劳动强度大、施工风险大的工作，应尽力做到自动化、无人化施工。施工过程中强化绿色环保意识，尽量减小施工对周边的交通影响及环境污染。

复习思考题

1.何谓城市轨道交通？并说明其作用与地位。

2.城市轨道交通具有哪些技术特性和技术等级？

3.我国城市轨道交通的发展前景如何？

4.地下铁道建筑物主要由哪些部分组成？

5.目前我国地铁的施工方法主要有哪些？

第2章　地下车站围护结构施工

地铁施工尤其是车站施工，需要进行大量的基坑开挖。基坑是指为进行建筑物(包括构筑物)基础与地下室的施工所开挖的地面以下基础空间，但地铁施工时由于周边建筑物保护要求高，需要进行基坑围护。基坑围护就是为保证基坑施工、主体地下结构的安全和周围环境不受损害而采取的支护结构、降水和土方开挖与回填的工程总称。基坑围护结构主要承受基坑开挖卸荷所产生的水压力和土压力，并将此压力传递到支撑，是稳定基坑的一种施工临时挡墙结构。

2.1　基坑围护体系

由于周围建筑物及地下管线等因素的制约，支护结构的安全性有了更高的要求。不仅要能保证基坑的稳定性及坑内作业的安全、方便，而且要使坑底和坑外的土体位移控制在一定范围内，确保邻近建筑物及市政设施正常使用。因而，需要形成一个土体、支护结构共同作用的有机体，这个有机体就是基坑围护体系。

2.1.1　基坑

(1)基坑的定义。住房和城乡建设部发布的《危险性较大的分部分项工程安全管理办法的通知》(住房和城乡建设部令第37号)规定：一般基坑是指开挖深度超过5 m(含5 m)或地下室三层以上(含三层)，或深度虽未超过5 m，但地质条件和周围环境及地下管线特别复杂的工程。

(2)基坑工程特点。

1)风险性。由于支护体系通常属于临时结构，安全储备较小，具有较大的风险。因此施工过程中需要进行监测，并有应急措施。在施工过程中一旦出现险情，需要及时抢救。在开挖基坑时注意加强排水防灌措施，风险较大应该提前做好应急预案。

2)区域性。基坑工程具有很强的区域性。如软黏土地基、黄土地基等工程地质和水文地质条件不同的地基中基坑工程差异性很大。同一城市不同区域也有差异。基坑工程的支护体系设计、施工、土方开挖均要因地制宜，根据本地情况进行，外地的经验可以借鉴，但不能简单搬用。

3)单件性。基坑工程的支护体系设计与施工和土方开挖不仅与工程地质水文地质条件有关，还与基坑相邻建(构)筑物和地下管线的位置、抵御变形的能力、重要性，以及周围场地条件等有关。有时保护相邻建(构)筑物和市政设施的安全是基坑工程设计与施工的关键。这就决定了基坑工程具有很强的单件性。因此，对基坑工程进行分类、对支护结构允许变形规定统一标准都是比较困难的。

4)综合性。基坑工程不仅需要岩土工程知识，也需要结构工程知识，需要土力学理论、测试技术、计算技术及施工机械与施工技术的综合应用。

5)时效性。基坑的深度和平面形状对基坑支护体系的稳定性和变形有较大影响。在基坑支护体系设计中要注意基坑工程的空间效应。土体，特别是软黏土，具有较强的蠕变性，作用在支护结构上的土压力随时间变化。蠕变将使土体强度降低，土坡稳定性变小。所以对基坑工程的时间效应也必须给予充分的重视。

6)系统性。基坑工程主要包括支护体系设计和土方开挖两部分。土方开挖的施工组织是否合理将对支护体系是否成功具有重要作用。不合理的土方开挖、步骤和速度可能导致主体结构桩基变位、支护结构过大的变形，甚至引起支护体系失稳而导致破坏。同时在施工过程中，应加强监测，力求实行信息化施工，同时考虑施工对周边环境的影响。因此，基坑工程也是系统工程。

(3)常见基坑变形现象。基坑开挖的过程是基坑开挖面上卸荷的过程，由于卸荷而引起坑底土体产生以向上为主的位移，同时也引起围护墙在两侧压力差的作用下而产生水平位移和因此而产生的墙外侧土体的位移。可以认为，基坑开挖引起周围地层位移的主要原因是坑底的土体隆起和围护墙的水平位移。

1)墙体的变形

①墙体水平变形。当基坑开挖较浅，还未设支撑时，不论是刚性墙体(如水泥土搅拌桩墙、旋喷桩桩墙等)还是柔性墙体(如钢板桩、地下连续墙等)，均向基坑方向发生水平位移，表现为墙顶位移最大，呈三角形分布。随着基坑开挖深度的增加，刚性墙体继续表现为向基坑内的三角形水平位移或平行刚体位移，而一般柔性墙如果设支撑，则表现为墙顶位移不变或逐渐向基坑外移动，墙体中部向基坑内突出。

②墙体竖向变位。在实际工程中，墙体竖向变形位量测往往被忽视，事实上由于基坑开挖土体自重应力的释放，墙体有所上升。有工程报道，某围护墙上升达 10 cm 之多。墙体的上升移动给基坑的稳定、地表沉降以及墙体自身的稳定性均带来极大的危害。特别是对于饱和软土地层中的基坑工程，更是如此。当围护墙底下有沉渣时，围护墙在开挖过程中会下沉，地面也下沉。

2)基坑底部的隆起。基坑开挖时会产生隆起，隆起分正常隆起和非正常隆起。一般由于基坑开挖卸载，会造成基坑底隆起，该隆起既有弹性部分，也有塑性部分，属于正常隆起。若坑底存在承压水层，并且上覆隔水层重力不能抵抗承压水水头压力时，会出现坑底过大隆起；如果围护结构插入深度不足，也会造成坑底隆起，这两种隆起是基坑失稳的前兆，是非正常隆起，施工中应该避免。

3)地表沉降。根据工程实践经验，在地层软弱而且墙体的入土深度又不大时，墙底处发生较大的水平位移，墙体旁出现较大的地表沉降。在有较大的入土深度或墙底入土在刚性较大的地层中，墙体的变形类同于梁的变形，此时墙后地表沉降的最大值不是在围护墙旁，而是位于距离围护墙一定距离的位置。

4)基坑变形监测。基坑施工过程中必须对周围建(构)筑物和管线等采取监测措施。基坑工程的监测分为：坑周土体变位监测，围护结构变形量测及内力量测，支撑结构轴力量测，土压力量测，地下水位及孔隙水压力量测，相邻建筑物及地下管线、隧道等保护对象的变形量测。基坑坑底稳定的处理方法可采用加深围护结构入土深度、坑底土体注浆加固、坑内井点降水等措施。

2.1.2　围护结构类型

为保证基坑施工过程中周边土体的稳定，使土体和支护形成有机整体，需要有围护结构体系，主要承担两项功能：一是挡土，二是止水。目前，基坑支护主要分为两类：

1）支护型：将支护墙（排桩）作为主要受力构件，支护型基坑支护包括板桩墙、排桩、地下连续墙等。当基坑较浅时可不设支撑，成悬臂式结构；当基坑较深或对周围地面变形严格限制时，应设水平或斜向支撑，或锚定系统。

2）加固型：充分利用加固土体的强度。即在地基中部分土体内掺入水泥、水泥砂浆以及石灰等材料，形成加固体，与未加固部分形成复合地基，以提高地基承载力和减小沉降。加固型包括水泥搅拌桩、高压旋喷桩、注浆和树根桩等。

支护型与加固型两种方法经常综合运用，共同形成围护结构，或者先施作加固型，以便支护型结构的施工更为顺利。基坑围护结构的类型及适用范围见表 2-1。

表 2-1　围护结构类型及其适用范围

	围护结构类型		适用范围
支护型	排桩结构	稀疏排桩	土质较好，地下水位低或降水效果好
		连续排桩	土质差，地下水位高或降水效果差
		框架式排桩	单排桩刚度不能满足变形要求
	组合排桩结构	排桩加挡板	排桩桩距较大，利用挡板传递土压并有一定防渗作用
		排桩加水泥搅拌桩	以水泥搅拌桩互搭组成平面拱代替挡板传递土压力，具有较好防涌效果
		排桩加水泥防渗墙	地下水位较高的软土地区
	排桩或组合排桩加锚杆结构		开挖深度较大，排桩或组合排桩结构强度无法满足要求
	地下连续墙结构 SMW 工法桩		与地下室墙体合一，防渗性强，施工场地较小，开挖深度大
	沉井结构		软土地区
	重力式挡土墙结构		具有一定施工空间，软土地区
加固型	注浆法		适用于处理岩基、砂土、粉土、淤泥质黏土、粉质黏土、黏土和一般人工填土
	高压喷射注浆法		适用于淤泥、淤泥质土、黏性土、粉土、黄土、砂土、人工填土等地基
	水泥土搅拌法		适用于淤泥、淤泥质土、粉土和含水量较高且地基承载力标准值不大于 120 kPa 的黏性土地基

基坑围护结构体系包括板（桩）墙、围檩（冠梁）及其他附属构件。板（桩）墙主要承受基坑开挖卸荷所产生的土压力和水压力，并将此压力传递给支撑，是稳定基坑的一种施工临时挡墙结构。地铁基坑所采用的围护结构形式很多，其施工方法、工艺和所用的施工机械也各异。因此，应根据基坑深度、工程地质和水文地质条件、地面环境条件等，特别要考虑到城

市施工特点，经技术经济综合比较后确定。

2.1.3 支撑结构类型

(1)按型式分。支撑结构可减小围护结构的变形，控制墙体的弯矩；基坑的支撑结构可分为内支撑和外拉锚两类。内支撑一般由各种型钢撑、钢管撑、钢筋混凝土撑等构成支撑系统，外拉锚有拉锚和土锚两种结构。

在软弱地层的基坑工程中，支撑结构是承受围护墙所传递的土压力、水压力的结构体系，支撑结构体系包括围檩、支撑、立柱及其他附属构件。

支撑结构挡土的应力传递路径是围护墙—围檩(冠梁)—支撑，在地质条件较好、有锚固力的地层中，基坑支护采用土锚和拉锚。

(2)按材料分。在基坑的施工支护结构中，常用的支撑系统按其材料可分为现浇钢筋混凝土支撑体系和钢支撑体系两类，两类支撑体系的形式和特点见表2-2。现浇钢筋混凝土支撑体系由围檩(头道为圈梁)、支撑及角撑、立柱和围檩托架或吊筋、立柱、托架锚固件等其他附属构件组成。

钢支撑(钢管、型钢支撑)体系通常为装配式的，由内围檩(地下连续墙时可省略)、角撑、支撑、轴力传感器、支撑体系监测监控装置、立柱桩及其他附属装配式构件组成。

表2-2 现浇钢筋混凝土支撑体系和钢支撑体系特点

材料	截面形式	布置形式	特点
现浇钢筋混凝土	可根据断面要求确定断面形状和尺寸	有对撑、边桁架、环梁结合边桁架等，形式灵活多样	混凝土结构刚度大，变形小，强度的安全可靠性强，施工方便，但支撑浇筑和养护时间长，围护结构处于无支撑的暴露状态的时间长，软土中被动区土体位移大，如对控制变形有较高要求时，需对被动区软土进行加固。施工工期长，拆除困难，爆破拆除对周围环境有影响
钢结构	单钢管、双钢管、单工字钢、双工字钢、H型钢、槽钢及以上钢材的组合	竖向布置有水平撑、斜撑；平面布置形式一般为对撑、井字撑、角撑。也有与钢筋混凝土支撑结合使用，但要谨慎处理变形协调问题	安装、拆除施工方便，可周转使用，支撑中可加预应力，可调整轴力而有效控制围护墙变形；施工工艺要求较高，如节点和支撑结构处理不当，或施工支撑不及时不准确，会造成失稳

(3)支撑体系布置。支撑体系是用来支挡围护墙体，承受墙背侧土层及地面超载在围护墙上的侧压力。由支撑、围檩、立柱三部分组成。

1)布置原则

①能够因地制宜合理选择支撑材料和支撑体系布置形式，使其综合技术经济指标得以优化。

②支撑体系受力明确，充分协调发挥各杆件的力学性能，安全可靠，经济合理，能够在稳定性和控制变形方面满足对周围环境保护的设计标准要求。

③支撑体系布置能在安全可靠的前提下，最大限度地方便土方开挖和主体结构的快速施工要求。

2）布置方式。支撑体系的布置方式因地制宜、因法制宜，具体见表 2-3。

表 2-3　支撑体系的布置方式

支撑体系方式	特点
斜角撑	平面尺寸不大，且长短边长相差不多的基坑宜布置角撑。它的开挖土方空间较大，但变形控制要求不能太高
直撑	钢支撑和钢筋混凝土支撑均可布置；支撑受力明确，安全稳定，有利于墙体的变形控制，但开挖土方较为困难
桁架	多采用钢筋混凝土支撑；中部形成大空间，有利于开挖土方和主体结构施工
圆撑	多采用钢筋混凝土支撑；支撑体系受力条件好；开挖空间大，便于施工

续表2-3

支撑体系方式	特点
斜撑 	开挖面积大、深度小的基坑宜采用；在软弱土层中，不易控制基坑的稳定和变形
斜拉锚 	便于土方开挖和主体结构施工，但仅适用于周边场地具有拉设锚杆的环境和地质条件

2.2　工字钢桩围护结构施工

作为基坑围护结构主体的工字钢，一般采用 I50 号、I55 号和 I60 号大型工字钢。基坑开挖前，在地面用冲击式打桩机沿基坑设计边线打入地下，桩间距一般为 1.0~1.2 m。若地层为饱和淤泥等松软地层也可采用静力压桩机和振动打桩机进行沉桩。基坑开挖时，开挖土的同时在桩间插入 50 mm 厚的木板，以挡住桩间土体。基坑开挖至一定深度后，若悬臂工字钢的刚度和强度不够大，需要设置腰梁和横撑或锚杆(索)，腰梁多采用大型槽钢、工字钢，横撑则可采用钢管或组合钢梁(见图 2-1)。

图 2-1　工字钢桩围护结构

工字钢桩围护结构适用于黏性土、砂性土和粒径不大于 100 mm 的砂卵石地层；当地下水位较高时，必须配合人工降水措施。打桩时，施工噪声一般都在 100 dB 以上，大大超过环境保护法规定的限值。因此，这种围护结构一般宜用于郊区距居民点较远的基坑施工中。当基坑范围不大时，例如地铁车站的出入口，临时施工竖井可以考虑采用工字钢做围护结构。

2.2.1　一般要求

1)工字钢的设置位置要符合设计要求，便于基础施工，即在基础最突出的边缘外留有支模、拆模的余地。

2)基坑护壁工字钢的平面布置形状应尽量平直整齐,避免不规则的转角,以便标准工字钢的利用和支撑设置。

3)整个基础施工期间,在挖土、吊运、轧钢筋、浇筑混凝土等施工作业中,严禁碰撞支撑,禁止任意拆除支撑,禁止在支撑上任意切割、电焊,也不应在支撑上搁置重物。

2.2.2　施工工艺

工字钢桩的基本工艺流程是:定位放线→挖沟槽→安装导梁→施打工字钢→拆除导梁→拔除工字钢。

(1)打桩机械选择。工字钢可采用锤击打入法、振动打入法、静力压入法及振动锤击打入法等施打方法,具体需要考虑工程地质,现场作业环境,工字钢形式、重量、长度、总数量等具体条件选用。

(2)工字钢的检验及矫正。用于基坑支护的成品工字钢均为新品,可按出厂标准进行检验;重复使用的工字钢使用前,应对外观质量进行检验,包括长度、宽度、厚度、高度等是否符合设计要求,有无表面缺陷,端头矩形比,垂直度和锁口形状等。

(3)施工围檩支架(导向架)的设置。为保证工字钢沉入的垂直度及施打工字钢墙面的平整度,控制桩的打入精度,防止板桩的弯曲变形和提高桩的贯入能力,一般都需要设置一定刚度的、坚固的导架,亦称“施工围檩”。围檩支架由围檩及围檩桩组成。

围檩可以双面布置,也可以单面布置,一般下层围檩可设在离地约 500 mm 处,双面围檩之间的净距应比插入工字钢宽度放大 8~10 mm。围檩支架一般用型钢组成,如 H 型钢、工字钢、槽钢等,围檩入土深度一般为 6~8 m,间距 2~3 m,根据围檩截面大小而定,围檩之间用连接钢板焊接。

安装导架时,导梁的高度要适宜,要有利于控制工字钢的施工高度和提高施工工效,导梁不能随着工字钢的打设而产生下沉和变形,导梁的位置应尽量垂直,并不能与工字钢碰撞。

(4)工字钢吊运。装卸工字钢宜采用两点吊。吊运时,每次起吊的工字钢根数不宜过多。吊运方式有成捆起吊和单根起吊。成捆起吊通常采用钢索捆扎,而单根吊运常用专用的吊具。

(5)工字钢堆放。工字钢堆放的地点,要选择在不会因压重而发生较大沉陷变形的平坦而坚固的场地上,并便于运往打桩施工现场。堆放时应注意:堆放的顺序、位置、方向和平面布置等应考虑到以后的施工方便;按型号、规格、长度分别堆放,并在堆放处设置标牌说明;分层堆放,每层堆放数量一般不超过 5 根,各层间要垫枕木,垫木间距一般为 3~4 m,且上、下层垫木应在同一垂直线上,堆放的总高度不宜超过 2 m。

(6)工字钢施打。工字钢施工关系到基坑支护和安全,施工中注意以下事项:

1)打桩前,在工字钢的头部涂油脂,以方便打入拔出。

2)在插打过程中随时测量监控每根工字钢的斜度,当倾斜过大不能用拉齐方法调正时,应拔出重打。

3)工字钢施打采用逐根打入法施工。打入时能够确保工字钢不发生弯曲、扭转、倾斜和墙面凹凸,打入精度高,易于实现封闭合龙。施工时,将 1 根工字钢插入导架内,用两根缆风绳固定好,防止工字钢摇摆,确保与回流线距离不小于 2 m,然后再施打。将工字钢打至设计标高或一定深度,并严格控制垂直度,用电焊固定在围檩上。施打顺序对工字钢垂直度、位移、轴线方向的伸缩、基坑墙的凹凸及施打效率有直接影响，按先后顺序施打。

施工中根据具体情况变化施打顺序，采用一种或多种施打顺序，逐步将工字钢打至设计标高，一次打入的深度一般为 0.5~3.0 m。

4）密扣且保证开挖后入土不小于 2 m，保证工字钢顺利合龙；特别是工作井的四个角均要使用工字钢施打使之合龙。

5）打入工字钢后，每天派专人检查工字钢是否变形。

（7）工字钢的拔除。基坑回填后，要拔除工字钢，以便重复使用。拔除工字钢前，应仔细研究拔桩方法顺序和拔桩时间及土孔处理。否则，由于拔桩的振动影响，以及拔桩带土过多会引起地面沉降和位移，给已施工的地下结构带来危害，并危及邻近原有建筑物、构筑物或地下管线的安全。

拔桩可采用振动锤拔桩：利用振动锤产生的强迫振动，扰动土质，破坏工字钢周围土的黏聚力以克服拔桩阻力，依靠附加起吊力的作用将桩拔除。

1）拔桩起点和顺序：对封闭式工字钢支护结构，拔桩起点应离开角桩 5 根以上。可根据沉桩时的情况确定拔桩起点，必要时也可用跳拔的方法。拔桩的顺序最好与打桩时相反。

2）振打与振拔：拔桩时，可先用振动锤将工字钢接口振活以减小土的黏附，然后边振边拔。对较难拔除的工字钢可先用柴油锤将桩振下 100~300 mm，再与振动锤交替振打、振拔。有时，为及时回填拔桩后的土孔，当把工字钢拔至比基础底板略高时暂停引拔，用振动锤振动几分钟，尽量让土孔填实一部分。

3）起重机应随振动锤的启动而逐渐加荷，起吊力一般略小于减振器弹簧的压缩极限。

4）供振动锤使用的电源为振动锤本身额定功率的 1.2~2.0 倍。

5）对引拔阻力较大的工字钢，采用间歇振动的方法，每次振动 15 min，振动锤连续振动不超过 1.5 h。

（8）工字钢土孔处理。工字钢拔除后留下的土孔应及时回填处理，特别是周围有建筑物、构筑物或地下管线的场地，尤其应注意及时回填，否则往往会引起周围土体位移及沉降，并由此造成邻近建筑物等的破坏。土孔回填材料常用砂子，也有采用双液注浆（水泥与硅酸钠）或注入水泥砂浆。回填方法可采用振动法、挤密法填入法及注入法等，回填时应做到密实并无漏填之处。

2.3 钢板桩围护结构

钢板桩强度高，桩与桩之间的连接紧密，隔水效果好，可重复使用。因此，沿海城市修建地下铁道时，在地下水位较高的基坑中采用较多（见图 2-2）。

钢板桩常用断面形式多为 U 形或 Z 形，我国地下铁道施工中多用 U 形钢板桩，其沉放和拔除方法、使用的机械均与工字钢桩相同，但其构成方法则可分为单层钢板桩围堰、双层钢板桩围堰及帷幕

图 2-2　钢板桩围护结构

等。由于地铁施工时基坑较深，为保证其垂直度且方便施工，并使其能封闭合拢，多采用帷幕式构造。

2.3.1　结构形式

钢板桩支护结构由打入土层中的钢板桩和必要的支撑或拉锚体系组成，以抵抗水、土压力并保持周围地层的稳定，确保地下工程施工的安全。根据基坑开挖深度、水文地质条件、施工方法以及邻近建筑和管线分布等情况，钢板桩支护结构形式主要可分为悬臂板桩、单撑（单锚）板桩和多撑（多锚）板桩等，此外常见的围护（挡土、挡水）结构还有桩板式结构、双排或格型钢板桩围堰等。

1）悬臂式钢板桩挡墙无撑无锚，完全依靠板桩的结构强度和入土深度保持挡墙的稳定和整体的安全。

2）单撑（单锚）式钢板桩支护结构由钢板桩围护体系和单道内支撑（或墙后锚拉结构）组成。内支撑可以采用钢筋混凝土支撑或钢支撑，墙后锚拉结构根据地基条件的不同可以采用锚杆（或钢或钢筋混凝土）拉杆连接锚桩（或锚碇墙）。单锚式钢板桩支护结构同一般的板式内支撑结构类似，但它属于无内支撑支护结构，后方须有足够的场地条件以设置锚拉结构。

3）多撑（多锚）式钢板桩支护结构由钢板桩围护体系和多道内支撑（或墙后锚拉结构）组成。内支撑或锚拉结构的增多使得该结构形式可适用于开挖深度较大的基坑围护中。

2.3.2　施工工艺

（1）施工调查

1）周边环境调查：包括场地周边的建筑、地下管线等及其对施工作业在净空、噪声、振动方面的限制，周边道路交通状况，钢板桩堆放及运输的能力，施工设备及水电供应条件，沉桩条件（陆上打桩还是水上打桩）。

2）地质条件调查：地层的分布、颗粒组成、密实度、土体强度、静动力触探及标贯试验结果等。

（2）设备选型

钢板桩沉桩机械设备种类繁多且应用均较为广泛，沉桩机械及工艺的确定受钢板桩特性、地质条件、场地条件、桩锤能量、锤击数、锤击应力、是否需要拔桩等因素影响，在施工中需要综合考虑上述多种因素，以选择既经济又安全的沉桩机械，同时又能确保施工的效率。常用的沉桩机械主要有冲击式打桩机械、振动打桩机械、压桩机械等，如图 2-3 与图 2-4 所示。表 2-4 给出了相关沉桩机械的适用情况，供选型时参考。

除了通常的打桩设备外，也有许多特定的打桩设备：如有打桩锤设置特殊的缓冲设备来缓冲传递给桩的锤击力，同时可以振动和静压的设备，液压驱动、可以快速打桩的脉冲型冲击锤，同时可以振动和冲击的打桩设备等。另外，还需要其他一些辅助设备：如桩架，有履带式、步履式两种，前者可以拆卸导杆，后者较为稳固，适合于场地较差的情况。其选择需要考虑桩锤、作业空间、打桩顺序、施工管理水平等因素。

图 2-3 振动锤

图 2-4 压桩机

表 2-4 常见打桩机的适用情况

机械类别		冲击式打桩机械			振动锤 （见图 2-3）	压桩机 （见图 2-4）
		柴油锤	蒸气锤	落锤		
钢板桩型	型式	除小型板桩外所有板桩	除小型板桩外所有板桩	所有形式板桩	所有形式板桩	除小型板桩外所有板桩
	长度	任意长度	任意长度	适宜短桩	很长桩不适合	任意长度
地层条件	软弱粉土	不适	不适	合适	合适	可以
	粉土、黏土	合适	合适	合适	合适	合适
	砂层	合适	合适	不适	可以	可以
	硬土层	可以	可以	不可以	不可以	不适
施工条件	辅助设备	规模大	规模大	简单	简单	规模大
	发音	高	较高	高	低	几乎没有
	振动	大	大	小	大	无
	贯入能量	大	一般	小	一般	一般
	施工速度	快	快	慢	一般	一般
费用		高	高	便宜	一般	高
工程规模		大工程	大工程	简易工程	大工程	大工程
其他	优点	燃料费用低、操作简单	打击时可以调整	故障少、改变落距可以调整锤击力	打拔均可	打拔均可
	缺点	软土启动难、油雾飞溅	烟雾较多	容易偏心锤击	瞬时电流较大或需要专门液压装置	主要适用于直线段

（3）定位放线。放出结构准确的灰线，从结构线每边按图纸引出一定的尺寸（给基坑施工预留施工作业面），作为打桩的方向线。在方向线以外挖一个宽 0.5 m、深 0.8 m 的沟槽，在沟槽的两端用木桩将定位线引出，在施工过程中随时校核，保证桩打在一条直线上，开挖后方便围檩和支撑的施工。

（4）钢板桩打入。经过整修或焊接后的钢板桩，堆存、搬运、起吊时应防止由自重而引起的变形与损坏。进桩时将桩卸到打拔机附近 6 m 范围之内，打拔机将桩夹起同时吊到打桩位上空，两辅助工利用工具辅助打拔机对好方向，再沿桩位轴线对好前一根桩的止口插入土体。为了防止钢板桩的自然跟进，第一根桩应高出地面 1 m 左右，后续钢板桩打之前应将前一根板桩与前面的桩用钢筋临时焊接。

（5）垂直度标高控制。钢板桩打入时有专人负责垂直度控制。插入土体比较浅时（4~5 m），用线锤或经纬仪控制钢板桩垂直度。桩顶标高与自然地面相平，第一根桩用水准仪控制桩顶标高，后面的桩可参照前面桩的标高，每隔 10 m 利用水准仪复核一次桩顶标高。使打入的桩整齐，受力均匀。在打钢板桩的过程中，经常检查其平面位置是否正确，桩身是否垂直，如发现倾斜立即纠正或拔起重打。钢板桩采用振动等方法下沉。开始沉桩时宜用自重下沉，待桩身有足够稳定后再采用振动下沉。

（6）围檩施工。围檩和支撑的中心标高按设计进行，围檩下方用厚 14 mm 以上的钢板做牛腿，间距 3 m 左右。围檩与钢板桩的空隙用碎钢板垫实。围檩可采用 H 型钢。

（7）支撑施工。支撑采用 H 型钢支撑的形式，支撑受力处的围檩应局部焊加劲板。

（8）拔桩施工。钢板桩拔除的难易，多数取决于打入时顺利与否，如果在硬土或密实砂土中打入板桩，则板桩拔除时也很困难，尤当一些板桩的咬口在打入时产生变形或者垂直度很差，在拔桩时会受到很大的阻力。此外，在基坑开挖时，支撑不及时，使板桩变形很大，拔除也很困难，这些因素必须予以充分重视。在软土地层中，拔桩引起地层损失和扰动，使基坑内已施工的结构或管线发生沉降，并引起地面沉陷而严重影响附近建筑和设施的安全，对此必须采取有效措施，对拔桩造成的地层空隙要及时填实，通常灌砂填充法效果较差，因此在控制地层位移有较高要求时必须采取在拔桩时跟踪注浆等新的填充法。

①作业前必须对土质及板桩打入情况、基坑开挖深度及支护方法、开挖过程中遇到的问题等作详细调查，据此判断拔桩作业的难易程度，做到事先有充分的准备。有关噪声与振动等公害，需征得有关部门许可。

②基坑内的土建施工结束后，回填必须有具体要求，尽量使板桩两侧土压平衡，有利于拔桩作业。

③由于拔桩设备的重量及拔桩时对地基的反力，会使板桩受到侧向压力，为此需使板桩设备与桩保持一定距离。当荷载较大时，甚至要搭临时脚手，减少对板桩的侧压。

④作业时地面荷载较大，必要时在拔桩设备下放置钢板或垫木，确保设备不发生倾斜。保持机械设备状态良好，加强受力钢索等检查，避免突然断裂。为防止邻近板桩同时拔出，可将邻近板桩临时焊死或在其上加配重。板桩拔出时会形成孔隙，必须及时填充，否则极易造成邻近建筑或地表沉降。可采用膨润土浆液填充，也可跟踪注水泥浆。

⑤作业结束后对孔隙填充的情况要及时检查，发现问题随时采取措施弥补。拔出的板桩应及时清理干净，涂以油脂。变形较大的板桩需调直时运出工地，堆放在平整的场地上。

⑥钢板桩拔不出时可将钢板桩用振动锤或柴油锤等再复打一次。按与打板桩顺序相反的

顺序拔桩。可在其附近并列地打入另一块板桩，使原来的板桩顺利拔出；也可在板桩两侧开槽，放入膨润土浆液，拔桩时可减少阻力。

2.4 钻孔灌注桩围护结构

钻孔灌注桩(图2-5)作为围护结构承受水土压力，是基坑开挖常用的一种围护形式，根据不同的地质条件和开挖深度可做成悬臂式挡墙、单撑式挡墙、多层支撑式挡墙等。它的排列形式有一字形相接排列、间隔排列、交错相接排列、搭接排列或是混合排列。常见的排列方式是一字板间隔排列，并在桩后采用水泥土搅拌桩、旋喷桩、树根桩等阻水。这样的结构形式较为经济，阻水效果较好。大部分开挖深度在7~12 m的基坑，采用钻孔灌注桩挡土，水泥土搅拌桩阻水。

2.4.1 不同桩型适用条件

钻孔灌注桩的施工，因其所选护壁形成的不同，有泥浆护壁施工法和全套管施工法两种。

钻孔灌注桩一般采用机械成孔。地铁明挖基坑中多采用螺旋钻机、冲击式钻机和正反循环钻机等。

1)正反循环钻机等泥浆护壁钻孔灌注桩宜用于地下水位以下的黏性土、粉土、砂土、填土、碎石土及风化岩层；成孔时噪声低，在地铁基坑和高层建筑基坑施工中得到广泛应用。

2)旋挖成孔灌注桩宜用于黏性土、粉土、砂土、填土、碎石土及风化岩层。

3)冲孔灌注桩除宜用于上述地质情况外，还能穿透旧基础、建筑垃圾填土或大孤石等障碍物。在喀斯特发育地区应慎重使用，采用时应适当加密勘察钻孔。

4)长螺旋钻孔压灌桩后插钢筋笼宜用于黏性土、粉土、砂土、填土、非密实的碎石类土、强风化岩。

5)干作业钻、挖孔灌注桩宜用于地下水位以上的黏性土、粉土、填土、中等密实以上的砂土、风化岩层。

6)在地下水位较高，有承压水的砂土层、滞水层、厚度较大的流塑状淤泥、淤泥质土层

(a) 混凝土灌浆   (b) 围护结构

图2-5 钻孔灌注桩围护结构

中不得选用人工挖孔灌注桩。

7)沉管灌注桩宜用于黏性土、粉土和砂土，夯扩桩宜用于桩端持力层埋深不超过 20 m 的中、低压缩性黏性土、粉土、砂土和碎石类土。

2.4.2　泥浆护壁施工法

冲击钻孔、冲抓钻孔和回转钻削成孔等均可采用泥浆护壁施工法。该施工法的过程是：平整场地→泥浆制备→埋设护筒→铺设工作平台→安装钻机并定位→钻进成孔→清孔并检查成孔质量→下放钢筋笼→灌注水下混凝土→拔出护筒→检查质量(见图 2-6)。

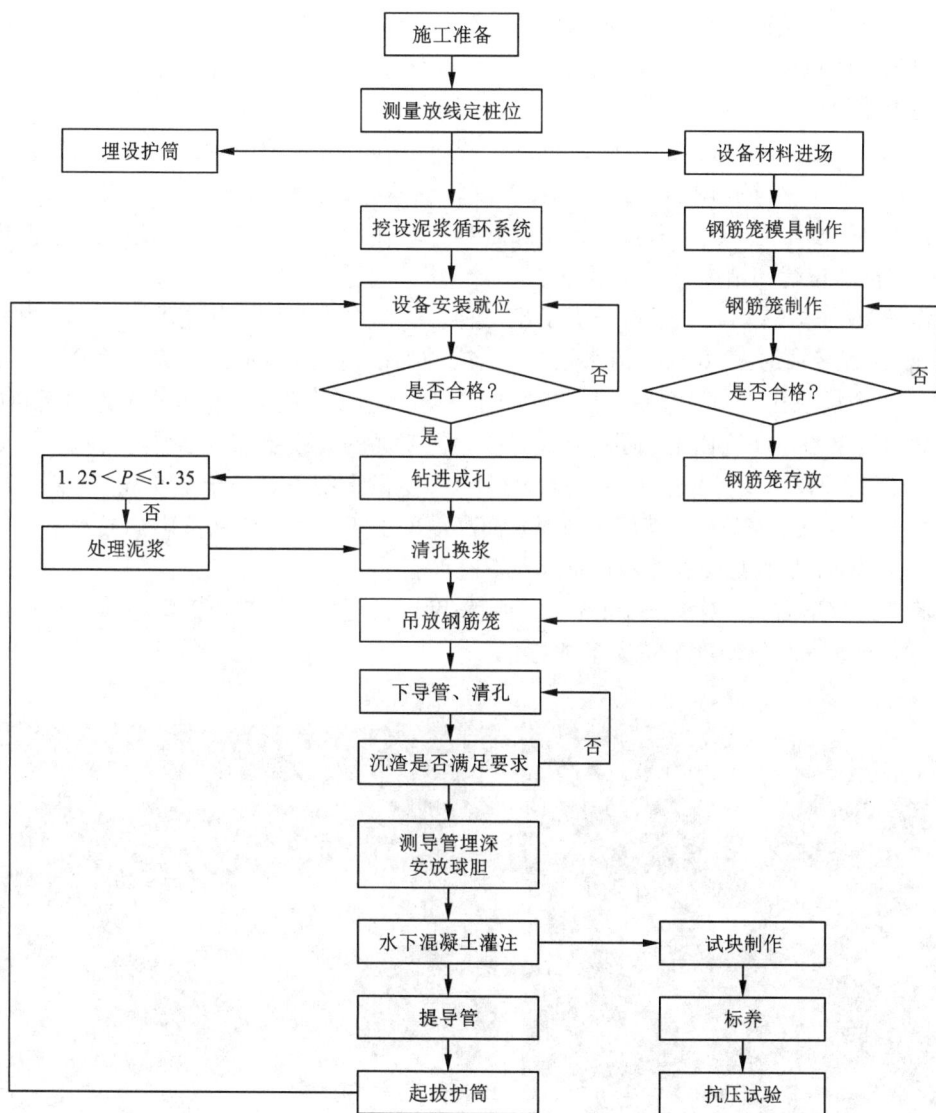

图 2-6　泥浆护壁钻孔桩施工工艺流程示意图

（1）施工准备。包括选择钻机、钻具、场地布置等。清除钻孔场地杂物、换除软土、平整压实；如果采用旋挖钻施工，带出的泥浆可能较多，为了保证场地平整，最好对部分场地进行硬化处理。同时对桩位测量放样并加设护桩。钻机是钻孔灌注桩施工的主要设备，可根据地质情况和各种钻孔机的应用条件来选择。

（2）钻孔机的安装与定位。安装钻孔机的基础如果不稳定，施工中易产生钻孔机倾斜、桩倾斜和桩偏心等不良影响，因此要求安装地基稳固。对地层较软和有坡度的地基，可用推土机推平，再垫上钢板或枕木加固。

为防止桩位不准，施工中重要的是定位好中心位置和正确的安装钻孔机，对有钻塔的钻孔机，先利用钻机的动力与附近的地笼配合，将钻杆移动大致定位，再用千斤顶将机架顶起，准确定位，使起重滑轮、钻头或固定钻杆的卡孔与护筒中心在一垂线上，以保证钻机的垂直度。钻机位置的偏差不大于 2 cm。对准桩位后，用枕木垫平钻机横梁，并在塔顶对称于钻机轴线上拉上缆风绳。

（3）埋设护筒。钻孔成败的关键是防止孔壁坍塌。当钻孔较深时，在地下水位以下的孔壁土在静水压力下会向孔内坍塌，甚至发生流砂现象。钻孔内若能保持比地下水位高的水头，增加孔内静水压力，防止坍孔。护筒除起到这个作用外，同时有隔离地表水、保护孔口地面、固定桩孔位置和钻头导向作用等。

制作护筒的材料有木、钢、钢筋混凝土三种。护筒要求坚固耐用，不漏水，其内径应比钻孔直径大（旋转钻约大 20 cm，潜水钻、冲击或冲抓锥约大 40 cm），每节长度 2~4 m，上部宜开设 1~2 个溢浆孔。一般常用钢护筒（见图 2-7），选用厚度为 4~16 mm 的钢板制成，护筒顶面高出地下水位 2 m 以上，还必须满足孔内泥浆面的高度要求，必须高出施工地面 20~30 cm。护筒的埋设深度在黏性土中不宜小于 1.0 m，砂土中不宜小于 1.5 m。护筒下端外侧应采用黏土填实；其高度尚应满足孔内泥浆面高度的要求；受水位涨落影响或水下施工的钻孔灌注桩，护筒应加高加深，必要时应打入不透水层。

护筒埋设完毕后，应对护筒中心位置及倾斜度进行复测，护筒顶面中心与设计桩位中心偏差不得大于 5 cm，倾斜度不得大于 1%。

图 2-7 钢护筒

（4）泥浆制备。钻孔泥浆由水、黏土（膨润土）和添加剂组成。具有浮悬钻渣、冷却钻头、润滑钻具，增大静水压力，并在孔壁形成泥皮，隔断孔内外渗流，防止坍孔的作用。调制的钻孔泥浆及经过循环净化的泥浆，应根据钻孔方法和地层情况来确定泥浆稠度，泥浆稠度应视地层变化或操作要求机动掌握，泥浆太稀，排渣能力小、护壁效果差；泥浆太稠会削弱钻头冲击功能，降低钻进速度。

如为黏土质，可用原土造浆；回浆设滤网，可控制含砂率。若非黏质土，钻孔护壁宜采用优质膨润土造浆护壁，此时，泥浆制备所用的膨润土，宜选择当地优质膨润土，根据桩位所处地质情况，选择塑性指数等各项指标适合的膨润土配制泥浆。在钻进过程中，随时掌握实际地质情况，及时调整控制泥浆的比重等指标。采用泥浆搅拌机拌制，确保造浆均匀，制浆速度满足钻孔用浆需要。泥浆搅拌时先按配合比将清水加入搅拌机，然后加入相应的黏土和膨润土，成浆后打开浆门出浆。配制泥浆的性能指标见表 2-5。循环泥浆性能要求：注入孔口泥浆：相对密度为 1.20～1.25；排出孔口泥浆：相对密度为 1.25～1.35。在清孔过程中，应不断置换泥浆，直至灌注水下混凝土；要求灌注混凝土前，孔底 500 mm 以内的泥浆相对密度应小于 1.25；含砂率不得大于 8%；黏度不得大于 28 s；在容易产生泥浆渗漏的土层中应采取维持孔壁稳定的措施。废弃的浆、渣应进行处理，不得污染环境。

表 2-5　泥浆性能指标及测试方法表

顺序	项目	性能指标	测试方法
1	相对密度	1.06～1.10	相对密度计
2	黏度	18～28 s	500 cc/700 cc 漏斗法
3	含砂率	≤4%	含砂率计
4	胶体率	≥95%	静置、澄清
5	失水率	≤20 mL/30 min	滤纸法
6	泥皮厚	≤3 mm/30 min	
7	静切力	1～2.5 Pa	空心不锈钢泥浆切力计
8	酸碱度	8～10	比色法

（5）钻孔。钻孔是一道关键工序，在施工中必须严格按照操作要求进行，才能保证成孔质量，首先要注意开孔质量，为此必须对好中线及垂直度，并压好护筒。在施工中要注意不断添加泥浆和抽渣（冲击式用），还要随时检查成孔是否有偏斜现象。采用冲击式或冲抓式钻机施工时，附近土层因受到震动而影响邻孔的稳固。所以钻好的孔应及时清孔，下放钢筋笼和灌注水下混凝土。钻孔的顺序也应该事先规划好，既要保证下一个桩孔的施工不影响上一个桩孔，又要使钻机的移动距离不要过远和相互干扰。

1）正、反循环钻孔。根据泥浆循环方式不同，将旋转钻孔机分为正循环钻进和反循环钻进。

①正循环钻孔。正循环钻进时泥浆自供应池由泥浆泵泵出，输入软管送往水龙头上部进口，再注入旋转空心钻杆头部，通过空心钻杆一直流到钻头底部排出，旋转中的钻头利用泥

浆润滑，并将泥浆扩散到整个孔底，携同钻碴浮向钻孔顶部，从孔顶溢排至到地面上泥浆槽（见图 2-8）。

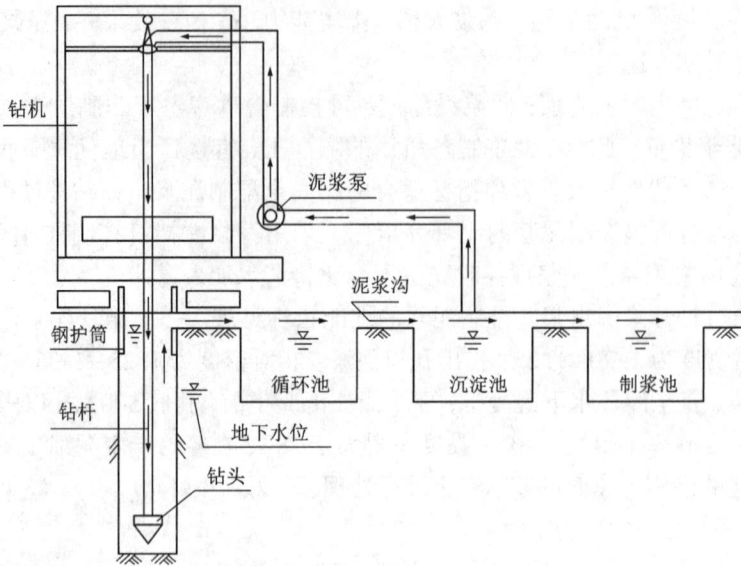

图 2-8 泥浆正循环示意图

正循环排渣法系用泥浆泵将泥浆水或清水压向钻机中心送水管或钻机侧壁的分支管射向钻头，然后徐徐下放钻杆，破土钻进，泥浆带着碎碴从钻孔中反出地面，钻至设计标高后，停止转动钻头，泥浆泵继续运转排碴，直至泥浆比值降低至 1.10~1.15，方可停泵提升钻头。

②反循环钻孔。反循环钻进与正循环钻进的差异是在钻进时泥浆不经水龙头直接注入钻孔四周，泥浆下达孔底，经钻头拌和使孔内部浆液均匀达到扩壁，润滑钻头，浮起钻碴，此时压缩空气不断送入水龙头，通过固定管道直到钻头顶部，按空气吸泥原理，将钻碴从空心钻杆排入水龙头软管溢出。

反循环排渣法可分为压缩空气反循环法、泵举反循环法和泵吸反循环法，前两种方法使用较多。反循环法具有钻进速度较快、成孔效率高、成桩质量好等特点，现场使用较多。

③施工相关要求。

A. 对孔深较大的端承型桩和粗粒土层中的摩擦型桩，宜采用反循环工艺成孔或清孔，也可根据土层情况采用正循环钻进，反循环清孔。

B. 当在软土层中钻进时，应根据泥浆补给情况控制钻进速度；在硬层或岩层中的钻进速度应以钻机不发生跳动为准。

C. 钻机设置的导向装置要求：潜水钻的钻头上应有不小于 $3d$ 长度的导向装置；利用钻杆加压的正循环回转钻机，在钻具中应加设扶正器。

D. 如在钻进过程中发生斜孔、塌孔和护筒周围冒浆、失稳等现象时，应停钻，待采取相应措施后再进行钻进。

E. 钻孔达到设计深度，灌注混凝土之前，孔底沉渣厚度：端承型桩小于 50 mm，摩擦型桩小于 100 mm，抗拔、抗水平力桩小于 200 mm。

2）冲击钻成孔。冲击钻成孔是灌注桩中一种较为常见的成孔方式，它是利用冲击钻机或卷扬机带动一定重量的冲击钻头，在一定的高度内使钻头提升，然后突放使钻头自由降落，利用冲击动能冲挤土层或破碎岩层形成桩孔，再用掏渣筒或其他方法将钻渣岩屑排出。每次冲击之后，冲击钻头在钢丝绳转向装置带动下转动一定的角度，从而使桩孔得到规则的圆形断面。

冲击钻成孔适用于填土层、黏土层、粉土层、淤泥层、砂土层和碎石土层，也适用于砾卵石层、岩溶发育岩层和裂隙发育的地层施工，而后者常常采用回转钻进和其他钻进方法施工困难的地层。

桩孔直径通常为 600~1500 mm，最大直径为 2500 mm，钻孔深度一般为 50 m 左右，某些情况下可超过 100 m。

冲击钻设备构造简单，适用范围广，操作方便，所成孔壁较坚实、稳定，塌孔少，不受施工场地限制，噪声和振动影响小等，适用于黄土、黏性土或粉质黏土和人工杂填土以及含有孤石的砂砾石层、漂石层、坚硬土层、岩层地基等。但容易出现卡钻、掉钻等事故，而且桩孔易出现不圆的情况，且桩头磨损较快，施工过程要经常检修和补焊。

①冲击钻机分类。冲击钻机可分为钻杆冲击式和钢丝绳冲击式两种，后者应用广泛。

钢丝绳冲击钻机又大致可分为两类：一类是专门用于钻进的钢丝绳冲击钻机，一般均组装在汽车或拖车上，钻机安装就位和转移均较方便；另一类是由带有离合器的双筒或单筒卷扬机组成的简易冲击钻机。施工中多采用压风机清孔。除此以外，国内还生产正、反循环和冲击钻进三用钻机。

冲击钻机主要由钻机或桩架（包括卷扬机）、冲击钻头（见图 2-9）、掏渣筒、转向装置和打捞装置等组成。

图 2-9　冲击式钻机钻头

②工艺要点。

A. 钻头选用：冲击钻应根据不同的土质选择合适的钻头，一般土层采用筒式钻头，砾石层和岩层宜采用十字钻头；对于大直径（大于 1 m）的桩，为保证质量与提高工效，可采用钻、扩相结合的两次成孔法，即先选用比设计桩径小的钻头进行造孔施工，打到设计深度，然后再换用满足设计桩径要求的钻头进行扩孔。在钻头锥顶和提升钢丝绳之间应设置保证钻头自动转向的装置。

B. 埋设护筒：冲击钻成孔开始对土体的震动破坏较严重，护筒的埋设要特别注意。护筒一般由钢板或混凝土制成，内径一般应比冲击钻头外径大 30~40 cm，护筒高度一般为 1.5~2.0 m，埋置后宜高出地面 30~40 cm，或高出地下水位以上 1.5 m，以保持孔内水位高出孔外水位或地面，并使孔内水头保持稳定，以利护壁。

C. 开孔及泥浆：开孔时，必须使钻头对准中心，以 0.5 m 左右的小冲程低锤密击，保证孔形的良好和桩位的正确；当表土为淤泥、细砂等软弱土层时，可加黏土块夹小片石反复冲击造壁，孔内泥浆面应保持稳定；等到护筒以下 3~4 m 左右时，基本完成开孔，可改用 1.5~

2 m 的大冲程，连续进行冲击。对于泥浆的比重，开孔时可控制在 1.4～1.5，并应保持孔内水位高于地下水位 1.5 m 左右；冲孔进入岩层后，泥浆的比重可控制在 1.2 左右，以减小粘锤阻力，并能正常排渣。

D. 钻进：进入基岩后，应采用大冲程、低频率冲击，当发现成孔偏移时，应回填片石至偏孔上方 3～5 m 处，然后重新冲孔；当遇到孤石时，可预爆或采用高低冲程交替冲击，将大孤石击碎或挤入孔壁；应采取有效的技术措施防止扰动孔壁、塌孔、扩孔、卡钻和掉钻及泥浆流失等事故；每钻进 4～5 m 应验孔一次，在更换钻头前或容易缩孔处，均应验孔；进入基岩后，非桩端持力层每钻进 3～5 m 和桩端持力层每钻进 1～3 m 时，应清孔取样一次，并应做记录。

E. 掏渣：在开孔及在地面 5～6 m 内可不进行掏渣，但此后应在冲深 1 m 左右进行一次。主要遵循的原则是：黏土层勤掏，岩层或砾石层可少掏一些；掏渣时，及时补充泥浆，以防止浆面下降而造成孔内坍塌。

F. 终孔：造孔接近设计持力层时，应掏渣取岩样与勘探岩样比较，如含量达到 50%～60% 时，就可以认为进入岩层界面，然后每进尺 20～30 cm 时取一次样，如岩样越来越好，从岩层界面钻到设计入岩深度即可终孔。

G. 清孔：易塌孔的桩孔，可采用空气吸泥清孔；稳定性差的孔壁应采用泥浆循环或抽渣筒排渣，清孔后灌注混凝土之前的泥浆指标应符合要求。

3）旋挖钻机成孔。旋挖钻机是一种适合建筑基础工程中成孔作业的施工机械。主要适用于砂土、黏性土、粉质土等土层施工，在灌注桩、连续墙、基础加固等多种地基基础施工中得到广泛应用，旋挖钻机的额定功率一般为 125～450 kW，动力输出扭矩为 120～400 kN·m，最大成孔直径可达 1.5～4 m，成孔深度为 60～90 m，最大孔深达 120 m，最大钻孔扭矩为 620 kN·m。可以满足各类大型基础施工的要求。

该类钻机一般采用液压履带式伸缩底盘、自行起落可折叠钻杆、伸缩式钻杆、带有垂直度自动检测调整功能、孔深数码显示等，整机操纵一般采用液压先导控制、负荷传感，能精确定位钻孔、自动校正钻孔垂直度和自动量测钻孔深度，最大限度地保证钻孔质量。主、副两个卷扬机可适用于工地多种情况的需要。该类钻机配合不同钻具，适用于干式（短螺旋）或湿式（回转斗）及岩层（岩心钻）的成孔作业，还可配挂长螺旋钻、地下连续墙抓斗、振动桩锤等，实现多种功能（见图 2-10、图 2-11）。

图 2-10　旋挖钻机

图 2-11　旋挖钻机施工现场

①施工特点。

A.可在水位较高、卵石较大等用正、反循环及长螺旋钻无法施工的地层中施工。

B.自动化程度高、成孔速度快、质量高。

C.伸缩钻杆不仅向钻头传递回转力矩和轴向压力，而且利用本身的伸缩性实现钻头的快速升降，快速卸土，以缩短钻孔辅助作业的时间，提高钻进效率。

D.环保特点突出，施工现场干净。

E.履带底盘承载，接地压力小，适合于各种工况，在施工场地内行走移位方便，机动灵活，对桩孔的定位非常准确、方便。

F.地层适应能力强，适用于淤泥质土、黏土、砂土、卵石层等地层。

G.在孔壁上形成较明显的螺旋线。有助于提高桩的摩阻力。

H.自带柴油动力，可不依赖于现场电力条件。

②工艺要点。

A.成孔：除干孔作业外钻机在就位时应重新测量、定位，在成孔过程中采用泥浆护壁。利用钻进过程中钻头对泥土的搅拌作用自然造浆，根据实际需要可对泥浆的比重进行调节，在施工过程中泥浆比重一般控制在1.2～1.3，泥浆循环过程中在孔壁表面形成泥皮，它和泥浆的自重对孔壁起到保护作用，防止孔壁坍塌。通过成孔施工，泥浆护壁效果比较好，完全可以满足施工的需要。可通过掏渣筒掏渣以及给孔内加清水的方法来调节泥浆的比重，根据实际施工需要，泥浆比重一般控制在1.3以上，这样有利于钻进和孔壁的稳定。

B.清孔：当钻进至设计桩底标高时，应及时停止钻进，提出钻头，并让成孔桩静止0.5 h。地层在0.5 h之内，悬浮在泥浆中的砂砾沉淀接近80%，此时用钻具贴近桩底进行第一次清孔，孔底沉渣不得大于设计要求，泥浆密度比较稳定，方可进行下一道工序，直至第二次清孔。清孔是钻孔桩施工、保证成桩质量的重要一环，通过清孔确保桩孔的质量指标、孔底沉渣厚度、循环液中含钻渣量和孔壁泥垢等符合钻桩孔质量要求。

C.终孔：将钻具提高20～50 cm，采用大泵量泵入性能指标符合要求的新泥浆并维持正循环30 min以上，直到清除孔底沉渣且使孔壁泥质、泥浆含砂量小于4%为止。工程桩孔因有较厚的松散易坍土层，清孔后不能立即终孔，而在孔内下入钢筋笼，安装好灌浆导管后施行二次清孔作业，以使混凝土灌注前孔底沉渣厚度符合要求，保证混凝土成桩质量。

（6）钢筋笼制作与安放。

1）钢筋笼制作。钢筋笼在现场分节制作，主筋与加强筋全部焊接，螺旋筋与主筋采用隔点焊加固，钢筋笼制作除须符合设计要求外，还应符合钢筋笼制作允许偏差表（见表2-6）的规定。

表2-6　钢筋笼制作允许偏差表　单位：mm

项次	项目	允许偏差
1	主筋间距	±10
2	箍筋间距	±20
3	钢筋笼直径	±10
4	钢筋笼长度	±50

制作好的钢筋笼,即进行逐节验收,合格后挂牌存放。

2)钢筋笼孔内安放。钢筋笼(长超过 16 m)在孔口焊接,单面焊 10d,焊缝高度 ≥0.3d,焊缝宽度 ≥0.7d。两段笼子应保持顺直,同截面接头不得超过配筋的 50%,间距错开,不少于 35d。钢筋焊接完好后,应缓慢下放入孔内。

(7)下导管。

1)导管的选择。采用丝扣连接的导管,其内径 $\phi250 \sim \phi280$ mm,底管长度为 4 m,中间每节长度一般为 2.5 m。在导管使用前,必须对导管进行外观检查、对接检查。

①外观检查:检查导管有无变形、坑凹、弯曲,以及有无破损或裂缝等,并应检查其内壁是否平滑,对于新导管应检查其内壁是否光滑及有无焊渣,对于旧导管应检查其内壁是否有混凝土黏附固结。

②对接检查:导管接头丝扣应保持良好。连接后应平直,同心度要好。

经以上检验合格后方可投入使用,对于不合格导管严禁使用。导管长度应根据孔深进行配备,满足清孔及水下混凝土浇筑的需要,即清孔时能下至孔底;水下浇筑时,导管底端距孔底 0.5 m 左右,混凝土应能顺利从导管内灌至孔底。

2)导管下放。导管在孔口连接处应牢固,设置密封圈,吊放时,应使位置居中,轴线顺直,稳定沉放,避免卡挂钢筋笼和刮撞孔壁。

(8)混凝土浇筑。

1)混凝土车搅拌运输;混凝土坍落度控制在 18 ~ 22 cm;用混凝土搅拌车直接运送到孔口倒入料斗内。

2)水下混凝土浇筑:浇筑前,对不同直径、深度的桩孔分别计算出混凝土浇筑初灌量。施工中要保证浇筑初灌量。浇筑时导管埋深控制在 2 ~ 6 m,拆管前专人测量孔内混凝土面,并做记录,浇筑混凝土接近桩顶标高时,应控制最后一次浇筑量,确保桩顶标高符合设计要求。

3)试块制作:在浇桩过程中,随机抽取 1 ~ 2 盘混凝土做试块,每根桩应做一组试块,制作好的试块在 12 h 后拆模,放置水中养护。试块采用数理统计法评定。

(9)拆除护筒。

混凝土浇筑结束后,即混凝土初凝后、终凝前拆除护筒,并将浇筑设备机具清洗干净,堆放整齐。

(10)回填桩孔。

桩孔混凝土浇筑完成后,应将上部未灌混凝土部分利用场地内护筒、沟、池、槽开挖出来的泥土、渣土等进行回填,回填满后,用混凝土重新将孔口封住,变成整块硬地坪场地。

(11)工程验收与移交。

1)工程桩施工完毕,强度达到设计要求后进行桩大、小应变检测,每根桩要进行小应变检测,且抽取一定数量的桩进行大应变检测。桩基检测应由具备检测资格的单位进行,作大应变的桩由监理及设计院共同确定,既要具有代表性,又能反映出施工的真实情况。

2)桩基施工完毕后及时绘制竣工图,做好桩位平面复核,整理好竣工资料,并请质量监督部门及时搞好工程桩的竣工验收,及时交付上部结构施工。

3)桩基竣工验收应该提交以下竣工资料:桩位测量放线图、工程地质勘察、材料试验记录与合格证、施工日志、桩施工隐蔽记录、桩位竣工平面布置图、桩的静动荷载试验资料、分项工程质量检验评定表,同时提交桩基工程验收记录档案表及桩基工程竣工验收证明书。

2.4.3 全套管施工法

利用液压全套管钻机施工的灌注桩在国外习惯上名为贝诺特(Benote)桩,原始的贝诺特钻机于20世纪50年代初期出现于法国,日本于50年代中期引进了这项技术,并于60年代初由日本三菱重工业公司开始进行技术改造。到20世纪80年代才形成了目前通用的MT系列贝诺特钻机,该钻机系列有MT-120型、MT-130型、MT-150型及MT-200型四种,型号不同仅表示其钻孔的最大直径的不同(如MT—150的最大钻孔直径是1500 mm),至于施工方法及应用范围几乎完全一样。

这种工法无噪声,无振动;不使用泥浆,避免了泥浆的加工和储运,作业面干净;挖掘时可以很直观地判别土壤及岩性特征,对于端承桩,便于现场确定桩长;挖掘速度快,对于一般土质,可达14 m/h左右;挖掘深度大,根据土质情况,最深可达70 m左右;成孔垂直度易于掌握,可以得到3‰~5‰的垂直度;由于是全套管钻机,所以孔壁不会产生坍落现象,成孔质量高;钢筋周围不会附黏一层泥浆(泥浆护壁法施工时存在此问题),有利于提高混凝土对钢筋的握裹力;由于不使用泥浆,避免了泥浆进入混凝土中的可能性,成桩质量高;成孔直径标准,充盈系数很小,与其他成孔方法相比,可节约13%的混凝土;清孔彻底,速度快,孔底钻机可清至2.5 cm左右;MT系列钻机是自行式,便于现场移动。

(1)工艺流程。全套管钻孔灌注桩施工程序见图2-12。

(2)施工要点。

1)成孔方法

钻机水平就位后,将第一节套管立于桩位处,在自重力、夹持机构回转力及夹持机构压力的复合作用下,将第一节套管沉入土中;然后在上边连接第二节套管。第一、二节套管的垂直度对整个桩孔垂直度起着决定性的作用,只要头一节套管呈垂直状态,以后的挖掘方法及套管连接方法又适当,后续套管自然呈垂直状态。利用落锤抓斗将套管内的土体抓出孔外,卸在地面上,用装载机装入翻斗车运出场外,随着套管的下沉,不断连接套管,直至钻到孔底标高。

①对于不同土层,采取不同的挖掘方式:

A. 对于软弱土层(N=5),应使套管超前下沉,可超出孔内开挖面1~1.5 m。使落锤抓斗仅在套管内挖土,这样便于控制孔壁质量及开挖方向。

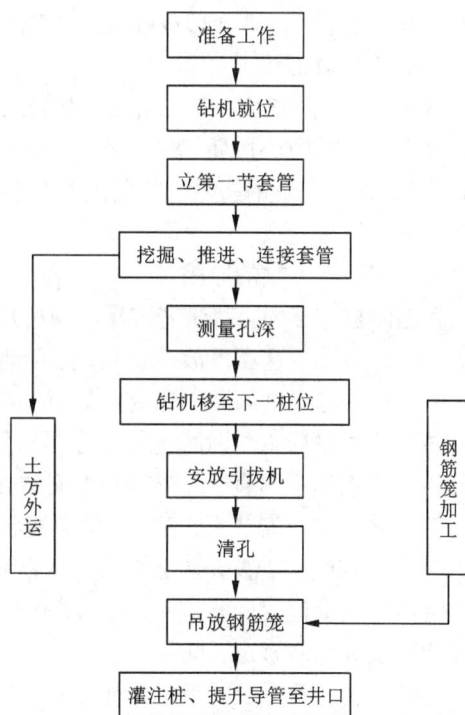

图2-12 全套管钻孔灌注桩施工流程

B. 对于一般土层（$N = 6 \sim 30$），开挖时应使套管超前下沉 30 cm 左右，这是最标准的开挖方法。

C. 对于硬砂土层及大卵石层，应使落锤抓斗超前下挖 $20 \sim 30$ cm，因为在这种土层中套管的下沉是非常困难的，尤其是对于地下水位以下的硬砂层，如不采取超前开挖的措施，即使利用夹持压力勉强将套管压入土层中，在以后提升套管时也将是非常困难的。

D. 对于特坚硬土层（$N > 30$）及风化岩层，应利用"十字冲击锤"将硬土壤击碎，再利用落锤抓斗将土块抓出孔外。此时也应采取超前下挖的方法，而且使超挖深度较大，但不应超过十字锤本身的高度，否则会影响孔壁质量。

②挖掘时注意事项：

A. 一般情况下，挖掘中途不允许间断，必须连续挖掘。但如果由于某一不可避免的原因必须中断挖掘时，也应继续摇动套管，防止套管外侧土壤因重塑固结效应而将套管卡住，给后续施工带来困难。对于一般土壤，摇动压力应控制在 $30 \sim 50$ kg/cm^2。

B. 如地下水位以下有超过 5 m 厚的细砂层，应慎重考虑能否采用贝诺特施工法，至少不能用 MT-150 型以下的钻机。因为套管钻机是利用摇动装置将套管边摇动边压入土层中，当穿过厚细砂层时，砂土会因受到扰动而被压密，将套管紧紧抱住，即使采用超前开挖法将套管压入土中，在提升套管时也是非常困难的。有资料表明，国外在这种情况下曾出现过套管拔不出来的严重事故。

C. 如地下有承压水的存在，那么在承压水段挖掘时不应超挖，尤其是承压水又处于砂层中的更应特别注意，否则会形成孔底涌砂现象。

2）钢筋笼吊放工艺。

①操作要点。凡长度大于 8 m 的钢筋笼，应分节制作安装；为防止暴筋，同时也为了保证钢筋笼中心与孔中心的重合，应在主筋外侧焊定位块。定位块不宜多，每节笼子上下有 2 道即可；检查并记录钢筋笼的安装高度与相应的套管长度，这一数据可用于判断钢筋笼是否与套管一起被提上来。

②引起钢筋笼上拱的原因：

套管灌注桩施工中，钢筋笼容易出现的最严重的问题是钢筋笼在浇筑混凝土、提升套管时产生"上拱"现象，这类事故一旦出现，处理过程是相当困难的，有时甚至会造成整个桩的报废。引起钢筋笼上拱的原因主要有如下几项：

A. 成孔垂直度较低，钢筋笼与套管之间阻力太大；

B. 钢筋笼制作不顺直，或分节制作安装在连接处出现了弯曲；

C. 钢筋笼定位卡安装不正确（如呈尖棱状），插入了套管的连接销孔内；

D. 清孔不彻底，钻渣被翻上来以后与钢筋裹在一起，将钢筋笼托起；

E. 混凝土的灌注时间掌握不当，混凝土发生凝固，混凝土与套管之间有较大的黏着力，致使提升套管时连钢筋笼一同带起；

F. 套管使用后没有及时清理，有混凝土残块黏结在内表面上，与钢筋笼卡在一起；

G. 钢筋笼与套管间的间隙与粗骨料的最大尺寸不相匹配，粗骨料卡在了套管与钢筋笼之间。

③防止钢筋笼上拱的技术措施：

A. 使用前检查套管的尺寸，套管出孔后及时用水清理干净；

B. 仔细检查加工好的钢筋笼尺寸；

C. 钢筋笼定位卡应做成圆弧形；

D. 在钢筋笼长度方向每 2 m 左右增加一道加强箍筋，增加钢筋笼的抗变形能力；

E. 在钢筋笼下端焊一个钢筋网片($\phi16@150$)，并在网片上固定 2 块厚约 10 cm 的混凝土块，由导管注入的混凝土积压在混凝土块上，用混凝土自重防止钢筋笼上浮；

F. 用反复夹紧与放松的办法让套管摇动，用在相同方向转动套管 1~2 次的办法消除套管与钢筋笼之间可能出现的摩阻力；

G. 灌注混凝土之前，让套管来回摆动并上下移动 4~5 cm，检查钢筋笼是否与套管卡在了一起；

H. 套管内径与主筋外径之间的间隙应不小于混凝土中粗骨料(石子)最大粒径的 2 倍；

I. 钢筋笼两节对接时不得发生弯曲；

J. 全面清理并充分紧固套管的锁销。

3)其他工艺。其他工艺包括水下混凝土灌注等与 2.4.2 相似。

2.4.4　咬合桩施工工艺

咬合桩为近年来在国内新出现的一种桩型，在部分城市地铁围护结构中已取得了成功的经验。钻孔咬合桩作为一种新型的围护结构，由于其桩体相互咬合，解决了传统的桩体相切导致桩防水效果差的问题，且具有对环境影响小、质量可靠、造价低等优点，具有推广价值。

（1）咬合桩的定义。相邻混凝土排桩间部分圆周相嵌，并于后序次间施工的桩内置入钢筋笼，使之形成具有良好防渗作用的连接挡土支护结构。由于其特点为桩间的相互咬合，故称为咬合桩。即桩与桩之间相互咬合排列的一种基坑围护结构(见图 2-13)。

(a) 导墙施工　　　　　　　　　　　　(b) 围护体系

图 2-13　咬合桩

（2）施工方法。围护咬合桩的排列方式为一个素混凝土桩(A 桩)和一个钢筋混凝土桩(B 桩)间隔(见图 2-14)。这种排列方式在施工时需先施工 A 桩，后施工 B 桩，A 桩混凝土采用超缓凝型混凝土，要求必须在 A 桩混凝土初凝之前完成 B 桩的施工，B 桩施工时，利用套管钻机的切割能力切割掉相邻 A 桩相交部分的混凝土，从而实现咬合。

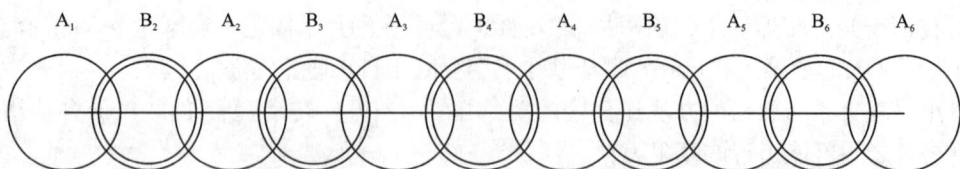

图 2-14　咬合桩施工顺序示意图

A 型（配筋）单桩施工工艺流程如下：平整场地→测放桩位→施工混凝土导墙→套管钻机就位对中→吊装安放第一节套管→测控垂直度→压入第一节套管→校对垂直度→抓斗取土、跟管钻进→测量孔深→清除虚土，检查孔底→A 桩吊放钢筋笼→放入混凝土灌注导管→灌注混凝土逐次拔套→测定混凝土面→桩机移位。

（3）技术要点。咬合桩是通过桩体咬合而达到结构自防水的目的，通过桩体内钢筋不均匀分布而达到在相同配筋量的情况下，获得最大抗弯强度，从而获得较好的经济利益。因此，咬合桩的技术要点可归结为垂直度、混凝土的缓凝时间、混凝土材料的均一性和钢筋笼的定位等。

1）桩体垂直度控制。桩机就位后先进行初步对中，采用吊线锤，过机械下压中心支点与桩位中心对中，对中后，根据需要调节机械各支腿油顶，使机械操作平面水平。水平调整完成后，再次对中，根据本次对中结果，再次平面移动对中，对中完成后，支起各支腿油顶，对中完成，对中误差应小于 1 cm。

吊装完第一节套管后，应在机械平面两个 90° 方向设置吊线锤，对套管垂直度进行监测，在套管下沉过程中，监测人员全过程跟踪。发现问题马上进行纠偏。

2）混凝土缓凝时间。混凝土最好采用商品混凝土，混凝土的缓凝时间直接影响到工程的成败。按设计及工艺要求，混凝土的缓凝时间应大于 60 h，在施工过程中，对不同批号的水泥及不同批号的外加剂，应提前做好配合比试验。一般情况下，A 型（第一序桩）缓凝时间应大于等于 60 h；B 型（第二序桩）缓凝时间应大于等于 10 h。

3）混凝土的和易性及均一性。水下混凝土灌注要求混凝土的坍落度在 18～22 mm，每车混凝土均应现场做坍落度试验并予以记录。每次出料时，上料斗上应有 10 cm 间距的格栅状钢筋滤网，防止混凝土罐车内流出块石及水泥结晶体堵塞导管。

混凝土应充分搅拌，防止部分混凝土砂率过高或过低，过高或过低砂率的直接后果是该部分混凝土的和易性发生改变，使得钢筋笼有可能跟管上浮。

4）钢筋笼的定位。钢筋笼四周应设置定位 U 形卡。保证在钢筋笼安放时顺畅。钢筋笼起吊时采用四点双钩缓慢起吊，逐步倒点下放，不得使钢筋笼发生变形，在钢筋笼下放过程中，逐步调整钢筋笼方向。为保证钢筋笼定位准确，每个钢筋笼就位前均应绑上测绳，在外套管起拔过程中，监测钢筋笼是否上浮。

（4）咬合桩控制要点。

1）桩位的控制：为保证咬合效果，严格控制孔口定位误差。可在钻孔咬合桩桩顶以上设置钢筋混凝土导墙,导墙上设置定位孔,其直径宜比桩径大 20~40 mm。钻机就位后,将第 1 节套管插入定位孔并检查调整,使套管周围与定位孔之间的空隙保持均匀。

2)单桩垂直度的控制:为保证底部有足够的咬合量,需严格控制。规范要求桩身垂直度偏差不大于 3‰。

①套管的顺直度检查和校正。钻孔咬合桩施工前,在平整地面上进行套管顺直度的检查和校正。首先检查和校正单节套管的顺直度,然后将按照桩长配置的套管全部连接起来,套管顺直度偏差控制在 1‰~2‰。检测方法为:在地面上测放出 2 条相互平行的直线,将套管置于 2 条直线之间,然后用线锤和直尺进行检测。

②成孔过程中桩的垂直度监测和检查。地面监测:在地面选择两个相互垂直的方向,采用经纬仪或线锤监测地面以上部分套管的垂直度,发现偏差随时纠正。这项检测在每根桩的成孔过程中应自始至终持续进行,不能中断。

孔内检查:每节套管压完后,安装下一节套管之前,都要停下来用"测环"或"线锤"进行孔内垂直度检查。不合格时应进行纠偏,直至合格才能进行下一节套管施工。

③纠偏。成孔过程中如发现垂直度偏差过大,必须及时进行纠偏调整,常用以下 3 种方法:

A.利用钻机油缸进行纠偏:如果偏差不大或套管入土不深(5 m 以下),可直接利用钻机的两个顶升油缸和两个推拉油缸调节套管的垂直度,即可达到纠偏的目的。

B.B 桩纠偏:如果 B 桩在入土 5 m 以下发生较大偏移,可先利用钻机油缸直接纠偏。如达不到要求,可向套管内填砂或黏土,一边填土一边拔起套管,直至将套管提升到上一次检查合格的地方;然后调直套管,检查其垂直度,合格后再重新下压。

C.A 桩纠偏:A 桩的纠偏方法与 B 桩基本相同,其不同之处是不能向套管内填土,而应填入与 B 桩相同的混凝土。否则有可能在桩间留下土夹层,影响排桩的防水效果。

3)超缓凝混凝土的缓凝时间要求。

A.桩混凝土缓凝时间应根据钻机施工咬合桩工序要求时间来确定,单桩成桩时间又与地质条件、桩长、桩径、钻进能力及操作工艺水平等有直接的关系。因此,A 桩混凝土缓凝时间主要根据以下因素来确定:

①根据工程的具体情况和所选钻机的类型在现场做成桩试验来测定 A、B 桩单桩成桩所需时间 t_A、t_B。

②A 桩混凝土的缓凝时间可根据下式计算:

$$T=k(2t_A+t_B)$$

式中:T 为 A 桩混凝土的缓凝时间(初凝时间);k 为不可预见因素影响系数,$k=1.20$;t_A、t_B 为 A、B 型桩单桩成桩所需时间。

4)克服桩内"混凝土管涌"。在 B 桩切割两侧 A 桩成孔过程中,由于 A 桩混凝土尚未凝固,还处于流塑状态,因此 A 桩混凝土可能从 A、B 桩相交处涌入 B 桩孔内,称为"混凝土管涌"。克服"混凝土管涌"主要采取以下措施:

①控制 A 桩混凝土的坍落度,不宜超过 14 cm。

②套管底口应始终超前于开挖面 2.5 m 以上,如果钻机能力许可,这个距离越大越好。

③必要时可向套管内注入一定量的水,使其保持一定的反压来平衡 A 桩混凝土的压力,阻止"混凝土管涌"的发生。

5) 预防"浮笼"。由于套管内壁与钢筋笼外缘之间的间隙较小，灌注桩芯混凝土起拔套管的时候，钢筋笼有可能被套管带着一起上浮形成"浮笼"。一般用振动锤起拔套管时因高频振动的液化减摩效应，"浮笼"现象极少发生。此外，尚可采取如下预防措施：

①确保灌桩混凝土的和易性良好，其粗骨料粒径满足<20 mm 的要求；

②钢筋笼的加工尺寸应确保精确，在转运、吊装过程中采取可靠措施防止钢筋笼扭曲变形；

③在钢筋笼底部加焊一块比钢筋笼略小的薄钢板，增加其抗浮能力。

6) 分段施工节点连接技术。往往一台钻机施工无法满足工程进度要求，需要多台钻机分段施工，这就存在首尾段之间的节点连接问题。节点连接一般采用砂桩过渡的方法，即先施工段的端头设置一个砂桩用以在相邻的 A 桩预留出咬合口，待后施工段到此节点时在砂桩桩位重新成孔挖出砂并灌上混凝土即可。

7) 事故桩处理措施。在钻孔咬合桩施工过程中，有可能因 A 桩超缓凝混凝土的质量不稳定出现早凝现象或机械设备故障等原因，使施工未能按正常要求进行而形成事故桩。事故桩的处理主要分为以下几种情况：

①平移桩位单侧咬合。

B_1 桩切割咬合施工时，A_1 桩的混凝土已经凝固，使钻机不能按正常施工条件切割咬合 A_1、A_2 桩完成 B_1 桩。在这种情况下，可向 A_2 桩方向平移 B_1 桩桩位，使钻机单侧切割 A_2 桩，之后在 A_1 与 B_1 桩外侧另增加一根旋喷桩作为防水处理。

②用后压浆技术、旋喷补强技术等处理排桩之间的缺陷是十分有效的方法。

③背桩补强。A_1 桩成孔施工时，其两侧 B_1 桩、B_2 桩的混凝土均已凝固，处理方法为放弃 A_1 桩的施工，调整桩序，继续后面咬合桩的施工，之后在 A_1 桩外侧增加 3 根咬合桩及 2 根旋喷桩作为补强。

2.5　深层搅拌桩挡土结构

深层搅拌桩是利用水泥、石灰等作固化剂，通过深层搅拌，就地将软土与水泥强制拌和，利用固化剂与软土之间发生的一系列物理、化学反应，使软土与水泥硬结成具有一定强度的水泥加固土体，即深层搅拌桩。作为挡土结构的搅拌桩一般布置成格栅形，深层搅拌桩也可连续搭接布置形成止水帷幕。

深层搅拌法是日本在 20 世纪 70 年代中期首创并采用的一种施工技术，简称 CMC 工法。我国于 1977 年年末进行深层搅拌机研制和室内外试验，并在工程中正式开始使用。深层搅拌法由于将固化剂和原地基软土就地搅拌混合，因而最大限度地利用了原土；搅拌时不会使地基土侧向挤出，所以对周围建筑物的影响很小；施工时无振动、无噪声、无污染，可在市区内和密集建筑群中进行施工；土体加固后重度基本不变，对软弱下卧层不致产生附加沉降；可以按照不同地基土的性质及工程设计要求，合理选择固化剂及其配方，设计比较灵活。

水泥加固土的强度取决于加固土的性质和所使用的水泥品种、标号、掺入量及外加剂等。加固土的抗压强度随着水泥掺入量的增加而增大，工程常用的水泥掺入比为 7%～15%，其强度标准值宜取试块 90 d 龄期的无侧限抗压强度，一般可达 500～3000 kPa。

2.5.1　加固机理

由于水泥加固土中水泥用量很少,水泥的水化反应是在土体中产生的,因此凝结速度比混凝土缓慢。

水泥与软黏土拌和后,水泥矿物和土中的水分发生强烈的水解和水化反应,同时从溶液中分解出的氢氧化钙生成硅酸三钙($3CaO \cdot SiO_2$)、硅酸二钙($2CaO \cdot SiO_2$)、铝酸三钙($3CaO \cdot Al_2O_3$)、铁铝酸四钙($4CaO \cdot Al_2O_3 \cdot Fa_2O_3$)、硫酸钙($CaSO_4$)等水化物,有的自身继续硬化形成水泥石骨架,有的则因活性的土进行离子交换而发生硬凝反应和碳酸化作用等,使土颗粒固结、结团,颗粒间形成坚固的联结,并具有一定强度。

2.5.2　适用范围

1)加固地基:加固较深较厚的淤泥、淤泥质土、粉土和含水量较高且地基承载力不大于 120 kPa 的黏性土地基,对超软土效果更为显著,多用于墙下条形基础、大面积堆料厂房地基。

2)挡土墙:基坑开挖时防止坑壁及边坡塌滑。

3)坑底加固:防止坑底隆起。

4)做地下防渗墙或隔水帷幕。

5)当地下水具有侵蚀性时,宜通过试验确定其适用性,冬季施工时应注意负温对处理效果的影响。

2.5.3　分类

水泥搅拌桩按材料喷射状态可分为湿法和干法两种。湿法以水泥浆为主,搅拌均匀,易于复搅,水泥土硬化时间较长;干法以水泥干粉为主,水泥土硬化时间较短,能提高桩间的强度。但搅拌均匀性欠佳,很难全程复搅。

目前,水泥搅拌桩按主要使用的施作方法分为单轴、双轴和三轴搅拌桩。地铁施工作为围护结构时多用三轴搅拌桩。

2.5.4　施工工艺

(1)施工机械。国内目前的搅拌机有中心管喷浆方式和叶片喷浆方式,前者是水泥浆从搅拌轴间的另一中心管输出,不易堵塞,可适用多种固化剂。后者是使水泥浆从叶片上若干小孔喷出,但因喷浆孔小,易堵塞,只能使用纯水泥浆。

(2)施工顺序。

1)施工准备。

①施工场地事先平整,清除桩位处地上、地下一切障碍。

②采用合格等级强度普通硅酸盐水泥,准确计量。

③施工机械要求配备有电脑记录仪及打印设备,以便了解和控制水泥浆用量及喷浆均匀程度,且设备性能稳定良好。

2)施工流程。桩位放样→钻机就位→检验、调整钻机→正循环钻进至设计深度→打开高压注浆泵→反循环提钻并喷水泥浆→至工作基准面以下 0.3 m→重复搅拌下钻并喷水泥浆至设计深度→反循环提钻至地表→成桩结束→进行下一根桩的施工。

3)主要工艺。

①桩位放样：根据桩位设计平面图进行测量放线，定出每一个桩位。

②钻机定位：依据放样点使钻机定位，钻头正对桩位中心。用经纬仪确定层向轨与搅拌轴垂直，调平底盘，保证桩机主轴倾斜度不大于1%。

③施工时，先将深层搅拌机用钢丝绳吊挂在起重机上，用输浆胶管将贮料罐砂浆泵与深层搅拌机接通，开动电动机，搅拌机叶片相向而转，借设备自重，以0.38~0.75 m/min的速度沉至要求加固深度，再以0.3~0.5 m/min的均匀速度提起搅拌机，与此同时开动砂浆泵将砂浆从深层搅拌中心管不断压入土中，由搅拌叶片将水泥浆与深层处的软土搅拌，边搅拌边喷浆直到提至地面(近地面开挖部位可不喷浆，便于挖土)，即完成一次搅拌过程。用同法再一次重复搅拌下沉和重复搅拌喷浆上升，即完成一根柱状加固体，外形呈现"8"字形，一根接一根搭接，即成壁状加固体，几个壁状加固体连成一片，即成块状。

④施工中固化剂应严格按预定的配合比拌制，并应有防离析措施。起吊应保证起吊设备的平整度和导向架的垂直度。成桩要控制搅拌机的提升速度和次数，使连续均匀，以控制注浆量，保证搅拌均匀，同时泵送必须连续。

⑤砂浆水灰比设计无要求时采用0.43~0.50，水泥掺入量一般为水泥重量的12%~17%。

⑥搅拌机预搅下沉时，不宜冲水；当遇到较硬土层下沉太慢时，方可适量冲水，但应考虑冲水成桩对桩身强度的影响。

⑦每天加固完毕，应用水清洗贮料罐、砂浆泵、深层搅拌机及相应管道，以备再用。

4)质量检查。

①轻便触探法：成桩7 d可采用轻便触探法检验桩体质量。用轻便触探器所带勺钻，在桩体中心钻孔取样，观察颜色是否一致，检查小型土搅拌均匀程度，根据轻便触探击数与水泥土强度的关系，检查桩体强度能否达到设计要求，轻便触探法的深度一般不大于4 m。检验桩的数量应不少于已完成桩数的2%。

②钻芯取样法：成桩完成后，对竖向承载的水泥土在90 d后、横向承载的水泥土在28 d后，用钻芯取样的方法检查桩体完整性，搅拌均匀程度，桩体强度、桩体垂直度。钻芯取样频率为1%~1.5%。

2.6 SMW工法桩

SMW(soil mixing wall)工法连续墙于1976年在日本问世，SMW工法是以多轴型钻掘搅拌机在现场向一定深度进行钻掘，同时在钻头处喷出水泥等强化剂而与地基土反复混合搅拌，在各施工单元之间则采取重叠搭接施工，然后在水泥土混合体未结硬前插入H型钢或钢板作为其应力补强材料，至水泥结硬，便形成一道具有一定强度和刚度的、连续完整的、无接缝的地下墙体(见图2-15)。这种结构抗渗性好，刚度大，构造简单，施工简便，工期短，无环境污染。由于作为临时支护，H型钢可回收重复使用，成本较低。

SMW工法最常用的是三轴型钻掘搅拌机，其中钻杆有用于黏性土及用于砂砾土和基岩之分，此外还研制了其他一些机型，用于城市高架桥下等施工，空间受限制的场合，或海底筑墙，或软弱地基加固。该方法的施工主要步骤有：准备、开挖导向沟，桩机就位，制搅拌桩，H 型钢制作，H 型钢插入，H 型钢运输到位，除锈涂刷减摩剂(见图 2-16)。

图 2-15　SMW 工法桩施工

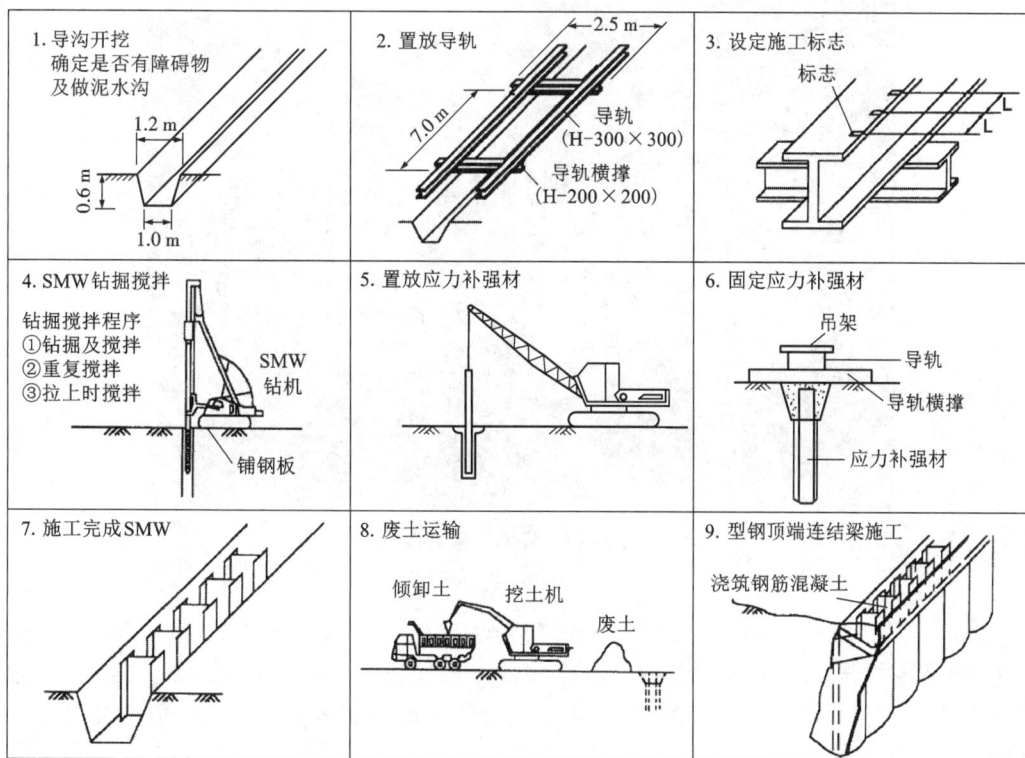

图 2-16　SMW 工法桩施工流程图

2.6.1 关键工艺

（1）"三通一平"。桩基施工现场应在机械设备进场前予以平整，当场地表层较硬需用注水预搅施工时，应在四周开挖排水沟，并设集水井，其位置以不影响搅拌机施工为原则；排水沟和集水井应经常清除沉淀杂物，保持水流畅通。当场地过软不利于搅拌机行走或移动时，应铺设粗砂或细石垫层，不得用粗粒碎石。搭设灰浆制备作业棚应有足够的面积，其位置宜使灰浆的水平泵送距离控制在 50 m 以内。

（2）桩位放样。根据坐标基准点及设计图进行放样定位及高程引测工作，并做好永久及临时标志。为了保证结构内部净空及衬墙厚度，考虑围护结构施工误差及变形要求，沿桩位中心线两边各外放 5 cm。放样定位后提请监理进行复核验收，确认无误后方可进行搅拌施工。

（3）开挖导向沟槽。根据基坑围护内边控制线，采用挖机开挖导向沟（见图 2-17），遇有地下障碍物时，用挖土机清除，导向沟尺寸。开挖导向沟余土应及时处理，以保证桩机水平行走，并达到文明施工要求。

图 2-17　导向沟槽开挖

（4）定位型钢放置。垂直导向沟方向放置两根定位型钢，规格为 200 mm×200 mm，长约 215 m，再在平行导向沟方向放置两根定位型钢规格 300 mm×300 mm，长 8 m～20 m，转角处 H 型钢采取与围护中心线成 45°角插入，H 型钢定位采用型钢定位卡。具体位置及尺寸见图 2-18（视实际情况而定）。

（5）搅拌桩孔位定位。根据搅拌桩的尺寸在平行 H 型钢表面用红漆画线定位，SMW 钻机就位。

（6）搅拌喷浆下沉。在施工现场搭建拌浆施工平台，平台附近搭建一定面积的水泥库，在开机前应进行浆液的拌制，开钻前对拌浆工作人员做好交底工作。启动电动机，根据土质

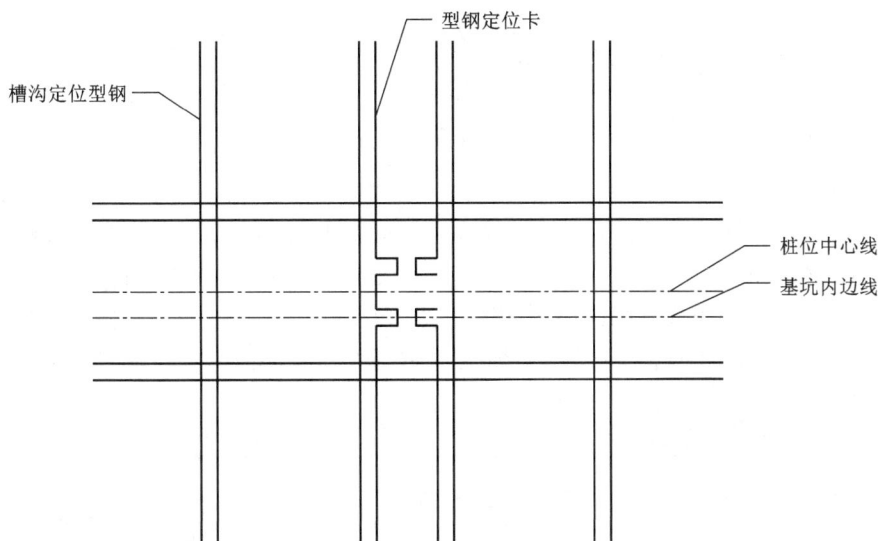

图 2-18　定位型钢示意图

情况按计算速率，放松卷扬机使搅拌头自上而下切土拌和下沉，下沉速度为 $0.5\sim1.0$ m/min，边注浆、边搅拌、边下沉，使水泥浆和原地基土充分拌和并下沉至桩底设计标高。

(7)搅拌喷浆提升。待搅拌机头下沉至设计标高后，注浆 30 s，然后按计算要求的速度提升搅拌头，边注浆、边搅拌、边提升，使水泥浆和原地基土充分拌和，直到提升桩顶设计标高后再关闭灰浆泵。

三轴搅拌机搅拌下沉速度和提升速度应控制在 $1\sim1.5$ m/min 范围内，并保持匀速下沉和匀速提升，同时要避免搅拌提升时使孔内产生负压造成周围地基沉降。具体选用的速度值应根据成桩工艺、水泥浆液配合比、注浆泵的工作流量计算确定，搅拌次数或搅拌时间应确保水泥土搅拌桩的成桩质量。

(8)H 型钢插入。当搅拌桩每完成一组后，必须马上插入 H 型钢，施工时必须与围护深层搅拌桩紧密配合，交叉施工。为保证 H 型钢能够在工程结束前顺利拔出，H 型钢插入后，H 型钢顶标高应高于设计围护结构圈梁顶标高 50 cm。按定位尺寸安装好导向控制架，才能插入型钢。型钢插入前，必须确保型钢的定位与设计桩位相符合，并校正水平。起吊型钢前，必须重新检查型钢上减磨涂料是否完整，若有漏涂或剥落须重新补上。起吊前在距 H 型钢顶端 30 cm 处开一个中心圆孔，孔径约 10 cm，装好吊具和固定钩，然后用 50 t 吊机起吊 H 型钢，用线锤校核垂直度，确保 H 型钢插下时垂直。型钢插入时要确保其垂直度，尽可能做到依靠其自重插入，而避免冲击打入。同时要控制基坑变形，以免引起型钢变形。

(9)压顶圈梁制作。作为挡土的支护结构，每根桩必须通过桩顶连接共同作用。在基坑开挖之间，必须制作混凝土圈梁及防水围护。

(10)回收。H 型钢采用 SMW 工法制成的地下墙体由于作为基坑围护结构使用，当基坑开挖后，一般不再具有任何作用。为此可以根据设计的要求确定是否回收 H 型钢，若回收 H 型钢，需用 6%～10% 的水泥浆填充 H 型钢拔除后的空隙。

主要技术参数：水泥掺入比 20%；供浆流量（140~160）L/min；水泥浆液的水灰比为 1.5~2.0，水泥掺量不小于 20%；泵送压力（1.5~2.5）MPa；下沉速度<1 m/min；提升速度<2 m/min；28 d 无侧限抗压强度>1.5 MPa。

2.6.2　桩位施工顺序

SMW 桩按如图 2-19、图 2-20 所示连续式顺序进行施工。其中两圆相交的公共部分为重复套钻，以保证墙体的连续性和接头的施工质量；图上数字表示钻掘顺序，连续式施工顺序一般适用于 N 值小于 50 的地基土，一般情况下采用图 2-19 跳槽式双孔全套复搅式连接，对于围护墙转角或有施工间断情况下采用图 2-20 单侧挤压式连接方式。桩与桩的搭接时间不宜大于 12 h，若因故超时，搭接施工中必须放慢搅拌速度保证搭接质量。

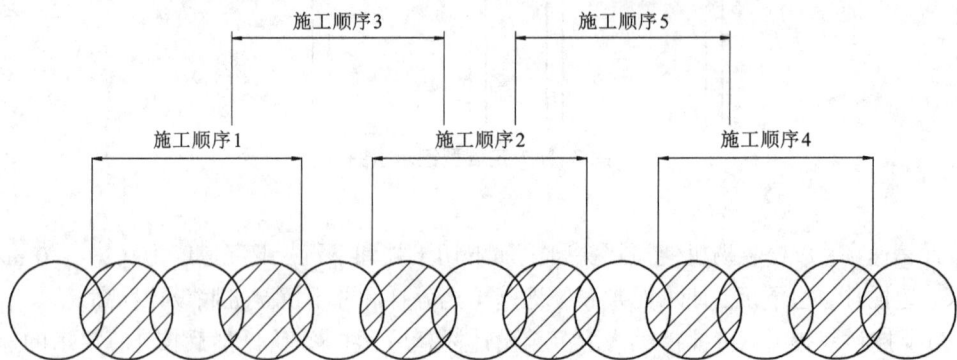

图 2-19　跳槽式双孔全套复搅式连接方式图

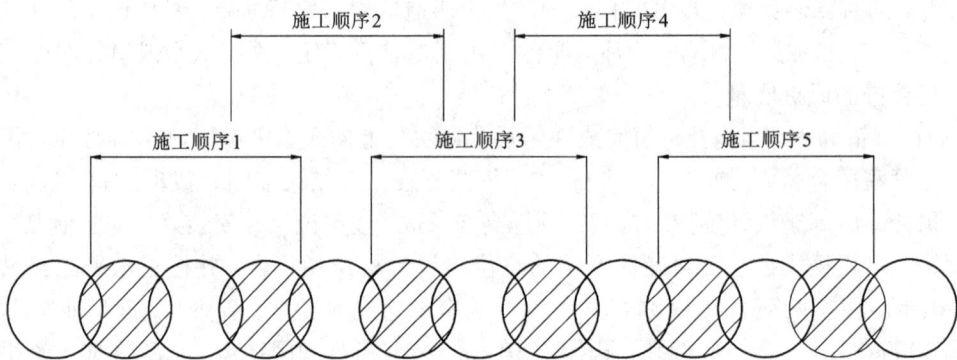

图 2-20　单侧挤压式连接方式图

2.6.3　注意事项

（1）开机前探明和清除一切地下障碍物，回填土的部位，必须分层回填夯实，确保桩的质量。

（2）桩机行驶路轨和轨枕不得下沉，桩机垂直偏差不大于 1%。

（3）采用标准水箱，按设计要求严格控制水灰比，水泥浆搅拌时间不少于(2~3) min，滤浆后倒入集料池中，随后不断搅拌，防止水泥离析压浆应连续进行，不可中断。

（4）每根桩需做试块一组采用标样，28 d 后测定无侧抗压强度，应达到设计标号。

（5）严格控制注浆量和提升速度，防止出现夹心层或断浆情况。

（6）搅拌头二次提升速度均控制在 50 cm/min 以下。

（7）桩与桩须搭接的工程应注意下列事项：桩与桩搭接时间不应大于 24 h；如超过 24 h，则在第二根桩施工时增加 20% 的注浆量，同时减慢提升速度；如因相隔时间太长致使第二根桩无法搭接，则在设计方认可下采取局部补桩或注浆措施。

（8）尽可能在搅拌桩施工完成后 30 min 内插入 H 型钢，若水灰比较大时，插入时间相应增加。

（9）每根 H 型钢到现场后，都要检验垂直度、平整度和焊缝厚度等，不符合规定的不得使用。

1）须设置 H 型钢悬挂梁或其他可以将 H 型钢固定到位的悬挂装置，以免插入到位后再下沉。

2）涂刷 H 型钢隔离剂时，要严格按照操作规程作业，确保隔离剂的黏结质量符合要求。

3）复合排桩完成后，凿除桩顶部水泥土，露出的 H 型钢表面需用隔离材料包扎或粘贴，然后制作冠梁。

（10）做好每一根桩的施工记录，深度记录误差应不大于 10 mm，时间记录误差不大于 5 s。

（11）保证桩体垂直的措施。

1）在铺设道轨枕木处要整平整实，使道轨枕木在同一水平线上；

2）在开孔之前用水平尺对机械架进行校对，以确保桩体的垂直度达到要求；

3）用两台经纬仪对搅拌轴纵横向同时校正，确保搅拌轴垂直；

4）施工过程中随机对机座四周标高进行复测，确保机械处于水平状态施工，同时用经纬仪经常对搅拌轴进行垂直度复测。

（12）保证加固体强度均匀措施。

1）压浆阶段时，不允许发生断浆和输浆管道堵塞现象。若发生断桩，则在向下钻进50 cm 后再喷浆提升。

2）采用"二喷二搅"施工工艺，第一次喷浆量控制在 60%，第二次喷浆量控制在 40%；严禁桩顶漏喷现象发生，确保桩顶水泥土的强度。

3）搅拌头下沉到设计标高后，开启灰浆泵，将已拌制好的水泥浆压入地基土中，并边喷浆边搅拌 1~2 min。

4）控制重复搅拌提升速度为 0.8~1.0 m/min，以保证加固范围内每一深度均得到充分搅拌。

5）相邻桩的施工间隔时间不能超过 12 h，否则喷浆时要适当多喷一些水泥浆，以保证桩间搭接强度。

6）预搅时，软土应完全搅拌切碎，以利于与水泥浆的均匀搅拌。

2.6.4 质量标准

（1）施工过程必须严格控制跟踪检查每根桩的水泥用量、桩长、搅拌头下降和提升速度、浆液流量、喷降压力、成桩垂直度、H型钢吊装垂直度、标高等。

（2）在成桩过程中对水泥土取样，制成标准试块。取样数量为每台班每机架一组，每组6块。

（3）搅拌桩桩体在达到龄期28 d后，应钻孔取心测试其强度，其抗压强度不应小于115 MPa或满足设计要求。

（4）SMW桩体不允许出现大面积的湿迹和渗漏现象。若有渗漏应及时封堵。

2.7 地下连续墙

地下连续墙主要有预制钢筋混凝土连续墙和现浇钢筋混凝土连续墙两类，通常指后者。地下连续墙施工时振动小，噪声低，墙体刚度大，对周边地层扰动小；可适用于多种土层，除夹有孤石、大颗粒卵砾石等局部障碍物时影响成槽效率外，对黏性土、无黏性土、卵砾石层等各种地层均能高效成槽。

地下连续墙施工采用专用的挖槽设备，沿着基坑的周边，按照事先划分好的幅段，开挖狭长的沟槽。挖槽方式可分为抓斗式、冲击式和回转式等类型。在开挖过程中，为保证槽壁的稳定，采用特制的泥浆护壁。泥浆应根据地质和地面沉降控制要求经试配确定，并在泥浆配制和挖槽施工中对泥浆的相对密度、黏度、含砂率和pH等主要技术性能指标进行检验和控制。每个幅段的沟槽开挖结束后，在槽段内放置钢筋笼，并浇筑水下混凝土。然后将若干个幅段连成一个整体，形成一个连续的地下墙体，即现浇钢筋混凝土壁式连续墙。

2.7.1 地下连续墙分类

（1）按成墙方式：桩排式、槽板式、组合式；

（2）按墙的用途：防渗墙、临时挡土墙、永久挡土墙、作为基础用的地下连续墙；

（3）按墙体材料：钢筋混凝土墙、塑性混凝土墙、固化灰浆墙、自硬泥浆墙、预制墙、泥浆槽墙、后张预应力地下连续墙、钢制地下连续墙；

（4）按开挖情况：地下连续墙（开挖）、地下防渗墙（不开挖）。

2.7.2 施工工艺

（1）工艺流程。由于槽板式钢筋混凝土地下连续墙现场使用最多，故以此种为例讲述其施工工艺。通常方法是在地面上采用专用挖槽机械设备，按一个单元槽段长度（一般6~8 m），沿着深基础或地下构筑物周边轴线，利用膨润土泥浆护壁开挖深槽，再灌注水下混凝土，具体工艺流程见图2-21。

（2）导墙施工。

1）导墙的结构形式。

导墙可以由以下几种材料做成：

①木材。厚5 cm的木板和10 cm×10 cm方木，深度1.7~2.0 m。

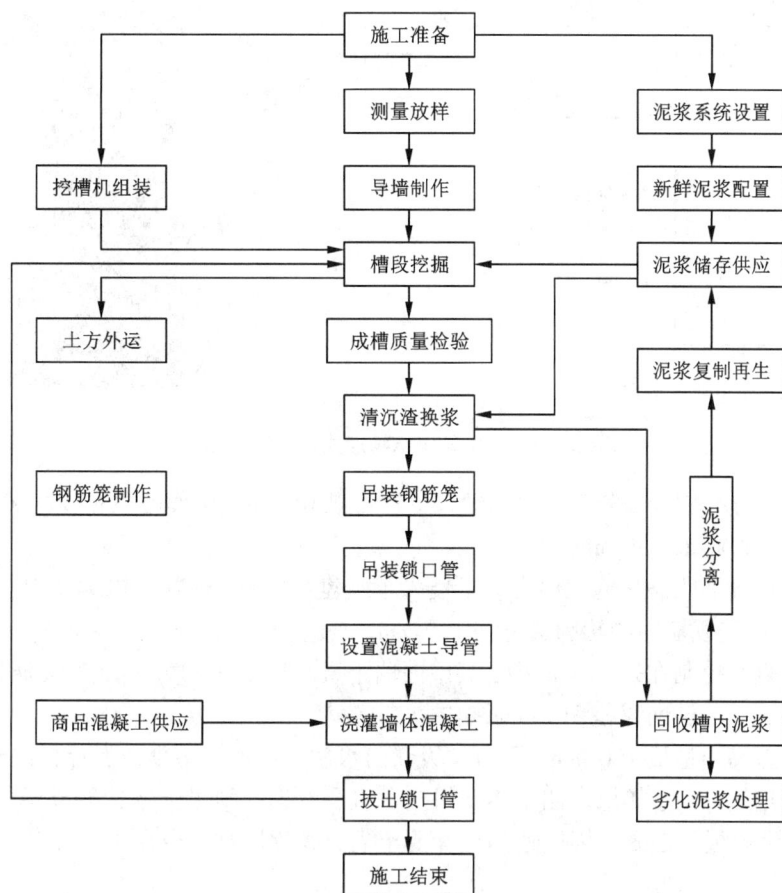

图 2-21　地下连续墙施工流程图

②砖。M7.5 砂浆砌 M10 砖，常与混凝土做成混合结构。

③钢筋混凝土和混凝土，深度 1.0~1.5 m。

④钢板。

⑤型钢。

⑥预制钢筋-混凝土结构。

⑦水泥土。

导墙的位置、尺寸准确与否直接决定地下连续墙的平面位置和墙体尺寸能否满足设计要求。导墙间距应为设计墙厚加余量(4~6 cm)，允许偏差±5 mm，轴线偏差±10 mm，一般墙面倾斜度应不大于 1/500。导墙的顶部应平整，以便架设钻机机架轨道，并作为钢筋笼、混凝土导管、结构管等的支撑面。导墙后的填土必须分层回填密实，以免被泥浆掏刷后发生孔壁坍塌。常见的导墙结构形式见图 2-22。

2)导墙施工要求。

①导墙是保证连续墙精度的首要条件，要精心测量，准确定位。

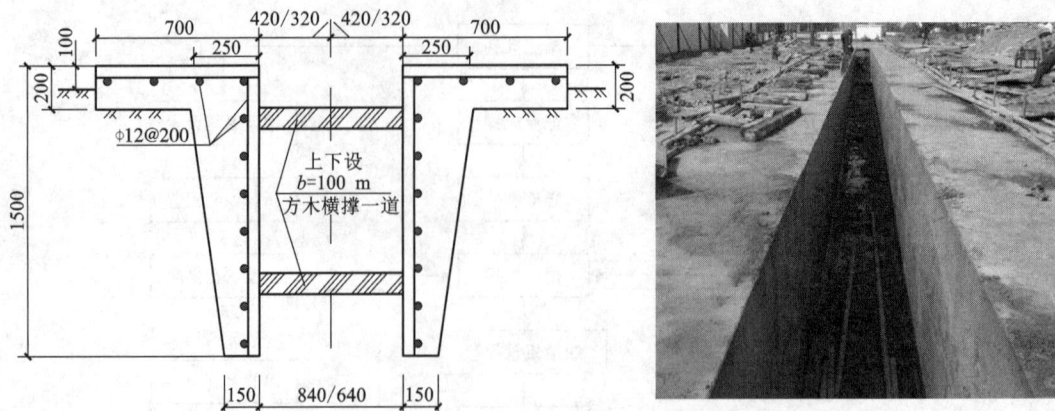

图 2-22　常见导墙结构形式（单位：mm）

②为了保证抓斗钻头及钢筋网片、锁口管进出顺利，导墙施作时放宽 40~60 mm（沿中轴线向两侧，每边放宽 20~30 mm）。

③为确保连续墙既满足施工精度又不侵入车站建筑界限，通常将连续墙中轴线向外多放 120~130 mm，即连续墙内侧轮廓放宽约 100 mm。

④导墙垂直度控制在±7.5 mm 内，其中内墙垂直度控制在±3 mm 内。顶面平行，全长高差控制在±5 mm 内，轴向误差±10 mm 之内。

⑤导墙上口高出地面 100 mm，以防垃圾和雨水冲入导槽内污染或者稀释泥浆。

⑥导墙开挖土方时，如果外侧土体能保持垂直自立时，则以土壁代替外模板，避免回填土，否则外侧设模板。混凝土强度达到设计要求后，墙背用黏土分层夯填密实，防止地表水渗入槽内，引起槽段塌方。

⑦导墙施工完成后，在槽底铺上 40 mm 厚 M5 水泥砂浆，在槽段未开挖前可做临时储浆或换浆沟用。

⑧拆模后每隔 2 m 设上下两道木支撑，支撑采用 80 mm 直径的圆木。抓槽之前不拆内撑，并及时回填土方，同时严禁重型机械在混凝土未达到设计强度之前靠近导墙行走，以防止导墙变形。

（3）泥浆制备。

1）泥浆池设计：根据膨润土的膨润特性，泥浆应在储浆池内至少储存 12~24 h。一般泥浆储浆池采用钢制储浆罐，若在地下挖坑作为储浆池使用，必须防止地面水流入池内。

2）泥浆材料：

①水的选定：对于膨润土泥浆，最好使用钙离子浓度不超过 100 mg/L、钠离子浓度不超过 500 mg/L 和 pH 为中性的水，否则，应考虑在泥浆中增加分散剂和使用耐盐性的材料或改用盐水泥浆。

②膨润土的选定：钠膨润土与钙膨润土相比，其湿胀度较大，但容易受阳离子影响。对于水中含有大量的阳离子或在施工过程中可能有显著阳离子污染时，最好采用钙膨润土。膨润土的种类不同，泥浆的混合浓度、外加剂的种类及掺加浓度、泥浆的循环使用次数等会有很大的差异，所以在选用时要充分考虑成本因素。

③CMC 的选定：如果有海水混入泥浆时，应选用耐盐性 CMC(羧甲基纤维素钠)。当溶解性有问题时，要使用颗粒状的易溶性 CMC。一般 CMC 的黏度可分为高、中、低三种，越是高黏度的 CMC 价格越高，防漏效果也越好。

④分散剂的选定：为使泥浆在沉淀槽内容易产生泥水分离，应使用能够减少泥浆凝胶强度及屈服值的分散剂。对于工程泥浆来说，应首选使用纯碱(Na_2CO_3)，但在透水性高的地基内，如果再对已经变质的、过滤水量增多的泥浆使用不适当的分散剂，就会进一步增大槽壁坍塌的危险性，所以在这种情况下，最好使用尽管泥浆变质也不会增加失水量的分散剂(碳酸钠或三磷酸钠等分散剂)。

⑤加重剂的选定：一般来说，除重晶石外，其他加重剂较难获取。

⑥防漏剂的选定：泥浆的漏失通常分大、中、小三种情况，选用防漏剂时要根据漏失的空隙大小而定。一般认为防漏剂的粒径相当于漏浆层土砂粒径的 10%~15%最好。

3)泥浆循环和再生。泥浆循环方式：掘槽时采用正循环，清槽时采用反循环。

泥浆的再次利用采用重力沉降处理和机械处理并用的方法。目前，机械处理的方法通常是使用振动筛，利用振动筛来分离土渣和泥浆。由所用的筛孔大小来决定可分离土渣的粒径，筛孔越小，可分离的比率越高，效率越低，一般用以除去 20 目(孔径 0.77 mm)以上的砂或黏土块。

振动筛是通过强力振动将土渣与泥浆分离的设备，其形式有两种：一种是双层单轴振动倾斜筛，筛网倾斜度一般为 15°~20°，这种形式适用于大块状土渣；另一种是双层双轴单向振动倾斜筛，筛网倾斜度一般为 5°，上下振动，振幅较小。

4)泥浆处理及外运。由于地铁施工通常在城市中心进行，环保要求高，这时可考虑设置一套由制浆机、旋流器、振动筛和泥浆罐组成的泥浆处理系统，泥浆的制备、储存、输送、循环、分离等均由泥浆处理系统完成。此外，在现场修建存土坑和泥浆沉淀池及污水池等，保证泥浆不落地，以减少对环境的污染。经检查不能再生的泥浆和混凝土浇筑置换出的劣质泥浆经沉淀池、旋流器、振动筛分离处理后，用罐车将固化物运至指定地点废弃，施工污水经沉淀并达到排放标准后，排入城市下水道管道。

(4)成槽施工。

1)槽段划分。地下连续墙施工通常需要分隔成很多不同长度的施工段，用 1 台或是多台挖槽机，按不同的施工顺序分段建成。即使是同一个槽段，也需要用 1 台挖槽机分几次开挖，每次完成的工作量叫作一个单元，它的长度就叫单元长度。通常，使用抓斗时，它的单元长度就是抓斗斗齿开度(2~3 m)，习惯上把这种抓斗单元叫作"一抓"，通常一个槽段由 2~3 抓组成。加大槽孔长度，可以减少结构数量，提高墙体的整体防渗性和连续性，提高工作效率，但泥浆和混凝土用量及钢筋笼重量也随之增加，所以需要合理确定槽孔长度。

①影响槽段划分的因素。

A.设计因素：主要有墙体的使用目的、构造(同柱子及主体结构的关系)、形状(拐角、端头和圆弧等)、厚度和深度等。一般来说，墙厚和深度增大时，槽孔稳定性变差。

B.施工因素：如对相邻建筑物或管线的影响；槽宽不应小于挖槽机的最小挖槽长度；钢筋笼和预埋件的总重量和尺寸；混凝土的供应能力和浇筑强度(上升速度应大于 2 m/h)；泥浆池的容量应能满足清空泥浆和回收泥浆的要求(通常泥浆池容量不小于槽孔体积的 2 倍)；在相邻建筑物作用下，有附加荷载或动荷载时，槽长应短些；完成时间限制等。

C.地质条件：挖槽的最关键问题是槽壁的稳定性，而这种稳定性取决于地质和地形等条件。遇到极软的地层、极易液化的砂土层、预计会有泥浆急速漏失的地层、极易发生塌槽的地层时，槽长应采用较小数量值。此时，最小槽孔长度可小些，可只有一个抓斗单元长度（2~3 m）。实际上，槽孔最大长度主要受3个因素制约：钢筋笼（含预埋件）的加工、运输和吊装能力，混凝土的生产、运输和浇筑能力，泥浆的生产和供应能力。一般槽长为5~8 m，也有更长或更短的，目前大多数标准都在6 m左右。

②槽段划分原则：

A.应使槽段分缝位置远离墙体受力（弯矩和剪力）最大的部位。

B.在结构复杂的部位，分缝位置应便于开挖和浇筑施工。

C.在某些情况下，可采用长短槽段交错配置的布置方式，以避开一些复杂结构节点（墙与柱之间、墙与内隔墙之间等）。把短槽作为二期槽段，便于处理接缝。

D.墙体内有预留孔洞和重要埋件，不得在此处分缝。

E.槽段分缝应与导墙（特别是预制导墙）的施工分缝错开。

F.在可能的条件下，一个槽段的单元应为奇数，如为偶数，挖槽时可能造成斜坡。

2）槽段开挖。地下连续墙施工挖槽机械是在地面操作，穿过泥浆向地下深处开挖一条预定断面槽深的工程机械。由于地质条件不同，断面深度不同，技术要求不同，应根据不同要求选择合适的挖槽机械。目前我国在施工中应用较多的是吊索式或导杆式（蚌式）抓斗机、钻抓斗式挖槽机、多头钻机等。挖槽方法大致可归纳为以下三种：

①先钻导孔，再用抓斗挖掘成槽：先以一定间隔挖掘导孔，再用抓斗将导孔间的地段挖掉整修成槽，如图2-23所示。

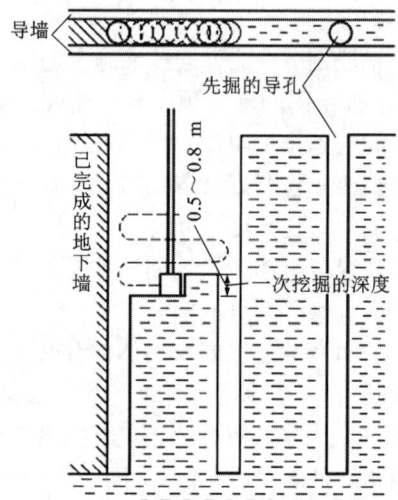

②先钻导孔，再重复钻圆孔成槽：先在施工槽段两端钻导孔到设计深度，两导孔间各圆孔只钻0.5~0.8 m，即在钻孔到0.5~0.8 m时，把钻头提到原来位置，把钻机横向移动，一遍一遍重复钻挖直到设计深度，完成第一个槽段开挖，如图2-24所示。用同样的方法钻挖下一槽段。此法的缺点是钻挖工作重复，效率较低。

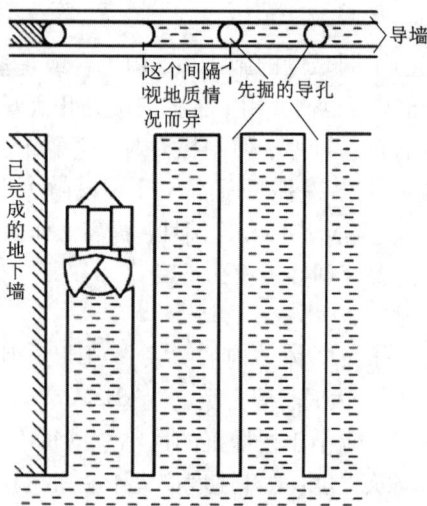

图2-23 先钻导孔，再用抓斗挖掘成槽　　图2-24 先钻导孔，再重复钻圆孔成槽

一次钻挖成槽：从一开始就将沟槽挖到设计深度，并挖成槽，把钻头提到地面，横向移动钻机，连续钻挖，完成第一个槽段开挖，如图 2-25 所示。用同样的方法钻挖下一槽段。此法是一次钻挖成槽。从地下连续墙施工来说，这种方法是最理想的形式。

3）刷壁、清孔。当开挖槽段达到设计深度和宽度后，先用成槽机抓斗侧面特制的钢齿在工字钢内侧由上到下刮除接头内部的异物，然后再采用特制的刷壁器（见图 2-26）在工字钢接头内进行刷壁清理，将接头内的浮浆和其他异物清理干净，即完成刷壁作业。

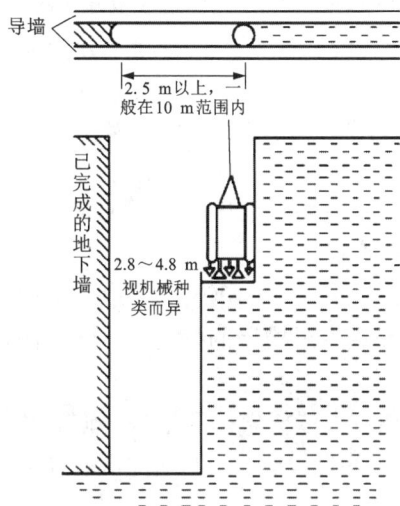

图 2-25　一次钻挖成槽

图 2-26　刷壁器

刷壁完成后即进行清孔作业，清孔时把 30 kW 特制潜水泵通过吊车下至槽段底部，从槽段底部将成槽过程中的指标超标的泥浆抽至回浆池中，同时在槽段顶部补充新浆，通过正循环排浆用新浆将整个槽段中的泥浆置换至回浆池中，直至槽段中的泥浆指标符合要求后，完成清孔作业，清孔结束后即进行钢筋笼吊装作业。

4）典型地段施工。

①软土成槽施工。在软土地基中，地下连续墙采用液压成槽机直接进行开挖，开挖的土方直接存放于场内的临时存土坑内，并及时运至指定弃土场。

A. 按槽段成槽划分，分幅施工，标准槽段（6 m）采用三抓成槽法开挖成槽，即每幅连续墙施工时，先抓两侧土体，后抓中心土体，防止抓斗两侧受力不均而影响槽壁垂直度，如此反复开挖直至设计槽底标高为止。异形槽段严格按分幅分段一次开挖成型。

B. 挖槽施工时，应先调整好成槽机的位置，对于无自动纠偏装置的成槽机，它的主钢丝绳必须与槽段的中心重合。成槽机掘进时，必须做到稳、准、轻放、慢提，并用经纬仪双向监控钢丝绳、导杆的垂直度。挖完槽后用超声波测壁仪进行检测，确保成槽垂直度≤1/300。

C. 异形"T"形或"L"形槽段，采用对称分次直挖成槽，即先行开挖一短幅，开挖一段深度后，挖另一短幅，相互交替施工。不足 2 抓宽度的槽段，则采用交替互相搭接工艺直挖成槽施工。

D. 挖槽时，应不断向槽内注入新鲜聚泥浆，保持聚泥浆面在导墙顶面以下 0.2 m，且高出地下水位 0.5 m。随时检查泥浆质量，及时调整泥浆以符合上述指标并满足特殊地层的要求。

E. 转角处异形槽段严格按照规定的几种形式开挖，挖槽施工时一旦发现异常情况应立即停止施工，分析原因并采取相应措施后，再继续施工。

F. 雨天地下水位上升时，及时加大泥浆比重及黏度，雨量较大时暂停挖槽，并封盖槽口。

G. 在挖槽施工过程中，若发现槽内泥浆液面降低或浓度变稀，要立即查明是否为地下水流入或泥浆随地下水流走所致，并采取相应措施纠正，以确保挖槽继续正常进行。

②岩层施工。液压成槽机抓斗挖到岩面即停，并使槽底基本持平，在导墙上标出钻孔位置。在地下连续墙转角部位向外多冲半个孔位，保证连续墙的完整性。入岩施工分为如下步骤：

A. 采用冲击钻机冲击主孔，泵吸反循环出渣，钻头大小和主孔中心距根据墙厚进行调整，主孔间距一般为 1.5 倍墙厚，充分利用冲击钻机冲频高、出渣快、进尺快的特点。

B. 采用冲击钻冲击副孔（主孔间剩余的岩墙），泥浆在槽内采用循环出渣，减少重复破碎，这样可以减少冲击面积较小时冲击锤的摆动，保证槽壁垂直。

C. 以冲击钻配以方锤［目前常用的为 800(600)mm×1200 mm］，修整槽壁联孔成槽，冲击过程中将冲程控制在 1 m 以内，并防止打空锤和放绳过多，减少对槽壁的扰动，成槽后辅以液压成槽机抓斗清除岩屑。

D. 冲击钻钻入岩层时，勤松绳、勤掏渣，防止锤环磨损过大造成斜孔和吊锤。施工过程中每 0.5~1 m 测量一次钻孔垂直度，并随时纠偏。变化处采用低锤轻击、间断冲击的方法小心通过。成槽过程见图 2-27。

E. 针对入岩部分，另需配备冲击钻机进行修槽，配备方锤。冲锤大样图见图 2-28。

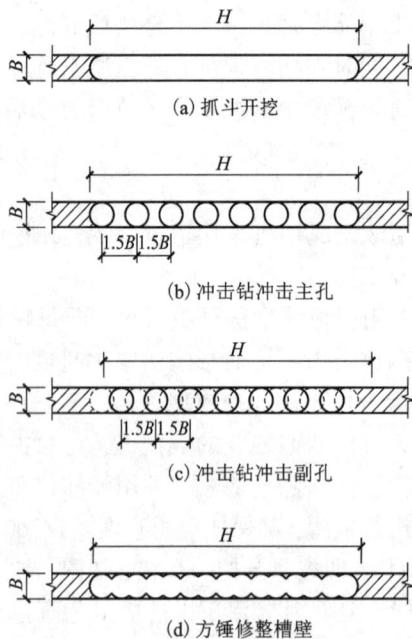

图 2-27　岩层成槽施工示意图

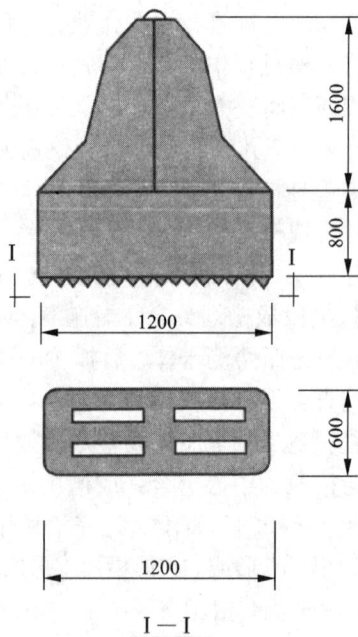

图 2-28　冲锤大样图（单位：mm）

(5)钢筋笼制作及吊装。

1)钢筋平台设计。由于连续墙特殊的工艺和精度要求，钢筋笼制作精度必须满足设计和施工要求，因此将钢筋笼在平整度≤5 mm 的混凝土(C20)平台或槽钢平台上制作加工。钢筋平台的尺寸根据工程需要的最大幅连续墙钢筋笼尺寸确定，长度一般取最大幅的钢筋笼长加 2 m，宽度一般取最大幅钢筋笼宽加 3 m(方便桁架的加工)。

2)钢筋笼加工。

①钢筋加工。

A.主钢筋尽量不要采用搭接接头，以增加有效空间，有利于混凝土的流动；

B.有斜拉钢筋时，应注意留出足够的保护层；

C.主筋采用闪光接触对焊或锥形螺纹连接；

D.钢筋应在加工平台上放样成型，以保证钢筋笼的几何尺寸和形状正确无误；

E.拉(钩)筋两端做成直角弯钩，点焊于钢筋笼两侧的主筋上。

②钢筋笼的制作。

A.按图纸要求制作钢筋笼，确保钢筋的正确位置、根数及间距，焊接牢固。

B.为保证混凝土灌注导管顺利插入，纵向主筋放在内侧，横向钢筋放在外侧。

C.纵向钢筋搭接应采用对焊连接，钢筋轴线要保证在一条直线上；同一截面的焊接接头面积不能超过 50%，且间隔布置。

D.钢筋笼除结构焊缝需满焊及周围钢筋交点需全部电焊外，中间的交叉点可采用 50%交错电焊。

E.钢筋笼成型后，临时绑扎铁丝全部拆除，以免下槽时刮伤槽壁。

F.制作钢筋笼时，在制作平台上预安定位钢筋柱，以提高工效和保证制作质量；制作出的钢筋笼须满足设计和规范要求。

G.施工前准备好对焊机、弧焊机、电焊机、钢筋切断机、钢筋弯曲机等，且钢筋经过复核合格。

H.主筋间距误差±10 mm，箍筋间距误差±20 mm，钢筋笼厚度−10~0 mm，宽度±20 mm，长度±50 mm，预埋件距离中心位置±10 mm。

I.钢筋笼制作完成后，按照使用顺序加以堆放，并应在钢筋笼上标明其上下头和里外面及使用槽段编号等。当存放场地狭小，需要钢筋笼重叠堆放时，为避免钢筋笼变形，应在钢筋笼之间加垫方木，堆放时注意施工顺序。

3)钢筋笼吊放。

①吊运。当钢筋笼加工厂距槽孔较远时，可用特制平台车将其运到槽孔附近(见图 2-29)。

水平吊运钢筋笼时，必须吊住 4 点，吊装时首先把钢筋笼立直，为防止钢筋笼起吊时弯曲变形，常用 2 台吊车同时操作。为了不使钢筋笼在空中晃动，可在其下端系上绳索用人力控制，也有使用 1 台吊车的两个吊钩进行吊装作业的。为了保证吊装的稳定，可采用滑轮组自动平衡中心装置，以保证垂直度。

大型钢筋笼可采用附加装置——横梁、铁扁担和起吊支架等。钢筋笼进入槽孔时，吊点中心必须和槽段中心对准，然后缓慢下放。此时应注意起重臂不要摆动。

如果钢筋笼不能顺利入槽时，应马上将其提出孔外，查明原因并采取相应措施后再吊放入槽。切忌强行插入或用重锤往下压砸，否则将导致钢筋笼变形，造成槽孔坍塌，甚至更难处理。

图 2-29 钢筋笼吊运

在吊放入槽内过程中，应随时检测和控制钢筋笼的位置和偏斜情况，并及时纠正。

②钢筋笼分段连接。当地下连续墙深度很大、钢筋笼很长而现场起吊能力又有限时，钢筋笼往往分成 2 段或 3 段，第一段钢筋笼先吊入槽段内，使钢筋笼端部露出导墙 1 m，并架立在墙上，然后吊起第二段钢筋笼，经对中调正垂直度后即可焊接。焊接接头一种是上下钢筋笼的钢筋逐根对准焊接，另一种是用钢板接头。第一种方法很难做到逐根钢筋对准，焊接质量没有保证而且焊接时间很长。后一种方法是在上下钢筋笼端部所有钢筋焊接在通长的钢板上，上下钢筋笼对准后，用螺栓固定，以防止焊接变形，并用同主筋直径的附加钢筋@300 一根与主筋电焊以加强焊缝和补强，最后将上线钢板对焊，即完成钢筋笼分段连接。

4) 钢筋笼入槽标高控制。制作钢筋笼时，选主桁架的两根立筋作为标高控制的基准，做好标记。下钢筋笼前测定主桁架位置处的导墙顶面标高，根据标高关系计算好固定钢筋笼于导墙上的设于焊接钢筋笼上的吊攀，钢筋笼下到位后用工字钢穿过吊攀将钢筋笼悬吊于导墙之上。下笼前技术人员根据实际情况下技术交底单，确保钢筋笼及预埋件位于槽段设计上的标高。

(6)混凝土的灌注。

1) 清孔及换浆。

①沉淀法和置换法。沉淀法是待土渣沉淀到槽孔底部之后再进行清底。置换法则是在挖槽结束后，对槽底土渣进行清除，在土渣还没有来得及再次沉淀之前，就用新泥浆把槽孔内泥浆置换出槽外。

清底方法不同，清底时间也不同。置换法是在挖槽结束后立即进行，所以对于泥浆反循环工法的挖槽施工，可以在挖槽后立即清底。

沉淀法应在钢筋笼或埋件吊装之前进行，但若等待浇筑时间太长，可能需要在浇筑混凝土之前再次清底。此时由于钢筋笼和埋件的妨碍，很难清理干净。

②清底方法。清底方法主要有下面几种：

A.抽筒换浆法，这是在防渗墙施工中仍在大量采用的清孔方法。它把抽筒下放到孔底后，不断冲击孔底淤积物，使其通过底阀进入筒内，达到一定数量后，连同进入筒内的泥浆一并提出槽外，如此反复循环多次，可达到减少孔底淤积和置换不合格泥浆的目的。一般情况下，用抽筒清孔时，按槽体积计算，清孔效率可达 $100 \sim 150 \ m^3/d$。

B.空气吸泥法(压气法)，这是使用空气升液(压气)法来抽吸孔底淤积物和稠泥浆，将其送到槽孔外经净化处理后再送回到槽孔内。在较浅的槽孔内，使用空气吸泥法的效率是比较低的，一般应在大于 10 m 深的槽孔内使用。

C.导管吸泥法，这是利用浇筑混凝土用的导管，将其上下端接入砂石泵，作为泵的吸水管放入槽孔内，通过移动导管来抽吸孔底淤泥和稠泥浆。因为混凝土导管本身是不透水的，所以作泵的吸水管正好适用。

有时因吊放钢筋笼、接头管或注浆管以及埋设仪器等，使槽孔不能在短时间(4 h 内)浇筑混凝土，孔底淤积物厚度就会增加而超出标准值。此时就可利用已放在孔内的混凝土导管进行上述清孔吸泥工作。这个方法在槽孔深度小于 30 m 左右是可行的，效率较高。如果槽孔太深，移动导管就会比较困难。

D.抓斗清底。抓斗可以直接把孔底残留的淤积物带出孔外，清底效果比其他方法好。用抓斗挖槽时，可以把绝大部分土体以固定方式排到槽孔外，它的泥浆密度和含沙量变化不大，而且残留在孔底的土渣也是很少的，所以这种槽孔的清孔工作很快就可以完成。

E.反循环钻机吸泥法。当使用反循环钻机(挖槽机)挖槽时，清孔工作也是很方便的，只要在挖槽结束后，继续抽吸孔底残留土渣和稠泥浆，并用合格泥浆补入孔槽中，很快就会满足要求。

2)混凝土供应。地下连续墙的混凝土是靠导管内混凝土与导管外泥浆面之间的压力差和混凝土本身良好的和易性与流动性，不断填满原来被泥浆占据的空间，从而形成连续墙体。所以，要得到质量优良的连续墙，必须具备以下几个条件：

①要生产出品质优良的混凝土拌和物，具有良好的和易性与流动性以及缓凝的特性。

②要保证连续不断地供应足够数量的混凝土。

对于市政工程，大多采用商品混凝土，只需要做好现场的检查工作及保证混凝土供应不间断，即可满足连续墙浇筑混凝土的要求。

3)混凝土灌注。

①清槽完毕，泥浆经检查合格后(相对密度 ≤1.15，含砂率 ≤4%，pH 值为 7~9，黏度<25 s)，4 h 内开始灌注混凝土。

②为保证水下混凝土的灌注能顺利进行，灌注前应拟定灌注方案，主要机具应留有备用，灌注前应进行试运转。

③灌注前应复测沉渣厚度，办理隐蔽工程检查，合格后及时灌注，其间歇时间不得超过 30 min，灌注宜连续灌注，不得中断。

④开始灌注时，隔水栓吊放的位置应临近水面，导管底端到槽底的距离 0.3~0.5 m。

⑤开灌前储料斗内必须有足以将导管的底端一次性埋入水下混凝土中 0.5 m 以上深度的混凝土储存量，即体积 $V \geqslant 3.6 \ m^3$。

⑥混凝土灌注的上升速度不得小于 2 m/h，每个单元槽段的每个导管灌注间歇时间不得

超过 30 min，灌注宜连续灌注，不得中断。

⑦随着混凝土的上升，要适时提升和拆卸导管，导管底端埋入混凝土面以下一般保持 1.5~3.0 m，严禁将导管底端提出混凝土面。提升导管时应避免碰撞钢筋笼。

⑧设专人每 30 min 测量一次导管埋深及管外混凝土面高度，以此判断两根导管周围混凝土面的高差（要小于 0.5 m），并确定导管埋入混凝土中的深度和拆管数量。

⑨在一个槽段内同时使用两根导管灌注时，其间距应不大于 3 m，导管距槽段端头不宜大于 1.5 m，槽内混凝土面应均衡上升，各导管处的混凝土表面的高差不宜大于 0.5 m，终浇混凝土面高程应高于设计要求 0.5 m，凿去浮浆及墙顶 0.5 m 高混凝土后，使符合设计标高内的混凝土质量满足设计要求。

⑩在灌注作业时，若发现导管漏水、堵塞或导管内混入泥浆，应立即停灌并进行处理，做好记录。

⑪灌注混凝土时，每个单元槽段应留置一组混凝土抗压试块、一组混凝土抗渗试块。

⑫灌注混凝土时，槽段内的回收泥浆全部抽回泥浆池，经沉淀和处理后，符合要求的继续使用，不符合要求的按规定弃掉。

(7)锁口管下放及顶拔。

1)锁口管施工工艺。

①锁口管的结构。锁口管通常是用无缝钢管制作的，钢管的壁厚 8~15 mm，每节长度 5~10 m。

锁口管的外径通常等于设计墙厚，也有比墙厚小 1~2 cm 的。

锁口管的连接方式主要有以下 3 种：内法兰螺栓连接、销轴连接、螺栓-弹性锥套连接。

②锁口管的起拔。目前比较常用的有顶升架与吊机配合起拔，连续墙混凝土开始灌注后 4 h 用吊机或液压顶升机上提一次锁口管，第一次上提 0.2~0.3 m，马上放下，以后每间隔 3 h 上提一次，提高 0.5~1 m 再放下，如此往复进行。当墙顶混凝土灌注完 6 h（混凝土全部初凝后），将锁口管拔出槽后，清洗干净，放在平整的地面上。为了准确掌握锁口管起拔的时间，工地在施工前及时掌握该槽段混凝土采用水泥的初凝情况，并在浇筑混凝土时做现场试件初凝试验。

2)锁口管施工方法。

①当槽段开挖、清槽完成后，吊放锁口管，然后吊装钢筋笼，最后将锁口管背与未开挖土体间间隙用粗砂或小碎石填满，锁口管与导墙间的间隙用木楔塞满。如不用锁口管，则吊放时位置应当相当准确，下放时速度不应太快，防止摆动，防止钢筋在混凝土浇筑过程中的摆动以及串浆后影响下个槽段的成槽。

②槽段混凝土灌注过程中每 3 h 松动一次锁口管，混凝土灌注完成 6 h 后拔出锁口管，进行二期槽段开挖，完成后刷壁、下笼、浇筑二期槽段混凝土。

3)锁口管顶拔方法。

①锁口管吊装就位后，随之安装液压顶管机。

②为了减小锁口管开始顶拔时的阻力，在混凝土开浇以后 4 h 或混凝土面上升到 15 m 左右时，启动液压顶管机顶动锁口管，但尽量减少顶升高度，不使管脚脱离插入的槽底土体，以防管脚处尚未达到终凝状态的混凝土坍塌。

③开始拔锁口管的时间，以开始浇灌混凝土时所做的混凝土试块达到终凝状态所经历的

时间为依据,如没做试块,在浇筑混凝土 6 h 以后开始顶拔锁口管,如商品混凝土掺加过缓凝型减水剂,开始顶拔锁口管时间还需延迟。

④在顶拔锁口管过程中,根据现场混凝土浇筑记录表计算锁口管允许顶拔的高度,严禁早拔、多拔。

⑤锁口管由液压顶管机顶拔,履带吊协同作业,分段拆卸。

2.8 高压旋喷桩

高压旋喷桩利用钻机把带有喷嘴的注浆管钻进土层的预定位置后,以高压设备使浆液或水、空气成为 20~40 MPa 的高压射流从喷嘴中喷射出来,冲切、扰动、破坏土体,同时钻杆以一定速度逐渐提升,将浆液与土粒强制搅拌混合,浆液凝固后,在土中形成一个圆柱状固结体(即旋喷桩),以达到加固地基或止水防渗的目的。

2.8.1 适用范围

旋喷桩(加固体)可用于既有建筑和新建建筑地基加固,基坑、地铁等工程的土层加固或防水。而在基坑围护工程中多以定喷或摆喷形式单独作为防渗幕墙使用,或与抗伏排桩配合(做桩间定向摆喷)作为防渗挡墙使用。具体适用范围如下:

(1)高压喷射注浆法适用于处理淤泥、淤泥质土、流塑、软塑或可塑黏性土、粉土、砂土、黄土、素填土和碎石土等地基。而当土层中含有较多的大粒径块石、大量植物根茎或有较多的有机质以及地下水流速过大时,则需慎重使用或根据现场试验结果来确定其适用性。

(2)当土中含有较多的大粒径块石、坚硬黏性土、大量植物根茎或有过多的有机质时,对淤泥和泥炭土以及已有建筑物的湿陷性黄土地基的加固,应根据现场试验结果确定其适用程度。应通过高压喷射注浆试验确定其适用性和技术参数。

(3)高压喷射注浆法,对基岩和碎石土中的卵石、块石、漂石呈骨架结构的地层,地下水流速过大和已涌水的地基工程,地下水具有侵蚀性,应慎重使用。

(4)高压喷射注浆法可用于既有建筑和新建建筑的地基加固处理、基坑止水帷幕、边坡挡土或挡水、基坑底部加固、防止管涌与隆起、地下大口径管道围封与加固、地铁工程的土层加固或防水、水库大坝、海堤、江河堤防、坝体坝基防渗加固、构筑地下水库截渗坝等工程。

2.8.2 与水泥搅拌桩的区别

(1)高压旋喷桩:系利用高压泵将水泥浆液通过钻杆端头的特制喷头,以高速水平喷入土体,借助液体的冲击力切削土层,同时钻杆一边以一定的速度(20 r/min)旋转,一边低速(15~30 cm/min)提升,使土体与水泥浆充分搅拌混合凝固,形成具有一定强度(0.5~8.0 MPa)的圆柱固结体(即旋喷桩),从而使地基得到加固。旋喷桩的特点是:可提高地基的抗剪强度;能利用小直径钻孔旋喷成比孔大 8~10 倍的大直径固结体,可用于已有建筑物地基加固而不扰动附近土体;施工噪声低,振动小;可用于任何软弱土层,可控制加固范围;设备较简单、轻便,机械化程度高;料源广阔,施工简便,速度快,成本低等。

(2)水泥搅拌桩:在施工方法上,按其使用加固材料的状态,可分为浆液搅拌法(湿法,即深层水泥浆搅拌法)和粉体搅拌法(干法)两种施工类型。根据场地工程地质条件和上部结构荷载要求及水泥土桩的受力状态，深层搅拌桩形成的水泥土加固体，可作为基坑工程围护挡墙、防渗帷幕，竖向承载的复合地基，大体积水泥稳定土，等等。深层搅拌加固体的形状可分为柱状、壁状、格栅状和块状等。其中，柱状加固体形式多用于软土加固的复合地基；壁状、格栅状加固体形式，主要作为基坑开挖的围护挡墙、防渗帷幕；块状加固体形式，多用于上部结构单位面积荷载大，不均匀沉降控制严格的构筑物地基。

2.8.3 加固方法

围护结构高压旋喷桩，在施工方法上，可分别采用单管法、双重管法、三重管法；在喷射形式上又可分为旋喷、定喷和摆喷三种，加固深度一般大于 5.0 m。其具有成桩速度快、效率高、施工无振动、无噪声等特点；但施工中水泥浆流失(浪费)较多，会造成一定范围的施工环境污染。

（1）单管法。单层喷射管，仅喷射水泥浆(见图 2-30)。

（2）二重管法。又称浆液气体喷射法，是用二重注浆管同时将高压水泥浆和空气两种介质喷射流横向喷射出，冲击破坏土体。在高压浆液和它外圈环绕气流的共同作用下，破坏土体的能量显著增大，最后在土中形成较大的固结体(见图 2-31)。

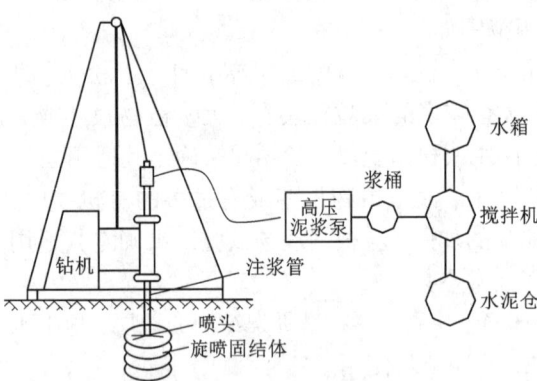

图 2-30 单管旋喷注浆

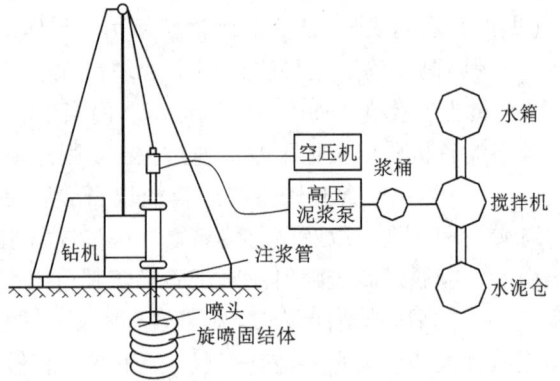

图 2-31 二重管旋喷注浆

（3）三重管法。它是一种浆液、水、气喷射法，使用分别输送水、气、浆液三种介质的三重注浆管，再以高压泵等高压发生装置产生高压水流的周围环绕一股圆筒状气流，进行高压水流喷射流和气流同轴喷射冲切土体，形成较大的空隙，再由泥浆泵将水泥浆以较低压力注入被切割、破碎的地基中，喷嘴作旋转和提升运动，使水泥浆与土混合，在土中凝固，形成较大的固结体，其加固体直径可达 2 m(见图 2-32)。

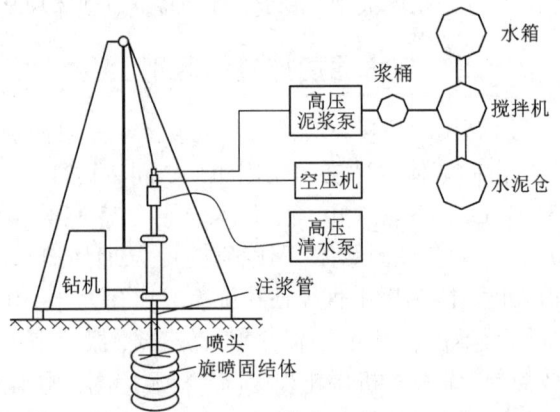

图 2-32 三重管旋喷注浆

2.8.4 成桩机理

（1）高压喷射流切割破坏土体作用。喷射流动压以脉冲形式冲击破坏土体，使土体出现空穴，土体裂隙扩张。

（2）混合搅拌作用。钻杆在旋转提升过程中，在射流后部形成空隙，在喷射压力下，迫使土粒向着与喷嘴移动方向相反的方向（即阻力小的方向）移动位置，与浆液搅拌混合形成新的结构。

（3）升扬置换作用（三重管法）。高速水射流切割土体的同时，由于通入压缩气体而把一部分切下的土粒排出地上，土粒排出后所留空隙由水泥浆液补充。

（4）充填、渗透固结作用。高压水泥浆迅速充填冲开的沟槽和土粒的空隙，析水固结，还可渗入一定厚度的砂层而形成固结体。

（5）压密作用。高压喷射流在切割破碎土层过程中，在破碎部位边缘还有剩余压力，并可对土层产生一定压密作用，使旋喷桩体边缘部分的抗压强度高于中心部分。

2.8.5 工艺设计要求

（1）加固体直径的确定。喷射注浆法的加固半径和许多因素有关，其中包括：喷射压力 P、提升速度 S、被加固土的抗剪强度 τ、喷嘴直径 d 和浆液稠度 B。加固范围与喷射压力 P、喷嘴直径 d 成正比；与提升速度 S、土的抗剪强度 τ 和浆液稠度 B 成反比。加固体强度与单位加固体中的水泥掺入量和土质有关。

旋喷桩直径与现场土质、土体强度和喷射压力、流量、提升速度和浆液稠度等诸多因素有关，应通过现场试验确定。当无试验资料时可参考旋喷桩直径表（见表2-7）选用。

表 2-7　旋喷桩直径参考值　　　　单位：m

土的类别		喷注种类		
		单管法	二重管法	三重管法
黏性土	0<N<5	1.2±0.2	1.6±0.3	2.5±0.3
	10<N<20	0.8±0.2	1.2±0.3	1.8±0.3
	20<N<30	0.6±0.2	0.8±0.3	1.2±0.3
砂土	0<N<10	1.0±0.2	1.4±0.3	2.0±0.3
	10<N<20	0.8±0.2	1.2±0.3	1.5±0.3
	20<N<30	0.6±0.2	1.0±0.3	1.2±0.3
砂砾	20<N<30	0.6±0.2	1.0±0.3	1.2±0.3

注：表中 N 为标准贯入实测锤击数。

（2）布置形式。桩的平面布置形式需根据加固的目的考虑，分离布置的单桩可用于基础的承重，排桩、板墙可用作防水帷幕，整体加固则常用于防止基坑底部的涌土或提高土体的稳定性，水平封闭桩可用于形成地基中的水平隔水层。一般桩的平面布置形式见图2-33。

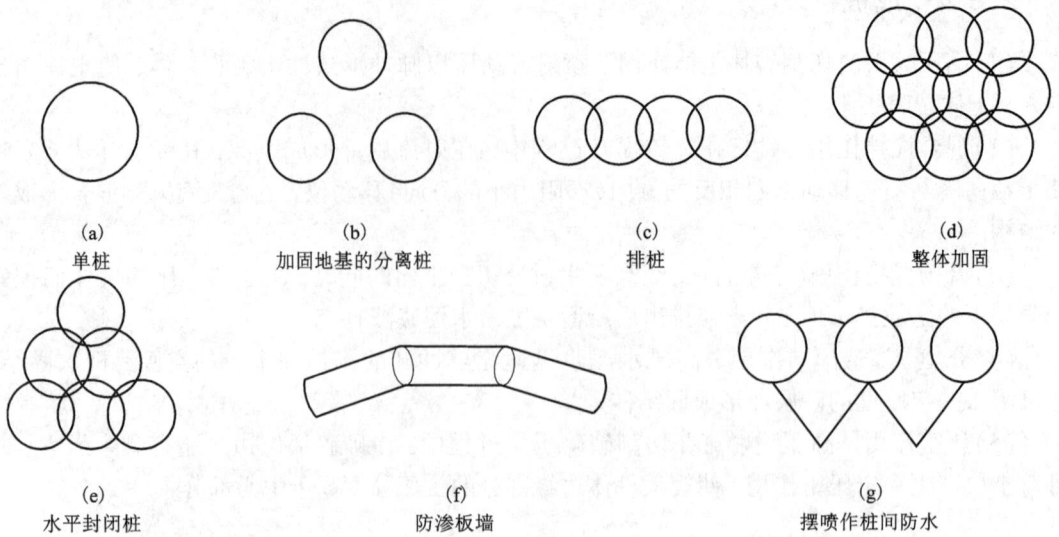

图 2-33　一般桩的平面布置形式

(a) 单桩　　(b) 加固地基的分离桩　　(c) 排桩　　(d) 整体加固

(e) 水平封闭桩　　(f) 防渗板墙　　(g) 摆喷作桩间防水

2.8.6　设计承载力

（1）按桩身强度计算容许承载力。

$$[P] = a[\sigma]A$$

式中：$[P]$为桩的容许承载力，kN；a为桩体材料的强度折减系数，$a = 0.4 \sim 0.5$；$[\sigma]$为桩体材料 7 cm×7 cm×7 cm 试件的室内平均抗压强度，kPa；A为桩的横断面积。

（2）按土体强度计算桩身容许承载力。

$$[P] = u\sum f_i l_i + A[R]$$

式中：$[P]$为桩的容许承载力，kN；u为桩身截面周长，按桩的直径计算，m；f_i为各土层的容许摩阻力，kPa；l_i为各土层的厚度，m；A为桩底支承面积，按桩的直径计算，m；$[R]$为桩间的地基容许承载力，kPa。

（3）复合地基承载力。

$$P_{com} = \frac{1}{A_3}\big[[P] + a[R](A_3 - A_P)\big]$$

式中：P_{com}为复合地基的容许承载力，kPa；$[P]$为单桩承载力，kPa；$[R]$为桩间土天然地基承载力，kPa；A_e为一根桩分担的荷载面积；A_P为一根桩的断面积；A为天然地基承载力折减系数，当不考虑桩间土作用时为 0。

2.8.7　浆量计算

浆量计算有两种方法，即体积法和喷量法，取大者作为设计喷射浆量。

（1）体积法：

$$Q = \frac{\pi De^2}{4}K_1 h_1(1 + \beta) + \frac{\pi D_0^2}{4}K_2 h_2$$

（2）喷量法：根据计算所需的喷浆量和设计的水灰比，即可确定水泥的使用数量。

$$Q = \frac{H}{V}q(1 + \beta)$$

式中：Q 为需要的喷浆量，m^3；De 为旋喷固结体直径，m；D_0 为注浆管直径，m；K_1 为填充率，0.75~0.9；h_1 为旋喷长度，m；K_2 为未旋喷范围土的填充率，0.5~0.75；h_2 为未旋喷长度，m；β 为损失系数，0.1~0.2；ν 为提升速度，m/min；H 为喷射长度，m；q 为单位喷浆量，m^3/m。

2.8.8　施工要点

（1）施工准备。

1）补勘与调查。补充地质勘探，了解地基土的性质、埋藏条件。

2）材料准备。材料、成品、半成品、构配件进场验收和抽检。灌浆材料，主要是水泥和水，必要时加入少量外加剂。水泥一般为 42.5 级普通硅酸盐水泥。水的 pH 值在 5~10。

3）取原状土送试验室。根据补充勘探资料，在选择的试验工点加固范围内的各代表性地层用薄壁取土器采取必需数量的原状土送试验室，应在试验之前对取得的土样进行妥善保存，使土样的物理和化学性能尽可能保持不变。

4）室内配合比试验。确定施工喷浆量、水灰比。一般水灰比可取 1.0~1.5。为改善水泥土的性能、防沉淀性能和提高强度，可适当掺入木质素磺硫钙、石膏、三乙醇胺、氯化钠、氯化钙、硫酸钠、陶土、碱等外掺剂。若试验之前土样的含水量发生了变化，应调整为天然含水量。

5）试桩试验。根据室内试验确定的施工喷浆量、水灰比制备水泥浆液在试验工点打设数根试桩，并根据试桩结果，调整加固料的喷浆量，确定搅拌桩搅拌机提升速度、搅拌轴回转速度、喷入压力、停浆面等施工工艺参数。

6）现场清理。清除地表 0.3 m 厚的种植土，杂物，并将原地面整平，填出路拱，施作临时排、截水设施，并在施工范围以外开挖废泥浆池以及施工孔位至泥浆池间的排浆沟。

7）施工放样。按设计要求完成施工放样，用木桩定出桩位，用白石灰做出明显标识。

（2）主要施工机具、设备。

1）地质成孔设备：地质钻机、潜孔钻机、冲击回转钻机、水井磨盘钻机、振冲设备等。

2）搅拌制浆设备：搅灌机、搅拌机、灰浆搅拌机、泥浆搅拌机、高速制浆设备等。

3）供气、供水、供浆设备：空压机、高压水泵、高压浆泵、中压浆泵、灌浆泵等。

4）喷射注浆设备：高压喷射注浆机、旋摆定喷提升装置、喷射管喷头喷嘴装置等。

5）控制测量检测设备：测量仪、测量尺、水平尺、测斜仪、密度仪、压力表、流量计等。

（3）施工工艺。

1）测量放线：按施工图和坐标网点测量放出施工轴线。

2）确定孔位：在施工轴线上确定孔位，编上桩号、孔号、序号，依据基准点测量各孔口地面高程。

3）钻机造孔：可采用泥浆护壁回转钻进、冲击套管钻进和冲击回转跟管钻进等方法。主钻杆对准孔位，钻机要垫平稳牢固。钻孔口径应大于喷射管外径 20~50 mm。造孔每钻进 5 m测量机身水平和立轴垂直度 1 次，钻进过程中随时注意地层变化，孔终孔深度应大于开喷深度 0.5~1.0 m，详细填写钻孔记录。

4）测量孔深：终孔时测量钻具长度，孔深>20 m 时，孔内测斜。

5）下喷射管：验收钻孔，下喷射管前检查，测量喷射管长度，调整喷射压力，即设计喷射压力+管路压力。试喷，调准喷射方向和摆动角度，确定防止喷嘴堵塞措施。

6）搅拌制浆：确保均匀、连续地拌制浆液。搅拌时间，使用高速搅拌机不少于 60 s；使用普通搅拌机不少于 180 s。存放时间<2.5 h。过筛后使用，并定时检测其密度。制浆材料误差应不大于 5%。浆液温度应保持在 5~40 ℃。需要加适量外加剂及掺合料时，通过试验确定。

7）供水供气：高压水和压缩气的流量、压力满足设计要求。

8）喷射注浆：自下而上连续作业。喷头可分单嘴、双嘴和多嘴。喷嘴达到设计标高，即可喷射注浆。开喷一切正常后，开始提升。压力突降或骤增，须查明原因，及时处理。拆卸喷射管时，需下落搭接复喷，搭接长度不少于 0.2 m。因故中断后，进行复喷，搭接长度不少于 0.5 m。中断超过初凝时间，进行扫孔，复喷搭接长度不少于 1 m。孔内漏浆，停止提升，直至不漏浆为止。严重漏浆，停止喷射，提出喷射管，采取堵漏措施。

9）冒浆：孔口冒浆量的大小，能反映被喷射切割地层的注浆效果。

①单双管法，冒浆不回收利用。

②单双管法，冒浆量小于注浆量的 20% 时为正常现象，超过 20% 或完全不冒浆时，采取以下措施：

A.当地层中有较大空隙引起不冒浆时，可在浆液中掺和适量的速凝剂，缩短固结时间，使浆液在一定的土层范围内凝固，也可在空隙地段增大注浆量，填满空隙后再继续喷射。

B.当冒浆量过大时，可通过提高喷射压力，或加快喷射的提升速度，减少冒浆量。

③三管法，不冒浆或孔内严重漏浆，采取以下措施：

A.孔口少量返浆时，降低提升速度，孔口不返浆时，立即停止提升。

B.加大浆液浓度或水泥砂浆，掺入少量速凝剂。

C.降低喷射压力、流量，进行原位注浆。

三管法，根据工程设计要求，可回收利用冒浆。在含黏粒较少的地层中进行高压喷射注浆，冒浆经沉淀处理后利用。在黏性土或软塑至流塑状淤泥质土层中注浆，冒浆不宜回收利用。

10）旋摆提升：单嘴喷头摆 360° 为旋喷，小于 360° 为弧喷，小于等于 180° 为拱喷，小于等于 90° 为摆喷，摆角为 0° 时为单向定喷。同轴双嘴喷头摆 180° 为旋喷，小于 180° 为双向拱喷，小于等于 90° 为双向摆喷，摆角为 0° 时为双向定喷。非同轴双嘴喷头有 90° 夹角、120° 夹角、150° 夹角，可用于摆喷和定喷。多嘴喷头目前国内使用的不多。

11）成桩成墙：注浆凝固体可形成设计所需要的形状，如旋喷形成圆柱状、盘形状，摆喷形成扇形状、哑铃状、梯形状、锥形状和墙壁状，定喷形成板状。

12）充填回灌：将输浆管插入孔内浆面以下 2 m，输入浆液充填灌浆。充填灌浆需多次反复进行，回灌标准：直到饱满，孔口浆面不再下沉为止。有较高强度要求时，严禁使用冒浆和回浆充填回灌。只有有抗渗要求时，可以使用冒浆和回浆充填回灌。记录回灌时间、次数、灌浆量、水泥用量和回灌质量。

13）清洗：向浆液罐中注入适量清水，开启高压泵，清洗全部管路中残存的水泥浆，直至基本干净，并将黏附在喷浆管头上的土清洗干净。

14）移位：移动桩机进行下一根桩的施工。

15）补浆：喷射注浆作业完成后，由于浆液的析水作用，一般均有不同程度的收缩，使固结体顶部出现凹穴，要及时用水灰比为1.0的水泥浆补灌。

（4）主要施工技术参数。

1）单重管法。浆液压力20~40 MPa，浆液比重1.30~1.49，旋喷速度20 r/min，提升速度0.2~0.25 m/min，喷嘴直径2~3 mm，浆液流量80~100 L/min（视桩径流量可加大）。

2）二重管。法浆液压力20~40 MPa，压缩空气压力0.7~0.8 MPa。

3）三重管。法浆液压力0.2~0.8 MPa，浆液比重1.60~1.80，压缩空气压力0.5~0.8 MPa，高压水压力30~50 MPa。

（5）常用机具设备。

1）地质成孔设备：地质钻机、潜孔钻机、冲击回转钻机、水井磨盘钻机、振冲设备等。

2）搅拌制浆设备：搅灌机、搅拌机、灰浆搅拌机、泥浆搅拌机、高速制浆设备等。

3）供气、供水、供浆设备：空压机、高压水泵、高压浆泵、中压浆泵、灌浆泵等。

4）喷射注浆设备：高压喷射注浆机、旋摆定喷提升装置、喷射管喷头喷嘴装置等。

5）控制测量检测设备：测量仪、测量尺、水平尺、测斜仪、密度仪、压力表、流量计等。

不同的施工方法和场地地质条件使用不同的机具设备，常用的机具设备见表2-8。

表2-8 高压旋喷桩施工常用的机具设备

设备名称	型号	规格	所用机具		
			单管法	二重管法	三重管法
高压泥浆泵	SNS-H300 水流 Y-2 型液压泵	20~50 MPa	√	√	
高压水泵	3XB 型 3W6B	50 MPa			√
	3XB 型 3W7B	20 MPa			
钻机	工程地质钻振动钻		√	√	√
泥浆泵	BW-150 型	7 MPa			√
空气压缩机		0.8 MPa，m³/min		√	√
泥浆搅拌罐		200 L/min	√	√	√
注浆管			√	√	√
高压胶管		φ19~22 mm 工作压力	√	√	√

2.9 注浆技术

2.9.1 概述

（1）注浆法的概念。注浆就是利用送压设备将能够固化的浆液材料通过钻孔注入地层中颗粒的间隙、土层的界面或岩层裂隙内，使其扩张、胶结、固化，以降低地层的渗透性，增强地层强度，防止地基沉降、变形，使岩土体成为强度高、抗渗性好、稳定性高的新结构体，从而达到改善岩土体的物理力学性质的目的。

（2）注浆的作用。注浆技术施工设备简单、规模小、耗资少、占地面积小、施工灵活方便、工期短、见效快、施工噪声和震动小、加固深度可深可浅，易于控制，应用领域广泛。注浆技术常用于整治软弱地层和地下水导致的相关问题，其主要应用有：软岩加固、注浆堵水、回填防沉、控制构筑物沉降、滑坍治理、变形治理、注浆截水帷幕、渗漏水治理、大坝防渗、瓦斯防溢、圬工结构裂隙整治、工程抢险等。

2.9.2 注浆机理

（1）注浆扩散机理。注浆施工中，浆液在地层中的作用方式主要表现为四种：渗透扩散、劈裂扩散、裂隙填充、挤压填充。

1）渗透扩散是指浆液在压力条件下，不改变土体结构和颗粒排列，挤走颗粒间的游离水和空气，达到填充土体孔隙的目的，浆液凝结后，起到加固土体与堵水的作用。通过增大注浆压力，浆液向地层孔隙的更远处渗透。对砂层采用化学浆液注浆，以及采用水泥浆灌注孔隙较大的粗砂层、砂卵石层、砂砾石层都属于渗透扩散。

2）劈裂扩散是对于弱透水性地层中，当注浆压力超过劈裂压力（渗透注浆和挤压注浆的极限压力）时土体产生水力劈裂，也就是在土体内突然出现裂缝，于是地层吸浆量突然增加、浆液呈脉状进行渗透。

3）在残积层、断裂破碎带、富水溶槽溶隙中进行注浆施工时，一般当注浆材料颗粒能满足小于裂隙宽度的 1/5~1/3 时，均能产生裂隙填充。

4）挤压填充是指浆液在地层中难以扩散或劈裂进入地层的空隙中，只是在注浆压力条件下，地层被浆液挤密。挤压注浆只是在基础处理时，为提高地面基础承载力而采用的一种注浆方式，注浆效果较差，原则上不宜采用。

（2）注浆作用。注浆作用主要为加固地层和堵水，此外还有注浆压地下结构进行纠偏。

2.9.3 注浆材料

（1）注浆材料分类。根据注浆材料的主要成分是否属于颗粒型材料，可将注浆材料分为颗粒材料和化学材料两大类。

1）颗粒材料：属于悬浊液型，主要有水泥浆、水泥浆-硅酸钠双液浆、超细水泥浆、超细水泥浆-硅酸钠双液浆、黏土浆、水泥黏土浆、TGRM 浆等。该类材料具有料源广、成本低、配浆简单、注浆操作工艺方便等优点。

2）化学材料：属溶液型，主要有硅酸钠类、丙烯酰胺类、聚氨酯类、丙烯酸盐类、环氧树脂类。该类材料具有黏度低、易于注入细小的裂隙或空隙中、可注性强等优点。由于成本高、对环境有污染、操作工艺较复杂，因此在地下工程中使用性受到一定的限制。

3）外加剂：在满足强度要求的前提下，可用磨细粉煤灰或粗灰部分替代水泥。为了改善浆液性能，可在水泥浆液拌制时加入如下外加剂：

①加速浆体凝固的硅酸钠，其模数应为 3.0~3.3。硅酸钠掺量应通过试验确定，一般为 0.5%~3%。

②提高浆液扩散能力和可泵性的表面活性剂（或减水剂），如三乙醇胺等，其掺量为水泥用量的 0.3%~0.5%。

③提高浆液的均匀性和稳定性，防止固体颗粒离析和沉淀而掺加的膨润土，其掺加量不宜大于水泥用量的 5%。

（2）注浆材料重要性能指标。注浆材料最重要的性能指标有三个：渗透性、凝固时间、抗压强度。另外两个重要性能指标为：黏度、结石率。

（3）地下工程常用注浆材料。目前地下工程常用注浆材料主要有：普通水泥、普通水泥浆—硅酸钠双液浆、改性硅酸钠浆、超细水泥浆、超细水泥浆—硅酸钠双液浆、TGRM 浆。

（4）注浆材料选择原则。

1）配比参数选择原则：宜浓不宜稀。

2）注浆材料选择原则：颗粒匹配原则、方案匹配原则、水文匹配原则。

3）综合体系动态调整原则：由粗到细、由单液到双液、由高浓度到低浓度三个准则进行动态调整。

2.9.4　注浆机械

（1）钻机。目前国内外常用的钻机有以下几种：THC500 型超前地质钻机、MEDIAN 型超前地质钻机、RPD—150C 型超前地质钻机、MKD—5C 型超前地质钻机、ZYG—150 型超前地质钻机、MGY—60B 型超前地质钻机、XY—100 型垂直地质钻机。

（2）注浆泵。注浆泵是注浆施工最重要的设备之一，注浆泵应有足够的排浆量，泵压应大于最大注浆压力的 1.2～1.5 倍，以保证注浆施工安全、顺利地进行。

目前国内外主要的注浆设备如下：HFV—5D 型双液注浆泵、PH15 型双液注浆泵、KBY—50/70 型双液注浆泵、YZB—130/14 型双液注浆泵、GZB—YS 型双液注浆泵、2TGZA—60/210 型双液注浆泵、ZJB（BP）—30 型单液注浆泵。

（3）注浆的主要配备设备。主要有搅拌机、混合器、高压胶管、压力表。

2.9.5　注浆方法分类

注浆方法是注浆参数设计的依据，同时也是注浆施工的关键。目前，注浆方法很多，其分类没有一定的标准。按注浆材料的不同，可分为化学注浆、水泥注浆及黏土类浆液注浆；按用途的不同，可分为加固注浆、防渗注浆以及基础托换注浆；浆液的渗透方式可分为充填注浆法、渗透注浆法、挤密注浆法和劈裂注浆法。此外，近几年，在土层注浆中又出现了高压喷射注浆、旋喷注浆等注浆法，丰富了注浆内容的同时也扩大了注浆法的应用范围。

（1）按注浆管设置方法分类。

1）钻孔法：主要用于基岩或砂砾层，或已经压实过的地基。这种方法与其他方法相比，具有不使地基土扰动和可使用填塞器等优点，但一般工程费用较高。

2）打入法：当灌浆深度较低时，可用打入方法。即在注浆管顶端安装柱塞，将注浆管或有效注浆管用桩锤或振动机打进地层中的方法。

（2）按灌注方法分类。

1）一种溶液一个系统的方法：将所有的材料放进同一箱子中，预先做好混合准备，再进行注浆，这种方法适用于凝胶时间较长的浆液。

2）两种溶液两个系统的方法：将 A 溶液和 B 溶液分别准备放在不同的容器中，用不同的泵输送，在注浆管（并列管、双层管）顶端流出的瞬间，两种溶液就汇合而注浆。这种方法适用于瞬间凝胶的情况。

3) 两种溶液一个系统的方法：将 A 溶液和 B 溶液预先分别装在各自准备的不同容器中，分别用泵输送，在注浆管的头部使两种溶液汇合。这种在注浆管中混合进行灌注的方法，适用于凝固时间较短的浆液。作为这种方式的变化，有的方法分别将准备在不同容器中的 A 溶液和 B 溶液送往泵中使之混合，再用一台泵灌注。另外，也有采用 Y 型管，而仍只用上述一个系统方式将 A 溶液和 B 溶液交替注浆的方式。

(3) 按注浆方法分类。

1) 钻杆注浆法：将注浆用的钻杆(单管)，由钻孔钻到所规定的深度后，把注浆材料通过内管送入地层中的一种方法。这种方法的优点是：与其他注浆法比较，容易操作，施工费用较低。其缺点是：浆液沿钻杆和钻孔的间隙容易往地表喷浆；浆液喷射方向受到限制，即为垂直单一方向。

2) 单过滤管注浆法：也称花管注浆法。把过滤管先设置在钻好的地层中，并填以砂，管与地层间所产生的间隙(从地表到注浆位置)用填充物(黏性土或注浆材料等)封闭，不使浆液溢出地表。一般从上往下依次注浆。每注完一段，用水将管内的砂冲洗出后，重复上述操作。这样逐段往下注浆的方法，比钻杆注浆方法的可靠性高。这种方法的优点：①在较大的平面内，可得到同样的注浆深度，注浆施工顺序是自上而下地进行，注浆效果可靠；②化学浆液从多孔扩散，且水平喷射渗透易均匀；③注浆管设置和注浆工作分开，注浆容易管理；④化学浆液喷出的开口面积比钻杆注浆的更大，所以一般只采用较小的注浆压力，而且注浆压力很少出现急剧性变化。这种方法的缺点：①注浆管加工及注浆管的设置麻烦，造价高；②注浆结束后，回收注浆管困难，且有时可能成为施工障碍。

3) 双层管双栓塞注浆法：沿着注浆管轴线在一定范围内进行注浆的一种方法。具体地说，就是在注浆管中有两处设有两个栓塞，使注浆材料从栓塞中间向管外渗出。这种方法的主要优点：①可根据需要灌注任何一个灌浆段，还可以进行重复灌浆；②可使用较高的灌浆压力，灌浆时冒浆和串浆的可能性小；③钻孔和灌浆作业可以分开，提高钻孔的利用率。这种方法的缺点：①袖阀管被具有一定强度的套壳料胶结，因而难于拔出重复使用，耗费管材较多；②每个灌浆段长固定为 33~50 mm，不能根据地层的实际情况调整灌浆段长度。

4) 双层管钻杆注浆法：该法是将 A 液和 B 液分别送到钻杆的端头。浆液在端头所安装的喷枪里混合或从喷枪中喷出之后才混合并注入地基中。双层管钻杆注浆与钻杆法注浆的注浆设备、施工原理基本相同，注浆顺序等也相同，不同的是该方法在端头增加了喷枪，而且注浆段长度较短，注浆密实，浆液集中，不会向其他部位扩散，所以原则上可采用定量注浆方式。这种方法的使用特点如下：①注浆时使用凝固时间非常短的浆液，所以浆液不会向远处流失；②土中的凝固体容易压密实，可得到强度较高的凝胶体；③由于是双液法，若不能完全混合时，可能出现不凝固的现象。

(4) 按扩散方式分类。

1) 渗透灌浆：是指在压力作用下，使浆液充填于土的孔隙和岩石裂隙中，将孔隙中存在的自由水和气体排挤出去，而基本上不改变原状土的结构和体积，所用灌浆压力相对较小，这类灌浆一般只适用于中砂以上的砂性土和有裂隙的岩石。对砂性土的灌浆处理大都属于这种机理。

2)充填灌浆：是指用于地基土内的大孔隙、大空洞的灌浆。如卵石、碎石，卵砾层及隧道回填灌浆都属于这类灌浆。

3)挤密灌浆：是指用于较高的压力灌入浓度较大的水泥浆或水泥砂浆，使黏性土体变形后在灌浆管端部附近形成"浆泡"，由浆泡挤压土体，并向上传递反压力，从而使地层上抬，硬化的浆液混合物是一个坚固的压缩性很小的球体。挤密灌浆法可用于非饱和土体和含有孔隙的松散土。

4)劈裂灌浆：是指在压力作用下，浆液克服地层的初始应力和抗拉强度，引起岩石和土体结构的破坏和扰动，使地层中原有的裂隙和孔隙张开，形成新的裂隙和孔隙，促使浆液的可灌性和扩散距离增大，故所用灌浆压力较高。

5)电动化学灌浆：指在施工时将带孔的注浆管作为阳极，用滤水管作为阴极，将溶液由阳极压入土中，并通以直流电(两电极间电压梯度一般采用 0.3~1.0 V/cm)，在电渗作用下，孔隙水由阳极流向阴极，促使通电区域中土的含水量降低，并形成渗浆通路，化学浆液也随之流入土的孔隙中，并在土中硬结。

2.9.6　注浆施工要点

(1)注浆方式。注浆方式是指在注浆施工过程中所采用注入方式，目前地下工程施工中最多采用的注浆方式有全孔一次性注浆、后退式分段注浆、前进式分段注浆。

(2)注浆顺序。注浆顺序的选择应从外围上讲达到"围、堵、截"的目的，在内部应达到"填、压、挤"的目的，从而使注浆取得更好的效果。注浆顺序的选择有以下 8 个原则：分区注浆原则、跳孔注浆原则、由下游到上游原则、由下层到上层原则、由外侧到内侧原则、约束-发散原则、定量-定压相结合原则、多孔少注原则。

(3)注浆参数。注浆参数是保证注浆施工顺利进行，确保注浆质量的关键，在注浆施工中应不断对注浆参数进行动态调整，以适应现场注浆需要。

注浆参数主要包括：浆液凝固时间、单孔单段注浆量、注浆分段长度、注浆终压、注浆速度、注浆结束标准(单孔或单孔单段注浆结束标准、全段注浆结束标准)。

2.9.7　典型注浆施工简介

(1)袖阀管注浆加固。袖阀管注浆工法是由法国 Soletanche 基础工程公司于 20 世纪 50 年代首创的一种注浆工法，又称 Soletanche3-法。袖阀管注浆工法由于能较好地控制注浆范围和注浆压力，可进行重复注浆，且发生冒浆与串浆的可能性很小等特点，被国内外公认为最可靠的注浆工法之一。

袖阀管注浆时设置注浆外管，注浆外管将永久留在土体中。注浆外管每隔一定间距预留出浆口，在出浆口处加设截止阀，注浆时，将带封堵装置的注浆内管置入注浆外管内，对需要注浆部分进行注浆。这样在土体中产生以钻孔为核心的桩体，且在桩体外围土体裂隙中形成抗剪能力强的树根网状浆脉复合体。

在需要全程注浆的施工中，通过分段注浆，使得松散的地层和较密实的地层均得到很好的注浆加固效果，避免了以往的注浆工艺在松散地层和较密实地层同时存在时，松散地层注浆量大、较密实地层注不进浆的现象的发生。

1)袖阀管注浆特点。

①袖阀管结构主要由 φ52 mm PVC 外管、6 分镀锌注浆内管、橡皮套、密封圈等组成(见图 2-34)。

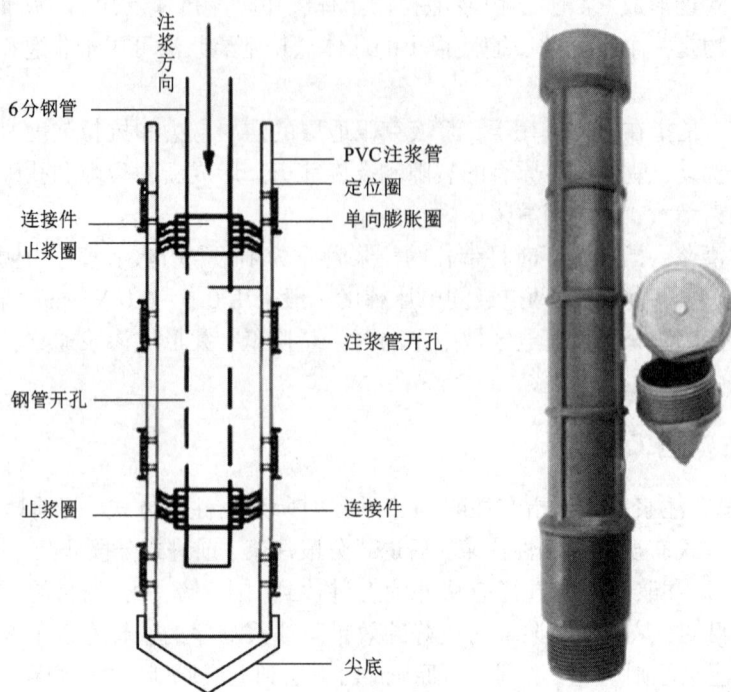

图 2-34　袖阀管管节和管端大样图

②袖阀管是一种只能向管外出浆,不能向管内返浆的单向闭合装置。注浆时,压力将小孔外的橡皮套冲开,浆液进入地层,如管外压力大于管内时,小孔外的橡皮套自动闭合。

③每个注浆长度固定为 60 cm,还可以根据地层情况调整注浆长度,实现定量定尺可控注浆。

④可根据需要灌注任何一个注浆段,还可重复注浆。

⑤可使用较高的注浆压力,注浆时冒浆和串浆的可能性较小。

⑥钻孔和注浆分开,提高了钻孔、注浆设备的利用率。

⑦可在一个孔内灌注几种浆液材料。

⑧由于在被加固的地层中,进行多点、定量、均衡的注浆,注浆体在地层中均匀分布,均匀连接,因此大大提高了被加固地层的整体稳定性。超细水泥浆-硅酸钠压力注浆加固地基,是将具有一定压力的超细水泥浆-硅酸钠浆液,通过土层颗粒间的孔隙强行注入土层中,起到挤密和充填作用,迫使土层孔隙内的部分或大部分水和空气排去,从而加快土层的固结稳定,阻止或控制路基不均匀沉陷。

2)适用范围。

①对松散,成分以粉质黏土、建筑垃圾为主,含少量碎石及块石片的杂填土层或砂层、卵石层等松散地层的土体加固;

②盾构机始发、到达时对洞门的加固；

③弥补旋喷桩、搅拌桩局部没有咬合或成桩效果不好所产生的空隙；

④充填矿区因过分开挖使地层出现破碎带或空洞，降低岩、土层的可压缩性，以减小周边建筑物的沉降和变形；

⑤阻止路基产生的裂缝或沉降变大而进行的加固；

⑥在基坑周围做防渗处理等。

3）袖阀管注浆施工程序。施工前需要进行小片区注浆试验，合格后再进行大面积注浆和质量检查，具体程序如图 2-35 所示。

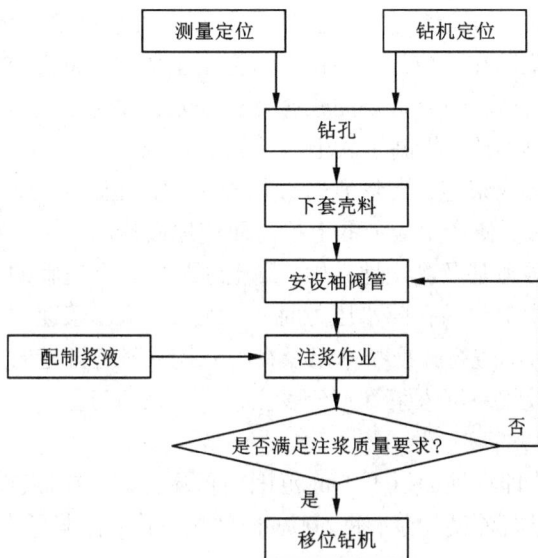

图 2-35 袖阀管注浆施工程序

①测量放样：

根据已布设好的控制点坐标，计算引孔的坐标位置，使用全站仪放出孔位，用水准仪测量地面高程，确定引孔深度。

②钻孔：

采用套管护壁水冲法钻进成孔，钻进深度应达到注浆固结段。钻进过程中要做好记录，为注浆作业提供参考数据。

③下管：

首先根据引孔深度连接袖阀管，袖阀管上口露出地面 20 cm，将连接好的袖阀管下口用尖底封好，然后，将袖阀管下入孔中，要确保袖阀管下到孔底。

④洗孔：

用高压水对孔内进行清洗，减少孔内沉渣和泥浆比重。

⑤封口：

在孔口周围的地面到地面以下 1 m 的距离范围内采用速凝水泥砂浆封堵，以防止注浆过程中冒浆现象的发生。

⑥注浆:

采取分段式注浆,每段注浆长度为注浆步距。开口钢管长度为注浆步距长度。注浆步距一般选取 0.6~1 m,这样可以有效地减少地层不均一性对注浆效果的影响。对于砂层,注浆步距宜采用低值;对卵石或破碎岩层,注浆步距宜采用高值。注浆过程中,每段注浆完成后,芯管长度向上或向下移动 1 个步距。宜采用提升设备移动,或人工采用 2 个管钳对称夹住芯管,两侧同时均匀用力,将芯管移动。每完成 3~4 m 注浆长度,要拆掉一节注浆芯管。注浆结束后,在注浆管上口盖上闷盖,以便于复注施工。

(2)压密注浆。压密注浆是利用较高的压力灌入浓度较大的水泥浆或化学浆液,注浆开始时浆液总是先充填较大的空隙,然后在较大的压力下渗入土体孔隙。随着土层孔隙水压力升高挤压土体,直至出现剪切裂缝,产生劈裂,浆液随之充填裂缝,形成浆脉,使得土体内形成新的网状骨架结构。浆脉在形成过程中由于占据了土体中一部分空间,加上土层内孔隙被浆液渗透,从而将土体挤密,构成了新的浆脉复合地基,改善了土体的强度和防渗性能,同时也改变了土体物理力学性质,提高了软土地基的承载力。

在注浆管端部附近形成浆泡,当浆泡的直径较小时,灌浆压力基本沿钻孔的径向扩展。随着浆泡尺寸的逐渐增大,便产生较大的上抬力而使地面抬动。

压密注浆常用于中砂地基及黏土地基中,黏土地基中若有适宜的排水条件也可采用。如遇排水困难可能在土体中引起高孔隙水压力时,必须采取低注浆速率。压密注浆可用于非饱和土体,以调整不均匀沉降进行托换技术以及在大开挖或隧道开挖时对邻近土进行加固。

1)工艺流程:定位放线→沉入浆管→分段注浆→压浆堵口。

2)施工原则:

①先进行上部封浆,即在地面以下 1 m 范围内低压注浆,控制注浆压力 0.1~0.2 MPa,形成顶部封闭浆液;再进行深度注浆,每 500 mm 注浆一次;注浆压力提高 0.3~0.5 MPa;

②间孔跳打施工;

③自下而上分层注浆。

3)停止注浆条件:

①压力超过规定值;

②浆液从孔中或其他地方冒出;

③注浆量超过规定值。

4)施工参数:

①浆液配比:水灰比 0.5~0.6;注浆率 16%~20%,经过计算得出每立方米土体压入水泥量。

②提升上拔量:500 mm 左右。

③注浆速度:5~10 L/min。

④注浆压力:0.1~0.5 MPa。

⑤浆液配制:按浆液配比下料,经过搅拌均匀后才能开始泵送浆液和注浆施工,在注浆施工过程中,应不断地搅拌,防止颗粒沉降,保证浆液泵送流动稠度,浆液在泵送前,应经滤网过滤。

5)常规处理事故:

①冒浆:A.降低注浆压力,提高浆液浓度;B.限制进浆量;C.采用间歇注浆法;D.堵塞

冒浆点。

②窜浆：A. 加大跳孔施工间距；B. 适当延长相邻两孔施工时间。

（3）双液注浆。双液注浆工艺是在软土地基注浆加固基础上的发展和新的突破。该工艺克服了注浆加固过程中引起的土体扰动，软化效应；达到了在超载地面下控制地下施工掘进引起沉降的良好效果，并能使土体沉降稳定时间大幅缩短。

1）方法特点：

①广泛应用于基础加固工程中，既可适用于软土地基加固，也可以应用于岩基断裂破碎带的加固。

②浆液具有良好的流动性、触变性和扩散性，浆液初凝快，且具可调性能，能适时提高强度，可以缩短土体沉降稳定时间，能克服注浆中引起的扰动和软化效应。

③控制地面不均匀沉降，简易灵活，经济实效。

④具有速凝性能，可以调节时间，缩短沉降周期，在短时内能起到强化和加固作用。

2）加固原理。双液注浆主要具有克服注浆加固中引起的扰动和软化作用，以及缩短固结沉降时间，控制沉降的特点，当双液浆及时充填到土体中的空隙，尤其是施工机械所造成的建筑空隙中后，由于浆液具有速凝及在瞬时初凝的特点，因此能起到强化和加固作用，同时注浆过程中浆液流失少而有效充填量提高，及时补充了由诸多原因造成的土体损失。限制产生地基活动发源处附近的位移，达到未影响建筑结构物之前，减少地面沉降的效果。同时当双液浆在充填土体中的空隙达到一定饱和后，会在压力作用下逐渐扩散不断充填空隙，能对周围土体产生挤压并进入土体的薄弱部位，形成交叉网状凝固体，增强土的密实度和压缩模量，扩大应力场，提高承载能力，从而大大减少最终沉降量。

3）施工顺序：

①按工程实际需要对被加固体进行设计布孔，按设计要求钻孔至设计深度。

②孔径一般为 ϕ91 mm 左右，垂直孔或倾斜孔。

③灌入封闭泥浆，从钻杆内灌入，封闭浆液黏度 80″ 左右，并应封堵地面裂缝，防止冒浆等。

④在双液注浆时应先凿除封头，接通管路，启动注浆泵注入孔内。

⑤按设计配合比用 SM200-1 外循环或高速拌浆机拌和浆液。

⑥将配制拌和好的化学浆和水泥浆各送入 SS-400 搅拌式贮浆桶内备用。

⑦当需注浆时，启动注浆泵，通过 2 台注浆泵 2 条管路同时接上 Y 型接头从孔口混合注入孔底充填扩散到空隙空洞或被加固的土体部位。

⑧开启或关闭注浆泵时必须先开化学注浆泵，后关化学泵，以免堵塞管路。

⑨双液注浆一般应与施工开挖掘进同步进行，及时补充充填建筑和其他原因造成的空隙。

⑩注浆过程中应尽可能控制流量和压力，防止浆液流失。

4）材料要求。

①A 液要求。

A. 注浆用水应是可饮用的河水、井水及其他清洁水，不宜采用含有油脂、糖类、酸性大的水、海水和工业生活废水。

B. 注浆用的水泥应采用普通硅酸盐水泥，水泥标号宜为 42.5#，水泥应保持新鲜，一般出厂日期不超过 3 个月，受潮结块者不得使用。水泥的各项指标应符合国家标准，并附有出厂质保单，矿渣硅酸盐水泥和火山灰质硅酸盐水泥不宜用于注浆。

C. 在满足强度要求的前提下，可用粉煤灰替代一定量的水泥，掺入量应通过试验确定。

D. 为改善浆液性能，应在浆液拌制好时加入适量外加剂。如 KA-l 掺入水泥量的 0.3% ~ 0.5% 可提高浆液扩散性和可泵性能；加入约 5% 的膨润土可提高浆液的均匀性和稳定性，防止固体颗粒分离和沉淀。

②B 液要求。

A. 选购市场上销售的符合国家质量要求的波美度为 35°Be′ ~ 40°Be′ 的硅酸钠。

B. 对选购的硅酸钠进行稀释直至浓度符合要求。

C. 对上述两种 A、B 液进行合理配制，双液浆的黏度要求>35″；比重 1.3 ~ 1.5；初凝时间 2 ~ 3 min；凝固强度 3 ~ 4 MPa/2 h。

D. 注浆钢管 ϕ63.5 mm 或注浆塑料单向阀管和 Y 型接头。

复习思考题

1. 何谓基坑？基坑工程有哪些特点？

2. 常见的基坑变形情况有哪些？

3. 基坑围护结构的类型主要有哪些？并说明其适用的范围。

4. 支撑结构类型有哪些？各有何特点？

5. 请说明支撑体系布置原则。

6. 请说明工字钢桩围护结构施工要求和施工工艺。

7. 请说明钢板桩围护结构形式及施工工艺。

8. 请说明钻孔灌注桩围护结构适用条件及施工工艺。

9. 请说明泥浆护壁施工方法的工艺原理。

10. 请说明全套管施工方法工艺流程及成孔方法。

11. 何谓咬合桩？试说明其工艺特点和注意事项。

12. 请说明深层搅拌桩的加固机理及适用范围。

13. 何谓 SMW 工法桩？并说明其关键工艺。

14. 何谓地下连续墙？并说明其关键工艺。

15. 何谓高压旋喷桩？与水泥搅拌桩的区别是什么？

16. 何谓注浆法？并说明其注浆机理。

17. 请说明袖阀管注浆加固机理和注意事项。

18. 请说明双液注浆的工艺特点和加固机理。

第3章 城市轨道交通车站基坑开挖施工

城市轨道交通工程是一项规模庞大的公共性交通建筑工程,地铁车站是城市地下轨道交通系统中一个重要组成部分。地铁线路由车站、区间隧道及车辆段等组成。地铁工程包括土建、轨道、通风、排水、机电、环控等各种保障系统。地铁工程土建施工方法主要有明挖法、盖挖法、暗挖法及盾构法,此外还有高架形式、地面建筑等。因此,地铁工程是集房建、基坑、隧道、高架桥、市政道路、管线等于一体的综合工程。

地铁车站是地下铁道中一个很重要的部分,联系着地面与地下的交通,其施工方法可分为明挖法、盖挖法、暗挖法、盾构法等(见图3-1)。各种方法对比如表3-1所示。

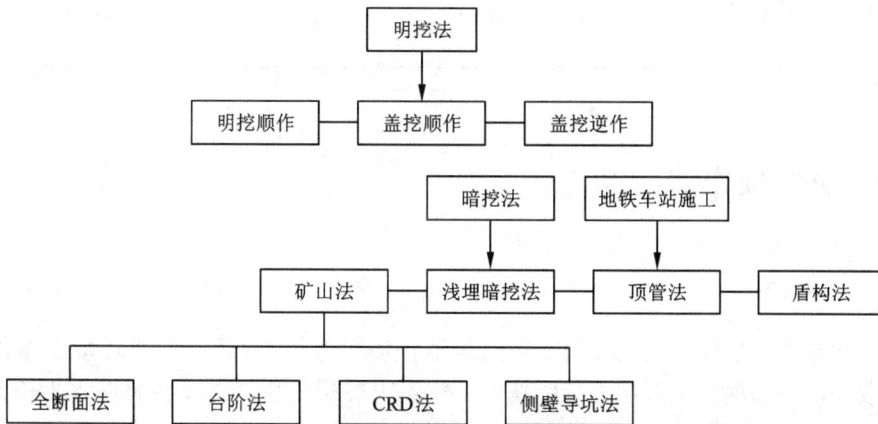

图3-1 地铁车站常用施工方法

表3-1 地铁车站施工常用方法对比

序号	施工方法	环境场地要求	优点	缺点	发展方向
1	明挖	宽阔的施工场地	进度快,造价低,便于大型机械化施工	破坏、污染环境,影响市区居民生活,风险大	1)深层地下连续墙,桩排墙 2)预应力钢支撑 3)地面变化监控技术 4)土钉墙技术
2	盖挖	市区浅埋地铁车站	占用场地时间短,对地面干扰较小,安全	施工工序复杂,交叉作业,施工条件差	1)交叉施工,流水作业 2)小型施工机具 3)永久衬砌支护的地下连续墙,钻孔桩施工质量控制和托换技术

续表3-1

序号	施工方法	环境场地要求	优点	缺点	发展方向
3	矿山	坚硬岩土介质、地下水位低	地面影响小，造价低	进度慢，劳动强度高，风险大	1) 钻孔台车自动装药引爆 2) 光面爆破锚喷监控数据反馈 3) 分断面开挖，眼镜工法 4) 大型土方机械
4	浅埋暗挖	土体冻结、注浆、深层搅拌、管棚加固，浅埋车站	地面影响小，造价低	地下作业风险大，机械化程度低	1) 地基处理技术 2) 小型地下开挖机械 3) 可靠的临时支护措施和机具
5	逆作	车站上面有高层建筑，埋深较深	占用场地时间短，对地面干扰较小，安全	施工工序复杂，交叉作业，施工条件差	1) 交叉施工，流水作业 2) 小型施工机具 3) 永久衬砌支护的地下连续墙，钻孔桩施工质量控制和托换技术
6	异型盾构	市区深埋车站，线路换乘下层车站	不影响地面地下运营，安全，机械化程度高	机械复杂，造价高，安装操作难度大	1) 开发研制国产大型三心圆、割圆异型盾构 2) 开发新型衬砌支护材料和施工技术

3.1 明挖顺作法

3.1.1 概述

车站主体建筑、主体结构的布置，主要是结合场区地形、地质、周边环境等条件综合考虑，大多数采用钢筋混凝土双层框架结构，少数采用单层结构，结构平面形式为长条形。应用最多的典型地铁车站为双层明挖车站。

明挖法是各国地下铁道车站施工的首选方法，是指挖开地面，由上向下开挖土石方至设计标高后，自基底由下向上顺作施工，完成车站主体结构，最后回填基坑或恢复地面的施工方法。明挖按支护分为：(1)放坡开挖(见图3-2)；(2)悬臂支护开挖(见图3-3)；(3)围护结构加支撑明挖(见图3-4、图3-5)。

明挖法是目前我国地铁车站采用最多的一种修建方法，主要有放坡明挖和围护结构内的明挖(即基坑开挖)(见图3-6)两种方法。明挖顺作法技术上的进步主要反映在基坑的开挖方法和围护结构上，适用于不同的土层，基坑的围护结构主要有地下连续墙、人工挖孔桩、钻孔灌注桩、SMW工法桩、工字钢桩加木背板和钢板桩围堰等。

明挖法具有施工作业面多、速度快、工期短、易保证工程质量和工程造价低等优点，但因对城市生活干扰大，应用受到各种因素的限制，尤其是当地面交通和环境不允许时，只能采用盖挖法或暗挖法。明挖法适用于浅埋车站以及有宽阔的施工场地，可修建的空间比较大，如带有换乘站、地下商场、休息和娱乐场所及停车场等的地下综合体车站。由于地铁工程一般位于建筑物密集的城区，因此基坑工程的主要技术难点在于对基坑周围原状的保护，防止地表沉降，减少对既有建筑物的影响。

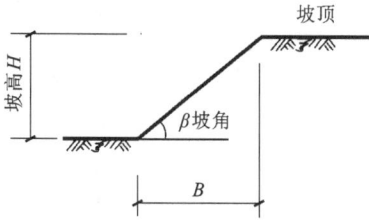

图 3-2　放坡开挖

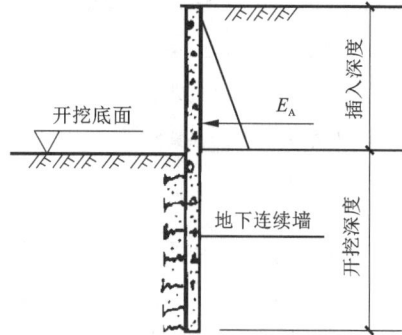

图 3-3　悬臂支护开挖

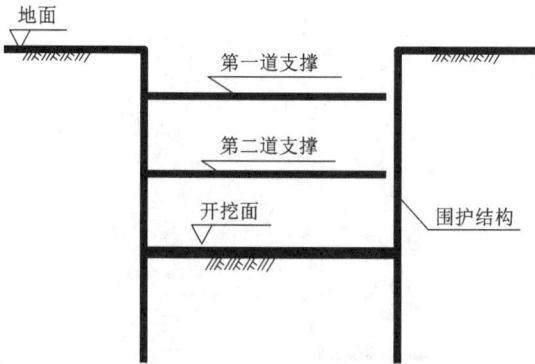

图 3-4　水平支撑开挖

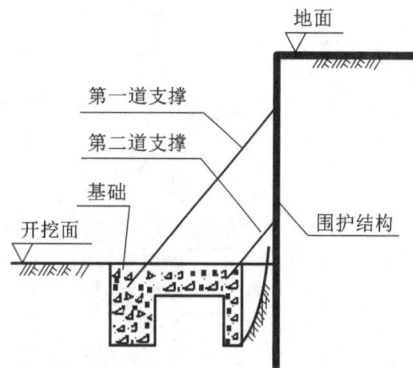

图 3-5　斜支撑开挖

图 3-6　明挖法车站施工

3.1.2 施工流程

明挖车站施工的主要程序分为征地、拆迁→管线改排→交通疏解→场地围挡→三通一平→临时工程施工→围护结构施工→降水施工→圈梁及第一道混凝土支撑施工→开挖及支撑→接地网铺设→垫层浇筑→底板施工→部分支撑拆除中板施工→部分支撑拆除顶板施工→顶板防水施工→顶板覆土施工→管线交通复位等(见图3-7)。

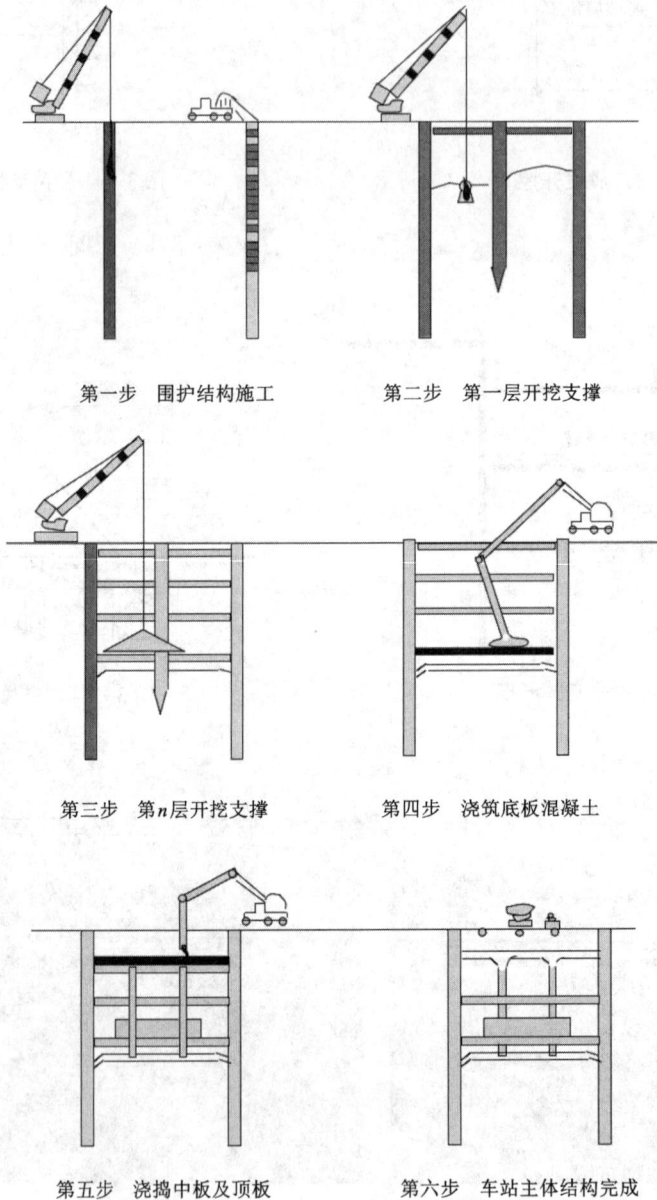

第一步　围护结构施工　　　　　第二步　第一层开挖支撑

第三步　第n层开挖支撑　　　　　第四步　浇筑底板混凝土

第五步　浇捣中板及顶板　　　　　第六步　车站主体结构完成

图3-7　明挖法施工步骤示意图

（1）基坑围护：一般采用地下连续墙围护、钻孔桩止水帷幕、工法桩或综合围护技术等。

（2）地基处理及降排水：地基处理一般采用高压旋喷桩、水泥土搅拌桩等；降排水一般采用明排水、疏干管井及降压管井。

（3）基坑开挖：一般采用放坡、分层开挖。

（4）支撑体系：由钢筋混凝土支撑、钢支撑及格构柱组成。

（5）内部结构：标准车站一般为地下两层（站台层、站厅层），由底板（1 m）、中板（0.5 m）、顶板（0.8 m）、柱及内衬墙（0.6 m）组成。

（6）综合接地、人防等。

（7）施工监测：在基坑开挖及内部结构施工过程中主要对围护结构的墙顶位移、墙体倾斜，支撑体系的支撑轴力、立柱隆沉，周边环境的地表沉降、管线沉降等进行监测，确保施工安全及环境稳定。

3.1.3　基坑降水

基坑开挖需要基本保证基坑内无明显存水，因而需要进行降水。基坑降水方法主要有：明沟加集水井降水、轻型井点降水、喷射井点降水、电渗井点降水、管井井点降水、深井井点降水等。各种降水方法有其特点和适用情况，需要根据现场具体情况合理选用。

（1）降水方案比选。

1）明沟加集水井降水：是一种人工排降法。它主要排除地下潜水、施工用水和天降雨水。在地下水较丰富地区，若仅单独采用这种方法降水，由于基坑边坡渗水较多，锚喷网支护施工难度加大。因此，这种降水方法一般不单独应用于高水位地区基坑边坡支护中。

2）轻型井点降水：适用于基坑面积不大，降低水位不深的场合。该方法降低水位深度一般在 3~6 m，若要求降水深度大于 6 m，理论上可以采用多级井点系统，但要求基坑四周外需要足够的空间，以便放坡或挖槽。

3）喷射井点降水：喷射井点系统能在井点底部产生 250 mm 水银柱的真空度，其降低水位深度大，一般在 8~20 m 范围。它适用的土层渗透系数与轻型井点一样，一般为 0.1~50 m/d。但其抽水系统和喷射井管很复杂，运行故障率较高，且能量损耗很大，所需费用比其他井点法要高。

4）电渗井点降水：适用于渗透系数很小的细颗粒土，如黏土、亚黏土、淤泥和淤泥质黏土等。这些土的渗透系数小于 0.1 m/d，它需要与轻型井点或喷射井点结合应用，其降低水位深度取决于轻型井点或喷射井点。

5）管井井点降水：适用于渗透系数大的地层，地下水丰富的地层，以及轻型井点不易解决的场合。每口管井出水流量为 50~100 m³/h，土的渗透系数在 20~200 m/d 范围内，这种方法一般用于潜水层降水。

6）深井井点降水：是基坑支护中应用较多的降水方法，它的优点是排水量大、降水深度大、降水范围大等。对于砂砾层等渗透系数很大且透水层厚度大的场合，一般用轻型井点和喷射井点等方法不能奏效，采用此法最为适宜。

（2）井点降水。井点降水，是人工降低地下水位的一种方法，故又称"人工降水法"。在基坑开挖前，在基坑四周埋设一定数量的滤水管（井），利用抽水设备抽水使所挖的土始终保持干燥状态的方法，如轻型井点、喷射井点、电渗井点、管井井点、深井井点等。

1）主要作用。

①疏干开挖范围内土体中的地下水，方便挖掘机和工人在坑内施工作业。

②降低坑内土体含水量，提高坑内土体强度，减少坑底隆起和围护结构的变形量，防止坑外地表过量沉降。

③及时降低下部承压含水层的承压水水位，防止基坑底部突涌的发生，确保施工时基坑底板的稳定性。

2）施工工艺。管井法降水是目前地铁施工中采用最多的降水方法，尤其是有地下连续墙等围护结构止水帷幕时。现以该方法为例说明降水施工工艺，管井井点示意图与井点降水现场见图3-8。

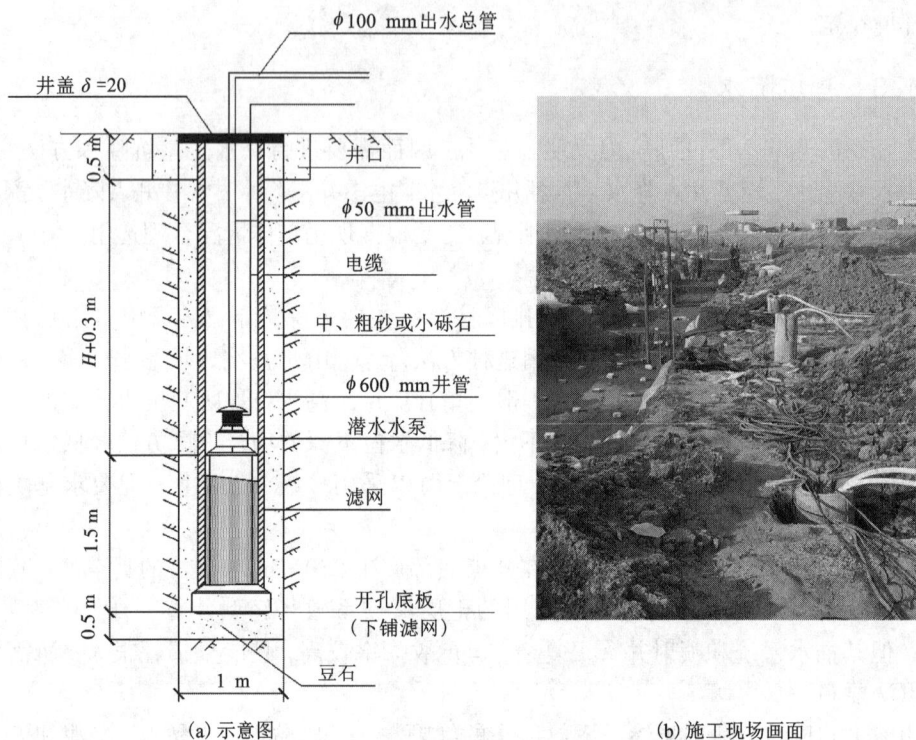

(a) 示意图　　　　　　　　(b) 施工现场画面

图3-8　管井井点降水示意图及施工现场

成孔施工机械设备可选用 GPS-10 型工程钻机及其配套设备，采用正循环回转钻进泥浆护壁的成孔工艺及下井壁管、滤水管，围填填砾、黏性土等成井工艺。其工艺流程如下：

①测放井位：根据井位平面布置示意图测放井位，当布设的井点受地面障碍物或施工条件的影响时，现场可做适当调整。

②埋设护口管：护口管底口应插入原状土层中，管外应用黏性土和草辫子填实封严，防止施工时管外返浆，护口管上部应高出地面 0.1~0.3 m。

③安装钻机：机台应安装稳固水平，大钩对准孔中心，大钩、转盘与孔的中心三点成一线。

④钻进成孔：降水井开孔孔径为 $\phi1000$ mm，均一径到底。钻进开孔时应吊紧大钩钢丝绳，轻压慢转，以保证开孔钻进的垂直度，成孔施工采用孔内自然造浆，钻进过程中泥浆密度控制在 $1.10\sim1.15$ g/cm³，当提升钻具或停工时，孔内必须压满泥浆，以防止孔壁坍塌。

⑤清孔换浆：钻孔钻进至设计标高后，在提钻前将钻杆提至离孔底 0.50 m，进行冲孔清除孔内杂物，同时将孔内的泥浆密度逐步调至 1.10 g/cm³，孔底沉淤小于 30 cm，直至返出的泥浆内不含泥块为止。

⑥下井管：管子进场后，应检查过滤器的缝隙是否符合设计要求。下管前必须测量孔深，孔深符合设计要求后，开始下井管，下管时在滤水管上下两端各设一套直径小于孔径 5 cm 的扶正器(找正器)，以保证滤水管能居中，井管焊接要牢固、垂直，下到设计深度后，井口固定居中。

⑦填砾料(粗砂)：填砾料前在井管内下入钻杆至离孔底 0.3~0.5 m，井管上口应加闷头密封，之后从钻杆内泵送泥浆，边冲孔边逐步稀释泥浆，使孔内的泥浆从滤水管内向外由井管与孔壁的环状间隙内返浆，使孔内的泥浆密度逐步稀释到 1.05 g/cm³，然后开小泵量按前述井的构造设计要求填入砾料，并随填随测填砾料的高度，直至砾料下入预定位置为止。

⑧井口封闭：在粗砂的围填面上采用优质黏性土围填至地表，围填时应控制下入速度及数量，沿着井管周围"少放慢下"地围填。然后在井口管外做好封闭工作。

⑨洗井：在提出钻杆前利用井管内的钻杆接上空压机先进行空压机抽水洗井，待井能出水后提出钻杆再用活塞洗井，活塞必须从滤水管下部向上拉，将水拉出孔口。对出水量很少的井可将活塞在过滤器部位上下窜动，冲击孔壁泥皮，此时应向井内边注水边拉活塞。当活塞拉出的水基本不含泥砂后，再用空压机抽水洗井，吹出管底沉淤，直到水清不含砂为止。

⑩安泵试抽：成井施工结束后，在降水井井内及时下入潜水泵或接真空管、铺设排水管道、电缆、地面真空泵安装等，抽水与排水系统安装完毕，即可开始试抽水。在降水管井内采用真空泵与潜水泵交替抽水，真空抽水时管路系统内的真空度不宜小于 -0.06 MPa，以确保真空抽水的效果。在设置电缆与管道系统时应注意避免在抽水过程中被挖土机、吊车等碾压、碰撞损坏，因此，现场要在这些设备上进行标识。

⑪排水：洗井及降水运行时应用管道将水排至场地四周的明沟(渠)内，并通过过滤，将水排入场外市政管道中。

3)降水运行。

①基坑内的降水应根据现场情况进行，做到能及时降低基坑中的地下水位。

②降水井抽水时，潜水泵的抽水间隔时间由短至长，每次抽水井内水抽干后，应立即停泵，对于出水量较大的井每天开泵抽水的次数要相应增多。

③为了提高坑底土层的疏干效果，在抽水运行过程中采取勤抽水的方法，将井内的水位始终降至最低，尽可能保证井管外潜水层内的地下水水位与井管内的动水位的高差达到最大，确保土层的疏干效果。

④降水运行过程中，对各停抽的井及时做好水位观测工作，及时掌握井内水位的变化情况。

⑤降水运行期间，现场实行 24 h 值班制，值班人员应认真做好各项质量记录，做到准确齐全。

⑥降水井根据基坑开挖、基坑隆起等情况按需降水。

⑦降水运行过程中对降水运行的记录，及时分析整理，绘制各种必要图表，以合理指导降水工作，提高降水运行的效果。降水运行记录每天提交一份，如有停抽的井应及时测量水位，每天1~2次。

⑧降水运行至主体结构顶板覆土后，用微膨胀混凝土灌注井点管，并加焊钢板封闭。

4）封井原则。针对降压井，在确定停抽、封井时，应注意以下几点：

①所有降压井均应在所在区域底板浇筑完毕并达到设计强度之后方可考虑停止抽水。

②封井应会同总承包方、设计方以及降水方确定封井原则并形成相关文件；在满足封井原则提出的相应要求时，由总承包方发出封井指令或降水方提出封井申请由总承包方确认。收到相应指令或确认文件后，降水方按指令或确认文件停止所有降水井抽水并实施降水井封井。

3.1.4 基坑支护

车站基坑支护通常采用混凝土支撑、钢支撑相结合的支护方案。

车站基坑除主体基坑外，通常还包括盾构井基坑、出入口基坑、风亭基坑等，为确保施工安全，通常要求采用冠梁+第一道混凝土支撑、第二道钢支撑并撑、第三道及以后采用钢支撑，同时采用工字钢钢腰梁、临时格构柱、槽钢横梁等组成的支撑体系进行支护。当基坑变形控制要求较小或对空间利用要求较高时，也会考虑其他支护方案，如锚喷技术等。

（1）钢筋混凝土支撑。如果围护结构为钻孔桩，则桩顶需要设置冠梁，将排桩连接为整体。冠梁分层浇灌至设计标高。冠梁钢筋现场绑扎、组合钢模支护定型，商品混凝土运至现场灌注，插入式振捣捣固器振捣密实，一次性浇筑完成。

1）冠梁施工时间。冠梁是设置在基坑周边支护（围护）结构（多为桩和墙）顶部的钢筋混凝土连续梁，其作用其一是把所有的围护桩连到一起（如钻孔灌注桩、旋挖桩等），防止基坑（竖井）顶部边缘产生坍塌；其二是通过牛腿承担钢支撑（或钢筋混凝土支撑）的水平轴力和竖向剪力，冠梁施工时必须凿除桩顶的浮浆等。

为使冠梁、支撑梁、斜支撑梁形成一个平面框架支撑体系。冠梁、支撑梁、连杆分单元整体浇筑（见图3-9）。

图3-9 冠梁+混凝土支撑图

冠梁施工安排在围护结构地下连续墙施工完成后与支撑梁、连杆分段组织施工。其模板采用组合钢模板，现场绑扎钢筋，商品混凝土运至现场灌注，插入式振动器捣固密实，洒水养生。

2）冠梁施工流程。开挖至冠梁底标高→人工破除墙（桩）顶浮浆→摊平压实支模施工工作面→绑扎冠梁钢筋→支模→浇筑冠梁混凝土→养生。与支撑梁连续浇筑。

首先按冠梁底标高人工用风镐凿除桩顶松散混凝土。破除完墙（桩）顶后，平整底面，在墙（桩）范围之外浇筑 C20 混凝土垫层，作为底模。钢筋采取集中加工，现场绑扎，并符合设计和规范要求，冠梁主筋接长采用单面搭接焊，焊缝长度不小于 10d；围护结构主筋锚入冠梁长度按照设计埋设。冠梁及混凝土支撑模板采用组合钢模板，采用 ϕ48 mm 脚手架钢管配合斜撑进行加固。钢管水平向设两道，竖向间距不大于 1 m。模板经过除锈、打磨，表面平整、光滑，并支撑牢固。靠基坑侧用支撑加固钢模板，确保混凝土浇筑过程中不漏浆、跑模。混凝土浇筑最好采用汽车输送泵，混凝土振捣采用插入式振捣器，直至混凝土表面泛浆、无大量气泡产生为止，严防混凝土振捣不足或过振。冠梁及混凝土支撑混凝土浇筑后，覆盖麻袋或草垫，并进行保湿养护。冠梁及混凝土支撑混凝土强度达到要求后进行下一步施工。

（2）钢支撑施工。地铁施工中基坑水平支撑除第一道采用钢筋混凝土支撑外，其余一般均采用钢支撑，钢支撑施工方便、工期短、可重复利用。

地铁施工钢管支撑主要规格有 ϕ400 mm、ϕ580 mm、ϕ600 mm、ϕ609 mm、ϕ630 mm、ϕ800 mm 等，常用钢支撑为 ϕ609 mm，壁厚分为 12 mm、14 mm、16 mm。

钢支撑施工的工艺流程一般为编号、计算长度→开挖测量及安装围檩→实测长度及角度偏差（调整钢撑角）→焊接支点、核对钢支撑→支撑拼装→安装支撑前检查→吊装→支撑就位→施加预应力→钢楔固定→定期检查。

1）准备工作。

①钢支撑编号；②计算预加应力值；③千斤顶校验记录表，千斤顶标识牌，并与校验记录相配；④制作安装记录表（记录内容：编号、施加日期、施加预应力值、持荷时间）。

2）钢围檩制作。临时钢支架采用边长 600 mm³×550 mm³×550 mm³、75 mm²×8 mm² 的角钢制作成三角形，焊好后的钢支架保证两直角边相垂直，并有足够的稳定性。钢围檩由 2 块 450 mm 厚的工字钢和 2 块 20 mm 厚的钢板拼焊而成。

3）钢支撑预拼。钢支撑预拼前先按照基坑的实测宽度计算每道钢支撑配料长度，钢支撑长度 = 基坑宽度 + 施工外放值−2×围檩厚度−0.15 m。然后在地面上按实测基坑的宽度进行预拼装，拼装好后放在坚实的地坪上检查支撑管的平直度，现场拼接支撑时两端支撑中心线的偏心度控制在 2 cm 之内，并检查支撑管接头连接是否紧密、有无破损或变形、端头是否平整，经检查合格后用红油漆在支撑上编号，标明支撑的长度、安装的具体位置。

4）钢支撑吊装。

①经检查合格后的钢支撑采用 50 t 吊机整体吊装到位。

②基坑宽度大时可分两节（分节位置在 $L/3$ 处），用 100 t 吊机吊装到基坑的支撑立柱桩连系梁上再拼装成整根。支撑吊装采用两点起吊，保持钢支撑吊装过程中平稳无碰撞、支撑无变形。

③钢管支撑吊装到位后，先不松开吊钩，将支撑两端放在钢牛腿上，用人工辅助将支撑调整到设计位置后再将支撑临时固定。

④在钢支撑与联系梁交叉点采用两根 ϕ20 mm 的圆钢抱箍的形式固定，抱箍与支撑之间预留 5 cm 间隙，支撑与联系梁之间采用木楔对楔。

钢管支撑安装的允许偏差应满足相关规定（见表 3-2）。

表 3-2　钢管支撑安装允许偏差表

项目	钢支撑轴线竖向偏差	支撑曲线水平向偏差	支撑两端的标高差和水平面偏差	支撑挠曲度	横撑与立柱的偏差
允许值	±30 mm	±30 mm	≤20 mm 且≤1/600L	≤1/1000L	≤50 mm

注：L 为支撑长度。

5) 钢支撑轴力施加。钢支撑临时固定后，再将 2 台 200 t 液压千斤顶吊放入活络头子顶压位置，两台液压千斤顶安放位置必须对称平行，施加预应轴力时应注意保持 2 台千斤顶对称同步进行，当预加轴力达到设计值后在活络头子中锲紧钢垫块（钢垫块采用 35 cm 厚的钢板），固定牢固，然后回油松开千斤顶、解开钢丝绳完成该根支撑的安装（见图 3-10）。施加预应轴力时应逐级匀速增加并做好记录备查。

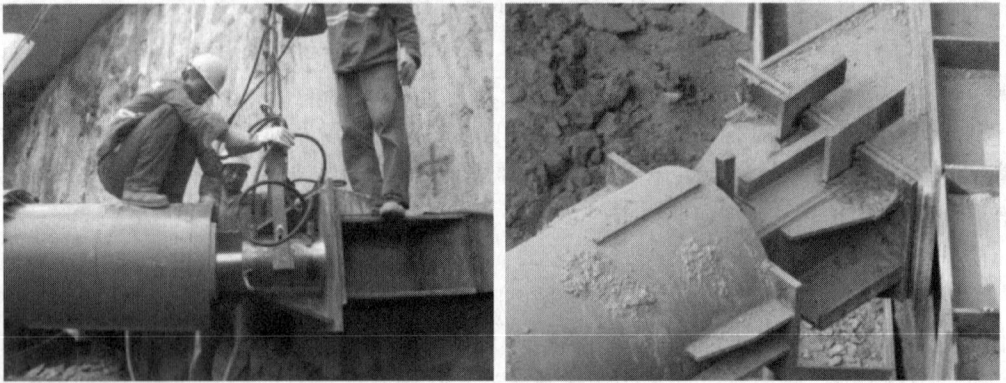

图 3-10　钢支撑轴力施加

轴力施加注意事项：

①液压机及千斤顶等设备进场后必须对设备进行全面的检查验收，压力表要求找相关的检测部门进行标定，并出具检测证明。在钢支撑施加预应力前，计算出压力表的施压数据才能进行施压。

②施压前必须对千斤顶和压力表进行检查，保证千斤顶的进出油管的连线正确以及连接到对应的压力表。千斤顶的摆放位置要与钢管管壁轴线对称，并且保证千斤顶前后水平受力。加压应先加到 20% 压力并持荷 2 min，等空隙压紧后再加到 50% 持荷 2 min，最后压到 100% 持荷 2 min，在 2 min 内有压力损失应补压到 100% 直到压力不再变化。

③施加压力的过程中，不得有人员面对千斤顶的正面，并有专人负责观察受压部件的受力情况，施压后对钢管连接处法兰盘的螺栓再次全面地紧一遍，确保钢支撑连接牢固。

6) 支撑拆除。支撑体系拆除的过程是支撑的"倒换"过程，即把由钢管横撑所承受的土压力转至永久支护结构或其他临时支护结构。

主体结构底板混凝土达到设计强度的 70% 后，即可拆除最下一道钢支撑，此道钢支撑拆除后才能施工剩余部分中隔墙及侧墙、顶板。其余几道钢支撑在侧墙顶板施工完毕并且达到设计强度后进行拆除。

拆除时应避免瞬间预加应力释放过大而导致结构局部变形、开裂。利用主体结构换撑时，主体结构的顶板或底板混凝土强度应达到规定的强度。

7) 注意事项。

① 根据各道支撑的设计轴力施加预应轴力，分级对称逐步施加预应力。

② 每次钢管支撑安装时，在同一幅地下墙上不得单根安装钢支撑，必须同时施工至少2 根钢支撑。防止钢支撑预加轴力后钢支撑失稳，导致不可预见的后果。

③ 钢管横撑的设置时间必须严格按设计工况条件掌握，土方开挖时应分段分层，严格控制安装横撑所需的基坑开挖深度。

④ 随着基坑开挖逐渐向下延伸，以及受下道支撑施加轴力的影响，上道支撑的应力可能会减小，所以必须根据监测提供的压力值和现场的实际情况及时进行复顶，直到达到设计要求。

⑤ 所有需电焊的部位均应保证焊接的质量，达到设计强度要求。

⑥ 随着基坑开挖逐步向下深入，基坑回弹量会逐渐增大，基底回弹会使支撑立柱上抬，从而对钢支撑产生一个向上的作用力，为防止支撑弯曲应力过大导致钢支撑产生较大变形、脱落等危险，支撑与纵向联系梁之间预留一定的间隙并用木楔楔紧，随开挖的进行，逐渐向外退出木楔，减小支撑由于立柱上抬产生的应力。

8) 钢支撑的保护。

① 基坑开挖过程中要防止挖土机械碰撞支撑体系，特别是竖向支撑，以防支撑失稳，造成事故。

② 任何人员不得在钢支撑上行走、停留，施工过程中严禁施工机具或材料碰撞支撑。

③ 施工时加强监测，对基坑回弹导致支撑竖向挠曲变形接近允许值时，必须及时松弛横梁、释放竖向应力，保证钢支撑受力稳定。

④ 为了防止钢管支撑滑落，在每道钢管支撑端部上 1 m 位置，凿除地下墙或钻孔灌注桩主筋，并焊接"U"筋，用于拉紧钢管支撑。

(3) 混凝土板撑施工。在主体结构阴角处，设置钢筋混凝土板撑。板撑施工结合基坑土方开挖一并考虑，当土方开挖至混凝土角撑底标高时，停止土方开挖，在设计支撑位置换填10 cm 厚的石粉+5 cm 厚 C15 细石混凝土，换填宽度为支撑宽度+200 mm，待细石混凝土达到设计强度的 30% 后绑扎钢筋，混凝土板撑钢筋与地下连续墙焊接为一体。模板采用组合钢模，支撑采用 ϕ48 mm 钢管斜向侧支撑加固，泵送混凝土入模，插入式振捣器捣固密实，洒水养护。混凝土强度达到 50% 设计强度后，拆除侧模，并加强养生，当混凝土强度 100% 达到设计强度后进行下一层土方开挖。

(4) 桩间网喷施工。如果设计需要桩间网喷混凝土，则应在附属开挖基坑后，确保围护效果和安装钢管支撑围檩，采用插筋挂网喷射混凝土，插筋采用 ϕ20 mm 钢筋，每根桩间布置 1 根，竖向间距 1500 mm，喷射厚度 16 cm，采用 ϕ6 mm@ 150 mm×150 mm 钢筋网片。

1) 喷射混凝土配合比。喷射混凝土配合比，符合混凝土强度的喷射工艺要求，可按经验选择后通过试验确定，也可取：水灰比 0.4~0.45，砂率 45%~60%，灰骨比 1：4 至 1：5。速凝剂掺量通过试验确定，宜为水泥重的 2%~4%，水泥宜选用普通硅酸盐水泥，水泥标号不得低于 32.5 MP，细骨料采用坚硬耐久的中砂或粗砂，细度模数宜大于 2.5，含水率宜控制在 5%~7%。粗骨料采用坚固耐久的碎石或卵石，粒径不宜大于 15 mm。

2)搅拌和施喷机具。通常采用强制式搅拌机。

3)喷射前准备工作。检查受喷面尺寸，保证开挖断面符合设计要求。拆除障碍物、凿除侵限的桩体。清除受喷面松动岩石及浮碴，并用压力水或高压风清洗。钢筋使用前清除污锈，钢筋网与受喷面间距不小于3 cm，钢筋网与锚杆或钎钉联结牢固，接头稳定。机具设备三管两线，经检查和试运转后再进行作业。喷射地段有漏、滴、渗水现象时，及时予以处理，采取堵、截、排等手段，使喷射面无淋水、滴水现象，以保证混凝土与岩面的黏结。在喷射混凝土地段，地面上铺设薄铁板或其他易于收集回弹物的设施。

4)喷射机操作。每次喷射前仔细检查并试运转，开始先开风，再通电，当机械正常运转后送料，作业结束，先停电、后停风。作业完毕或因故间断时，积料及时清除干净。喷头处作业先给水，再给料，结束时先停料，后停水。喷头与受喷面垂直，其间距与风压协调，以0.6~1.2 m为宜。突然断水或断料时，喷头迅速移离受喷面。严禁用高压风、水冲击尚未终凝的混凝土。回弹料充分利用，一般在喷射后2 h内用完。回弹料可用作骨料，重新拌和喷射混凝土，或作其他附属工程的混凝土用料，通过试验确定。

5)混凝土养护。混凝土终凝后2 h，即开始洒水养护，养护日期不得少于14 d，洒水次数以能保持混凝土充分湿润为度。

6)在有水地段进行喷射作业时，采取下列措施：

①改变混凝土配合比，增加水泥用量，先喷干混合料，待其与涌水融合后，再逐渐加大喷射力度。

②喷射时，先从远离出水点处开始，再逐渐向涌水点逼近，将散水集中，安设导管，将水引出，再向导管逼近喷射。

③当涌水严重时，设置泄水孔，边排边喷射。

3.1.5 基坑开挖

基坑开挖与支护遵循"纵向分段、中间拉槽、竖向分层、随挖随支"的施工原则，在开挖过程中掌握好"分层、分步、对称、平衡、限时"五个要点。根据主体基坑总长划分为n个施工区段进行施工。

（1）基坑开挖前的准备工作。基坑土方开挖前应做好准备工作：土方开挖前首先提前1个月进行降水施工，保证基坑开挖范围内无水施工，同时查明周边管线和地下构筑物的情况，做好拆迁或加固预案，确保施工期间地下管线和地下构筑物的安全正常使用。

1)材料、设备、运输作业机械、水、电等进场到位。

2)地面防、截水措施得当，排水通畅，进、出场大门口已完成洗车槽施工，进出场道路畅通。

3)按工程监测要求，做好各种不同类型的测点布置，并测定各监测点的初始数据。

4)管线改迁、悬吊保护方案全部完成，开挖过程中的加固保护措施已落实。

5)基坑围护结构施工完毕。

（2）土方开挖方案。

1)基坑土方开挖步骤，根据拟定的纵向区段，自上而下分步开挖：

①开挖至第一道钢筋混凝土支撑下0.1 m处，进行桩顶冠梁和第一道钢筋混凝土支撑施工。

②开挖第二层土方至第二道钢支撑中心线下 0.5 m，先在中部掏槽 3.0 m 深，然后倒退开挖；掏槽边坡按 1∶0.75，两侧土台宽度不小于 4.0 m。施作第二层挖土层高度范围桩间网喷混凝土，架第二道钢支撑。

③开挖第三层土方至第三道钢支撑中心线下 0.5 m，开挖前可先在中部掏槽 2.5~3.5 m 深，然后再倒退开挖其余部分土方；掏槽边坡按 1∶0.75，两侧土台宽度不小于 4 m；施作第三层挖土层高度范围桩间网喷，架第三道钢支撑。

④根据基坑深度及钢支撑层数，重复第三步工序。

⑤开挖最后一层土方至基坑底以上 0.3 m，开挖前先在中部掏槽 2.0~3.0 m 深，然后再倒退开挖其余部分土方；人工清理基底 0.3 m 厚土方，施作第四层机械挖土及人工清土层高度范围桩间网喷。人工配合挖掘机平整，验收基底。基底验收合格后，在 8~16 h 内浇筑混凝土垫层。

基坑开挖过程中，应对下列项目进行中间检验：基坑平面位置、宽度及基坑高程、平整度、地质描述；基坑降水；基坑围护结构的稳定情况；地下管线悬吊稳固情况。基底验收时，基底应平整压实，其允许偏差为：高程 +10 mm、−20 mm，平整度 20 mm，在 1 m 范围内不得多于 1 处，地基承载力应满足设计和规范要求。

基底超挖、扰动、水浸或发现异物、杂土、淤泥、土质松软及软硬不均等现象时，应做好记录，并会同有关单位研究处理。常规处理方法：采用混凝土回填或换填。

具体施工步骤示意图见图 3-11。

2）土方开挖原则。地铁车站主体基坑开挖宽度较大，土方开挖严格遵循"时空效应"理论，按照"整体分片、纵向分段、竖向分层、挖机同步退挖作业、随挖随支、限时平衡"的原则进行开挖。

①纵向分段：基坑纵向开挖分段，按照支撑平面布置及内部结构段划分，纵向开挖采用临时放坡开挖（坡率为 1∶1.5），纵向边坡在合适高度设置台阶，每一开挖层边坡坡脚设置一横向截水沟及集水坑，基坑开挖时排水采用明沟截流排水。开挖时遵循阶梯状开挖施工顺序，"从上到下，分层、分块，留土护坡，阶梯流水开挖，垫层及时浇筑"的总原则。确保按时完成基坑土方开挖，为主体结构施工创造条件。

②竖向分层：土方竖直开挖分层最大厚度不超过 3.0 m，超过该厚度的开挖层则需分为两层或多层开挖。

③对称、平衡、限时：基坑土方开挖由中部向两侧对称抽槽开挖，两侧的开挖高度基本保持一致，以中部向两侧每台阶放坡坡率为 1∶0.75，保证两侧围护桩均匀受力，并提供支撑加设平台。

3）基坑开挖方法。基坑开挖方法通常采用"分层台阶接力法"施工，即把基坑开挖分为多层，每作业面配备 2~3 台反铲挖掘机，进行接力后退式开挖（见图 3-12）。

为了保证机械在施工过程中的安全，分层台阶宽度最小不得小于 5 m，确保施工安全。

土方开挖按"分层台阶法"进行，每个台阶每层土方按"先中间成槽后向两边扩展"的顺序进行开挖。开挖中槽时，底宽为 5 m，放坡系数为 1∶0.75，开挖出中槽后，按照先左后右的顺序依次开挖。土方开挖采用反铲挖掘机直接开挖并装车外运。基坑开挖面以上 0.3 m 的土方采用人工开挖，控制超挖并防止对基底扰动。

对于基坑开挖至最后部分的土方开挖，上部 4 m 土方采用常规挖机开挖，4 m 以下的土

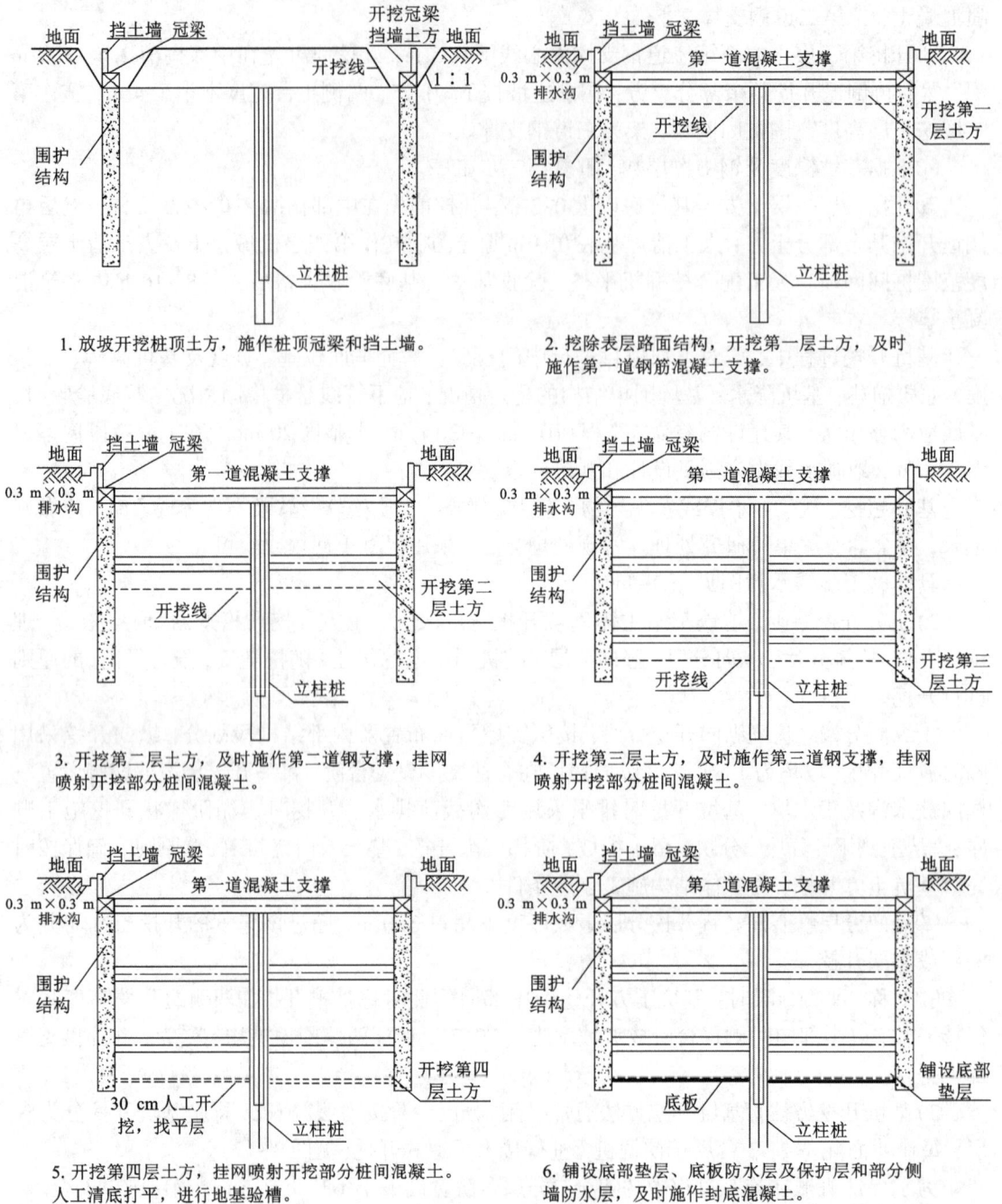

1. 放坡开挖桩顶土方，施作桩顶冠梁和挡土墙。

2. 挖除表层路面结构，开挖第一层土方，及时施作第一道钢筋混凝土支撑。

3. 开挖第二层土方，及时施作第二道钢支撑，挂网喷射开挖部分桩间混凝土。

4. 开挖第三层土方，及时施作第三道钢支撑，挂网喷射开挖部分桩间混凝土。

5. 开挖第四层土方，挂网喷射开挖部分桩间混凝土。人工清底打平，进行地基验槽。

6. 铺设底部垫层、底板防水层及保护层和部分侧墙防水层，及时施作封底混凝土。

图 3-11 基坑土方开挖施工工序示意图

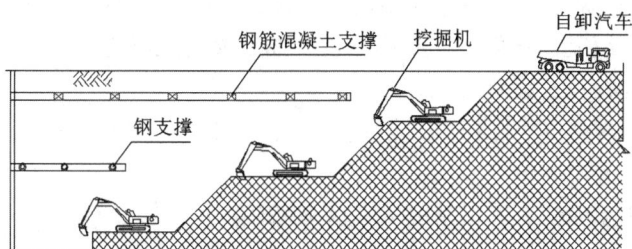

图 3-12 基坑土方开挖示意图

方采用长臂挖机挖土、取土，小型挖机在基坑内配合，土方挖出以后，及时装车清运出现场，严禁将挖出的土方堆载在基坑边上。

4) 基坑排水和基底清理。基坑排水主要是针对基坑内水源及外部环境(如降雨等)导致坑内积水而采取的措施。为保护基坑土方开挖过程中的安全，充分考虑基坑排水，基坑排水贯穿基坑施工始终。

在开挖基底的围护桩侧设置排水明沟，在围护桩侧每隔 20~30 m 设置一积水井，水流汇集于积水井内，再用水泵将水排出基坑外。开挖过程中依据开挖深度及水流情况设置临时排水沟和积水井，现场沿基坑周围做地面硬化，做排洪、防水设施，防止雨水、施工用水等侵入基坑。施工过程中保证排水顺畅，并随时将积水井中的水排出坑外。布设排水沟、积水井及确定抽水设备时留有 20%~30% 的富余量，选用水泵类型时，一般取水泵的排水量为基坑水量的 1.5~2 倍。

当开挖至基底，为防止挖掘机作业时扰动基底原状土，规定挖掘机开挖的标高控制在基底设计标高 30 cm 以上，剩余的 30 cm 土体采取人工清底，对基坑超挖部分采用混凝土回填。

5) 土方外运及弃土。

①土方边挖边用汽车运送到指定地点弃方。挖出土方严禁在成型基坑周围堆载土方，增加边坡荷载。

②在运土汽车上装后挡门，车箱体应做好密闭，顶部用篷布覆盖。汽车出场时进行清洗，入场时必须在出弃土场冲洗干净。

③夜间运输时，安排专人疏导交通，保证安全。车辆进出施工场地时，必须经洗车槽冲洗。

(3) 桩间喷射混凝土施工。很多车站部分地段或全部基坑围护结构采用疏排桩，为确保开挖过程中桩间土体的稳定性，围护桩桩间土随基坑开挖进行网喷保护。在土方开挖过程中，由上往下、随挖随喷，以防止基坑开挖过程中的桩间土暴露时间过长而产生坍塌，影响基坑周边的稳定和施工安全。

为保证基坑开挖过程中网喷混凝土的稳定性，减轻网喷面层的压力，便于边墙和防水层的施作，在支护桩桩间喷射混凝土面层设泄水孔，泄水孔间距通常设为 2~3 m，材料为直径 30 mm 的硬质塑料管，端部套花管，埋入坑壁土体内 1 m。为减少渗漏水对基坑的影响，在明挖基坑中央设集水井，四周设排水沟，渗水或明水汇集至集水井中抽出。

1) 施工工艺流程。土方开挖→钢筋网制作、安装→泄水管施工→混凝土喷射作业。

2) 施工操作要点。

①土方开挖后先要将松动土块、浮碴清理干净，还应对壁面进行修凿整平，然后自下而上分段分片进行底层混凝土喷射。严禁在松散土面上喷射混凝土。

②钢筋安装及焊接符合设计要求。

③混凝土搅拌：现场采用混凝土搅拌机搅拌混凝土，严格按照实验室出具的配合比配制。

④配合比计量用重量比，计量精度为：水泥±2%、砂及掺合料±5%。搅拌现场设置配比牌及磅秤。

⑤喷射机械安设调整好后，先注水、通风，清除管道杂物。上料保证连续性，校正好配料的输出比。

操作顺序：喷射时，先开外加剂，后开风，再送料。以易黏接、回弹量小、表面湿润光泽为准。

喷射机工作风压严格控制在 0.5~0.7 MPa 范围内，从上至下，风压由高变低。严格控制好喷嘴与受喷面的距离和高度。喷嘴与受喷面垂直，有钢筋时角度适当放偏，喷嘴与受喷面距离控制在 0.6~1.2 m 范围内。

喷射料束运动轨迹，喷射顺序自上而下，避免死角。料束呈旋转轨迹运动，一圈压半圈，纵向按蛇形状。

喷射混凝土施工工艺流程如图 3-13 所示。

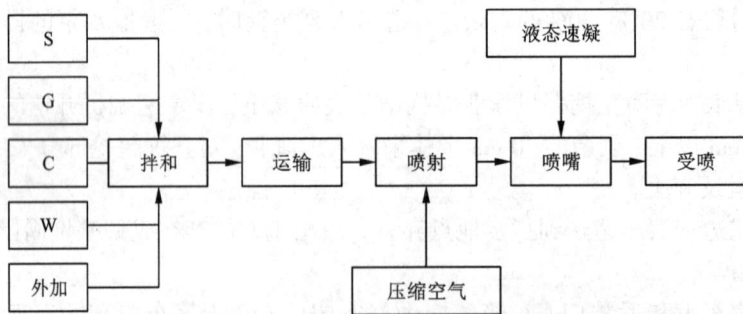

图 3-13 喷射混凝土施工工艺流程图

⑥如果混凝土较厚需分层喷射时，后一层应在前一层混凝土初凝后进行，若终凝 1 h 以后再行喷射，应先用风、水冲洗喷层面。

⑦喷射作业应紧跟开挖工作之后，喷射混凝土终凝 2 h 后，应喷水养护，养护时间一般不得少于 14 d，气温低于 5 ℃时，不得喷水养护。

3）注意事项及质量要求。

①土方开挖后及时进行混凝土喷射作业。

②钢筋网片的允许误差：钢筋网片的长和宽±10 mm，钢筋网眼尺寸±10 mm。

③喷射混凝土的喷射顺序应自下而上，喷头与受喷面控制在 0.8~1.0 m 范围内，射流方向垂直指向喷射面。

④混凝土厚度超过 100 mm 时，应分两次喷射。每次的喷射厚度宜为 50~70 mm。在继续进行下层喷射混凝土作业时，应仔细清除预留在施工缝结合面上的浮浆层和松散的碎石，

并洒水使之润湿。

⑤严格执行喷射机操作规程：连续向喷射机供料；保持喷射机工作风压稳定；完成或因故中断喷射作业时，将喷射机和输料管内的积料清除干净。

⑥当桩间有出水点时，设置泄水孔，边排水边喷混凝土。同时增加水泥用量，改变配合比，喷混凝土由远而近逐渐向出水点逼近，然后在出水点安设导管，将水引出，再向导管附近喷混凝土。

（4）预应力锚索施工。如果明挖基坑围护结构需要进行预应力锚索施工，则必须严格按设计要求进行。相应的施工流程如图 3-14 所示。

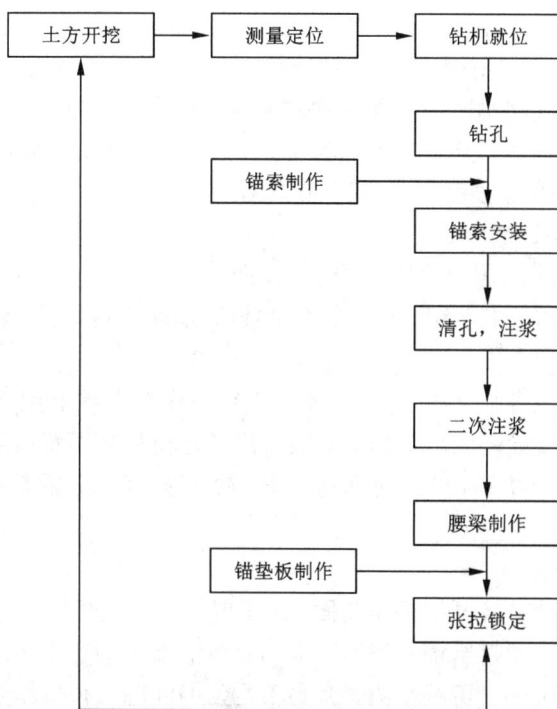

图 3-14　预应力锚索施工工艺流程图

1）准备工作。土方开挖至腰梁以下 0.5 m 处时停止开挖，测量人员在已经完成的锚喷护壁上放出点位，钻机就位。

2）钻孔。锚索成孔直径按设计要求确定，实际钻孔长度要比设计长度多 0.5 m，防止杂土落入孔底造成孔深不够，两道锚索倾角均为 15°。

3）清孔。钻进终孔后，测量锚索孔深度。不满足设计要求的应进行清孔，清孔采用高压风清理。

4）锚索制作。每道锚索采用 2 根 ϕ15.2 mm 高强度、低松弛预应力钢绞线编制，钢绞线强度标准值应符合设计要求。先把整卷钢绞线用钢架管固定好后再开始拆线，下料长度为设计钢绞线长度+0.7 m（千斤顶工作长度），下好料的钢绞线平直排列，注意防油、除锈。

5）锚索安装。锚索通常分成自由段与锚固段两部分，自由段的钢绞线要涂刷防锈漆，防锈漆涂刷要均匀,待防锈漆干燥后用防水胶布缠裹好。锚固段每间隔 2 m 放置一个定位扩张环,并用 φ2 mm 铅丝将扩张环与钢绞线捆扎 4 道,使锚固段成梭形,扩张环可用塑料材质的成品,也可自己加工,锚头焊接于 φ50 mm 钢管制作的锥形锚头上,防止底端钢绞线出现分叉造成锚索插入困难。

6)二次注浆管制作、安装。二次注浆管采用 φ25 mm PVC 管制作,待锚索绑扎完成后先将 PVC 管沿锚索轴线方向从定位支架的中间孔洞从自由段开始向底端穿进,穿完后在锚固段范围内,每隔 0.5 m 设置 φ6 mm 的二次注浆时的出浆孔,每个断面 2 个孔,再用胶布将孔眼密封,防止一次注浆时堵塞。最后将注浆管与钢绞线捆绑在一起。

7)注浆。锚索注浆采用二次注浆工艺,第一次注浆采用反向注浆,注浆管随锚索一并放入孔底,由底向外注浆,直至孔口冒出浓浆;第二次注浆在第一次注浆形成的水泥结石体强度达到 5 MPa 之后进行,利用预设的注浆管对锚固段进行高压注浆,注浆压力控制在 2.5~5 MPa,注浆量以每米 1 包水泥控制。第一次注浆液采用水泥砂浆,灰砂比为 1∶0.5 至 1∶1,第二次注浆液采用水泥净浆。水泥用 P·O42.5 普通硅酸盐水泥,水灰比 0.45~0.5,加适量的早强剂,浆液固结体 28 d 强度要求达到 30 MPa。

8)腰梁安装及锚具安装。

①腰梁是锚固结构中的传力构件,腰梁的设计应充分考虑锚索的水平倾角、锚固力。腰梁采用两道普通热轧 Ⅰ20a 工字钢。应对每根桩的偏差进行测量,在腰梁安装时,应使腰梁受力符合设计要求。

②腰梁的安装需待注浆强度达到 70% 才能进行。在每根桩上用膨胀螺栓将三脚架固定牢固,位置安装准确,腰梁采用吊车分节吊装。准备定位后腰梁背后悬空的地方利用钢块进行垫实,然后安装楔形垫块和锚具,方可进行张拉,张拉完毕后锚具将紧紧锁住腰梁,拆除手拉葫芦。

9)预应力筋张拉与锁定。

①围护桩成桩后,待基坑开挖至作业面,施工锚索。待注浆锚固段浆体强度大于 25 MPa时,方可进行锚索张拉。通过给锚索施加预应力,使锚索主动受力,达到设计加固效果。采用千斤顶进行分级循环张拉,可减少锚索受力不均匀的问题。张拉作业前必须对张拉机具设备进行标定,张拉机具应与锚具配套。

②张拉时,加载速率不宜太快,宜控制在每分钟增加值为设计预应力值的 10% 左右,达到每一级张拉应力的预定值后,应使张拉设备稳定一定时间,在张拉系统显示拉力值不变时,确定油压表无压力向下漂移后再进行锁定。

③锚索张拉应分次分级进行,必须待张拉完一级后方可进行下一级的张拉。依次按此进行,直至张拉吨位。每次分级张拉时,除第一级需稳定 10~15 min 外,其余每一级需要稳定 2~5 min,并分别记录每一级钢绞线的伸长量。张拉时钢绞线受力要均匀。张拉完成 48 h内,若发现预应力损失大于设计预应力的 10% 时,应进行补偿张拉。

④在张拉时,应采用张拉系统拉力与锚索体伸长值来综合控制锚索应力,当实际伸长值与理论值差别较大时,应暂停张拉,待查明原因并采取相应措施后方可进行张拉。

⑤锚索张拉至设计荷载的 0.9~1.0 倍后,再按设计要求锁定。机械切除多余钢绞线,严禁电割、氧割,并应留 ≥10 cm 以防滑脱,最后封锚。

⑥封孔注浆及封头:经检查预应力无明显损失或补强张拉后,即可进行封孔注浆。封孔

注浆后，按设计要求用混凝土封头封闭。

（5）土方回填。回填土施工待结构顶板及防水保护层的混凝土强度达到设计要求后，才可开始，回填时注意加强对管线的保护。

土方回填分层进行并压实，回填时对每层的填土厚度严格控制。结构顶板以上 500 mm 内采用黏土人工回填并夯实，其余部分采用机械回填。

1）土方回填施工方法说明。

①回填前先做好每层填土厚度的标高控制点，填土前先对基坑内积水和杂物进行清理。

②在回填土使用前先取样测定，对最大干容重和最佳含水量做压实试验，以确定含水量控制范围及铺土厚度和压实密度等参数。

③填土按照设计要求进行填筑，填土时严格控制含水率，应在其达到最佳含水量时填筑。基坑回填顺序按排水方向由高到低，并分层逐段用振动压路机压实直至自然地坪标高，每层 250~300 mm，夯实遍数为 3~4 遍，并做环刀试验。

④回填时机械或机具不能碰撞防水保护层，结构顶板 50 cm 以内及管线周围采用人工使用小型机具夯实，两夯之间重叠不小于 1/3 夯底宽度。机械压碾时要薄填、慢行、先轻后重、反复压碾，压碾搭接宽度不小于 20 cm。

⑤土方回填时要分层、摊平夯实。当回填标高不一致时，需从低处逐层填压。

⑥雨季回填土施工注意做好路面排水工作，争取在下雨前将摊铺的松土压实完毕，尽量抓紧晴天的施工速度，保证回填质量和进度。

2）回填土的质量控制和检验。

①填方土料应符合下列规定：

A. 碎石土类、砂土及爆破石渣（粒径不大于每层铺厚的 2/3，当用振动碾压时，不超过 3/4）可用于表层下的填料。

B. 含水量符合压实要求的黏性土。

C. 碎块、草皮、垃圾、含有杂质的有机质土、淤泥和淤泥质土不能用于回填。

D. 回填用土使用前必须做最优含水量试验。回填时应在最优含水量情况下进行夯实碾压。

②对有密实度要求的地方，回填碾压过程中需进行取样检查回填土密度。一般基坑填土每层按 100~500 m² 取样一组，基槽和管线回填每 20~50 m² 取样一组。密实度应满足地面工程设计要求。

（6）路面恢复。土方回填好后，进行路面工程施工。施工时严格按照相关规范要求进行，确保施工质量。

3.1.6　主体结构施工

（1）施工段划分。采用明挖法施工的车站，其主体结构施工通常依照"纵向分段，竖向分序"进行流水作业，每段从下到上顺作施工。分段长度考虑结构受力、一次混凝土灌注能力、混凝土水化热、结构防水、抗裂、混凝土收缩与徐变等的影响，并结合车站的具体特点综合考虑。施工分段划分的原则如下：

1）施工缝设置于纵梁弯矩、剪力最小的地方，即跨距的 1/4~1/3 位置。

2）分段位置和各层板上楼梯口、电梯井口及侧墙上的通道位置尽量错开。

3）根据设计与技术规范要求，施工分段长度一般考虑控制在 24 m 左右。

（2）主体结构施工工艺流程。以标准车站某一段为例，主体结构按顺作法由基底依次向上进行结构施工，基底处理→垫层混凝土施工→接地网→底板防水层→底板钢筋混凝土→拆除第三道支撑→负二层侧墙、中板、柱施工→拆除第二道支撑→负一层侧墙、顶板、柱施工→顶板及顶板梁施工→拆除第一道支撑→顶板防水施工→压顶梁施工→土方回填施工（见表 3-3）。

表 3-3　车站主体结构施工步序示意

步序	图示	说明
1	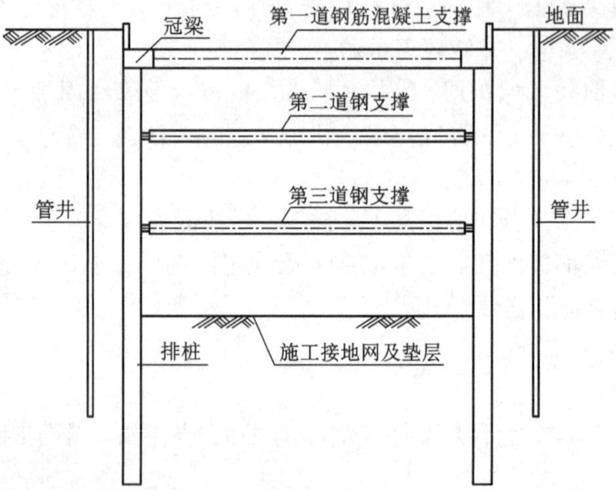	第一步：接地网及垫层施工 1）接地网在车站及停车线底板垫层下面； 2）采用人工开挖一次成型，避免二次开挖扰动原状地基； 3）垫层施工注意保护好接地网
2	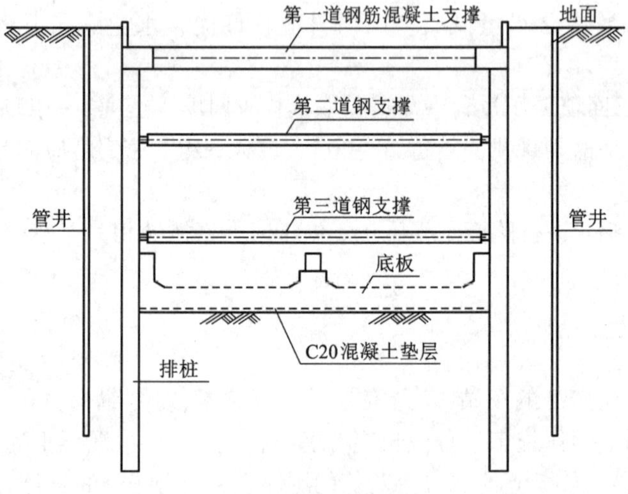	第二步：底板、部分侧墙施工 1）绑扎底板、底板梁及部分侧墙钢筋； 2）浇筑底板、底板梁及部分侧墙混凝土

续表3-3

步序	图示	说明
3	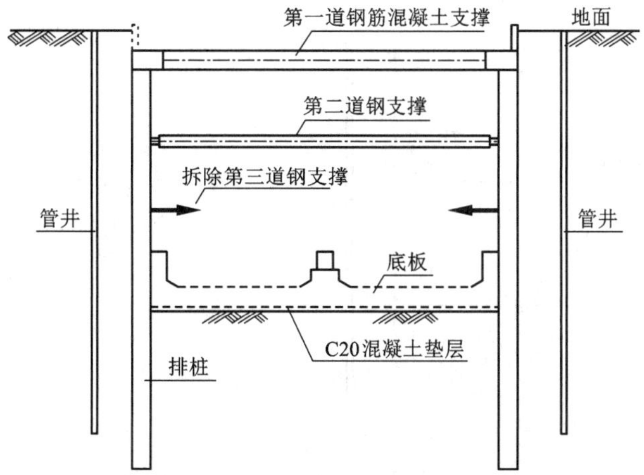	第三步：拆除第三道支撑 待底板及侧墙混凝土强度为75%以上时，拆除第三道钢支撑
4	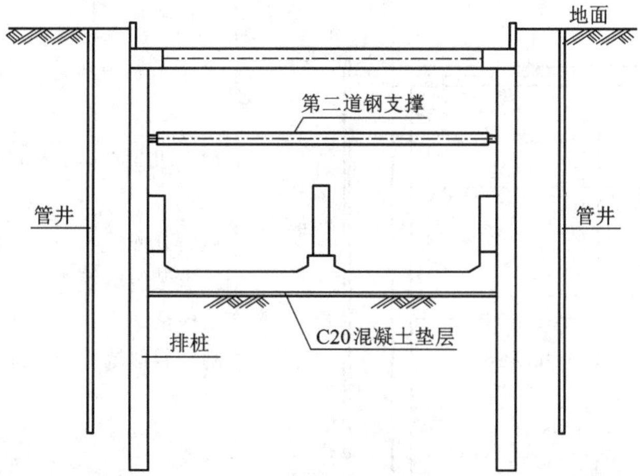	第四步：负二层侧墙、中柱施工 1)绑扎侧墙及中柱钢筋； 2)安装侧墙模板单侧支架，中柱模板支架； 3)浇筑侧墙及中柱混凝土
5	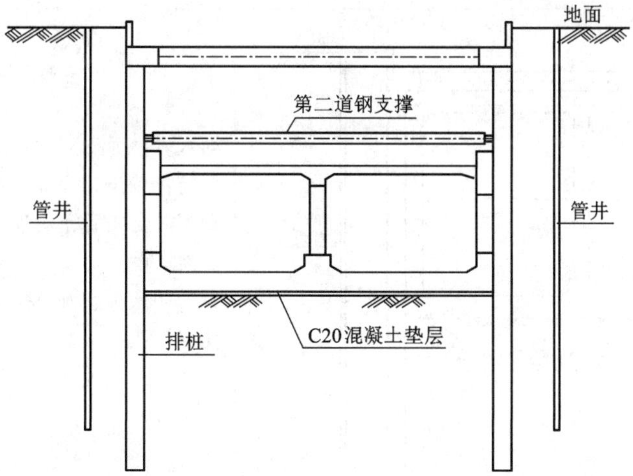	第五步：中板及中板梁施工 1)待侧墙浇筑完成并拆除模板和侧向支架后完成中板下碗扣支架搭设； 2)安装中板、中板梁模板和绑扎钢筋； 3)浇筑中板及中板梁混凝土

续表3-3

步序	图示	说明
6	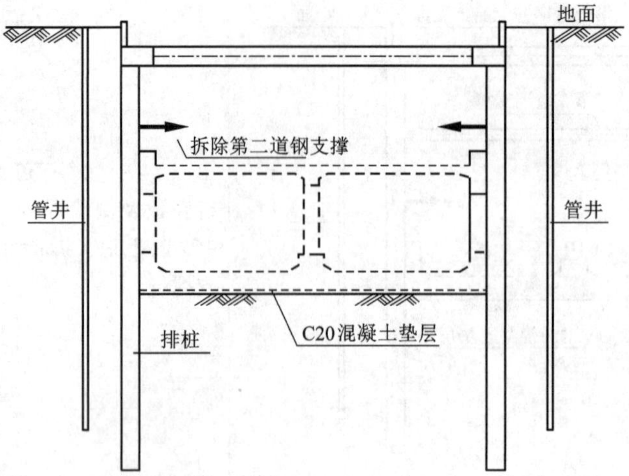	第六步：拆除第二道支撑 1）待中板及侧墙混凝土强度达75%以上时，拆除第二道钢支撑
7	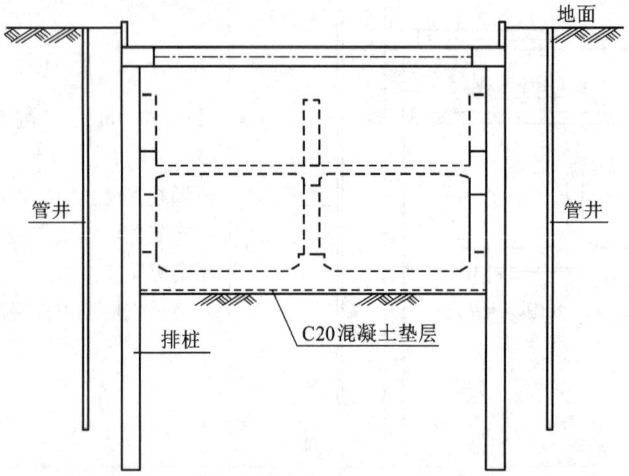	第七步：负一层侧墙、中柱施工 1）绑扎侧墙及中柱钢筋； 2）安装侧墙模板单侧支架，中柱模板支架； 3）浇筑侧墙及中柱混凝土
8	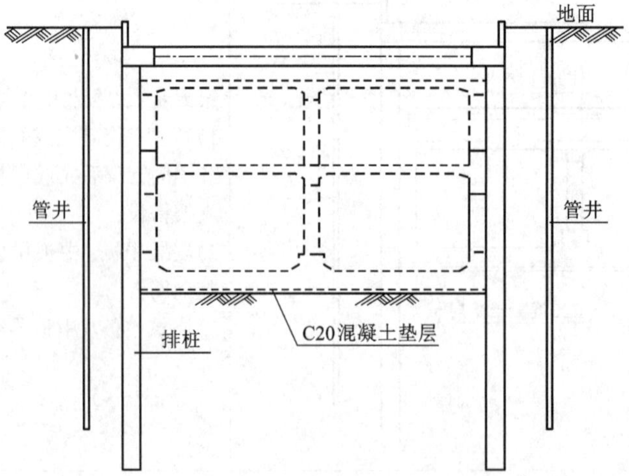	第八步：顶板、顶板梁施工 1）待侧墙浇筑完成并拆除模板和侧向支架后完成顶板下碗扣支架搭设； 2）安装顶板、顶板梁模板和绑扎钢筋； 3）浇筑顶板及顶板梁混凝土

续表3-3

步序	图示	说明
9	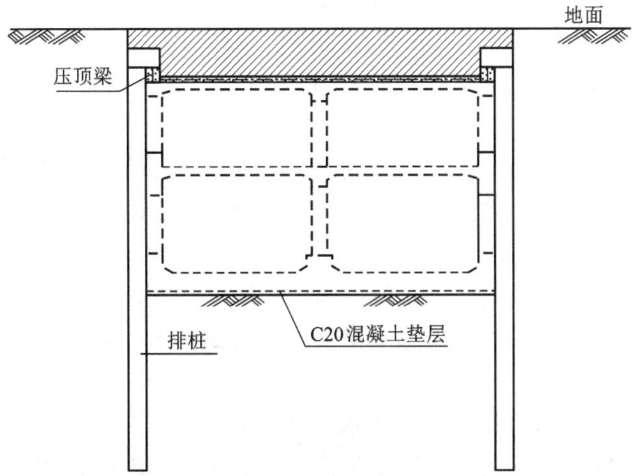	第九步：顶板覆土施工 1）待顶板混凝土强度达75%以上时施作顶板防水层和保护层； 2）浇筑压顶梁混凝土，拆除第一道钢筋混凝土支撑后覆土并恢复路面交通

1）基底检查及处理。

①基底素混凝土垫层施工前，人工清除基底 300 mm 厚保护土层。

②检查基底地质情况、土质与承载力是否与设计相符，如承载力不足可采用基底换填等措施。

③基底超挖在 30 cm 以下时，可用原状土回填压实，密实度不得低于原状土，或用与垫层同级混凝土回填，或用砾石、砂、碎石回填压实，压实机械采用蛙式打夯机。

2）接地网施工。综合接地系统就是将牵引供电回流系统、电力供电系统、信号系统、通信及其他电子信息系统、建筑物、道床、站台、桥梁、隧道、声屏障等需要接地的装置通过贯通地线连成一体的接地系统。同时该贯通地线也是牵引回流的一个主要回路，从原理上来说，其实就是一个共用接地系统并通过等电位连接构成铁路的一个等电位体。

综合接地网主要由水平接地体和垂直接地体组成。接地装置在车站底板垫层下的埋设深度不小于 0.6 m，底板垫层底部标高有变化时，仍应保持 0.6 m 的相对关系。水平接地体为 40 mm×4 mm（50 mm×5 mm）紫铜排，垂直接地体为铜镀钢棒。

①施工方法及工艺要求。基坑开挖至坑底标高后，按设计位置人工配合小型挖机挖沟，施作水平接地体。为尽快封底，防止基底遇水浸泡软化，先施作接地体沟槽范围外的底板垫层，待垫层达到强度后再施作水平和垂直接地体、接地引出线。水平、垂直接地体焊接完毕后包裹降阻剂，然后回填素土并夯实，最后施作沟槽部分底板垫层。每一部分做完后，应实测其接地电阻，记录每次测量的数据，以便及时预估整个接地网电阻，若有必要适当调整接地装置的设计规模。整个接地网敷设完毕后，按要求实测接地电阻，接触电位差及跨步电位差。

为使接地体形成连通回路，水平接地体交叉、水平均压带的对接可采用普通铜焊，保证牢固、无虚焊。接地网施工时，以尽量减少接地体的连接点为宜。

②技术措施。接地网在车站底板以下 0.6 m，若接地网穿越下翻梁时，仍保持梁底以下 0.6 m 的相对关系。

接地网的引出线要求引出车站底板以上 0.1 m，为防止结构钢筋发生电化学腐蚀，用接地引入装置进行绝缘处理和防渗处理。

接地网施工过程中根据现场进度进行接地电阻测试，暂定测试 3 次，确保接地电阻 ≤0.5 Ω，整个接地装置的接地电阻应满足国家相关标准规定及设计有关规定，如测试后算出接地电阻不能满足要求，根据现场情况采取加大接地网面积、深打垂直接地极等补救措施。

在垫层施工期间，不仅要对接地引出线进行绝缘处理，还应采取有效的保护装置并设立明显标志保证其不受损坏。施工完成后，接地引入线需要妥善保护，以免丢失、断裂。

3）垫层施工方法。

①垫层浇筑前及主体结构施工期间，将地下水位控制至垫层底以下 0.5 m。

②灌注前认真检查、核对接地网线。最好采用商品混凝土泵送入模，振捣密实，分段对称连续浇筑。

③机械开挖尽量一次成型，避免二次开挖扰动原状地基，基底超挖在 30 cm 以下时，可用原状土回填压实，密实度不得低于原状土，或用与垫层同级混凝土回填，或用砾石、砂、碎石回填压实，压实机械采用蛙式打夯机。垫层向底板施工分段外延伸 2.0 m 以上。

④根据预先埋设的标高控制桩控制垫层施工厚度，满足设计要求，并及时收面、养生，确保垫层面无蜂窝、麻面、裂缝，垫层施工允许偏差详见表 3-4。

表 3-4　垫层允许偏差表

序号	项目	允许偏差 /mm	检查频率		检查方法
			范围	点数	
1	厚度	+30，-20	每施工段	≥4	尺量
2	高程	+5，-10	每 10 m	≥4	水准测量

4）底板施工方法。

①车站底板、部分边墙紧随垫层之后施工。

②车站底板、部分边墙钢筋及混凝土施工：钢筋可在地面加工制作好后，吊入基坑内绑扎，经检查合格后安装堵头模板、各种预埋件、预留孔；然后浇筑底板混凝土，要求分层、分段对称连续浇筑。

③如果有上翻梁，混凝土浇筑通常一次性浇筑，如现场出现较大变形，在需要应急的情况下先进行底板混凝土浇筑，再进行上翻梁的浇筑。

5）侧墙、端墙施工方法。

①找平层施工：先处理围护结构渗漏处，或堵漏引排。

②下段部分侧墙混凝土浇筑与底板（底梁）一起施工。

③待底板及下段侧墙混凝土强度达到 75% 以上时，拆除第三道钢支撑，拆除第三道支撑后进行负二层立柱、侧墙施工，待侧墙钢筋及支架施工过程中搭设中间碗扣支架，然后等侧墙浇筑完成且具备拆模条件后将侧向支架往下一段推移，然后将剩余的碗扣支架接通后搭设剪刀撑、扫地杆等剩余杆件，然后再进行中板施工。

④待中板混凝土强度达到 75% 以上时，拆除第二道支撑，然后参考负二层方法施工负一层侧墙、立柱及顶板。

⑤侧墙、端墙模板与支架系统。模板工程部位主要包括：侧墙模板（见图 3-15）、柱模板、梁模板、板模板。模板与支架系统需要根据具体工程情况进行设计和受力验算，确保支撑系统强度、刚度、稳定性满足施工要求。为了保证结构不侵线，在保证结构厚度的情况下，在侧墙、端墙立模时最好将立模线外放 2~4 cm。

图 3-15　单侧支模支撑示意图（正常位置）

⑥钢筋通常在地面加工，在基坑内绑扎，钢筋安装完毕后安装模板。

⑦泵送混凝土入模，分层分段对称浇筑至设计标高。采用插入式振捣棒，保证墙体混凝土密实。

6）结构立柱施工方法。

①在结构底板或楼板施工完后进行结构立柱施工。

②立柱模板与支架系统，立柱模板采用木模板，模板支撑系统采用柱箍及钢管斜支撑。模板与支架系统进行受力验算，确保支撑系统强度、刚度、稳定性满足施工要求。

③钢筋在地面加工，在基坑内绑扎，钢筋安装完毕后安装模板。

④泵送混凝土入模，分层分段对称浇筑至设计标高。采用插入式振捣棒，必要时采用附着式振捣器辅助，保证混凝土密实。

7）楼（顶）板、梁施工方法。

①楼（顶）板、梁模板与支架系统，板梁模可采用在方木上立木模板，利用满堂红钢管支架支撑，模板与支架系统进行受力验算，确保支撑系统强度、刚度、稳定性满足施工要求。为了保证结构净空高度，在板、梁立模的时候将立模标高提高 2 cm 作为板预留沉降量，并沿纵向和横向设置预留上拱度，规范规定起拱高度宜为跨度的 1/1000~3/1000。

模板按设计预留上拱度，支架在顶板达到设计和规范强度后拆除，避免板体产生下垂、开裂。施工中，对支撑系统所用的钢管、木材、支架质量进行经常性检查，有质量隐患的及时淘汰退场。

②钢筋在地面加工，在基坑内绑扎。钢筋安装完毕后安装模板。

③采用泵送混凝土，分层分段对称浇筑。顶（中）板混凝土终凝之前做好压实、提浆、抹

面工作。

④对于浇筑后的楼板，由于跨度较大，在楼板达到设计强度后方可拆除支架。

⑤严格按照设计要求施工诱导缝，包括钢筋的下料应对诱导缝进行考虑。

8）盾构环的制作及安装。

①盾构环的制作：采用厚为 10 mm 的 Q235 钢板制造，根据盾构机大小确定内外直径，考虑加工精度及施工误差，通常将盾构预埋钢环半径外放 30 mm，外侧加 180 mm 宽环向圆弧法兰，内侧加焊 30 mm 宽环向圆弧法兰。钢环分成 4 块加工（四等分），M20 高强螺栓连接。锚筋固定在环板上，至少有 12 根与端墙主筋焊接（见图 3-16）。

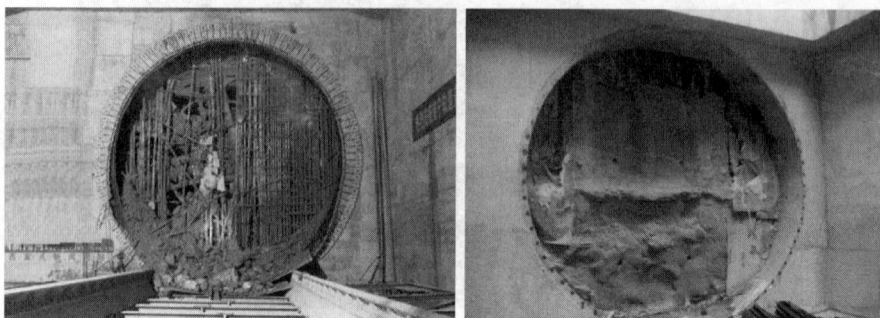

图 3-16　盾构环

②制作要求：钢环制作精度直径允许误差 20 mm。预埋件安装误差为 ±10 mm。加工时需连续施焊，不渗漏，焊缝高度为 8 mm。为防止吊运、安装时钢环产生变形，采用角钢在环内加撑以减小变形。盾构环板除与混凝土接触面外，其余部分均须涂刷防锈漆两道（红丹二度）。

③盾构环的安装。端头井底板及部分侧墙浇筑完毕后，精确测量盾构环中心点及圆环线位置。绑扎端墙钢筋时，需对竖向与横向筋在洞口处按要求截断或弯折，以预留出盾构钢环位置。然后绑扎洞口环向加强筋，施工盾构钢环外加强环梁，待盾构钢环安装就位并校核无误后，将所有预埋筋与钢环按要求焊接。

盾构钢环吊运至盾构井内之前，先在地面进行试拼装（拧紧对接螺栓），保证分块之间能够准确对接，然后将上下半圆的螺栓松开，将整个盾构钢环分为两块整体吊装，同时，为了保证吊装时不变形，在两个半圆既有角钢支撑上加焊 L80 角钢加固（见图 3-17）。

在盾构钢环上部相应两根桩上通过打设高强螺栓来设置手拉葫芦，便于矫正钢环的预埋精度。然后从端头钢支撑空隙将盾构钢环下吊至盾构井底部，将铁链固定在盾构钢环上，采用人工手拉葫芦将盾构钢环平移至钢环安装位置，平推钢环就位，上下两半圆分两步完成。

钢环就位后进行混凝土浇筑振捣，下半圆浇筑时，为保证钢环下部的墙体混凝土浇筑密实，在钢环上开 2 个直径 150 mm 的洞眼，洞眼位于钢环宽度中心，位于中心点两侧 1000 mm 左右。待墙体混凝土浇筑完毕后，清除洞口多余混凝土，用等大小钢板将洞口焊补磨平。为了尽量少留施工缝，上半圆混凝土与未浇筑的扶壁柱及其之间的端墙一起浇筑。对于两个侧面及顶部与盾构环相切的部位，必须采用人工多次振捣密。

9）抗浮压顶梁。地铁车站上浮的原因是结构重量及车站侧壁摩擦力之和小于水浮力。当车站自身重量（包括顶板覆土重）不能抵抗地下水浮力时，地下车站将产生上浮，导致结构变

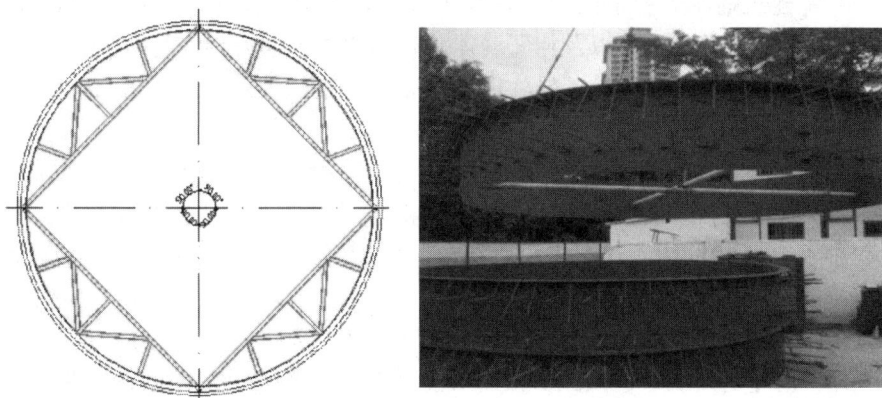

图 3-17　盾构环的分块吊装

形破坏，使地下车站不能正常使用，因而需要有相应的抗浮措施。

常用的抗浮措施主要有配重法、抗拔桩下拉法、抗浮锚桩法及抗浮梁压顶法等，其中抗浮梁压顶法是利用车站的围护结构在车站顶板上方沿围护结构设置一圈压顶梁，使车站在受水浮力上浮时，压顶梁对车站顶产生向下压力，同时利用围护结构的自重及侧摩阻力共同达到抗浮目的。

施工时，抗浮压顶梁与主体结构的施工穿插进行，在车站主体结构顶板施工完成后，施作顶板防水层，然后再分段施工抗浮压顶梁。在施工过程中为提高结构抗浮作用，降低基底地下水对车站结构的不良作用，在车站顶板与冠梁之间设置压顶梁。顶板抗浮压顶梁在车站顶板防水层施工完毕后开始分段施工。施工过程中要做好顶板防水层的保护工作，避免损坏已完成的防水层。冠梁与压顶梁、桩与压顶梁接触面需进行凿毛，清洗干净后方可施作压顶梁。

10）内部结构施工。内部结构系由站台板、轨顶风道及楼、扶梯等组成。

主体结构施工完成后进行站台板以及车站内轨顶风道、楼梯和扶梯施工。可采用与主体结构一致的分段分部施工方式。站台板先施作支撑墙，再施作板体。楼梯浇筑踏步混凝土时须从底部向上逐层施工。

11）施工缝、沉降缝和诱导缝处理

①施工缝。施工缝指的是在混凝土浇筑过程中，因设计要求或施工需要分段浇筑，而在先、后浇筑的混凝土之间所形成的接缝。施工缝并不是一种真实存在的"缝"，它只是因先浇筑混凝土超过初凝时间，而与后浇筑的混凝土之间存在一个结合面，该结合面就称之为施工缝。施工缝施工时注意如下事项：

A. 结构板、墙有防水层的在施工缝处增设加强防水层。

B. 横向施工缝位置及间距宜在柱跨的 1/4~1/3 范围内及不大于二跨纵向柱距。

C. 施工缝尽量避开地下水和裂隙水较多的区段。

D. 施工缝浇筑混凝土前，应将其表面浮浆和杂物清除，涂刷混凝土界面剂，并及时浇筑混凝土。

②沉降缝。为防止建筑物各部分由于地基不均匀沉降引起建筑破坏所设置的垂直缝称为

沉降缝。当某一建筑物建造在不同土质且性质差别较大的地基上，或建筑物相邻部分的高度、荷载和结构形式差别较大，以及相邻墙体基础埋深相差悬殊时，为防止建筑物出现不均匀沉降，以至发生错动开裂，应在差异处设置贯通的垂直缝隙，将建筑物划分若干个可以自由沉降的独立单元。

地铁车站施工中要求在相邻地下室联通时设置沉降缝。沉降缝位置提前放样，确定预留埋置位置，在浇筑混凝土前将沥青木板(塑料泡沫板)安放准确，放置必须垂直、牢固，混凝土浇筑过程中不得偏离、移位。为防止沉降缝渗水，在结构物混凝土强度达到设计强度后，对内外侧沉降缝进行填塞密实处理，处理前应该清理干净缝内泥土、浮浆等杂物，保持干燥。防水有特别要求的或施工图设计要求安装止水带的，按照要求安装止水带。

③诱导缝。诱导缝是通过适当减少钢筋对混凝土的约束等方法在混凝土结构中设置的易开裂的部位。诱导缝与施工缝的区别是，在设计的诱导缝位置上埋设止水带和裂缝诱导物；减少30%~50%的纵向配筋，施工时保持混凝土连续浇筑。

诱导缝与施工缝可以在功能上重合为一，此时新老混凝土面不需要进行凿毛处理(视为裂缝诱导措施)。当纵向拉应力达到一定程度时，此缝拉开而释放混凝土结构纵向内应力，免于在其他部位开裂。但诱导缝的设置要保证整个车站具有足够的强度和刚度。

诱导缝与变形缝，在功能上有相一致之处。但从防水施工上分析，诱导缝处的混凝土可以连续浇筑；变形缝处则必须支撑模板，中止混凝土浇筑，待混凝土硬化后，拆除模板，方可继续结构混凝土施工。

变形缝的设置要比诱导缝复杂，工程造价高。诱导缝的设置，可以减少变形缝条数，对整个工程来说，降低了成本。

诱导缝和伸缩缝的区别：伸缩缝，仅用于解决建筑物水平的变形问题，且规范要求，在地面以上必须将主体沿缝断开，地面以下可视情况决定其断与连的问题。诱导缝，不仅可以用于解决建筑物水平的变形问题，而且可以用于解决建筑竖向变形不均问题。它并不要求主体结构必须沿缝断开，也就是说，它可以用于解决局部的水平向及竖向变形差异问题。所以其嵌材要求也与伸缩缝不同。

12)顶板回填及路面恢复。顶板回填土在相应结构混凝土强度达到设计强度并做好防水层，分段分层回填。

①回填前将基坑内积水、杂物清理干净。

②结构两侧、顶板以上采用黏土回填，厚度不少于0.5 m，其他部位根据价格和土源，选择符合设计要求的填料。

③各类回填土使用前分别取样测定最大容重和最优含水量，并做压实试验，确定填料含水量控制范围、铺土厚度和压实密度等参数。

④回填分段分层夯填，层厚20~30 cm，在结构两侧和顶板上50 cm以内，采用人工使用蛙式打夯机夯填，当填土厚度大于50 cm时改用轻型压路机碾压，碾压时薄填、慢行、先轻后重、反复碾压，按机械性能控制行驶速度，压碾时搭接宽度不小于20 cm，人工夯填时夯实重叠不小于1/3夯底宽度，分段施工松铺前已填土的边坡作成台阶，台阶宽度小于1 m，高度不大于0.5 m。

⑤每层夯填结束后取样检查回填土密实度。机械碾压时，每层填土按基坑长50 m(且不大于1000 m²)取一组；人工夯实时，每层填土按基坑长度25 m(且不大于500 m²)取一组。取

样点不少于 6 个，在中部和两边各取两点，遇有填料类别和特征明显变化或压实质量可疑处适当增加点位，对黏土采用环刀法检测，对砂性土采用灌砂法检测，达到密实度后进行上层回填。

⑥每层回填做成不少于 2% 的横坡和向未填方向形成纵下坡，以利雨期排水，回填时集中力量，取、运、填、平、压各环节紧跟作业。

3.2　盖挖逆作法

3.2.1　概述

盖挖法是先盖后挖，以临时路面或结构顶板维持地面畅通再进行下部结构施作的施工方法。当地下工程明作时需要穿越公路、建筑等障碍物而采取的新型工程施工方法，是由地面向下开挖至一定深度后，将顶部封闭，其余的下部工程在封闭的顶盖下进行施工。

顺作与逆作针对主体结构的施工顺序而言的，从下往上是顺作，反之为逆作。其中逆作法又分为全逆作法(顶板整体浇筑完成，然后在其下掏土，通过顶板中的预留孔洞向外运土并向下运入建筑材料)、半逆作法(利用地下各层钢筋混凝土肋形楼板中先期浇筑的交叉格形肋梁，对围护结构形成框格式水平支撑，待土方开挖完成后再二次浇筑肋形楼板)、部分逆作法(用基坑内四周暂时保留的局部土方对四周围护结构形成水平支挡，抵消侧向压力所产生的一部分位移)、分层逆作法(主要是指围护结构分层逆作，如土钉墙)。

盖挖法的主体结构可以顺作，也可以逆作。

早期的盖挖法是在支护基坑的钢桩上架设钢梁、铺设临时路面维持地面交通。开挖到基坑底部后，浇筑底板直至浇筑顶板的盖挖顺作法。后来使用盖挖逆作法用刚度更大的围护结构取代了钢桩，用结构顶板作为路面系统和支撑，结构施作顺序是自上而下挖土后浇筑侧墙楼板至底板完成。

盖挖法施工的优点是：结构的水平位移小；结构板作为基坑开挖的支撑，节省了临时支撑；缩短占道时间，减少对地面的干扰；受外界气候影响小。

其缺点是：出土不方便；板墙柱施工接头多，需进行防水处理；工效低，速度慢；结构框架形成之前，中间立柱能够支承的上部荷载有限。

根据工程实际情况盖挖法具体又可分为以下几种方法：

(1)盖挖顺作法。在地表作业完成挡土结构后，以定型的预制标准覆盖结构(包括纵、横梁和路面板)置于挡土结构上维持交通，往下反复进行开挖和加设横撑，直至设计标高。依次由下而上，施作主体结构和防水措施，回填土并恢复管线或埋设新的管线。最后，视需要拆除挡上结构外露部分并恢复道路。

(2)盖挖逆作法。先在地表面向下施做基坑的维护结构和中间桩柱，和盖挖顺作法一样，基坑支护结构多采用地下连续墙或帷幕桩，中间支撑多利用主体结构本身的中间立柱以降低工程造价。随后即可开挖表层土体至主体结构顶板底面标高，利用未开挖的土体作为底模浇筑顶板。顶板可以作为一道强有力的横撑，以防止维护结构向基坑内变形，待回填土后将道路复原，恢复交通。以后的工作都是在顶板覆盖下进行，即自上而下逐层开挖并建造主体结构直至底板。在开挖面积较大、覆土较浅、周围沿线建筑物过于靠近的情况下，为尽量防止因开挖基坑而引起邻近建筑物的沉陷，或需及早恢复路面交通，但又缺乏定型覆盖结构，常采用盖挖逆作法施工。

（3）盖挖半逆作法。盖挖半逆作法与逆作法的区别仅在于顶板完成及恢复路面后，向下挖土至设计标高后先浇筑底板，再依次向上逐层浇筑侧墙、楼板。在半逆作法施工中，一般都必须设置横撑并施加预应力（见图3-18）。

图3-18 盖挖半逆作法

（4）其他方法。盖挖法除上面几种方法外，还有盖挖顺作法与盖挖逆作法的组合、盖挖法与暗挖法的组合、盖挖法与盾构法组合等。

3.2.2 逆作法的适用条件

逆作法施工存在支撑位置受地下室层高的限制、挖土作业空间狭小、施工干扰大、结构接头处理多、对围护结构施工精度要求高等不利因素。但逆作法施工多采用刚度较大的围护结构，而且逆作结构作为结构本体，本身具有很大的刚度，加之其与平面形状相吻合，能有效地控制整体变形，从而减少对周围环境和地基的影响，故在许多情况下仍较适用，主要包括：

1）在城市中心的商业区或车流量大的地段。

2）当车站两侧有重要建筑物需要保护时。

3）为避免施工多次破路和改移管线，结合城市道路改造的预埋工程。

4）大平面地下工程。开挖跨度较大的大平面工程，因顺作时支撑长度可能超过其适用界限，给临时支撑的设置造成困难，故可考虑逆作。

5）大深度的地下工程。大深度开挖时，由于土方的开挖，基底会产生严重的上浮回弹现象，如果顺作，抗浮困难，而逆作结构的重量置换了卸除的土重，可有效控制基底回弹现象。此外，开挖深度越深，侧压也随之增大，逆作能有效地控制围护结构的变形。

6）复杂结构的地下工程。当平面是一种复杂的不规则形状时，如顺作施工，挡墙对支撑的侧压力传递情况则较复杂，可能导致局部地方出现应力集中现象。

7）周边状况复杂，对环境要求较高。

8)作业空间狭小。由于逆作法施工是先浇筑顶板，很快可作为作业场地，改善作业空间。

9)工期要求紧迫。有些工程，由于业主的需要及其他一些原因，工期较短，这时采用逆作法施工，能做到地上、地下同时施工，可以合理、安全、有效地缩短工期。

10)要求尽快恢复地面交通的工程。

3.2.3　盖挖法的特点

盖挖法除施工程序与一般明挖方法不同外，还具有以下特点：

1)在交通繁忙的城市中心地区用盖挖法修建地铁车站时，其结构形式、支护方案及施工方法等，在很大程度上取决于施工期间对地面交通的处置要求，并将对工程的实施难度、工期和造价等产生直接影响。

2)盖挖法比一般的敞口明挖法施工难度大、技术要求高。主要表现在以下方面：

①对竖向支撑系统(边墙及中间柱)的沉降量控制严格。

②中间柱的安装就位困难，施工精度要求高。

③为了保证不同时期施工的构件相互之间的连接能够达到预期的设计状态，必须把各种施工误差控制在较小的范围之内，并有可靠的连接构造措施。

④暗挖土方及其出土往往是控制工程进度的关键工序。

3)盖挖法施工的结构主要受力构件，常兼有临时结构和永久结构的双重功能。例如，挡墙既是施工期间基坑的支护又是框架结构的边墙；中间柱施工期间起支撑顶板的作用，使用期间又是框架的结构柱。这不仅简化了施工程序，也可降低工程造价。由于在整个施工过程中，结构形式和受力状态都在不断变化，其受力远比顺作法施工的结构复杂。尤其是在软弱土层中的逆作法工程，必须慎重研究施工过程中竖向支撑结构可能产生的沉降量、其对上部结构受力造成的不利影响及相应采取的措施等。此外，构件之间相互连接的质量对结构强度和刚度的影响很大。

4)由于盖挖逆作法是自上而下分层修建的，先修好的框架结构的水平构件(顶板及楼板)就成为基坑内的横撑，除在非常软弱的地层中，一般情况下不需再设置临时水平支撑系统，不仅可节约大量钢材，也为机械化作业提供了方便。

5)盖挖逆作法施工时的地下作业，是在顶板和边墙的保护下进行的，施工安全可靠，不受外界气象条件的影响。

6)由于是自上而下分层修建，可以采用土模技术，省去大量模板及临时支架，既降低了工程造价，又可缩短工期。

7)对于某些可以分期修建的工程采用逆作法施工时，地下一层建好后即可投入使用，既减少了早期的工程投资，又能及早发挥投资效益。

8)盖挖法是在松散土层中修建地下多层建筑物的最好方法，也被认为是人类向地下更深层化发展时所能采用的最基本施工方法。普通明挖法如基坑开挖过深，支护会有困难，用暗挖法修建地下多层结构亦难以实现。盖挖法只要将边墙修至一定深度，自上而下逐层开挖，逐层建成。在施工过程中，以刚度很大的顶板和各层楼板代替横撑，对控制墙体变形和地面沉降也很有利，因此可以在离建筑物较近之处施工。

3.2.4　盖挖逆作法施工

（1）施工步骤。盖挖法施工技术要点根据施工工艺的不同而有所不同，盖挖逆作法的施工步骤可归纳为：一柱、二盖、三板、四墙、五底。

一柱：先施作围护桩（墙），再基坑降水、开挖地面，施作中间结构柱［见图 3-19（a）、（b）、（c）］。

二盖：将盖板置于边桩和中柱之上。为了使边桩连成一体，边桩上设冠梁。这里盖板的概念，实际上是由周边梁结构和柱上纵横梁结构及盖板结构均置于地膜之上而组成的梁板结构。然后恢复路面交通［见图 3-19（d）、（e）］。

三板：开挖负一层土方后，施作中隔板地膜，在地膜上绑扎中隔板钢筋（梁板结构），浇

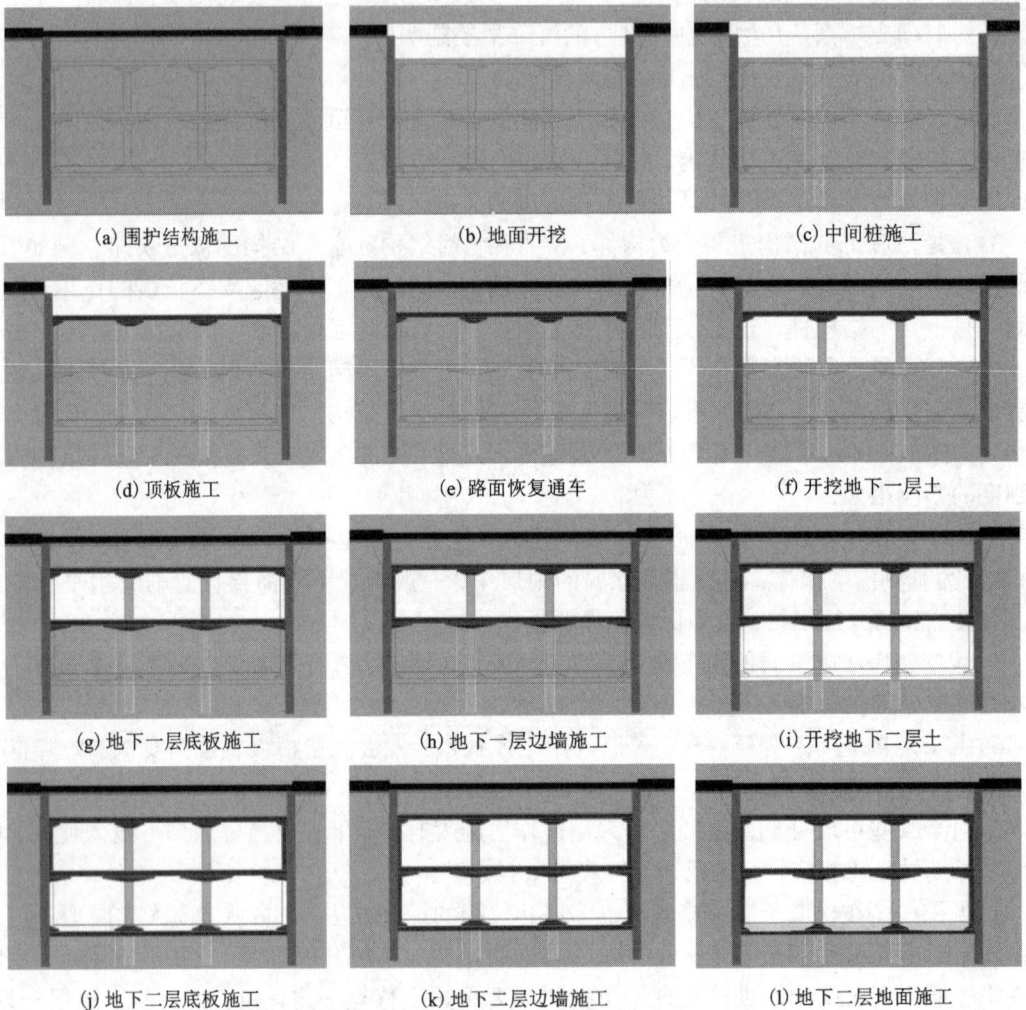

（a）围护结构施工	（b）地面开挖	（c）中间桩施工
（d）顶板施工	（e）路面恢复通车	（f）开挖地下一层土
（g）地下一层底板施工	（h）地下一层边墙施工	（i）开挖地下二层土
（j）地下二层底板施工	（k）地下二层边墙施工	（l）地下二层地面施工

图 3-19　盖挖逆作法施工步骤示意图

筑中隔板混凝土[见图 3-19(f)、(g)]。(注:利用出入口或风道位置,紧贴车站结构设置竖井,破桩开马头门进入车站负一层。)

四墙:用不带动力的移动式边墙支架(专门设计)逐层浇筑边墙混凝土[见图 3-19(h)]。(注:此时,作用于边桩上的部分荷载转移至边墙。)

五底:在完成负一层土方、中板、边墙后施作车站的负二层土方、底板及边墙[见图 3-19(i)、(j)、(k)、(l)]。

然后以同样的方法继续开挖土方,直至挖到坑底,并浇筑基础底板及其竖向构件,在基础底板完成之前,上部结构只能施工至设计预先规定的楼层;待基础底板达到设计强度后,继续施工上部结构,并进行地下室内部其他构件和隔墙等结构工程施工。地面以上及地面以下水电安装工程同时进行。

(2)关键技术。

1)地下连续墙和支承立柱施工精度的控制。在盖挖逆作法施工时,地下连续墙既是基坑围护结构,又是车站的主体结构,即"两墙合一";支承立柱除了在施工阶段临时承受竖向荷载,作为地下室结构柱,还承受上部永久荷载。因而,其在施工过程中的定位精度和垂直度都必须满足永久结构的要求。

2)结构各部位的连接和节点形成。采用盖挖逆作法施工的地下结构,各层楼板、顶板、底板与边墙和中间柱之间连接的可靠性和合理性是施工过程中需要特别注意的问题。

当地下室采用双层墙时,结构形成顺序一般为:顶板→各层楼板→底板→地下室边墙。底板和边墙的连接可以按常规方法施工,底板钢筋伸入边墙,采用分步浇筑解决。但是边墙施工时,顶板和中间楼板混凝土已达到设计强度要求,后浇筑的边墙顶面与楼板的结合面常常因为边墙混凝土的收缩等原因而出现数毫米宽的裂缝,对结构的强度、耐久性和防水性造成不良影响。因此,对顶板(或中间楼板)与边墙的结合面要特别处理:在采用土模法浇筑顶板(或中间楼板)前,在土模边缘墙的设计位置,向下挖出浅槽,以便在顶板(或中间楼板)浇筑时形成加腋,同时按设计要求在槽内向下层土体内插入竖向钢筋,作为顶板(或中间楼板)与边墙的预留连接钢筋。

浇筑边墙时,边墙的竖向钢筋要自下而上绑扎,并和顶板(或中间楼板)下伸的预留连接钢筋可靠连接。为便于混凝土的灌入,边墙模板顶部要做成多个向外倾斜排列的簸箕形下料斗。施工时纵向分段浇筑,以保证空气能自由排出、混凝土能充满边墙顶部和顶板(或中间楼板)下延部位之间的空间。为避免混凝土收缩出现裂缝,用于浇筑边墙最上部的混凝土应采用无收缩混凝土或微膨胀混凝土。

3)不均匀沉降诱发次生内力问题。采用盖挖逆作法施工,施工期间由围护墙和支承立柱共同承担竖向荷载,此时底板尚未形成,围护墙和支承立柱分别承载,会产生不均匀沉降。另外,随着土方开挖的进行,上部卸土将导致坑底土体回弹,从而引起土中的支承立柱桩上浮。

在施工过程中,为了减少围护结构的内力和变形、加快施工进度、加快横向临时支撑周转,常采用沿开挖空间长度方向的"抽条施工"或"倒仓施工"。这种施工方法虽可提高效率,但是各段结构先后形成,会出现因已浇筑的结构未达到设计强度或尚未形成完整、合理的结构就承受较大荷载而导致各空间段差异沉降而诱发结构次生内力,进而可能导致结构局部开裂等问题。

为了控制结构不均匀沉降，防止结构因为不均匀沉降而开裂，施工过程中应加强施工监测。当不均匀沉降较大时，采取相应措施，包括加快或放慢下部土体开挖，局部开挖或注浆等。

4) 中间桩柱主要施工工艺。中间临时柱在结构框构形成前是承受竖向荷载的主要受力构件，能减少板的应力。盖挖顺作法大多采用在永久柱两侧单独设置临时柱。而盖挖逆作法多使临时柱与永久柱合二为一。临时柱通常采用钢管柱或 H 型钢柱。柱下基础可采用桩基和条基。桩基多采用灌注桩。条基用于地质条件较好的地段，可通过暗挖小隧道来完成。

钢管柱(H 型钢组合柱)施工是盖挖逆作法施工的重要工序。影响钢管柱施工质量的主要因素包括钢管柱的垂直度控制、H 型钢组合时焊接质量及钢管柱安装定位质量、钢管柱基础的水下混凝土浇筑质量等。垂直度控制施工时，允许倾斜度是按桩长的 1/100 来控制的，首先要确保场地密实、平整，打桩架也应有精确、灵便的垂直度控制系统。施工钻孔中，则应使第一节桩孔保持高度的垂直。插桩前，桩架的导杆调至垂直，桩进档后，要徐徐放下。在接桩过程中，尽量做到对称焊接，减少因不均匀收缩造成的上节桩倾斜。锤击过程中，要确保桩锤尽量准确地击在桩的中心部位。焊接质量是评定钢管柱施工总体质量的重要组成部分。施工时，应选择素质良好、技术熟练、经验丰富的焊工，严格按焊接规范进行施工。焊接设备须性能良好。焊接施工时，要加强质量管理。钢管柱的安装定位主要采取 E 下多点定位法，其下端的定位依靠自动定位器完成，上端的定位采用四根置于钢护筒和钢管柱之间的位于同一平面上的可调丝杆定位。

5) 综合防水施工技术。与明挖顺作法比较，盖挖逆作法施工的地铁车站，其水平施工缝的数量较多。故防水质量的保证极为重要，防水施工要点包括地下连续墙的渗漏水、顶板防水。连续墙接头施工中的防水措施，施工中采用中埋式橡胶止水带，放置在地连墙施工缝处，顶板施工时在与地连墙连接处设注浆管和止水条各 2 道交叉布置，沿垂直施工缝方向水平向布置止水条 2 道，其间距视裂缝情况和顶板厚度而定。顶板防水为防水涂料与防水卷材结合，并在其上回填土方或一定厚度混凝土作为防水保护层，还要加强养护，同时为了防止开裂，在顶板迎土面混凝土保护层内设一层抗裂金属网。

6) 土方挖运。土方挖运是控制逆作法施工进度的关键工序，开挖方案直接影响板的模板型式及侧墙水平位移的大小。根据基坑的空间和地质条件，可选择人工挖运或小型挖掘机挖运。

盖挖法施工的土方，由明、暗挖两部分组成。条件允许时，从改善施工条件和缩短工期考虑应尽可能增加明挖土方量。一般是以顶板底面作为明、暗挖土方的分界线，这样可利用土模浇筑顶板。而在软弱土层，难以利用土模时，明挖土方可延续到顶板下，按要求架设支撑，立模浇筑顶板。

暗挖土方时应充分利用土台护脚支撑效应，采用中心挖槽法，即先挖出支撑设计位置土体，架设支撑，再挖两侧土体。暗挖时，材料机具运送、挖运的土方均通过临时出口。临时出口可单独设置或利用隧道的出入口和风道。

7) 混凝土施工缝处理。采用逆作法施工时，主体结构侧墙和立柱的混凝土浇筑，一般和传统的自下而上浇筑的顺序不同，是在上部混凝土达到设计强度之后再接着往下浇筑，由于混凝土的析水及自身下沉的影响，施工缝处不可避免地要出现 3~10 mm 的缝隙，将对结构的强度、防水性和耐久性产生不良影响。

针对逆作法混凝土施工缝存在的问题，需要改进施工相关方法。

逆作法施工时，结构的内衬墙及立柱是由上而下分段施作，施工缝一般多在立柱设 V 型接头、在内衬墙上设 L 型接头（见图 3-20）进行处理。

施工缝根据结构对强度及防水的要求，有三种处理的方法（见图 3-21）可供选择：

①直接法。传统的施工方法，在先浇混凝土的下面继续浇筑，浇筑口高出施工缝，利用混凝土的自重使其密实，对接缝处实行二次振捣，尽可能排除混凝土中的气体，增加其密实性。

②注入法。在先浇和后浇混凝土之间的缝隙压入水泥浆或环氧树脂使其密实。

③充填法。在先浇和后浇混凝土之间留一个充填接头带，清除浮浆后再用膨胀的混凝土或砂浆充填。

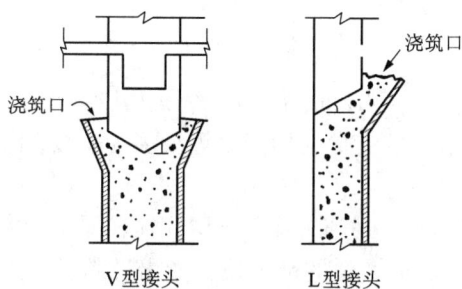

图 3-20　施工缝的结构形式　　　　图 3-21　施工缝的处理方法

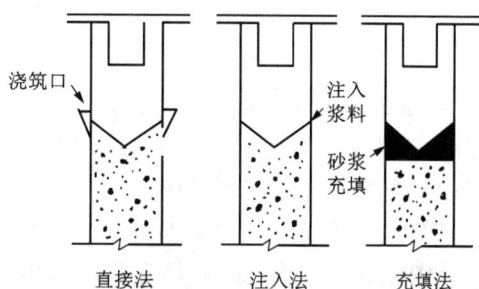

3.3　附属结构及防水施工

地铁车站在轨道交通中起着枢纽作用，是乘客集散、候车的场所。地铁车站建筑主要由车站主体（站台、站厅，生产、生活用房）、车站附属结构（出入口及通道，通风道及地面通风亭等）两大部分组成。

3.3.1　出入口及通道施工

（1）结构特点。

1）车站出入口常以分散的形式布置，以便更好地吸引和疏散客流，出入口考虑兼顾市政过街功能，其数量根据车站情况并按照车站远期预测客流量计算确定，一般不少于 4 个，当车站客流量较小时酌情减少，但不能少于 2 个，车站出入口通道总宽，应以车站远期预测超高峰小时乘降量进行计算确定，与自动扶梯或楼梯相连的通道宽度必须与其通过能力相匹配。车站出入口和风亭应尽量与周围建筑相结合，充分考虑城市景观的要求，出地面的出入口、风亭的体积尽量减小，造型力求美观，与周围的建筑风格协调。出入口通道包含斜向通道（从地下通向地面的部分）（见图 3-22）、水平通道（连接车站站厅的部分）。由于包含有电梯坑、集水坑等，斜通道底板往往高低不平，不但给结构设计带来诸多不便，而且开挖过程中还会扰动土体、降低地基承载力，通常需进行地基加固处理。

图 3-22　地铁出入口及通道

2）地铁出入口基坑深度与车站深度有关，大部分为 8~12 m，局部加深段为 12~15 m，一般出入口通道纵向长为 30~50 m，横向宽为 5~7 m，基坑支护结构安全等级多为一级，出入口围护结构设计通常与车站相似。

3）出入口覆土厚一般为 6~8 m，与站厅层连接的水平通道，其覆土层往往较厚，结构抗浮一般均能满足要求，而随着地面覆土的不断减少，斜向通道的部分段可能出现满足不了结构抗浮要求的情形，此时需在结构顶部设置压顶梁，利用连续墙的重量及其与土的摩擦力和结构共同抗浮。

4）出入口与车站主体的连接是出入口结构设计中的重点，通常在车站外 1.0 m 左右设置第一道变形缝，以调节出入口与车站主体结构间的沉降差，为了防止荷载沿纵向分布不均匀以及地基反力不均匀而导致结构产生裂缝，根据工程实际情况，当出入口通道较长时需在通道中间加设变形缝。

（2）出入口周边特点。

1）基坑开挖必将引起周围地层中地下水位变化和应力场的改变，导致周围土体的变形，对相邻建筑物及市政地下管网产生影响，严重的将可能产生事故。而出入口地段往往是建（构）筑物、管线密集地段，对沉降控制要求高。

2）出入口地下水位高。一般为 0.8~1.2 m，需要考虑施工降水问题。

3）出入口斜坡段的主体结构通常通过杂填土层，土质疏松，固结性差，受到扰动后原状土易脱落坍塌。

4）出入口基坑周围往往是交通要道，有多个出入口时需要考虑分期安排施工，以便进行交通疏解。

5）所处地层可能具有较强的蠕变性。随开挖后土体暴露时间增加，作用在支护结构上的土压力相应增加，土体强度降低，稳定性减小。基坑开挖时要注意时空效应，及时施作支护结构，尽可能缩短开挖面暴露时间。

6）出入口施工周期较长，施工场地狭小，尤其要考虑施工期间降雨影响。

（3）施工方法。出入口施工通常采用与车站施工相似的方案，同时根据具体地质与环境条件综合考虑。通常有明挖法、明挖与暗挖相结合、冻结法等。基坑围护结构施工完成并进行管井降水后，坑内土体放坡开挖，逐层开挖安设支撑进行支护，循环作业。出入口和风道主体结构多为单箱结构，施工时可分两步进行：第一步垫层、底板施工；第二步为侧墙和顶板施工。

3.3.2　防水施工工艺

（1）结构防水原则。城市地铁车站的防水设计一般按一级标准的要求，即：结构不允许出现渗水、内衬表面不得有湿渍。地下结构防水遵循"以防为主、刚柔结合、多道防线、因地制宜、综合治理"的原则。

1)"以防为主"：主要是以混凝土自防水为主，首先保证混凝土、钢筋混凝土结构的自防水能力，为此采取有效的技术措施，保证防水混凝土达到规范规定的密实性、抗渗性、抗裂性、防腐性和耐久性。加强结构变形缝、施工缝、穿墙管、预埋件、预留通道、接头、桩头、拐角等细部构造的防水措施。

2)"刚柔结合"：采用结构自防水和外包柔性防水层相结合的防水方式。适应结构变形，隔离地下水对混凝土的侵蚀，增加结构防水性、耐久性。

3)"多道防线"：除以混凝土自防水为主、提高其抗裂和抗渗性能外，辅以柔性防水层，并在围护结构的设计与施工中积极创造条件，满足防水要求，达到互补作用，才能实现整体工程防水的不渗、不漏。细部如变形缝、施工缝等同时设多道防水措施。

4)"因地制宜"：例如天气潮湿多雨、气温高、地下水位高、补给来源丰富、地层渗透系数大时，采用结构自防水附加柔性防水层是有效的防水、防腐措施。在城市修建地铁，根据环保、水资源保护的要求，防排水设计采用"防"而不是"排"的原则，严禁将地下水引入车站内。

5)"综合治理"：要求结构与防水相结合，结构自防水与外包防水层相结合，主体结构防水与细部构造防水并重，主材与辅材配套，施工、设计相协调，同时做好其他辅助措施。

（2）防水工程施工技术。

1)围护结构防水技术。地铁车站大多采用明挖法施工，这种施工方法的第一道隔水层是围护结构及回填土，围护结构为防水的第一道防线，回填土因其黏性密度大，能有效地阻挡地下水的渗透。因此，目前大部分地铁车站的建构都采用了复合式围护结构，利用机械回填碾压，保障回填土的碾压密度，加强工程的防水性能。

2)结构混凝土自防水技术。采用高性能外加剂补偿收缩防水混凝土，对各种粗细骨料、拌和物及外加剂进行严格的质量与计量控制，保证混凝土质量，保证混凝土抗渗等级，严格按设计的结构尺寸施工，保证防水结构的厚度，精心进行配合比设计，通过试验反复比选，确定用于不同浇筑方法、不同施工环境的最佳配合比，采用掺加高效减水剂及粉煤灰"双掺"技术(添加某些外加剂+某些掺和料)，减少水泥用量，降低水化热，减少收缩裂缝的产生。对商品混凝土的计量、拌和、运输等环节进行全过程监控，每罐混凝土现场测试合格后才使用，严禁在现场加水，按规定留取足量试件。与此同时施工时要注意尽量采用低水化热的矿渣水泥，避免因混凝土水化热导致的收缩裂缝；在止水带密实诱导缝、施工缝时注意与钢板定位牢固，使混凝土振捣充分；新老混凝土交接面要设置单组分密封胶进行加强止水，加强对轴力的检测，并缓慢释放。

①防水混凝土进场验收。结构防水混凝土通常采用商品混凝土。但需要验收合格方可使

用,主要做好以下验收工作:

A.外观验收。混凝土搅拌均匀,颜色一致,不得有离析及泌水现象。

B.坍落度验收。坍落度满足设计要求。

C.资料验收。资料齐全,内容符合设计及规范要求。

D.试块留置。在浇筑地点随机取样,同一部位,同一配合比的混凝土,1000 m³ 以内,每100 m³ 抗压强度试块取样不少于 1 组;1000 m³ 以上,每 200 m³ 抗压强度试块取样不少于1 组。抗渗试块同一部位,同一配合比的混凝土,抗渗试块不小于 1 组。试块留置组数根据实际需要留置。

E.混凝土入模温度。混凝土入模温度控制在15~35 ℃,冬期入模温度不应低于 5 ℃。

②防水混凝土浇筑。

A.底板及顶板防水混凝土浇筑。底板和顶板混凝土浇筑采用连续水平、分台阶由边墙分别向中间方向进行浇筑,采用插入式振捣器振捣时,分层浇筑间隔时间不超过 2 h,气温超过30 ℃时不超过 1 h。振捣时间控制在 15~30 s,不得漏振、欠振或过振,振捣延续时间应使混凝土表面浮浆无气泡、无下沉位置。混凝土运输、浇筑及间隔时间不超过混凝土的初凝时间,第二层防水混凝土浇筑时间应在第一层初凝之前,将振捣器插入第一层混凝土中深50~80 mm,并充分振捣,解除第一层混凝土表面的泌水、气泡,使两层混凝土混为一体,形成均匀整体的防水混凝土结构。混凝土灌注至高程初凝前,用振捣器振捣一遍后 2 次收面。

B.墙体防水混凝土浇筑。墙体混凝土左右对称、水平、分层连续浇筑,采用插入式振捣器振捣,相关要求底板及顶板浇筑相同。提前在水平施工缝的水泥砂浆与振捣应选择从对称位置开始,防止模板走动,严格按照分层浇筑、分层振捣的要求操作,浇筑到高程表面时,用木抹找平,使表面密实平整。

C.冬期防水混凝土浇筑。水和砂应按冬施规定加热,保证混凝土入模温度不低于 5 ℃,采用综合蓄热法保温养护,或掺入防冻剂。

D.防水混凝土养护。混凝土浇筑完成后,必须及时养护,并在一定的温度和湿度的条件下进行。提高周围环境的湿度,延缓混凝土内部水分的蒸发时间,使水泥得以充分水化,由水化产物堵塞毛细孔隙,形成不连通的毛细孔,使混凝土抗渗性得到提高。

加强早期养护,特别是 7 d 内的养护对混凝土极为重要。一般养护期不小于 14 d,采用火山灰的硅酸盐水泥配制的防水混凝土不小于 21 d。拆模后立即用麻袋、草帘或保温被覆盖混凝土表面。每天浇水 2~3 次,当 1 d 的平均温度低于 5 ℃时,不得浇水。炎热季节切忌防水混凝土在中午或温度最高的时间拆模,防止水分过快流失出现干缩裂缝,拆模时间以早、晚为宜。

车站冬期养护采取综合蓄热法保温养护,先在混凝土表面覆盖 1 层塑料薄膜,然后在塑料薄膜上铺保温被进行蓄热养护,拆模时混凝土表面温度与环境温差不大于 15 ℃。

3)结构外防水技术。外防水即表面防水,这种防水技术主要强调了防水的柔性化。在施工前必须注意对地铁车站结构的基层表面所存在的缺陷和渗水部位进行处理,利用各种适当的密封涂料、防水卷材等确保表层的防水效果。但在此过程中,应注意的是涂料在尚未凝固时若受到外水的压力作用,会形成空洞最终导致渗漏。根据具体位置,可将地铁车站的防水举措分为内防水和外防水两类;根据防水使用的不同材料又可以将附加防水分为水泥砂浆防水、卷材防水、涂料防水等。

(3)细部结构防水技术。

1)变形缝防水技术。

①相关概念。变形缝是伸缩缝、沉降缝和防震缝的总称。根据建筑物在外界因素作用下常会产生变形，导致开裂甚至破坏。变形缝是针对这种情况而预留的构造缝。

A.伸缩缝：建筑构件因温度和湿度等因素的变化会产生胀缩变形。为此，通常在建筑物适当的部位设置垂直缝隙，自基础以上将建筑物的墙体、楼板层、顶层等构件断开，将建筑物分离成几个独立的部分。为克服过大的温度差而设置的缝，基础可不断开，从基础顶面至建筑物顶延结构断开。

B.抗震缝：为使建筑物较规则，以期有利于结构抗震而设置的缝，基础可不断开。它的设置目的是将大型建筑物分隔为较小的部分，形成相对独立的防震单元，避免因地震造成建筑物整体震动不协调，而产生破坏。在抗震设防区，沉降缝和伸缩缝须满足抗震缝要求。

C.沉降缝：指同一建筑物高低相差悬殊，上部荷载分布不均匀，或建在不同地基土壤上时，为避免不均匀沉降使墙体或其他结构部位开裂而设置的建筑构造缝。沉降缝把建筑物划分成几个段落，自成系统，基础、墙体、楼板以及房顶各不连接。缝宽一般为30~70 mm。将建筑物或构筑物从基础至顶部完全分隔成段的竖直缝，借以避免各段不均匀下沉而产生裂缝。通常设置在建筑高低、荷载或地基承载力差别很大的各部分之间，以及在新旧建筑的连接处。

有很多建筑物对这三种接缝进行了综合考虑，即所谓的"三缝合一"（缝宽按照抗震缝宽度处理；基础按沉降缝断开）。

②防水技术。变形缝是防水最薄弱的环节，也是施工过程中最复杂的部位，此处施工时必须精细。地铁车站变形缝存在于车站主体结构与附属结构对接点。

由于变形缝结构刚度不同，受力不均匀，考虑到混凝土结构胀缩而设置的允许变形的结构缝隙是防水混凝土及结构外防水中的关键环节。变形缝中使用的中埋式止水带和嵌缝材料必须有出厂质量证明，并经进场检验和复验合格后方可使用。变形缝出现渗漏水后较难进行堵漏维修处理，因此在进行变形缝部位的防水施工时应采取正确的施工工艺和技术保证措施，具体步骤如下：

A.变形缝部位的柔性防水层要求连续铺设。变形缝外侧密封胶施工时，为避免三向受力，影响防水质量，在密封胶与嵌缝材料间铺设隔离膜，密封胶与接缝两侧壁须黏结牢固，密封严密，无渗漏水现象。嵌缝质量应密实，表面无开裂、脱离、滑移、下垂及空鼓、塌陷等缺陷。橡胶止水带在转角部位的转弯半径不得小于100 mm。

B.变形缝内侧进行聚硫橡胶嵌缝前，应对缝内进行清理，缝内混凝土表面应干净、平整、无灰尘、油污及疏松部位，防止由于局部渗水造成整条嵌缝密封失效。

C.加强竖直方向止水带两边混凝土的振捣，保证缝两边混凝土自身密实，同时将止水带与混凝土接触面的气泡排出，接触止水带处的混凝土不应出现粗骨料集中或漏振现象。

D.水平方向止水带待下层混凝土充分振捣密实后，剪断固定止水带铁丝，放平止水带并压出少量水泥浆，然后再浇筑止水带上部混凝土，振捣上部混凝土时防止止水带变形。

E.地铁车站侧墙及底板变形缝施工时，一般在变形缝两侧各50 cm（共1.0 m）范围内卷材与基层、卷材与卷材之间的胶结料均采用橡化沥青非固化防水涂料，其中2.0 mm厚橡化沥青非固化防水涂料用于大面防水层（聚乙烯丙纶复合防水卷材）与1.5 mm厚、宽1.0 m的合成高分子预铺式冷自粘防水卷材之间，组成复合防水加强层(见图3-23)。

2)诱导缝施工技术。前面已经提到，诱导缝是由于考虑结构不均匀受力和混凝土结构胀缩而设置的允许变形的结构缝隙，通过适当减少钢筋对混凝土的约束等方法在混凝土结构中设置的易开裂的部位。在诱导缝外侧(侧墙和底板)部位不仅可以采用外贴式止水带，还可以通过外包防水加强处理，诱导缝渗漏水的发生。

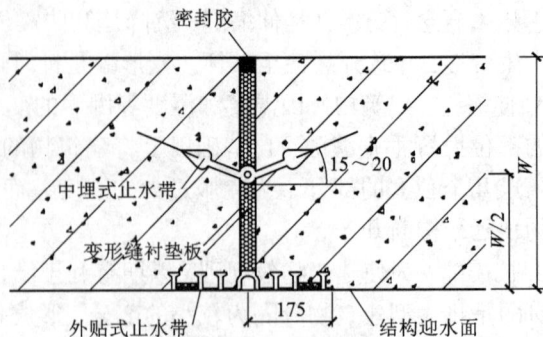

图3-23 变形缝混凝土与防水材料结合构造

地铁车站结构的诱导缝位常以20~30 m为间距，有两种类型：双柱式诱导缝和梁板式诱导缝，前者沿车站立柱的横向轴线设置，后者常置于纵梁跨距的1/4~1/3处，使纵向弯矩相对较小。其中双柱式诱导缝在构造上双柱分开，施工烦琐；梁板式诱导缝构造简单，施工简便。

车站底板、侧墙、顶板、中板诱导缝(梁板式)的构造剖面图见图3-24。由图3-24(a)可知：底板结构诱导缝构造一般为凹凸形企口，在缝中和底部设止水带，其纵向受力钢筋全部贯通。诱导缝所在底板厚度至少为95 cm。除缝中设中埋式钢边止水带外，底板下表面还需设置外贴式止水带。施工先将外贴式止水带置于垫层上，绑扎诱导缝一侧的钢筋，并将中埋式止水带用铁丝固定在一定位置(做成向上15°角)，立刻在企口缝处支模，模板冲孔使纵向钢筋通过(或者断开钢筋直接支模，待一侧混凝土拆模后使用接驳器连接诱导缝两侧的纵向钢筋)。浇筑混凝土时，应将中埋式止水带上下表面的混凝土振捣密实。

由图3-24(b)可知：侧墙诱导缝不用企口，内外侧纵向钢筋中使1/3钢筋贯通，其余截断，缝中设一条止水带。纵向贯通的钢筋用长约2 m(两侧各1 m)的套筒套住穿过诱导缝。施工先绑一侧的钢筋，并在钢筋截断处固定中埋式止水带和支模板，并将模板冲孔使部分纵向钢筋通过(或断开钢筋直接支模，待一侧混凝土拆模后使用接驳器连接诱导缝两侧的纵向钢筋)。其混凝土浇筑工艺与底板相同。

车站顶板、中板诱导缝的构造分别由图3-24(c)、图3-24(d)可知：二者的构造和施工方法与侧墙诱导缝基本相同，区别在于顶板诱导缝中埋设的止水带须向上倾斜(仰角约15°)。

由上可知：地铁车站结构诱导缝刚度的控制，主要在于适当减少诱导缝的连续纵向钢筋的数量使刚度降低。底板结构诱导缝选为企口形，目的是使底板结构不出现曲率半径过小的挠曲变形和量值较大的剪切位移；侧墙结构设计成剪力杆，既可控制裂缝宽度，又能控制其竖向剪切变形的大小。顶板结构诱导缝两侧部分钢筋连续是为了混凝土满足因四季温度变化、干缩和不均匀沉降引起顶板纵向变形的需要。中板结构诱导缝构造的设置目的及构造原理与顶板相同。另外，诱导缝的位置应和地下连续墙的分缝对齐。

3)施工缝防水技术。

①施工缝设置。施工缝的设置及处理措施如下：

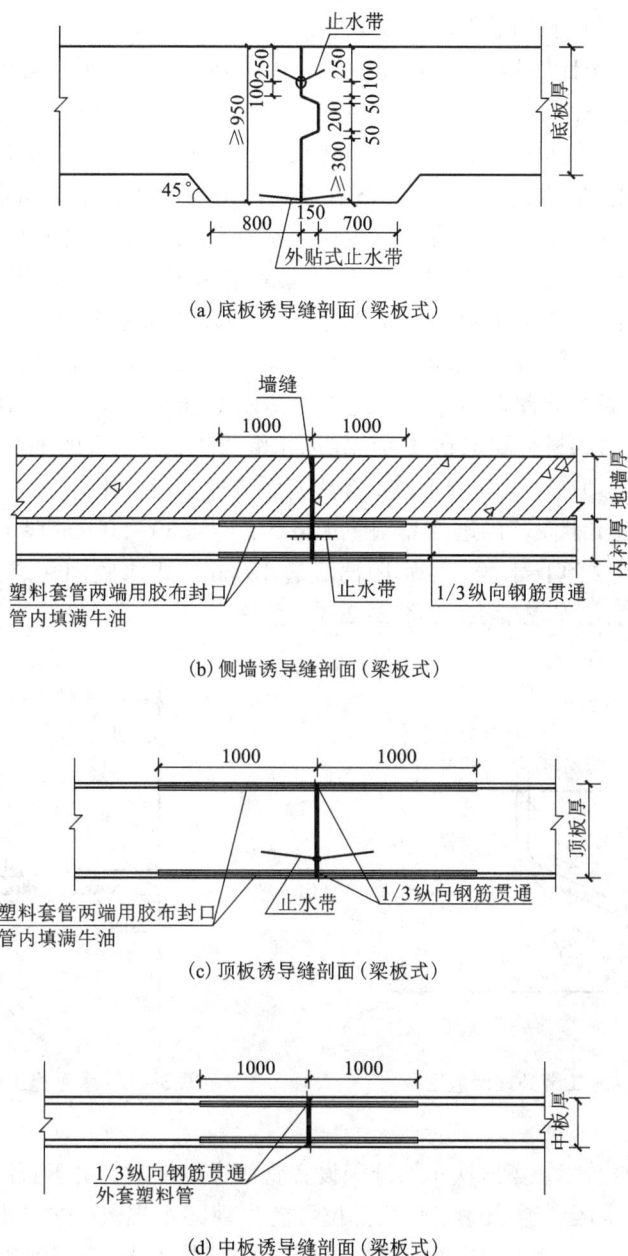

(a)底板诱导缝剖面(梁板式)

(b)侧墙诱导缝剖面(梁板式)

(c)顶板诱导缝剖面(梁板式)

(d)中板诱导缝剖面(梁板式)

图3-24　诱导缝构造剖面图(单位:mm)

A.地铁车站结构施工缝分为环向垂直和纵向水平两种构造形式。

B.施工缝设置于结构受剪力较小且便于施工的部位,并保证车站内部设施的完整性。车站环向施工缝间距宜在1/4~1/3跨范围,施工缝纵向长度一般控制在12~18 m。

C.施工缝应避开地下水位较多的区段,并与诱导缝相结合。

D.墙体水平施工缝不宜留在剪力最大处或底板与侧墙相接处,应留在高出底板表面不小于 0.3 m 的墙体上。板墙结合的水平施工缝，宜留在板墙接缝线以下 0.15~0.30 m 处，墙体有预留孔洞时，施工缝距预留孔洞不小于 0.3 m。

②施工缝处理。由于大体积的混凝土难以一次完成浇筑，因此，需要设置施工缝分为两次或多次完成浇筑任务，有利于防水工程的施工。而施工缝的存在也可能导致混凝土收缩，形成渗水，对地铁车站的运营造成影响。具体而言，在施工缝的设置时应当注意尽量避免地下水较多的地段，而在防水施工方面，首先在硬化的混凝土表面上浇筑混凝土之前，应将其表面的浮浆和杂物清除干净再铺净浆；垂直施工缝在浇筑混凝土之前则应当将其表面凿毛、清理，之后再涂刷净水泥浆液或是混凝土界面处理剂并浇灌混凝土。其次，施工缝附近的钢筋要按规定搭接和焊接，浇筑时避免直接靠近缝边，利用机械振捣使其紧密结合。

A. 环向施工缝设镀锌钢止水带，全断面注浆；施工缝防水加强层采用与单层防水层相同的单层 4 mm 改性沥青自粘防水卷材，施工缝防水加强层应位于防水层和结构迎水面间，宽度为 50 cm，待该防水材料固定到位后浇筑防水混凝土，其结合的细部构造见图 3-25。

B. 水平施工缝处理在浇筑混凝土前，将其表面清理干净，并凿毛处理，然后涂刷用量不少于 1.5 kg/m² 的优质水泥基渗透结晶型防水材料，再铺 30~50 mm 厚 1:1 水泥砂浆，同时在施工缝界面上设置 2 道止水胶，分别距离墙边 10 cm。止水胶固化成型后的断面尺寸为：10 mm× 10 mm，最后浇筑混凝土(见图 3-26)。

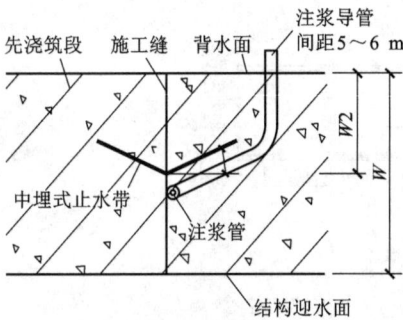

图 3-25　环向施工缝处理示意图　　　图 3-26　水平施工缝处理示意图

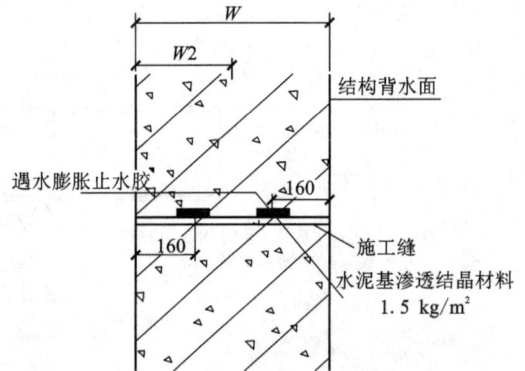

4)穿墙管线防水技术。当地铁车站施工设置管线穿越墙时，由于管线和周围混凝土胀缩系数不同，在管线周同会产生开裂，管线部位可能出现漏水现象，这将影响整体结构的防水性能，因此必须对其进行处理。在穿墙管线的防水施工技术中，最为常用的是外围包裹式防水，即在地下车站穿过防水层的管道周围留槽，注意要将穿墙管的止水环与主管连续满焊。用密封胶密封或是在管外表面包裹橡胶管套确保对钢管进行绝缘和防腐，并在管道中部加设遇水膨胀橡胶条等方法来处理，施工时可按以下几点操作。预埋的穿墙管必须在主管上焊接翼环或止水环，且应连续满焊，并做好防腐处理；穿墙管处防水层施工前，应将管内表面清理干净；穿墙管道安装完毕后，应在两管间嵌入内衬填料，端部用密封材料填缝并压紧；穿墙管外侧防水层应铺设严密，不留接茬，增铺附加层时，应按设计要求进行施工。

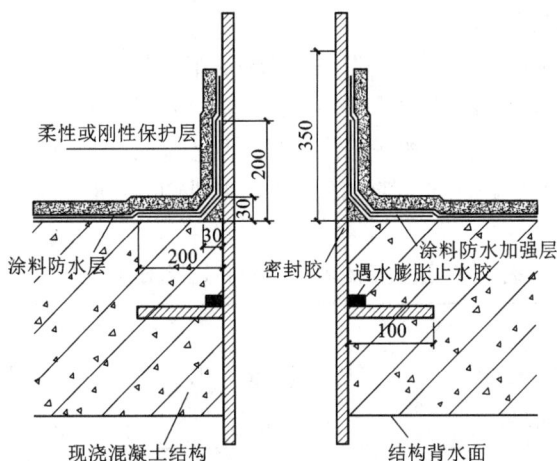

图 3-27　穿墙管处混凝土与防水材料结合构造示意图

3.4　基坑开挖施工监测

为确保基坑开挖施工的安全，对基坑开挖施工进行全过程监测，监测项目主要包括围护结构整体位移情况、基坑周围地表沉降、基坑内外地表地物的变形开裂情况等。

3.4.1　监测网建立

监控量测系统首先建立水平位移和垂直位移监测控制网。

水平位移监测网利用地面平面控制点做主控点，与监测网点组成平面监控网，其形式依据结构布设成轴线形；垂直位移监控网利用当地局部高程控制网作为一级控制点，与地表沉降等观测点组成地表高程位移监控网。主控点埋设坚固、稳定，监控点可埋设在原状土层中，并加设保护装置。

(1)监测目的。

1)验证支护结构设计，指导基坑开挖和支护结构的施工。由于设计所用的压力计算采用的公式，与现场实测值相比较会有一定的差异，因此在施工过程中迫切需要知道现场实际的应力和变形情况，与设计时采用值进行比较，必要时对设计方案或施工过程进行修正，从而实现动态设计及信息化施工。

2)保证基坑支护的安全。支护结构在破坏前，往往会在基坑侧向不同部位上出现较大的变形，或变形速率明显增大。如有周密的监测控制，有利于采取应急措施，能够在很大程度上避免或减轻破坏导致的损失。

3)总结工程经验，为完善设计提供依据。

4)为了实施对车站施工过程的动态控制，掌握地层、地下水、围护结构与支撑体系的状态，及施工对既有建筑物的影响，必须进行现场监控量测。通过对量测数据的整理和分析，及时确定相应的施工措施，确保施工工期和既有建筑的安全。

5）车站土建工程竣工后，对既有建筑物监测继续进行，直至变形稳定为止，并以此作为对既有建筑物影响的评价依据。

（2）监测项目、控制标准、测点布置。根据地铁车站的施工方法、环境情况及地质条件等，基坑监测主要进行围护结构整体位移量测、基坑周围地表沉降、基坑内外地表、锚索拉力、钢支撑的轴力、地下水位、地物的变形、开裂情况的观察等项目的监测，基坑监测项目、控制标准、预警标准等参见表3-5，基坑测点布设参见图3-28。

表 3-5　监控量测项目、控制标准和预警标准表

监测项目		控制标准		预警标准 （仅供参考）
		累计控制值	速率控制值	
桩顶水平位移		30 mm	3 mm/d	累计值：21 mm；速率：3 mm/d
桩体水平位移		30 mm	3 mm/d	累计值：21 mm；速率：3 mm/d
地表沉降		30 mm	3 mm/d	累计值：21 mm；速率：3 mm/d
建筑物沉降		≤30 mm	3 mm/d	累计值取控制标准的70%；速率：3 mm/d
建筑物倾斜		≤2/1000		倾斜值取控制标准的70%
管线沉降	刚性管线	≤10 mm	2 mm/d	累计值取控制标准的70%；速率：2 mm/d
	柔性管线	≤30 mm	3 mm/d	累计值取控制标准的70%；速率：3 mm/d
支撑轴力		设计值		设计值的70%
地下水位		累计下沉1 m，变化速率0.5 m/d		累计值取控制标准的70%；速率：0.5 m/d
桩内钢筋应力		设计值		设计值的70%
基坑回弹		30 mm		累计值：21 mm；速率：3 mm/d
立柱沉降		30 mm		累计值：21 mm；速率：3 mm/d
锚索应力		设计值		设计值的70%

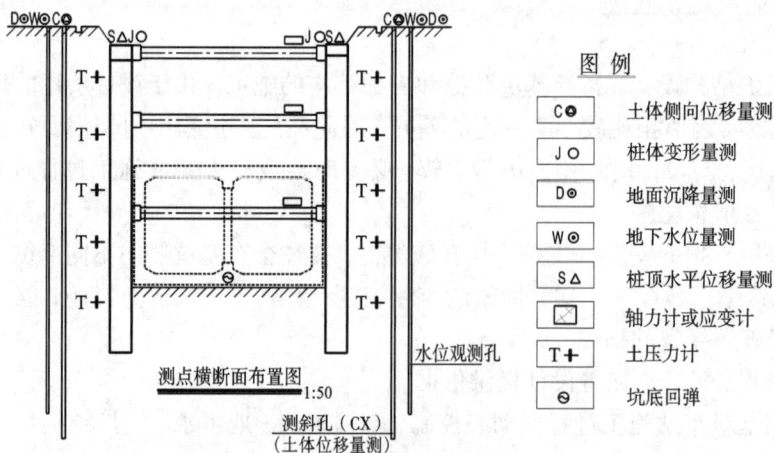

图 例

C⊙	土体侧向位移量测
J○	桩体变形量测
D⊙	地面沉降量测
W⊙	地下水位量测
S△	桩顶水平位移量测
▭	轴力计或应变计
T+	土压力计
⊙	坑底回弹

测点横断面布置图　1:50

水位观测孔

测斜孔（CX）
（土体位移量测）

图 3-28　基坑监控量测横断面示意图

1）围护结构的监测。在施工期间应对车站基坑施工影响范围的所有地下管线进行监测，监测的频率和控制标准根据各地下管线权属单位的要求进行。

在基坑开挖施工过程中，应对围护结构的变形、受力等进行施工监测，监测的频率在施工过程中每天至少 2 次，测点布置一般在 10~20 m 范围，当结构距周边建筑物较近时，应适当加密测点，并提高监测频率。

2）地面沉降监测。在施工期间应对车站周围的道路、环境、地面等进行监测，监测频率在施工过程中每两天至少 1 次，测点布置一般在 20 m 左右，遇特殊要求时，可适当提高监测频率和加密测点布置。

3）支撑的监测。在施工过程中应对基坑的支撑系统进行全方位的监测，监测内容包括支撑轴力、变形及稳定等，监测频率每天至少 2 次。

4）对环境建筑物的监测。在车站施工过程中，对施工影响范围内的所有建筑物均应进行变形、沉降、裂缝以及建筑物的倾斜等监测。监测频率在施工基坑过程中，每天至少 1 次，施工主体结构时，至少每 2 天 1 次，遇重点或特殊保护的建筑物时，监测频率应适当提高。

5）水土压力的监测。在车站施工的全过程中应对地下水位进行全方位的监测，监测频率至少 2 天 1 次。每座车站施工时应选择 1~2 个点进行土压力的监测，监测频率一般 2 天 1 次，也可根据试验需要作适当调整。

6）地下管线的监测。在施工期间应对车站基坑施工影响范围的所有地下管线进行监测，监测的频率和控制标准根据各地下管线权属单位的要求进行。

3.4.2　监测方法

（1）沉降监测。

1）监测目的：观测基坑开挖过程中对周边土体沉降情况，掌握该区域土体的稳定性，了解基坑施工对周边土体的影响。

2）监测方法：采用精密水准仪和铟钢尺按二级水准测量进行，包括地表沉降、地下管线、周边建筑物沉降、轨道沉降及基坑围护桩顶垂直位移。在基坑开挖前，在地面变形影响范围之外，便于长期保护的稳定位置，埋设水准点，进行水准网布设，首次观测时，适当增加测回数，一般取 3~5 次的数据作为测点的初始读数。

（2）围护桩桩体测斜监测。

1）监测目的：围护结构的变形通过预埋在墙体的测斜孔进行监测，主要了解随基坑开挖深度的增加，围护桩体不同深度水平位移变化情况。

2）埋设方法：在围护桩施工前，将埋设位置具体细化到施工图上。在施工到相应的桩位置时，将测斜管逐节绑扎在钢筋笼迎土面一侧上，孔深同围护桩相同深度。管间用管套衔接，自攻螺丝固定并密封。测斜管的顶底两端头用布料堵塞，盖好管盖；检查测斜管内壁的一组导槽，使其与围护桩体水平延伸方向基本垂直；测斜管内注入清水，防止其上浮；测斜管口高度与围护桩设计高度相当。

测斜管可选用内径 60 mm 的 PVC 管，其外壁有一对凹槽，内壁有两对相互垂直深 3 mm 的导槽。

3）测试方法：在埋设浇灌混凝土后第一天，用清水冲洗管中泥浆水，检查测斜管安装质量，如管内有无异物堵塞、深度是否与埋设深度相当等。第一次测斜前，检查是否有滑槽现象等。

（3）围护桩顶水平与竖向位移。

1）监测目的：了解在基坑开挖、结构施工中围护墙顶的沉降和水平位移，为围护墙体测斜控制孔口位移提供改正参数。

2）测点布设：在每个墙体测斜孔边，布设墙顶位移监测点。

3）埋设方法：将顶端划"十"字的钢筋埋入圈梁中，用混凝土固定。

4）监测点的测量：桩顶、坡顶沉降测量采用精密水准仪，按国家二等水准要求观测。以附合或闭合路线在水准路线上联测各监测点，以水准控制点为基准，测算出各监测点标高。同一测点相邻两次标高差即为本次该测点沉降量，第一次沉降量累加至当次沉降量即为该测点累计沉降量。

（4）基坑外水位监测。

1）监测目的：水位测试是通过测量基坑外地下水位在基坑降水和基坑开挖过程中的变化情况，了解基坑围护结构止水效果，以及时发现和防止围护结构渗漏、基坑外水土向坑内流失。是判断基坑周边环境安全性的主要依据之一。

2）点位布设：在基坑两侧外围 1.5 m 范围内埋设水位观测孔，每孔深度为 22.5 m。

3）埋设方法：用钻机成孔至 22.5 m 深度后清孔，孔底部以上 2~10 m 段安放 ϕ52 的 PVC 透水管，在其外侧用滤网布裹扎好。然后将水位管插入孔内至 8 m 深度。在透水管段孔内回填中粗砂，以保持良好透水性，用其他段回填泥球或黏土将孔隙填实。成孔后加清水，检验成孔质量，孔口用盖子盖好，防止地表水进入孔内。

4）测试方法：水准联测各管口高程 h 孔口后，直接用钢尺水位仪测试水位管内水位深度。慢慢将探头放入水面，刚接触水面时在钢尺上读数一次，然后慢慢将探头拉出水面，当探头刚离开水面时在钢尺上再读数一次，取两次平均值即为水面之深度 h。特别需要注意的是：初值的测定在开工前 2~3 d，在晴天连续测试水位取其平均值为水位初始值；遇雨天，在雨天后 1~2 d 测定初始值，以减小外界因素的影响。

（5）支撑轴力监测。

1）监测目的：基坑围护支撑体系处于动态平衡之中，随着基坑施工工况的变化建立新的平衡。通过支撑轴力监测，可及时了解支撑受力变化情况，准确判断基坑围护支撑体系稳定情况和安全性，以指导基坑施工程序、方法，确保基坑施工安全。

2）仪器选用：钢支撑轴力监测选用应力计和钢弦式频率接收仪。

3）应力计安装：在安装支撑轴力应力计前，要进行各项技术指标及标定系数的检验。应力计有一套安装配件：两块 400 mm×400 mm×20 mm 的钢板，一只直径为 15 cm 的圆形钢筒，钢筒外翼状对称焊接有 4 片与钢筒等长的钢板。安装时，一块钢板与圆钢筒一端焊接，并焊接在钢支撑一端的活络头上；应力计一端安放在钢筒中，另一端与钢板焊接，并随钢支撑的安装一起焊接支撑在围护墙的钢围檩上。

4）测试方法：用频率仪接收各个观测应力计表面应变计的频率。计算其支撑轴力、应变、本次变化、累计变化量。

（6）巡视检查。主要从开挖面地质状况、支护结构体系、施工工艺及设备、施工组织管理及作业状况和工程周边环境等方面进行。当巡视发现异常情况时，应及时报告。

（7）周边环境监测。明挖基坑旁受施工影响的地面建筑物、地下管线等，根据现场具体情况布置测点后，遵循一定量测频率，主要作精密水准测量。

1)周边建(构)筑物垂直位移监测。

①现场情况：周边有已建(构)筑物(主要是高压电塔)，需对该构筑物进行重点保护及加强监测。施工期间加强变形控制，并通过监测，完全能够保证周边既有建筑物的安全。

②测点埋设：选择具有代表性的建(构)筑物基础角面观测点，在离墙角50 cm处的墙面钻孔，埋入弯成"L"形的圆钢筋，用混凝土浇筑固定；或用射钉枪直接于相应部位打入钢钉。

③监测点的测量：用经纬仪和水准仪进行建筑物倾斜变化及沉降观测。从水准控制网点起测，按国家二等水准要求，联测各房屋沉降监测点，做附合或闭合水准路线。计算各点高程、本次沉降量、累计沉降量。计算方法与围护墙顶沉降监测相同。测点的初测高程测量两次并取其平均值。建筑倾斜率警戒值为0.002或按设计规定。

2)周边地下管线垂直、平面位移监测。

①现场情况：根据目前收集的资料，工程范围内主要管线有通信、电力、给水、雨水、污水管等，材质分别有混凝土、钢、铸铁、PE管等，埋深从0.42 mm到7.5 m不等，管径从108 mm到1200 mm不等。施工期间将对施工影响范围内的管线进行沉降及位移监测，重点监测对地层变形较为敏感的刚性管线，确保地下管线的完好性，防止地下管道遭受破坏或渗漏。

②测点埋设：地下管线监测测点通常是在管线顶挖孔，设点，再预埋 ϕ200 钢管护点；一般刚性管按10 m左右布点，柔性管按50 m左右布点。不便埋设直接点的地下管线要以管线阀门井、检查井等的井口地面结构直接观测。

③监测点的测量：用经纬仪和水准仪进行地下管线沉降及位移观测，地下管线允许变化值一般为10 mm或按设计规定控制。

(8)监控量测数据的分析、预测及信息反馈。

1)施工监测管理流程。施工监测管理流程参见图3-29。

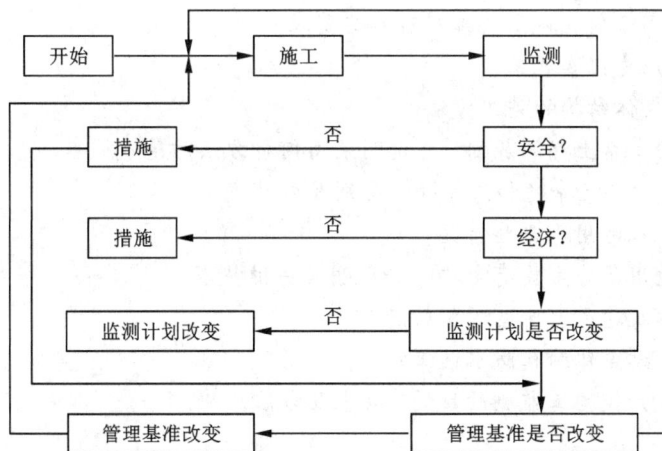

图3-29 施工监测管理流程

2)量测成果整理。每次量测后，将原始数据及时整理成正式记录，对每一个量测断面内每一种量测项目，均应进行资料汇总整理。

3)数据处理。基坑监测项目的监控报警值通常可取控制值的80%。每次量测后均应对量测面内的每个量测点(线)分别回归分析,求出各自精度最高的回归方程,并进行相关性分析和预测,推算出最终位移静应力和掌握位移(应力)变化规律,并由此判断车站基坑的稳定性。

4)监测资料的收集整理。每次监测工作结束后,均须提供监测资料及处理意见:监测资料整理及时,以便发现数据有误时及时改正和补测,当发现测值有明显异常时,迅速通知建设单位、监理单位及设计单位,以便采取相应措施。

原始数据通过审核、消除错误和取舍之后,就可计算分析,根据计算结果,绘出各观测项目观测值与施工工序、施工进度及开挖过程的相关曲线。列出的图表应确保格式统一,之后装订成册。

观测资料经整理校核后,列出阶段或最终成果表,并绘制有关过程曲线和关系曲线。在此基础上,对各观测资料进行分析,以明确围护结构支撑体系和建筑物在观测期间的工作状态及变化规律和发展趋势,判别工作状态是否正常或找出问题的原因,并提出处理措施和建议,为研究解决问题提供参考。

复习思考题

1. 地铁车站常用的施工方法有哪些?并说明其各自的适用范围。
2. 请说明明挖顺作法的工艺流程。
3. 基坑降水方法主要有哪些?各有哪些优点和缺点?
4. 地铁基坑第一道支撑为什么要采用钢筋混凝土支撑?
5. 请说明钢支撑施工的具体步骤与方法。
6. 如何进行基坑土方开挖?主要原则有哪些?
7. 如何进行桩间喷射混凝土施工?有哪些要求?
8. 如何进行预应力锚索施工?
9. 请说明车站主体结构的施工方法。
10. 请说明地铁车站上浮的原因,并说明采用何种方法防范。
11. 请说明施工缝、沉降缝和诱导缝的区别及处理方法。
12. 何谓盖挖法?适用于哪些情况?
13. 逆作法的适用条件主要有哪些?并说明其关键技术。
14. 地铁出入口及通道有哪些结构特点?
15. 如何进行车站主体结构防水施工?
16. 请说明基坑开挖施工监测的目的、要求及方法。

第4章　城市轨道交通区间隧道施工

地铁区间隧道是指在同一地铁线路的相邻地铁车站间设置的隧道，主要用于通行地铁列车。

（1）区间隧道特征。

1）断面形状：可以分为矩形、拱形、圆形和椭圆形等。

①矩形断面：可分为单跨、双跨及多跨等种类。

②拱形断面：可分为单拱、双拱及多拱等种类。

③圆形断面：可分为单圆和多圆两种形式。

2）线路组成：区间隧道由直线和曲线组成，其中曲线包括圆曲线和缓和曲线两种形式。城市轨道交通线路均为右侧行车的双线线路，采用1435 mm标准轨距。正线及辅助线均采用50 kg/m及以上的钢轨，钢轨接头采用对接形式。

3）防杂散电流腐蚀：在新建的城市轨道交通线路中，应按规程要求进行有关杂散电流腐蚀的防护。主要有对主体结构钢筋及金属管线结构采取防护措施；在地铁沿线敷设的各种电缆、水管等管线结构应选择符合杂散电流腐蚀防护要求的材质、结构设计和施工方法；采取设计合理，性能可靠持久的隧道绝缘防水措施；限制地铁的牵引供电和回流系统中的杂散电流。

4）环境要求：城市轨道交通隧道埋深较浅时，要采取降低噪声和减少振动的措施。隧道混凝土不仅要满足强度需要，同时要考虑抗冻、抗渗和抗侵蚀的要求。

5）限界要求：限界是指列车沿固定的轨道安全运行时所需要的孔洞尺寸。限界包括车辆限界、设备限界和建筑限界三类。车辆限界是指车辆在正常运行状态下形成的最大动态包络线；设备限界是限制设备安装的控制线；建筑限界是在设备限界基础上，考虑了设备和管线安装尺寸、厚度的最小有效断面。建筑限界中不包括测量误差、施工误差、结构沉降、位移变形等因素。

6）防水要求：区间隧道结构防水要求不得有线流和漏泥砂，当有少量漏水点时，每昼夜的漏水量不得大于0.5 L/m^2。变形缝、施工缝、穿墙管等特殊部位应采取加强措施。在侵蚀性介质中仅用防水混凝土时，其耐蚀系数不应小于0.8。明挖隧道结构的防水优先采用防水混凝土，其抗渗等级不少于0.8 MPa；防水层卷材层数及层厚必须符合设计，并设置保护层。

（2）施工方法。在城市中修建地下铁道，其施工方法受到地面建筑物、道路、城市交通、水文地质、环境保护、施工机具以及资金条件等因素的影响较大，因此各自所采用的施工方法也不尽相同。地铁隧道常见的施工方法见表4-1。施工方法的选择应根据工程的性质、规模、地质和水文条件、地形地貌、沿线环境要求、施工单位技术水平、地面和地下障碍物、施工设备、环保和工期要求等因素，全面比较后确定。

表 4-1　区间隧道施工方法一览表

序号	施工方法	环境场地要求	优点	缺点
1	明挖法	城市郊区场地开阔区域；软岩和土体；	进度快、工作面大、便于机械和大量劳动力投入	破坏环境生态，影响交通，产生尘土和噪声污染
2	矿山法（新奥法）	岩石或坚硬土体	地面干扰小，造价低	进度慢，劳动强度高，风险大
3	软土暗挖法	埋深较浅对土体进行冻结、注浆、深层搅拌桩加固地基、管棚法加固，浅埋车站	地面干扰小，造价低，便于不同施工方法的临时组合	机械化程度低，劳动强度高，风险大
4	盾构和顶管法	软弱地层、深埋隧道	地面影响小、机械化程度高、安全、劳动强度低、进度快	机械设备复杂、价格昂贵、工艺烦琐、需要专业施工队伍
5	沉管法	跨越江河湖海、软地基	造价低、速度快、隧道断面大	封锁江河水面，需要专门的驳运、下沉、对接设备；属于水下作业，风险大
6	凿岩机法（TBM法）	坚硬岩石地质	速度快、机械化程度高、安全、无地面干扰	造价高、使用技术复杂、刀具易磨损
7	连续沉井法	软弱地层、地域空旷	造价低、速度快	对环境影响大、泥浆污染、地面下沉

　　区间隧道施工方法在施工图设计阶段，设计院已经确定了基本施工方案和基本施工设备。目前，国内外地铁区间隧道施工方法主要有如下几种：

　　1）地铁区间施工方法。

　　①明挖施工法。明挖法是指挖开地面，由上向下开挖土石方至设计标高后，自基底由下向上顺作施工，完成隧道主体结构，最后回填基坑或恢复地面的施工方法。通常在地面条件允许的情况下，地铁区间隧道宜采用明挖法，但对社会环境影响较大，仅适合在无人、无交通、管线较少的地区应用，该方法现较少采用。

　　②盖挖施工法。埋深较浅、场地狭窄及地面交通不允许长期占道施工情况下采用盖挖法施工。依据主体结构施工顺序分为盖挖顺作法、盖挖逆作法、盖挖半逆作法。该法是在既有道路上先完成周边围护挡土结构及设置在挡土结构上代替原地表路面的纵横梁和路面板，在此遮盖下由上而下分层开挖基坑至设计标高，再依序由下而上施工结构物，最后覆土恢复为盖挖顺作法；反之先行构筑顶板并恢复交通，再由上而下施工结构物为盖挖逆作法。

　　③暗挖施工法。暗挖法是在特定条件下，不挖开地面，全部在地下进行开挖和修筑衬砌结构的隧道施工方法。暗挖法主要包括钻爆法、盾构法、掘进机法、浅埋暗挖法、顶管法、新奥法等，其中以浅埋暗挖法和盾构法应用较为广泛。

　　A. 矿山法。传统的矿山法是指用钻眼爆破修筑隧道的暗挖施工方法。随着技术的发展，除钻爆法外，矿山法还包括新奥法等施工方法。

　　钻爆法施工的全过程可以概括为：钻爆、装运出碴，喷锚支护，灌注衬砌，再辅以通风、排水、供电等措施。在通过不良地质地段时，常采用注浆、钢架、管棚等一系列初期支护手段。根据隧道工程地质水文条件和断面尺寸，钻爆法隧道开挖可采用各种不同的开挖方法，例如：上导坑先拱后墙法、下导坑先墙后拱法、正台阶法、反台阶法、全断面开挖法、半断面开挖法、侧壁导坑法、CD 法、CRD 法等。对于爆破，有光面爆破、预裂爆破等技术。对于隧道初期支护，有锚杆、喷混凝土、挂网、钢拱架、管棚等支护方法。及时的测量和信息反馈常用来监测施工安全并验证岩石支护措施是否合理。防水基本采用截、堵、排等几种方法，其中在喷射混凝土内表面张挂聚乙烯或聚氯乙烯板，然后再灌注二次混凝土衬砌被认为是一种效果良好的防渗漏措施。

B. 盾构法。用盾构修筑隧道的暗挖施工方法，盾构是一种钢制壳体内配有开挖和拼装衬砌管片等的设备，在钢壳体的保护下进行开挖、推进、衬砌和注浆等作业。盾构又根据开挖的方法和断面形状的不同，分为多种类型。

盾构（shield）是一个既可以支承地层压力又可以在地层中推进的活动钢筒结构。钢筒的前端设置有支撑和开挖土体的装置，钢筒的中段安装有顶进所需的千斤顶；钢筒的尾部可以拼装预制或现浇隧道衬砌环。盾构每推进一环距离，就在盾尾支护下拼装（或现浇）一环衬砌，并向衬砌环外围的空隙中压注水泥砂浆，以防止隧道及地面下沉。盾构推进的反力由衬砌环承担。盾构施工前应先修建一竖井，在竖井内安装盾构，盾构开挖出的土体由竖井通道送至地面。

按盾构断面形状不同，可将其分为圆形、拱形、矩形、马蹄形 4 种。圆形因其抵抗地层中的土压力和水压力较好，衬砌拼装简便，可采用通用构件，易于更换，因而应用较为广泛；按开挖方式不同，可将盾构分为手工挖掘式、半机械挖掘式和机械挖掘式 3 种；按盾构前部构造不同，可将盾构分为敞胸式和闭胸式 2 种；按排除地下水与稳定开挖面的方式不同，可将盾构分为人工井点降水、泥水加压、土压平衡式，局部气压盾构，全气压盾构等。

C. 掘进机法。在埋深较浅，但场地狭窄和地面交通环境不允许爆破震动，又不适合盾构法的松软破碎岩层情况下采用。该法主要采用臂式掘进机开挖，受地质条件影响大。

D. 浅埋暗挖法。浅埋暗挖法又称矿山法，起源于 1986 年北京地铁复兴门折返线工程，是中国人自己创造的适合中国国情的一种隧道修建方法。该法是在借鉴新奥法的某些理论基础上，针对中国的具体工程条件开发出来的一整套完善的地铁隧道修建理论和操作方法。与新奥法的不同之处在于，它是适合于城市地区松散土介质围岩条件下，隧道埋深小于或等于隧道直径，以很小的地表沉降修筑隧道的技术。它的突出优势在于不影响城市交通，无污染、无噪声，而且适合于各种尺寸与断面形式的隧道洞室。

E. 顶管法。是直接在松软土层或富水松软地层中敷设中小型管道的一种施工方法。适用于富水松软地层等特殊地层和地表环境中小型管道工程的施工。主要由顶进设备、工具管、中继环、工程管、吸泥设备等组成。

F. 新奥法。新奥法（NATM）是新奥地利隧道施工方法的简称，新奥法是充分利用围岩的自承能力和开挖面的空间约束作用，采用锚杆和喷射混凝土为主要支护手段，对围岩进行加固，约束围岩的松弛和变形，并通过对围岩和支护的量测、监控，指导地下工程的设计施工。

在我国，常把新奥法称为"锚喷构筑法"。用该方法修建地下隧道时，对地面干扰小，工程投资也相对较小，已经积累了比较成熟的施工经验，工程质量也可以得到较好的保证。使用此方法进行施工时，对于岩石地层，可采用分步或全断面一次开挖，锚喷支护和锚喷支护复合衬砌，必要时可做二次衬砌；对于土质地层，一般需对地层进行加固后再开挖支护、衬砌，在有地下水的条件下必须降水，之后方可施工。新奥法广泛应用于山岭隧道、城市地铁、地下贮库、地下厂房、矿山巷道等地下工程。

在我国利用新奥法原理修建地铁已成为一种主要施工方法，在施工场地受限制、地层条件复杂多变、地下工程结构形式复杂等情况下，用新奥法施工尤为重要。

G.沉管法。沉管法，预制管段沉放法的简称，是将隧道管段分段预制，分段两端设临时止水头部，然后浮运至隧道轴线处，沉放在预先挖好的地槽内，完成管段间的水下连接，移去临时止水头部，回填基槽保护沉管，铺设隧道内部设施，从而形成一个完整的水下通道。

沉管隧道对地基要求较低，特别适用于软土地基、河床或海岸较浅，易于水上疏浚设施进行基槽开挖的工程。由于其埋深小，包括连接段在内的隧道线路总长较采用暗挖法和盾构法修建的隧道明显缩短。沉管断面形状可圆可方，选择灵活。基槽开挖、管段预制、浮运沉放和内部铺装等各工序可平行作业，彼此干扰相对较少，并且管段预制质量容易控制。基于上述的优点，在大江、大河等宽阔水域下构筑隧道，沉管法称为最经济的水下穿越方案。

按照管身材料，沉管隧道可分为两类：钢壳沉管隧道(又可分为单层钢壳隧道和双层钢壳隧道)和钢筋混凝土沉管隧道。钢壳沉管隧道在北美采用较多，而钢筋混凝土沉管隧道则在欧亚采用较多。沉管隧道施工主要工序：管节预制→基槽开挖→管段浮运和沉放→对接作业→内部装饰。

④混合法。可以根据地铁隧道的实际情况，在地铁隧道的施工过程中同时采用上述2种及以上的方法，称其为混合法。

4.1 盾构法

4.1.1 概述

盾构是在钢壳体保护下掘进隧道的一种设备，目前机械化盾构发展较快，应用较多，它由刀盘、刀具旋转切割地层，采用螺旋输送机或泥水管道运送渣土，在壳体内拼装预制管片，依靠液压千斤顶推进，形成掘进隧道的机电一体化高科技设备(见图4-1)。

盾构隧道开挖是城市地下施工的主要手段，它的作业面在地面以下，避免了开槽明挖的一些缺点，具有以下优点：1)大部分施工作业均在地下进行，对环境影响小；2)土方量较少；3)盾构推进、出土、拼装衬砌等主要工序循环进行，施工易于管理，施工速度快，施工人员少；4)施工不受气候的影响。

盾构法是一项综合性的施工技术。盾构法施工的概貌如图4-2所示。先在隧道的一端建造竖井或基

图4-1 复合式盾构机

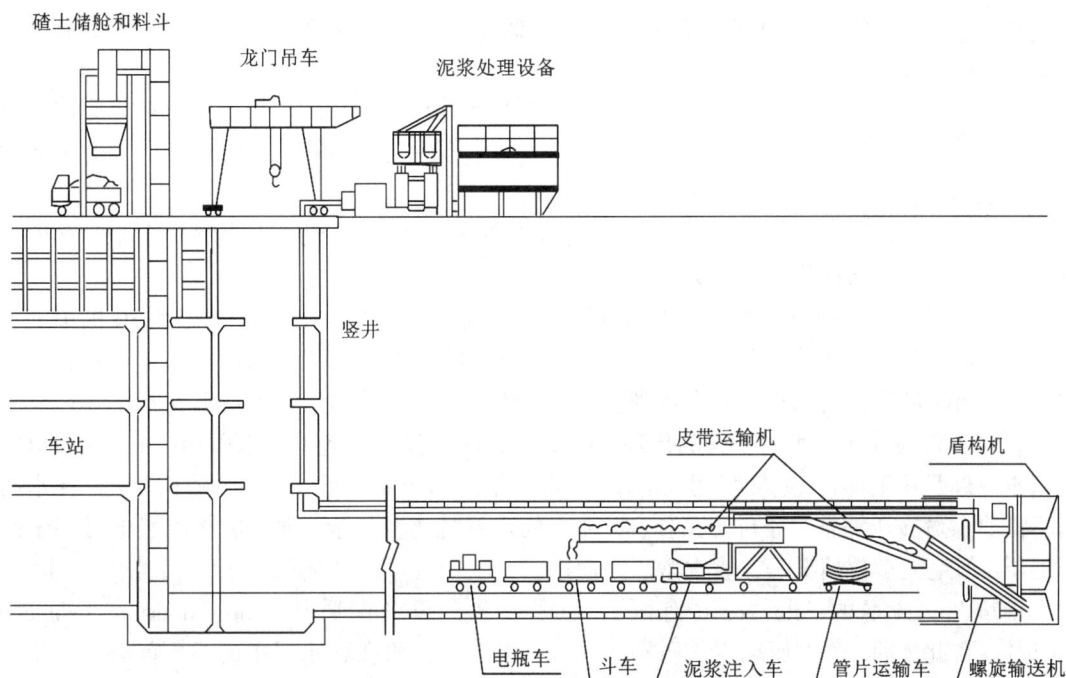

图 4-2　盾构法施工概貌图

坑，以供盾构安装就位。盾构从竖井或基坑的墙壁预留孔处出发，在地层中沿着设计轴线，向另一竖井或基坑的设计预留孔洞推进。盾构推进中所受到的地层阻力，通过盾构千斤顶传至盾构尾部已拼装的预制衬砌、再传到竖井或基坑的后靠壁上。盾构是进行土方开挖、正面支护和隧道衬砌结构安装的施工机械，是一个既能支承地层压力，又能在地层中推进的钢筒结构。钢筒的前面设置各种支撑和挖土装置，钢筒的中段周圈内安装顶进千斤顶，钢筒的尾部可安置数环隧道衬砌。盾构每推进一环距离，就在盾尾支护下拼装一环衬砌，并及时向盾尾后面的衬砌环外周的空隙中压注浆体，以防止隧道及地面下沉，在盾构推进过程中不断从开挖面排出适量的土方。

盾构是进行土方开挖正面支护和隧道衬砌结构安装的施工机械，它还需要其他施工技术密切配合才能顺利施工。主要有：地下水的降低，稳定地层、防止隧道及地面沉陷的土壤加固措施，隧道衬砌结构的制造，地层的开挖，隧道内的运输，衬砌与地层间隙的充填，衬砌的防水与堵漏，开挖土方的运输及处理方法，配合施工的测量、监测技术，合理的施工布置，等等。此外，采用气压法施工时，还涉及医学上的一些问题和防护措施等。

（1）国外盾构施工技术发展概述。

1）人工开挖盾构的发明。世界上第一条人工开挖盾构隧道是由 Mare Brunel 和他的儿子一起在伦敦泰晤士河下建成的。该盾构呈矩形（宽 11.6 m，高 7 m），总共 366 m 长，耗时 20 年左右建成，曾经历很大困难，出现过 5 次以上涌水。

1869 年，James Henry Greathead 采用圆形敞开式盾构在泰晤士河下再建了一条外径 2.18 m 的人行隧道，该隧道衬砌是铸铁管片，隧道在不透水的黏土层中掘进，无地下水威胁，因此进展相当顺利。

1886 年，Greathead 在建造伦敦地铁时首次使用了压缩空气盾构，解决了在含水地层中修建隧道的问题。

2）机械化盾构的问世。1876 年：第一台机械化盾构的专利出现。第一台机械化盾构的设想是用几块板构成的半球状刀盘旋转切削土体，然后靠径向转动的土斗将切削下来的土体运到皮带输送机上。

1896 年，J. Price 的专利比第一台盾构有较大改进，刀盘由若干轮辐构成，电动驱动由长轴传递，其外形也与现代盾构较为接近。

早期的盾构技术在英国发明并得到发展并不是偶然的事件，由于 19 世纪和 20 世纪上半叶，英国是全球最强盛的工业化国家，而对于隧道掘进，伦敦的黏土是地球上较理想的土层，因此，由当时最发达的国家率先在较理想的土层中发展盾构技术是合乎技术发展逻辑的。

3）削土密封式压力平衡盾构的出现。1965 年，日本首先制造了泥水盾构（slurry shield），其基本原理是用液体（水或加膨润土的水）平衡开挖面的土体。与压缩空气盾构相比，泥水盾构不需要人员在压缩空气条件下工作，但泥水处理系统比较复杂，泥水盾构虽然也可用于黏土地层，但绝大多数情况是在含水砂层中使用。

1974 年，日本的 Sato kogyo 有限公司发明了土压平衡盾构（earth pressure balanced shield）。在此之前，虽然压缩空气盾构和泥水盾构已能克服在含水层中的施工问题，但压缩空气对人体的危害和泥水对环境的不利影响促使日本的隧道专家寻找一个更好的解决问题的办法，土压平衡盾构便应运而生了。泥水盾构和土压平衡盾构同属削土密封式压力平衡盾构。

日本能够在现代盾构技术的发展中独领风骚也有其客观原因，首先，日本从 20 世纪 60 年代中期开始步入现代化国家行列，其科学水平已逐步接近欧美国家，这为日本发展现代盾构技术提供了强有力的技术支持。其次，日本人口众多、土地贫乏、多岛，不得不开发地下空间。再次，一些大城市（如东京）的软弱地层条件又给日本隧道专家带来了很多困难，激励着日本隧道专家寻找理想的隧道建造技术，构成了日本隧道施工技术进步的动力。

4）盾构技术的新发展。

进入 20 世纪 80 年代后，盾构技术发展的主流大致从以下两个方面延伸：

①日本人注重开发不同几何形状的盾构技术；

②欧洲诸国（特别是德国）致力于研究适合不同地层的多功能盾构技术。

1990—2003 年，这一段时间盾构工法的技术进步极为显著。归纳起来有以下几个特点：

①盾构隧道长距离化、大直径化。这一时期英法两国修建了长达 48 km 的英吉利海峡隧道，隧道断面直径达 8.8 m，采用的是土压盾构工法。

②盾构多样化。出现了矩形、椭圆形、多圆搭接形等多种异圆断面盾构。

③施工自动化。盾构掘进中和方向、姿态自动控制系统，施工信息化、自动化的管理系统及施工故障自诊断系统。

（2）中国盾构施工技术发展简述。1950 年辽宁阜新煤矿用直径 2.6 m 盾构及小型混凝土预制块建造了疏水巷道；1957 年，在北京下水道工程中也用过直径为 2.0 m 及 2.6 m 的盾构；1963 年上海隧道公司开始系统地开发我国的盾构技术；1964 年隧道公司开发了网格式盾构；1966 年用可封闭式网格盾构建造了直径为 10 m 的上海第一条黄浦江越江隧道（打浦路隧道);1970—1973 年大屯煤电公司徐庄风井,首次用盾构(5.1 m)施工了表土段(142 m);1978 年在地铁试验段使用了自己生产的高精度管片;1980 年,上海地铁 1 号线试验段用 ϕ6.1 m 的盾构;1984 年上海隧道工程公司用日本进口的 ϕ4.33 m 小刀盘土压平衡盾构,建造了内径为 3.6 m 的下水道总管;1988 年上海隧道公司设计和使用了加泥式土压平衡盾构,经过工程实践,得到适合上海地层的加泥材料宜为黏土或膨润土类的结论;1990 年上海隧道公司设计了刀盘削土土压平衡盾构;1990 年上海地铁 1 号线全线开工,1991 年上海隧道公司使用 7 台以法国 FCB 公司为主制造的土压平衡盾构机施工了上海地铁一号线的大部分区间隧道;1995 年上海隧道公司使用以日本为主制造的 ϕ11.22 m 泥水盾构建造了上海黄浦江下的延安路南线隧道。1998 年至今,上海隧道公司掌握了国际最新盾构施工技术,成为一家国际隧道界认可的盾构隧道施工专业公司,标志着 20 世纪末在总体上代表中国盾构施工技术。

(3)盾构法隧道技术现状。当前是泥水盾构、土压盾构技术的普及与推广时期,但有些技术细节还有待完善及改进。多种特种盾构的相继问世,大大地扩展了盾构工法的应用范围,使用盾构工法的前景更加宽广。但由于这些特种工法问世时间不长,施工实例较少,有些细节仍有待改进。

近年来交通工程、下水道工程、共同沟工程存在大直径盾构隧道的构建需求,所以大直径、长距离、高速施工等施工措施、施工设备的研发与成功应用也较为迫切。

4.1.2　盾构的构造

(1)盾构的外形。指盾构的断面形状,有圆形、双圆、三圆、矩形、马蹄形、半圆形或与隧道断面相似的特殊形状等。但绝大多数采用传统的圆形,少数采用矩形。

(2)制造盾构的材料。盾构在地下穿越,要承受水平载荷、垂直载荷和水压力,如果地面有构筑物,还要承受这些附加载荷,盾构推进时,还要克服正面阻力,所以,要求盾构具有足够的强度和刚度。盾构主要用钢板单层厚板或多层薄板制成,钢板一般采用 A3 钢。钢板间连接可采用焊接和铆接两种方法,大型盾构考虑到水平运输和垂直吊装的困难,可制成分体式,到现场进行就位拼装,部件的连接一般采用定位销定位,高强度螺栓连接,最后焊接成型。

(3)盾构的基本构造。盾构的基本构造主要分为盾构壳体、推进系统、拼装系统三大部分,盾构机的主要部件包括刀盘、切口环、支撑环、盾尾、拼装机、螺旋机等(见图 4-3)。盾构由通用机构与专用机构组成。通用机构一般由外壳、掘土机构、推进机构、挡土机构、管片组装机构、附属机构等组成。专用机构因机种而异,如对于土压盾构而言,专用机构即为排土机构、搅拌机构、添加剂注入装置;而对于泥水盾构而言,专用机构系指送排泥机构、搅拌机构。

设置盾构外壳的目的是保护掘削、排土、推进、做衬等所有作业设备、装置的安全,故整个外壳用钢板制作,并用环形梁加固支承。一台盾构机的外壳沿纵向从前到后分为前、中、后三段,通常又将这三段称为切口、支承、盾尾三部分。

1)切口:该部位装有掘削机械和挡土设备,故又称掘削挡土部。

2)支承:支承部即盾构的中央部位,是盾构的主体构造部。因为要支承盾构的全部荷载,所以该部位的前方和后方均设有环状梁和支柱,由梁和柱支承其全部荷载。

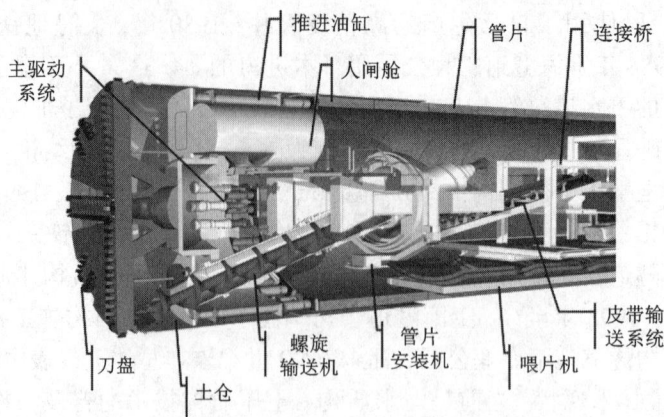

图 4-3　盾构主要部件和系统结构

3)盾尾:盾尾部即盾构的后部。盾尾部为管片拼装空间,该空间内装有拼装管片的举重臂。为了防止周围地层的土、地下水及背后注入的填充浆液窜入该部位,特设置尾封装置。

4)尾封:盾尾密封是为了防止周围地层的土砂、地下水、背后注入浆液、开挖面上的泥水、泥土从盾尾间隙流向盾构而设置的封装措施。尾封通常使用钢丝刷、尿烷橡胶或者两者的组合。另外,最近作为防止高压地下水的措施,有人在钢丝刷之间的空隙处加压注入密封油脂和润滑剂等填充材料及采用4层钢丝刷密封,从而把耐地下水压的能力提高到1.1 MPa。

(a)安装前的盾尾刷　　　　　　　　　　　　(b)油脂从盾尾刷之间挤出

图 4-4　盾尾刷

5)中折装置:在小曲率半径曲线段施工时,可以把盾构机做成可以折成2节、3节的中折形式。中折装置的设置不仅可以减少曲线部位的超挖量,而且由于弯曲容易,使盾构千斤顶的负担得以减轻,推进时作用在管片上的偏压减小,故使施工性能得以提高。

6)推进机构:盾构机的推进是靠设置在支承环内侧的盾构千斤顶的推力作用在管片上,进而通过管片产生的反推动力使盾构前进。

7）挡土机构：挡土机构是为了防止掘削时，掘削面地层坍塌和变形，确保掘削面稳定而设置的机构。该机构因盾构种类的不同而不同。对泥水盾构而言，挡土机构是泥水舱内的加压泥水和刀盘面板。对土压盾构而言，挡土机构是土舱内的掘削加压土和刀盘面板。

8）掘削机构：对机械式盾构、封闭式（土压式、泥水式）盾构而言，掘削机构即掘削刀盘。刀盘的构成及功能：掘削刀盘即作转动或摇动的盘状掘削器，由掘削地层的刀具、稳定掘削面的面板、出土槽口、转动或摇动的驱动机构、轴承机构等构成。刀盘设置在盾构机的最前方，其功能是既能掘削地层土体，又能对掘削面起一定支承作用，从而保证掘削面的稳定。

9）排土机构：就土压盾构而言，排土机构由螺旋输送机（见图 4-5）、排土控制器及盾构机以外的泥土运出设备构成。螺旋输送机的功能是把土舱内的掘削土运出、经排土控制器送给盾构机外的泥土运出设备（至地表）。

(a) 有轴螺旋输送机　　　　　　　　(b) 无轴螺旋输送机

图 4-5　螺旋输送机

4.1.3　盾构的分类

盾构的分类方法较多，可按盾构切削断面的形状，盾构自身构造的特征、尺寸的大小、功能，挖掘土体的方式，掘削面的挡土形式，稳定掘削面的加压方式，施工方法，适用土质的状况等多种方式分类。具体分类情况见表 4-2。

表 4-2　盾构分类表

挖掘方式分类	挡土方式分类	稳定掘削面的加压方式分类	组合命名分类
手掘式 半机械式 机械式	开放式 部分开放式 封闭式	压气式 泥水加压式 削土加压式 加水加压式 泥浆加压式 加泥加压式	全开放式 { 手掘式 半机械式 机械式 部分开放式　网格式 封闭式 { 泥水式 土压式

续表4-2

截面形状分类	尺寸大小分类	施工方法分类	适用土质分类
圆形 { 半圆形 单圆形 双圆搭接形 三圆搭接形 } 非圆形 { 矩形 马蹄形 椭圆形 }	超小型盾构 小型盾构 中型盾构 大型盾构 特大型盾构 超特大型盾构	二次衬砌法盾构工法 一次衬砌法盾构工法 （ECL工法）	软土盾构 硬土层、岩层盾构 复合盾构

（1）按挖掘土体的方式分类。按挖掘土体的方式，盾构可分为手掘式盾构、半机械式盾构及机械式盾构三种（见图4-6）。

(a) 手掘式盾构   (b) 半机械式盾构   (c) 机械式盾构

图4-6 基于不同挖掘土体方式的盾构类型

1）手掘式盾构：即掘削和出土均靠人工操作进行的方式。

2）半机械盾构：即大部分掘削和出土作业由机械装置完成，但另一部分仍靠人工完成。

3）机械式盾构：即掘削和出土等作业均由机械装备完成。

（2）按掘削面的挡土形式分类。按掘削面的挡土形式，盾构可分为开放式、部分开放式、封闭式三种。

1）开放式：即掘削面敞开，并可直接看到掘削面的掘削方式（见图4-7）。

2）部分开放式：即掘削面不完全敞开，而是部分敞开的掘削方式。

3）封闭式：即掘削面封闭不能直接看到掘削面，而是靠各种装置间接地掌握掘削面的方式（见图4-8）。

（3）按加压稳定掘削面的形式分类。按加压稳定掘削面的形式，盾构可分为压气式、泥水加压式、削土加压式、加水式、加泥式、泥浆式六种。

1）压气式：向掘削面施加压缩空气，用该气压稳定掘削面。

2）泥水加压式：用外加泥水向掘削面加压稳定掘削面。

3）削土加压式（也称土压平衡式）：用掘削下来的土体的土压稳定掘削面。

4）加水式：向掘削面注入高压水，通过该水压稳定掘削面。

图 4-7　开放式盾构

(a)

(b)

图 4-8　封闭式盾构

5）加泥式：向掘削面注入润滑性泥土，使之与掘削下来的砂卵混合，由该混合泥土对掘削面加压稳定掘削面。

6）泥浆式：向掘削面注入高浓度泥浆（1.4 g/cm³）靠泥浆压力稳定掘削面。

（4）组合分类法。这种分类方式是把 2）、3）两种分类方式组合起来命名分类的方法（见表 4-3）。这种分类法目前使用较为普遍，是隧道标准规范盾构篇中推荐的分类法。这种方式的实质是看盾构机中是否存在分隔掘削面和作业舱的隔板。

表 4-3　盾构组合命名分类法

	盾构前方构造		形式		掘削面稳定机构
盾构	封闭型		土压式	土压	掘削土+面板
					掘削土+辐条
				泥土	掘削土+添加材+面板
					掘削土+添加材+辐条
			泥水式		泥水+面板
					泥水+辐条
	开放型	部分开放型	网格式		隔板
		全面开放型	手掘式		前檐
					挡土装置
			半机械式		前檐
					挡土装置
			机械式		面板
					辐条

全开放式盾构不设隔板，其特点是掘削面敞开。掘削土体的形式可为手掘式、半机械式、机械式三种。这种盾构适于掘削面可以自立的地层中。掘削面缺乏自立性时，可用压气

等辅助工法防止掘削面坍落，稳定掘削面。

部分开放式盾构，即隔板上开有取出掘削土砂出口的盾构，即网格式盾构也称挤压式盾构。

封闭式盾构是一种设置封闭隔板的机械式盾构。掘削土砂是从位于掘削面和隔板之间的土舱内取出的，利用外加泥水压或者泥土压与掘削面上的土压平衡来维持掘削面的稳定，所以封闭式有泥水平衡式和土压平衡式两种。进而土压平衡式又可分为真正的土压平衡式和加泥平衡式；加泥平衡式又分为加泥和加泥浆两种平衡方式。

（5）按盾构切削断面形状分类。按盾构切削断面形状，盾构可分为圆形、非圆形两大类。圆形又可分为单圆形、半圆形、双圆搭接形、三圆搭接形。非圆形又分为马蹄形、矩形（长方形、正方形、凹矩形、凸矩形）、椭圆形（纵向椭圆形、横向椭圆形）。

（6）按盾构机的尺寸大小分类。按盾构机的尺寸大小，盾构机可分为超小型（直径 $D \leqslant 1$ m）、小型（1 m$<D \leqslant 3.5$ m）、中型（3.5 m$<D \leqslant 6$ m）、大型（6 m$<D \leqslant 14$ m）、特大型（14 m$<D \leqslant 17$ m）、超特大型（$D>17$ m）。

（7）按适用土分类。按适用土质，盾构可分为软土盾构、硬岩盾构及复合盾构。

目前，敞开式盾构和压缩空气盾构已基本被淘汰，应用最广的是土压平衡盾构和泥水盾构两种机型。

4.1.4　盾构的选型

（1）盾构选型的原则。盾构选型是盾构法隧道能否安全、环保、优质、经济、快速建成的关键工作之一，盾构选型应从安全适应性、技术先进性、经济性等方面综合考虑，所选择的盾构形式要能尽量减少辅助施工法并确保开挖面稳定和适应围岩条件，同时还要综合考虑可以合理使用的辅助施工法，如降水法、气压法、冻结法和注浆法等，满足本工程隧道施工长度和线形的要求，后配套设备、始发设施等能与盾构的开挖能力配套，盾构的工作环境等因素。

盾构选型时主要遵循以下原则：

1）应对工程地质、水文地质有较强的适应性，首先要满足施工安全的要求；

2）安全适应性、技术先进性与经济性相统一，在安全可靠的情况下，考虑技术先进性与经济合理性；

3）满足隧道外径、长度、埋深、施工场地、周围环境等条件；

4）满足安全、质量、工期、造价及环保要求；

5）后配套设备的能力与主机配套，满足生产能力与主机掘进速度相匹配，同时具有施工安全、结构简单、布置合理和易于维护保养的特点；

6）盾构制造商的知名度、业绩、信誉和技术服务。

（2）盾构选型的依据。盾构选型时的主要依据如下：

1）工程地质、水文地质条件：颗粒分析及粒度分布、单轴抗压强度、含水率、砾石直径、液限和塑限、N 值、黏聚力 c、内摩擦角 φ、土粒子相对密度、孔隙率和孔隙比、地层反力系数、压密特性、弹性波速度、孔隙水压、渗透系数、地下水位（最高、最低、平均）、地下水的流速和流向、河床变迁情况等；

2）隧道长度、隧道平纵断面及横断面形状和尺寸等设计参数；

3）周围环境条件：地上及地下建构筑物分布，地下管线埋深及分布，沿线河流、湖泊、海洋的分布，沿线交通情况、施工场地条件，气候条件，水电供应情况等；

4）隧道施工工程筹划及节点工期要求；

5）宜用的辅助工法；

6）技术经济比较。

（3）盾构选型的主要步骤。

1）在对工程地质、水文地质、周围环境、工期要求、经济性等充分研究的基础上选定盾构的类型。

2）根据地层的渗透系数、颗粒级配、地下水压、环保、辅助施工方法、施工环境、安全等因素对土压平衡盾构和泥水盾构进行比选。

3）根据详细的地质勘探资料，对地质各主要功能部件进行选择和设计（如刀盘驱动形式、刀盘结构形式、开口率等），并根据地质条件等确定盾构的主要技术参数。盾构的主要技术参数在选型时应进行详细计算，主要包括刀盘直径、刀盘开口率、刀盘转速等。

4）根据地质条件选择与盾构掘进速度相匹配的盾构后配套设备。

（4）盾构选型的主要方法。

1）根据地层的渗透系数进行选型。地层渗透系数对于盾构的选型是一个很重要的因素。通常当地层的渗透系数小于 1×10^{-7} m/s 时，可以选用土压平衡盾构；当地层的渗透系数在 $1 \times 10^{-7} \sim 1 \times 10^{-4}$ m/s 时，既可以选用土压平衡盾构也可以选用泥水式盾构；当地层的渗水系数大于 10^{-4} m/s 时，宜选用泥水盾构。根据地层渗透系数与盾构类型的关系，若地层以各种级配富水的沙层、砂砾层为主时，宜选用泥水盾构；其他地层宜选用土压平衡盾构，如图 4-9 所示。

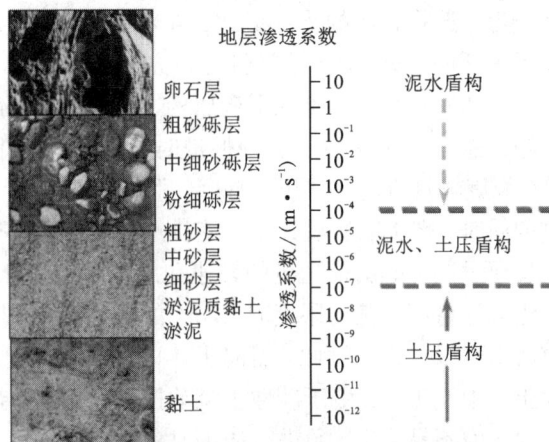

图 4-9　地层渗透系数与盾构选型

2）根据地层的颗粒级配进行选型。土压平衡盾构主要是用于粉土、粉质黏土、淤泥质粉土、粉砂层等黏稠土壤的施工，由刀盘切削下来的土体进入土仓后由螺旋机输出，维持土仓饱满度基本稳定，从而保持土仓压力稳定，使开挖面土层处于稳定。一般来说，细颗粒含量多，渣土易形成不透水的流塑体，容易充满土仓的每个部位，在土仓中可以建立压力来平衡开挖面的土体。

一般来说，当岩土中的粉粒和黏粒的总量为 40% 以上时，通常宜选用土压平衡盾构，相反的情况选择泥水盾构比较合适。粉粒的绝对大小通常以 0.075 mm 为准。

3）根据地下水压进行选型。当水压大于 0.3 MPa 时，适宜采用泥水盾构。如果采用土压平衡盾构，螺旋输送机难以形成有效的土塞效应，在螺旋输送机排土闸门处易发生渣土喷涌现象，引起土仓中土压力下降，导致开挖面坍塌。

当水压大于 0.3 MPa 时，如因地质原因需采用土压平衡盾构，则需增大螺旋输送机的长度或采用二级螺旋输送机，或采用保压泵。

4) 盾构选型时必须考虑的特殊因素。在实际实施盾构选型时，还需解决理论的合理性与实际的可能性之间的矛盾。必须考虑环保、地质和安全因素。

①环保因素。对泥水盾构而言，虽然经过过筛、旋流、沉淀等程序，可以将弃土浆液中的一些粗颗粒分离出来，并通过汽车等工具运输弃渣，但泥浆中的悬浮或半悬浮状态的细土颗粒仍不能完全分离出来，而这些物质又不能随意处理，就形成了使用泥水盾构的一大困难。要将弃土泥浆处理成可以作为固体物料运输的程度也是可以实现的，但处理设备贵，增加工程投资，用来安装这些处理设备需要的场地较大，处理时间较长。

②工程地质因素。盾构施工段工程地质的复杂性主要反映在基础地质和工程地质特性的多变方面，在一个盾构施工段中，会出现某部分的施工环境适合选用土压平衡盾构，某些又适合选用泥水盾构。盾构选型时要综合考虑并对不同选择进行风险分析后择其优者。

③安全因素。从保持工作面的稳定、控制地面沉降的角度来看，当隧道断面较大时，使用泥水盾构要比使用土压平衡盾构的效果好一些，特别是在河湖等水体下、密集的建筑物与构筑物下及上软下硬的地层中施工时。

(5) 盾构形式的选择。在选择盾构形式时，最重要的是要以保持开挖面稳定为基点进行选择。为了选择合适的盾构形式，除对土质条件、地下水进行调查以外，还要对用地环境、竖井周围环境、安全性、经济性进行充分考虑。

1) 土压平衡盾构。土压平衡盾构主要适用于粉土、粉质黏土、淤泥质粉土、粉砂层等黏稠土壤的施工，在黏性土层中掘进时，由刀盘切削下来的土体进入土仓后由螺旋输送机输出，在螺旋输送机内形成压力梯降，保持土仓压力稳定，使开挖面土层处于稳定。盾构向前推进的同时，螺旋输送机排土，使排土量等于开挖量，即可使开挖面的地层始终保持稳定。排土量通过调节螺旋输送机的转速和出土闸门的开度予以控制。

当含沙量超过某一限度时，泥土的流塑性明显变差，土仓内土体因固结作用而被压密，导致渣土难以排送。因此，需向土体内注入水、泡沫、泥浆等材料，以改善土体流塑性。在砂性土层中施工时，由于砂性土流动性差、砂土摩擦性大、渗透系数高、地下水丰富等原因，土仓内压力不易稳定，须进行渣土改良。

根据以上原理，土压平衡盾构主要分为两种：一种是适用于含水量和粒度组成比较适中，开挖面土砂可直接流入土仓及螺旋输送机内，从而维持开挖面稳定的土压式盾构；另一种是对应于沙砾含量较多而不具有流动性的土质，需通过水、泡沫、泥浆等添加材料使泥土压力可以很好地传递到开挖面的加泥式土压平衡盾构。

土压平衡盾构根据土压力的状况进行开挖和推进，通过检查土仓压力不但可以控制开挖面的稳定性，还可以减少对周围地基的影响。土压平衡盾构一般不需要实施辅助方法。

2) 泥水盾构。泥水盾构通过施加略高于开挖面水土压力的泥浆压力来维持开挖面的稳定。除泥浆压力外，合理地选择泥浆的状态也可增加开挖面的稳定性。泥水盾构比较适合于河底、江底等高水压条件下的隧道施工。

泥水盾构使用送排泥泵通过管道从地面直接向开挖面进行送排泥，开挖面完全封闭，具有高安全性和良好的施工环境，既不对围岩产生过大的压力，也不会受到围岩压力的反压，对周围地基影响较小，一般不需辅助施工。特别是在开挖面较大时，抗拒地表沉降方面优于土压平衡盾构。

泥水盾构适用于冲积形成的砂砾、砂、粉砂、黏土层以及含水率高开挖面不稳定的地层，洪积形成的砂砾、砂、粉砂、黏土层，以及含水率很高，固结松散易于发生涌水破坏的地层。但是，对于难以维持开挖面稳定性的高透水地层、砾石地层，有时也要考虑采用辅助工法。

3）其他盾构。除土压平衡盾构和泥水盾构外，还有手掘式盾构、半机械式盾构、机械式盾构以及挤压式盾构等类型。这些类型由于含有各种不同的缺陷，如半机械式盾构仅适用于开挖面可以自稳的围岩条件，对于软弱的冲积层是不适合的，目前均已基本被淘汰。

4.1.5　刀盘结构形式和驱动方式的选择

（1）刀盘的主要功能。

1）开挖功能。刀盘旋转时，刀具切削隧道掌子面的土体，对掌子面的地层进行开挖，开挖后的渣土通过刀盘的开口进入土仓。

2）稳定功能。支撑掌子面，具有稳定掌子面的功能。

3）搅拌功能。对于土压平衡盾构，刀盘对土仓内的渣土进行搅拌，使渣土具有一定的塑性，然后通过螺旋输送机将渣土排出；对于泥水盾构，通过刀盘的旋转搅拌作用，将切削下来的渣土与膨润土泥浆充分混合，优化了泥水压力的控制，改善了泥浆的均匀性，然后通过排泥管道将开挖渣土以流体的形式泵送到设在地面上的泥水分离站。

（2）刀盘的结构形式。刀盘的结构形式有面板式（见图4-10）和辐条式两种（见图4-11）。

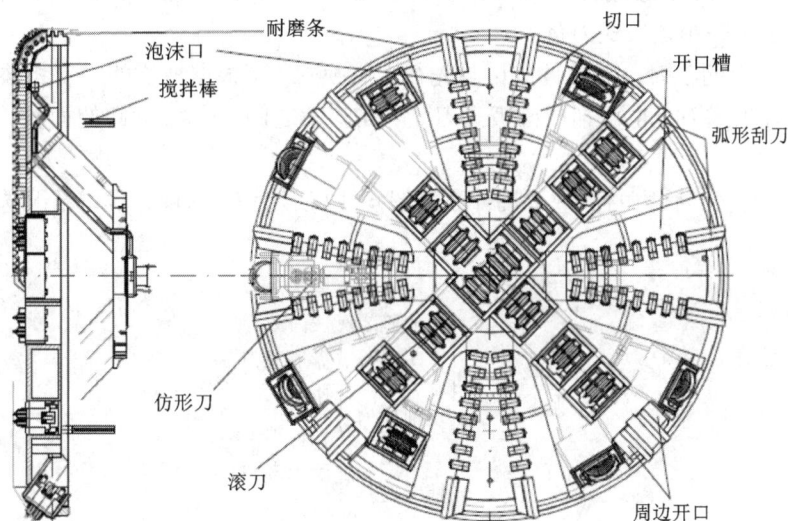

图 4-10　用于风化岩及软弱不均地层的面板式刀盘

泥水盾构一般都采用面板式刀盘，土压平衡盾构则根据土质条件不同可采用面板式或辐条式。

对于土压平衡盾构，面板式刀盘的优点是可以通过刀盘的开口来限制进入土仓的卵石粒径。缺点是由于受刀盘面板的影响，开挖面土压不等于测量土压，使得土压管理困难；由于受面板开口率的影响，渣土进入土仓不顺畅、易黏结和易堵塞，且刀具负荷大，使用寿命短。

辐条式刀盘仅有几根辐条，土、砂流动顺畅，有利于防止黏土附着，不易黏结和堵塞；由

(a) 无滚刀   (b) 有滚刀

图 4-11　辐条式刀盘

于没有面板的阻挡，渣土从开挖面进入土仓时没有土压力的衰减，开挖面土压等于测量土压，因而能对土压进行有效的管理，能有效地控制地面沉降；同时刀具负荷小，寿命长。

　　辐条式刀盘只有几根辐条，切削下来的土体直接进入土仓，没有压力损失，同时在辐条后设有搅拌叶片，土、砂流动顺畅，土压平衡容易控制，因此辐条式刀盘对砂、土等单一软土地层的适应性比面板式刀盘强，辐条式刀盘也能安装滚刀，在风化岩及软弱不均地层或硬岩地层掘进时，也可采用辐条式刀盘。

　　辐条式刀盘上的滚刀一般设计成可与先行刀互换式，可根据地质的需要将滚刀换装成先行刀。同时，辐条式刀盘也可换成面板式刀盘，在辐条之间安装可拆卸的面板，即可变为面板式刀盘。

　　(3) 刀具的种类。盾构的掘进刀具种类如图 4-12 所示，根据现场具体情况选择使用。

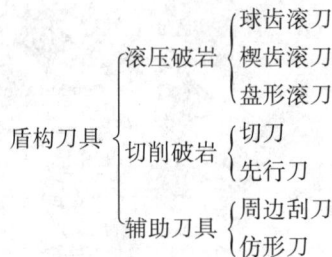

$$
盾构刀具
\begin{cases}
滚压破岩 \begin{cases} 球齿滚刀 \\ 楔齿滚刀 \\ 盘形滚刀 \end{cases} \\
切削破岩 \begin{cases} 切刀 \\ 先行刀 \end{cases} \\
辅助刀具 \begin{cases} 周边刮刀 \\ 仿形刀 \end{cases}
\end{cases}
$$

图 4-12　盾构刀具种类

　　1) 滚刀。滚刀分为齿形滚刀和盘形滚刀。齿形滚刀常用于软岩，有球齿和楔齿两种；盾构上应用较广的是盘形滚刀，盘形滚刀按刀圈材质主要分为耐磨层表面刀圈滚刀、标准钢刀圈滚刀、重型钢刀圈滚刀、镶齿硬质合金刀圈滚刀等，它们分别适用于各自的地层。

　　①耐磨层表面刀圈：适用于掘进硬度为 40 MPa 的紧密地层，以及 80~100 MPa 的断裂砾岩、砂岩、砂黏土等地层；

　　②标准钢刀圈：适用于掘进硬度为 50~159 MPa 的砾岩、大理石、砂岩、灰岩地层；

③重型钢刀圈：适用于掘进硬度为 120~250 MPa 的硬岩，硬度为 80~150 MPa 的高磨损岩层，如花岗岩、闪长岩等地层；

④镶齿硬质合金刀圈：适用于掘进硬度高达 150~250 MPa 的花岗岩、玄武岩等地层。

盘形滚刀按刀圈的数量可分为单刃、双刃、多刃三种形式，如图 4-13 所示。

图 4-13　单刃、双刃、多刃滚刀

2）先行刀。先行刀一般安装在辐条中间的刀箱中，采用背装式，可以从土仓中进行更换。先行刀超前切刀布置，使得先行刀超前先切削地层，从而保护切刀并避免其先切削到砾石或块石地层。先行刀主要有三种方式：贝壳刀、撕裂刀、齿刀（见图 4-14）。在国际上，日本盾构常采用贝壳刀，德国海瑞克公司盾构则常采用齿刀，加拿大罗威特公司和法国 NFM 公司的盾构则常采用撕裂刀。

图 4-14　齿刀（左）与撕裂刀（右）

3）周边刮刀。也称铲刀（见图 4-15），安装在刀盘的外圈，用于清除边缘部分的开挖渣土及防止渣土沉积，确保刀盘的开挖直径以及防止刀盘外缘的间接磨损。周边刮刀的切削面上设有一排连续的碳钨合金齿和一个双排碳钨合金柱齿，用于增加刀具的耐磨性，确保盾构在掘进数千米之后刀盘仍然有一个正确的开挖直径。同切刀和先行刀一样，周边刮刀也采用背装式，可以在土仓内进行更换。

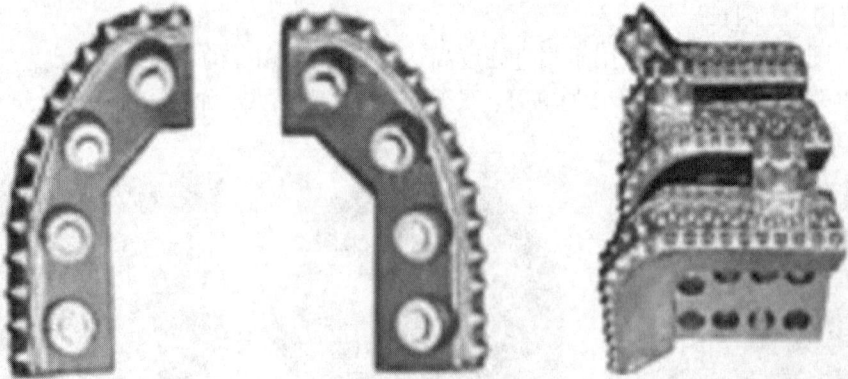

图 4-15　周边刮刀

4) 仿形刀。仿形刀安装在刀盘的外缘上，通过液压油缸动作，采用可编程设计，通过刀盘回转传感器来实现（见图 4-16）。驾驶员可以控制仿形刀开挖的深度以及超挖的位置。例如：当要对左侧进行扩挖以便盾构向左转弯时，仿形刀只需在左侧伸出，扩挖左侧水平直径线上、下 45°的范围就可以了。

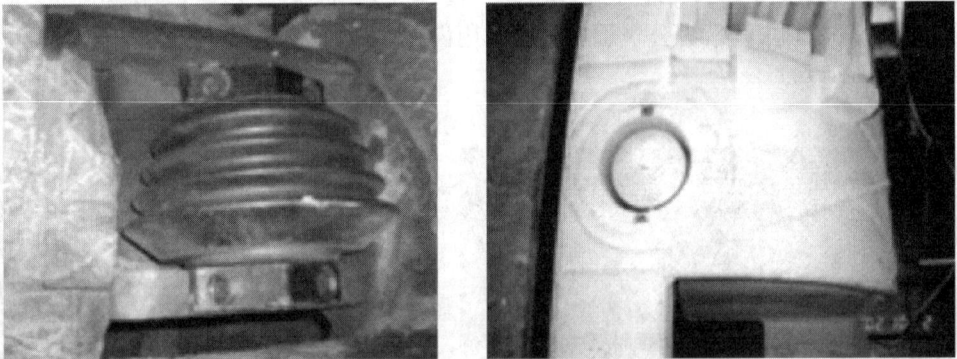

图 4-16　滚刀形仿形刀（左）、柱形仿形刀（右）

(4) 刀盘驱动形式的选择。刀盘的驱动方式有三种：一是变频电机驱动；二是液压驱动；三是定速电机驱动。由于定速电机驱动的刀盘转速不能调节，目前一般不采用。刀盘驱动方式比较如表 4-4 所示。

液压驱动具有调速灵活，控制简单、液压马达体积小、安装方便等特点，但液压驱动效率低、发热量大。

变频驱动具有发热量小、效率高、控制精确等优点，应用较广。

目前的中小型盾构的刀盘驱动常采用液压驱动，大直径盾构则常采用变频驱动。但是由于变频驱动效率高，从节能方向及发展趋势来看，变频电机驱动方式是刀盘驱动今后的发展方向。

表 4-4　刀盘的驱动方式比较

项目	①变频方式	②液压方式	备注
驱动部外形尺寸	大	小	一般①：②=(1.5~2)：1
后续设备	少	多	②需要特殊泵、油箱、冷却装置等
效率/%	95	65	液压传动效率低
起动电流	小	小	①变频启动电流小；②无负荷启动电流小
起动力矩	大	小	起动力矩可达到额定力矩的 120%
启动冲击	小	较小	①利用变频软起动，冲击小；②控制液压泵排量，可缓慢启动，冲击较小
转速控制、微调	好	好	①变频调速；②控制液压泵排量，可以控制转速和进行微调
噪声	小	大	液压系统噪声大
隧道内温度	低	高	液压系统传动效率低，功率损耗大，温度高
维护保养	容易	较困难	液压系统维护保养要求高，保养较复杂

4.1.6　主要技术参数的计算

（1）盾构外径。盾构外径取决于管片外径、保证管片安装的富余量、盾构结构形式、盾尾壳体厚度及修正蛇形时的最小余量等。

盾尾外径为：

$$D = D_s + 2(\delta + t)$$

式中：D_s 为管片外径；t 为盾尾壳体厚度；δ 为盾尾间隙。

盾尾间隙 δ 主要考虑保证管片安装和修正蛇形时的最小富余量。盾尾间隙要求在施工时既可以满足管片安装，又可以满足修正蛇形的需要，同时应考虑盾构施工中一些不可预见的因素。盾尾间隙一般为 25~40 mm。

（2）刀盘开挖直径。刀盘开挖直径应考虑刀盘外圈防磨板的磨损后仍能保证正确的开挖直径。在软土地层施工时，刀盘开挖直径一般大于前盾外径 0~10 mm；在砂卵石地层或硬岩地层施工时，刀盘的磨损较为严重，刀盘开挖直径一般应大于前盾外径 30 mm。

（3）盾壳长度。盾壳长度 L 由前盾（切口环）、中盾（支承环）、盾尾三部分组成。盾尾长度主要取决于地质条件、隧道的平面形状、开挖方式、运转操作、衬砌形式及封顶块的插入方式。

$$L = \xi D$$

式中：ξ 为盾构灵敏度；D 为盾构外径。

根据国外盾构设计经验，一般在盾构直径确定后，盾构灵敏度 ξ 的参考值如下：

1）小型盾构（$D \leqslant 3.5$ m）：$\xi = 1.2~1.5$；

2）中型盾构（3.5 m$<D \leqslant 9$ m）：$\xi = 0.8~1.2$；

3)大型盾构(D>9 m):$\xi=0.7\sim0.8$。

(4)盾构重量。盾构的重量是盾壳、刀盘、推进油缸、铰接油缸、管片安装机、人仓、螺旋输送机(泥水盾构为碎石机及送排泥管路)等安装在盾壳内的所有设备的重量的总和。

一般地,盾构重量 W 与盾构直径 D 的关系如下:

1)手掘式盾构或半机械式盾构:

$$W=(25\sim40)D^2$$

2)机械式盾构:

$$W=(45\sim55)D^2$$

3)泥水盾构:

$$W=(45\sim65)D^2$$

4)土压平衡盾构:

$$W=(55\sim70)D^2$$

式中:D 为盾构外径,m;W 为盾构主机重量,kN。

(5)盾构推力。在设计盾构推进装置时,必须考虑的主要阻力有6项:盾构推进时的盾壳与周围地层的阻力 F_1;刀盘面板的推进阻力 F_2;管片与盾尾间的摩擦阻力 F_3;切口环贯入地层的贯入阻力 F_4;转向阻力(曲线施工和纠偏)F_5;牵引后配套拖车的牵引阻力 F_6。

推力必须留有足够的余量,总推力一般为总阻力的 1.5~2 倍。

$$F_e=AF_d$$

式中:F_e 为盾构装备总推力,kN;A 为安全储备系数,一般为 1.5~2;F_d 为盾构推进总阻力,$F_d=F_1+F_2+F_3+F_4+F_5+F_6$。

有时也可按下式估算:

$$F_d=0.25\pi D^2 P_J$$

式中:D 为盾构外径;P_J 为单位切削面上的经验推力,也称比推力,一般比推力装备的标准为:敞开式盾构为 700~1100 kN/m²,闭胸式盾构为 1000~1500 kN/m²。

1)盾构推进时的周边反力。

①对砂质土而言:

$$F_1=0.25\pi DL(2P_e+2KP_e+K\gamma D)\mu_1+W\mu_1$$

式中:F_1 为盾构推进时的周边反力,kN;D 为盾构外径,m;L 为盾构总长度,m;P_e 为作用在盾构上顶部的竖直土压强度,kPa;K 为开挖面上土体的静止土压系数;γ 为开挖面上土体的浮重度,kN/m³;μ_1 为地层与地壳的摩擦系数,通常取 $\mu_1=0.5\tan\varphi$,φ 为土体的内摩擦角;W 为盾构主机的重量,kN。

②对黏性土而言:

$$F_1=\pi DLC$$

式中:C 为开挖面土体的内聚力,kPa。

2)刀盘面板的推进阻力。手掘式、半机械式盾构上,为开挖面支护反力;机械式盾构上,为作用于刀盘上的推进阻力;闭胸式盾构上,为土仓内压力。

$$F_2=0.25\pi D^2 P_f$$

式中:F_2 为刀盘上的推进阻力,kN;D 为盾构外径,m;P_f 为开挖面前方的压力(泥水盾构为土仓内的设计泥水压力,土压平衡盾构为土仓内的设计土压力),kPa。

3）管片与盾尾间的摩擦阻力。

$$F_3 = n_1 W_s \mu_2 + \pi D_s b P_T n_2 \mu_2$$

式中：F_3 为管片与盾尾间的摩擦阻力，kN；n_1 为尾内管片的环数；W_s 为一环管片的重量，kN；μ_2 为盾尾刷与管片的摩擦系数，通常为 $0.3 \sim 0.5$；D_s 为管片外径，m；b 为每道盾尾刷与管片的接触长度，m；P_T 为盾尾刷内的油脂压力，kPa；n_2 为盾尾刷的层数。

4）切口环贯入地层的贯入阻力。

①对砂质土而言：

$$F_4 = \pi (D^2 - D_i^2) P_3 + \pi D t K_p P_m$$

式中：D 为前盾外径，m；D_i 为前盾内径，m；P_3 为切口环插入处的地层平均土压，kPa；t 为切口环插入地层的深度，m；K_p 为被动土压系数；P_m 为作用在盾构上的平均土压力，kPa。

②对黏性土而言：

$$F_4 = \pi (D^2 - D_i^2) P_3 + \pi D t C$$

式中：C 为开挖面上土体的内聚力，kPa。

5）转向阻力：

$$F_5 = RS$$

式中：R 为抗力土压（被动土压力），kPa；S 为抗力板在掘进方向上的投影面积，m^2。

转向阻力仅在曲线施工中或者盾构推进中出现蛇形时才存在，由于抗力板在掘进方向上的投影面积的计算复杂，因此，一般不计算转向阻力，在确定总推力时考虑盾构施工中的上坡、曲线施工、蛇形及纠偏等因素，留出必要的富余量即可。

6）牵引后配套拖车的牵引阻力：

$$F_6 = W_b \mu_3$$

式中：W_b 为后配套拖车及拖车上设备的总重量，kN；μ_3 为后配套拖车与运行轨道间的摩擦系数。

7）主驱动功率：

$$W_0 = A_w T \omega / \eta$$

式中：W_0 为主驱动系统功率，kW；A_w 为功率储备系数，一般为 $1.2 \sim 1.5$；T 为刀盘额定扭矩，kN·m；ω 为刀盘角速度；η 为主驱动系统的效率。

8）推进系统效率：

$$W_f = A_w F v / \eta_w$$

式中：W_f 为推进系统功率，kW；A_w 为功率储备系数，一般为 $1.2 \sim 1.5$；F 为最大推力，kN；v 为最大推进速度，m/h；η_w 为推进系统的效率。

4.1.7 盾构法施工基本原理

盾构法施工的基本原理是：先在隧道某段的一端建造竖井或基坑，以供盾构安装就位。盾构从竖井或基坑的墙壁预留孔处出发，在地层中沿着设计轴线，向另一端竖井或基坑的设计预留孔洞推进。盾构推进中所受到的地层阻力通过盾构千斤顶传至盾构尾部已拼装的预制管片上。盾构机大多为圆形，外壳由钢筒组成，钢筒直径稍大于隧道衬砌的外径。在钢筒的前面设置各种类型的支撑和开挖土体的装置，在钢筒中段内沿周边安装顶进所需的千斤顶，钢筒尾部是具有一定空间的壳体，在盾尾内可以安置数环拼成的隧道衬砌环。在盾构推进过程中不断从开挖面排出适量的土方。盾构每推进一环距离，就在盾尾支护下拼装一环衬砌，并及时向盾尾后面的衬砌环外周的空隙中压注浆体，以防止隧道及地面下沉。

（1）土压平衡盾构工作原理。盾构推进时，其前端刀盘旋转掘削地层土体，切削下来的土体进入土舱。当土体充满土舱时，其被动土压与掘削面上的土、水压基本相同，故掘削面实现平衡（即稳定）。这类盾构靠螺旋输送机将渣土（即掘削弃土）排送至土箱，运至地表。由装在螺旋输送机排土口处的滑动闸门或旋转漏斗控制出土量，确保掘削面稳定。泥土在盾构压力舱中的增减受到有效控制，推进压力与土层压力和地下水压力相抗衡，使得掘进工作面保持稳定。

（2）泥水平衡盾构工作原理。泥水盾构靠盾构机的推进力使泥水（水、黏土及添加剂的混合物）充满封闭式盾构的密封舱（也称泥水舱），并对掘削面上的土体施加一定的压力，该压力称为泥水压力。通常取泥水压力大于地层的地下水压和土压，因此盾构刀盘掘削地层，但地层不会坍落，即处于稳态。

刀盘掘削下来的土砂进入泥水舱，经设置在舱内的搅拌装置拌和后成为含掘削土砂的高浓度泥水，再经泥浆泵将其泵送到地表的泥水分离系统，待土、水分离后，再把滤除掘削土砂的泥水重新压送回泥水舱。如此不断循环实现掘削、排土、推进。因靠泥水压力使掘削面稳定故得名泥水加压盾构，简称泥水盾构。

泥水盾构掘进机对于隧道面可被泥水加压所支撑的土质条件很理想，适用于应对各种困难地层和控制地表沉降。挖出的土以泥水形式由管道运输，而砾石可压碎后被管道运输或在管道输送中途被移走（见图4-17）。

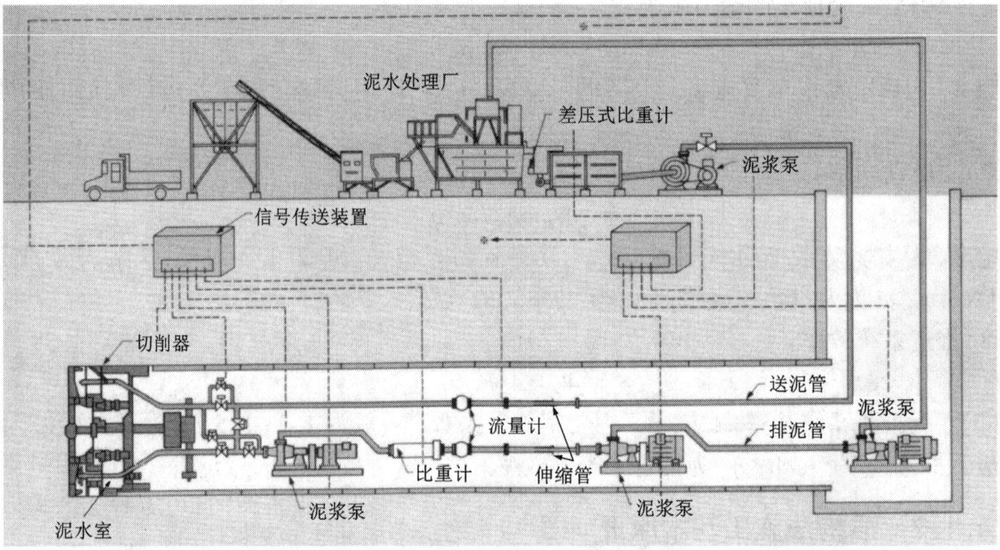

图4-17 泥水平衡盾构工法示意图

4.1.8 盾构法施工程序

盾构施工法与矿山法相比具有的特点是地层掘进、出土运输、衬砌拼装、接缝防水和盾尾间隙注浆充填等主要作业都在盾构保护下进行，因而是工艺技术要求高、综合性强的一类施工方法。其主要施工程序为：

（1）建造盾构工作井；

（2）盾构机安装就位；

（3）出洞口土体加固处理；

（4）初推段盾构掘进施工（初始掘进）；

（5）隧道正常连续掘进施工；

（6）盾构接收井洞口的土体加固处理；

（7）盾构进入接收井解体吊出。

4.1.9　盾构法施工准备

（1）基本要求。

1）在地铁区间隧道施工前，应具备下列资料：

①工程地质和水文地质勘察报告；

②施工沿线的环境、构筑物、地下管线和障碍物等的调查报告；

③施工所需的设计图纸资料和工程技术要求文件；

④工程施工合同、分包合同、监理合同文件；

⑤隧道工程施工组织设计和风险应急救援预案。

2）工程所使用的原材料、半成品或成品的质量应符合规定。

3）盾构掘进施工，应建立完整的施工测量和监控量测系统，以控制隧道和地层变形。

4）盾构工作竖井设置时，应满足盾构相关作业的要求。

5）采用盾构掘进施工前，应完成如下主要准备工作：

①记录竖井井位坐标；

②记录洞圈制作精度和就位后标高、坐标；

③进行盾构机掘进前的组装、调试与验收；

④始发基座、临时管片和反力架等设施的检查验收；

⑤检查预制管片的质量；

⑥准备盾构推进施工的各类报表；

⑦洞口前土体加固改良情况检查验收。

（2）前期调查。

1）工程地质及水文地质调查：

①工程勘察的勘探孔位置，应离隧道外 3 m 为宜。勘探孔勘探后应做好回填封孔工作；所有勘探孔均不得布置在隧道、联络通道等永久结构的空间范围内。

②对于地层变化小、地质较稳定的地段，勘探孔间距宜为 50 m。而对地质条件复杂、地层变化较大的地段，应合理加密勘探点，其勘探孔间距不宜大于 25 m。

③对盾构进出洞和联络通道处应作控制勘探孔。

④提供地下水位的变化、渗透系数、地下水的化学成分等资料等。

2）沿线建筑物及管理情况调查。

3）既有交通情况调查。

（3）技术准备。

1）盾构掘进施工前必须根据地质、工况、环境条件等编制施工组织设计和风险应急救援预案。

2)根据工程及盾构性能特点，对施工作业人员进行上岗前的技术培训和技术考核。

3)盾构法隧道施工前应进行技术交底。

4)特殊地段的施工方案准备。

5)按工程特点、环境条件和调查现状做好测量及监测的准备工作，确定施工影响范围，布置监测测点，提前取得初始读数。

(4)设备、设施准备。

1)盾构及配套设施的选型及配置：

①盾构选型应根据隧道外径、衬砌结构形式、埋深、地质条件、沿线环境条件等，经综合比较分析后决定；选择盾构形式应满足开挖面稳定和控制沉降等要求。

②盾构机械设备应在符合资质要求的工厂制造；整机制造完成后经总装调试合格方可出厂，并应提供盾构成品质量保证书。

③根据盾构掘进方法及隧道施工中各项工艺的特点，在地面设置必要的辅助设施。

④应设置符合盾尾同步注浆施工要求的拌浆站，同时符合环境保护要求。

⑤选择合理的水平及垂直运输设备，须具有质保和安全证书。

⑥供电设备应满足盾构掘进施工的要求。

2)盾构始发/接收设施的准备：

①始发井内盾构基座应满足盾构组装、试运转及始发所需条件。

②接收井内的盾构基座应保证安全接收盾构，并能进行检修盾构、解体盾构的作业或整体移位。

③设置盾构始发反力支撑系统，满足强度、刚度要求。

④设置满足始发和接收要求的密封装置。

(5)作业准备。

1)工作竖井施工：

①竖井施工方法应依据地质条件、路面条件、交通量、工程噪声及振动对四周的影响等选择安全且经济的施工方法。

②始发井的平面内净尺寸，应满足盾构安装和始发推进的要求。

③接收井的平面内净尺寸，应满足盾构接收、解体或整体位移的要求。

④始发、接收井的进出洞洞口底标高应高于井底板 0.65 m；井的宽度应大于 9.4 m(盾构直径+1.5 m×2)。

⑤工作井预留洞口直径应满足盾构始发和接收的要求。

2)工作竖井洞门外土体加固和洞圈密封。盾构始发和接收时，应视地质和现场等条件对工作井洞门外的一定范围内的地层进行必要的地层加固，并对洞圈间隙采取密封措施，确保盾构始发和接收安全。

3)土压平衡盾构施工准备。

①场地布置：根据工程规模、现场条件、周边环境和使用的盾构机的数量等对现场进行规划和布置，合理规划满足工程施工所需的垂直和水平运输系统，并依此布置管片堆放场地、渣土存放场地、拌浆站及材料设备堆放场地等。

②弃渣土的方法：刀盘切削下来的渣土通过螺旋输送机和皮带机排放至运输土箱内，然

后通过洞内水平运输和竖井或车站端头井垂直运输的方式运送至地面的渣土储存坑内。

③端头井加固处理。

④盾构进出洞段地基处理。根据洞门的结构和拆除方法、尺寸和埋深，并考虑地形地貌、水文地质条件、环境要求和对地下管线与地面建筑物的影响因素，选用合理、安全的地基加固处理工法(如旋喷桩、搅拌桩、SMW 桩、冻结法、降水法等)和加固范围。

⑤盾构掘进机组装验收。

A. 盾构掘进前应做好以下准备工作：掘进所需的机电设备及风水管线准备就绪；盾构掘进施工运输系统准备就绪；有环境保护要求的须采取各种有效的技术措施；施工相关人员经相应的培训，取得上岗资格。

B. 盾构组装之前应做好如下准备工作：根据盾构部件情况、现场场地条件，制订盾构组装技术方案；根据最大部件尺寸、最重部件规格和现场施工条件选择盾构吊装设备，应对地下管线、周围环境、交通做好防护工作。

C. 盾构大件吊装作业应按相关作业安全操作规程及盾构制造商的组装技术要求进行；必须由具有资质的专业队伍负责起重和组装，并设专人指挥。

D. 做好施工现场的消防工作，应配备一定数量的消防设备，现场明火、电焊作业时，必须有专人进行监护。

E. 盾构组装完成后，必须进行各系统的空载调试，在空载调试正常的基础上进行整机空载和负载调试。

F. 盾构机组装完成后，应按设计的主要功能及使用要求提出验收大纲，按照验收大纲分系统逐项进行验收。

⑥隧道断面布置。隧道断面布置主要考虑隧道内的水平运输，水平运输包括车架的行走以及管片、土箱等的运输，隧道内通常采用轨道运输。在断面布置时要确定轨枕的高度、轨道的轨距等主要尺寸。轨道的安装必须规范，压板、夹板必须齐全，防止轨距变化引起车辆出轨。对于水力机械出土的盾构，隧道断面布置还必须考虑进出水管的布置及接力泵的安装部位，布置时要考虑管路接头方便，便于搬运和固定，上述装置不得侵入轨道运输的界线。人行通道所用的走道板宽度要大于 50 cm，与电机车的安全距离大于 30 cm，净空高度大于 1.8 m。隧道断面还要布置隧道的照明及其供电、盾构动力电缆、通风管路及接力风机、隧道内清洗及排污的管路等。

⑦车架转换。对于工作井空间较小，车架不能一次到位环境，则需要采取车架转换措施，即盾构出洞阶段车架与盾构分离，通过转换油管、电缆等连接车架与盾构，待盾构推进一段距离，隧道内能容纳车架长度时，再拆除转换管路，将车架吊入隧道与盾构相连，达到正常施工的状态。

⑧井底车场的布置。待盾构出洞，推进一定距离后，管片与土体的摩擦力能平衡盾构的推进反作用力时，即可拆除后盾支撑和后盾管片，充分利用井内的空间，在井底形成一个井底车场，通过搭建平台、铺设双轨等措施来提高水平运输的能力，加快施工进度。

4.1.10　盾构法的始发与接收

始发与接收(见图 4-18)是盾构法施工的两个重要阶段。盾构法施工始发与接收技术包括：洞口土体加固技术、盾构始发技术和盾构接收技术。

图 4-18　盾构始发井、接收井

（1）洞口土体加固技术。

1）洞口土体加固必要性。

①盾构从始发工作井进入地层前，首先应拆除盾构掘进开挖洞体范围内的工作井围护结构；以便将盾构推入土层开始掘进；盾构到达接收工作井前，亦应先拆除盾构掘进开挖洞体范围内的工作井围护结构，以便隧道贯通、盾构进入接收工作井。

②由于拆除洞口围护结构会导致洞口土体失稳、地下水涌入，且盾构进入始发洞口开始掘进的一段距离内或到达接收洞口前的一段距离内难以建立起土压（<土压平衡盾构）或泥水压（泥水平衡盾构）以平衡开挖面的土压和水压，因此拆除洞口围护结构前必须对洞口土体进行加固，通常在工作井施工过程中实施。

③在特定地质条件下（如富水软土地层），洞口围护结构可采用混凝土或纤维混凝土施作。盾构始发或接收施工时，可直接利用盾构刀具切除。

2）洞口土体加固目的。

①拆除工作井洞口围护结构时，确保洞口土体稳定，防止地下水流入。

②盾构掘进通过加固区域时，防止盾构周围的地下水及土砂流入工作井。

③拆除洞口围护结构及盾构掘进通过加固区域时，防止地层变形对施工影响范围内的地面建筑物及地下管线与构筑物等的破坏。

3）确定加固方案的方法。洞口土体加固前，要根据地质条件、地下水位、盾构种类与外形尺寸、覆土深度及施工环境条件等，明确加固目的后，确定相应加固方案。

4）加固方法。根据洞口地层的稳定情况评价地层，并采取有针对性的处理措施。地层处理一般采取如"固结灌浆""冷冻法"措施进行地层加固处理。选择加固措施的基本条件为加固后的地层要具备最少一周的侧向自稳能力，且不能有地下水的损失。常用的处理方法有搅拌桩、旋喷桩、注浆法、SMW 工法、冷冻法等（见图 4-19）。选择哪一种方法要根据地层具体情况而定，并且严格控制整个过程。

①注浆法。按其原理分为两种：不改变土颗粒排列、只使注入材料渗透到土颗粒间隙并固结的渗透注浆法；沿注浆层面地层形成脉状裂缝、注浆材料使土颗粒间隙减小、土体被挤密的挤密注浆法（或劈裂注浆法）。前者适合于砂质土层，后者适合于黏性土层。

②高压喷射搅拌法。高压喷射加固材料，使其与被搅动的土砂混合，或置换被搅动的土砂，形成具有一定强度的改良地层。

图4-19　接收端头井冻结加固

③冻结工法。对软弱地层或含地下水土层实施冻结，冻结的土体具有高强度和止水性，特别适用于大断面盾构施工和地下水压高的场合。

（2）盾构始发施工技术。盾构始发是指盾构自始发工作井内盾构基座上开始推进到完成初始段（通常为50~100 m）掘进，亦可划分为施工准备、初始掘进、扩延掘进等阶段。

1）盾构始发特点。

①一般后续设备临时设置于地面。在地铁工程中，多利用车站作为始发工作井，后续设备可在车站内设置。

②大部分来自后续设备的油管、电缆、配管等，随着盾构掘进延伸，部分管线必须接长。

③由于通常在始发工作井内拼装临时管片，故向隧道内运送施工材料的通道狭窄。

④由于始发处于试掘进状态，且施工运输组织与正常掘进不同，因此施工速度受到制约。

⑤始发推进前需凿除车站的围护结构（主要是处理钢筋混凝土结构），凿除围护结构后的土体在一定的时间段内必须保持自稳，不能有水土流失。

⑥始发阶段盾构机主体在始发导轨上不能进行调向。

⑦始发阶段的姿态及地面沉降控制比正常推进阶段更困难。

⑧始发期间一些设备如管片小车、管片吊机，包括出渣都不能正常使用。有时也会存在盾构机因为车站结构的原因而不能整机始发。

综上所述，盾构在初始阶段的施工难度很大。因此，应确保盾构连续正常地从非（泥水）土压平衡工况过渡到（泥水）土压平衡工况，以达到控制地面沉降，保证工程质量等目的。

2）始发段长度的确定。决定始发段长度有两个因素：一是衬砌与周围地层的摩擦阻力，二是后续台车长度。

将后续台车移入隧道内，始发结束后要拆除临时管片、临时支撑和反力架，以便后续其他施工。由于此后盾构的掘进反力只能由衬砌与周围地层的摩擦阻力承担，因此初始掘进长度 L 必须符合以下条件：

$$L > F/2\pi rf$$

式中：L 为从始发井开始的衬砌长度，m；F 为盾构千斤顶推力，N；r 为衬砌外半径，m；f 为注浆后的衬砌与地层的摩擦阻力，N/m²。

若 L 大于后续台车长度,则取 L 为初始掘进长度;若 L 小于后续台车长度,则可综合权衡利弊后,确定 L 或后续台车长度为初始掘进长度。

3)始发主要技术要点。

①准备阶段:主要有端头加固、托架、反力架、盾构就位等(见图4-20)。

A.托架、反力架。安装盾构基座(见图4-21)和反力架时,要确保盾构掘进方向符合隧道设计轴线。反力架的位置确定主要依据洞口第一环管片的起始位置、盾构的长度以及盾构刀盘在始发前所能到达的最远位置。盾构基座、反力架与管片上部轴向支撑的制作与安装要具备足够的刚度,保证负载后变形量满足盾构掘进方向要求。

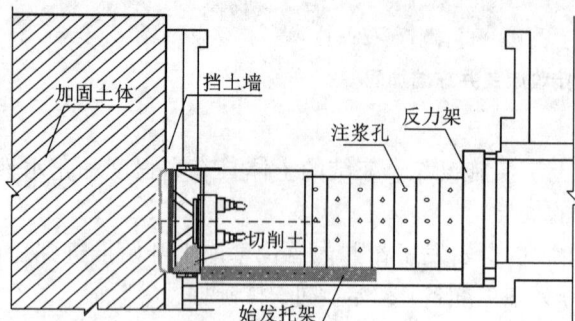

图4-20 盾构始发示意图

图4-21 盾构基座安装图

B.盾构组装。盾构机组装流程如图4-22所示,组装顺序如表4-5所示。

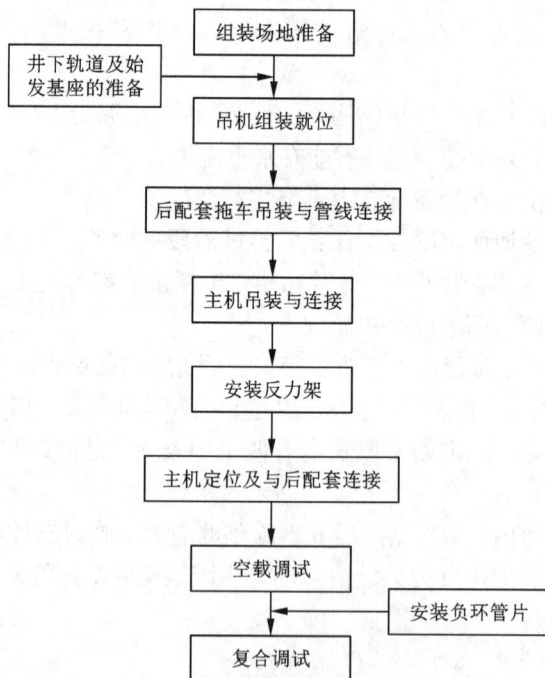

图4-22 盾构机组装流程图

表 4-5 盾构机现场组装顺序

序号	步骤	施工顺序	说明
1	组装始发台、托架	盾构支撑架吊装 盾构支撑架始发台	①盾构运输到施工场地; ②组装盾尾、焊接盾尾及盾尾密封刷; ③组装台车,临时托架吊入井内; ④洞内铺设轨道
2	组装桥架	一号台车 二号台车 三号台车 四号台车 五号台车	①依次吊入第五、四、三、二、一号台车; ②进行桥架组装; ③桥架吊入井内
3	吊装螺旋输送机		①完成桥架与后配台车的连接; ②螺旋输送机吊入井内
4	吊装中盾	中盾	①螺旋输送机后移; ②中盾吊入井内

续表4-5

序号	步骤	施工顺序	说明
5	组装前盾与中盾	前盾 中盾	①中盾后移; ②前盾吊入井内
6	组装刀盘	前盾 中体	①前盾与中盾的连接及后移; ②刀盘吊入井内
7	组装管片拼装机、盾尾	盾尾 前盾 中盾	①主机连接及前移; ②管片拼装机及盾尾的吊入井内及拼装
8	组装螺旋输送机		①螺旋输送机前移; ②螺旋输送机吊起及组装
9	设备连接、安装反力架	吊装反力架	①连接各台车的管线; ②反力架吊入井内; ③安装反力架; ④盾构机设备的连接

续表4-5

序号	步骤	施工顺序	说明
10	完成组装、准备始发		①完成组装；盾构机调试，准备始发

C.盾构机调试。

a.空载调试。盾构机组装和连接完毕后，即可进行空载调试。主要调试内容：液压系统、润滑系统、冷却系统、配电系统、注浆系统，以及各种仪表的校正。着重观测刀盘转动和端面跳动是否符合要求。

b.负荷调试。空载调试证明盾构机具有工作能力后即可进行负荷调试。负荷调试的主要目的是检查各种管线及密封的负载能力，使盾构机的各个工作系统和辅助系统达到满足正常生产要求的工作状态。通常试掘进时间即为对设备负载的调试时间。负荷调试时将采取严格的技术和管理措施保证工程安全、工程质量和隧道线型。

②始发阶段：凿除洞门至盾构主机完全进入地层并建立土压平衡、实施同步注浆的过程。

初始掘进的主要任务：收集盾构掘进数据(推力、刀盘扭矩等)及地层变形量测量数据，判断土压(泥水压)、注浆量、注浆压力等设定值是否适当，并通过测量盾构与衬砌的位置，及早把握盾构掘进方向控制特性，为正常掘进控制提供依据。

由于临时管片(负环管片)的椭圆度直接影响盾构掘进时管片拼装精度，因此安装临时管片时，必须保证其椭圆度，并采取措施防止其受力后旋转、径向位移与开口部位(临时管片安装时通常不形成封闭环，在其上部预留运输通道)变形。

由于拼装最后一环临时管片(负一环，封闭环)前，盾构上部千斤顶一般不能使用(最后一环临时管片拼装前安装的临时管片通常为开口环)，因此从盾构进入土层到通过土体加固段前，要慢速掘进，以便减小千斤顶推力，使盾构方向容易控制；盾构到达洞口土体加固区间的中间部位时，逐渐提高土压仓(泥水仓)设定压力，出加固段达到预定的设定值。

拆除洞口围护结构前要确认洞口土体加固效果，必要时进行补注浆加固，以确保拆除洞口围护结构时不发生土体坍塌、地层变形过大，且盾构始发过程中开挖面稳定；采取小推力、低扭矩始发掘进。

刀盘进入洞门前，在边缘刀具和橡胶密封圈上涂抹油脂，避免损坏洞门密封装置；对脱出盾尾的负环管片应及时进行加固，以保证在传递推力过程中管片不浮动及下沉变位。最初的管片安装保持良好的真圆度；初始掘进过程中必须加强对地面沉降监测并及时反馈分析，不断调整盾构掘进施工参数。

③扩延阶段：负环管片得以拆除，掘进参数得到优选，进入正常掘进。

通常盾构机盾尾进入洞口后，拼装整环临时管片(负一环)，并在开口部安装上部轴向支撑，使随后盾构掘进时全部盾构千斤顶都可使用。

盾构机盾尾进入洞口后，将洞口密封与封闭环管片贴紧，以防止泥水与注浆浆液从洞门泄漏。

加强观测工作井周围地层变形、盾构基座、反力架、临时管片和管片上部轴向支撑的变形与位移，超过预定值时，必须采取有效措施后，才可继续掘进。

(3)盾构接收施工技术要点。盾构接收是指自掘进距接收工作井一定距离(通常100 m左右)到盾构机落到接收工作井内接收基座上止。

当盾构正常掘进至离接收工作井一定距离(通常50~100 m)时，盾构进入到达掘进阶段。到达掘进阶段是正常掘进的延续，是保证盾构准确贯通、安全到达的必要阶段。其施工技术要点如下：

1)主要工作。盾构接收是盾构临近及进入另一工作井(接收井)的一段施工过程。包括：

①准备阶段：一般指距到达洞门约100 m的一定距离，主要有联系测量、加密测量，保证贯通精度，加强管片连接，托架准备，等等。

②临近阶段：凿除洞门，盾构进入加固区；封闭漏水通道。

③接收阶段：盾构破除洞口土体，完全进入接收井，管片与洞门可靠封闭。

2)技术要点。

①在距离接收井100 m对盾构位置进行准确测量，同时应对接收洞门位置进行复核测量，确定盾构姿态及纠偏计划；纠偏应逐步完成，每一环纠偏量不能过大。

②在距离接收井50 m时应调整掘进参数，逐渐放慢掘进速度，推力逐渐降低，缓慢均匀地切削土体，距离小于10 m时，进一步控制盾构掘进速度和掘进参数。

③临近接收井的20环管片应做好螺栓紧固、拉紧，使之连成整体，防止管片松弛而影响密封防水效果。

④盾构中盾进入加固区后，应利用其径向注浆孔封堵加固区的漏水通道。

⑤在拼装的管片进入加固范围后，应采用快硬性浆液封堵。

⑥最后一环管片拼装完成后，通过二次注浆孔注入双液浆进行封堵。注浆过程中应密切观察洞门情况，发现有漏浆现象应立即停止注浆并进行处理。

⑦盾构前体盾壳被推出洞门时，应束紧压板卡环上的钢丝绳，使压板压紧帘布橡胶板，防止洞门泥土及浆液漏出。

⑧盾构全部进入接收井内盾构接收基座上后，应及时做好管片与洞门密封圈间的密封。同时进行填充注浆，控制洞口周围土体沉降。

(4)三种特殊接收方法简介。

1)钢套筒接收：盾构机到达辅助工法，即在盾构机到达端头加固不具备或未完全具备施工作业条件时，为有效地规避盾构机进站到达存在的安全隐患，采用盾构机站内钢套筒接收(洞门破除后安装)与端头地面素混凝土连续墙加固(密贴车站到达端围护结构地下连续墙)相结合的盾构机到达工法(见图4-23)。

2)土中接收：在围护结构凿除完毕后，接收井内开始进行填土回水作业。填土采用人工配合挖机回填夯实，凿除的洞门圈底部回填一定高度的中砂，防止盾构机低头。填土完成后进行回水。盾构土中接收技术最大的优点是免去了复杂的洞门临时密封装置，保证了洞内外的压力平衡,为管片安装、同步注浆、渣土排放提供了有利条件,大大提高了盾构接收效率(见图 4-24)。

图 4-23　钢套筒接收

图 4-24　土中接收

3)箱体接收:在接收井内施作承压钢筋混凝土箱体,在箱体内回填砂土后封闭,以平衡内外水土压力,防止涌水涌砂,从而达到盾构机安全进洞的施工技术。常用于富含承压水地层且埋深较大的土压平衡盾构机到达接收(见图 4-25)。

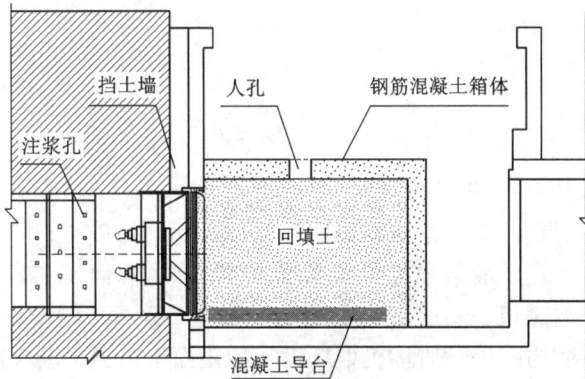

图 4-25　箱体接收

(5)始发常见问题处理简介。盾构机的始发成功主要由始发条件及始发施工技术中每一环节的处理决定。在前期的地质勘探,特别是对端头土体的液限、塑限、渗透系数、含水量等各种物理力学指标进行全面的调查及评估是相当有必要的;同时应对始发技术施工中的每一个环节加强全面、细致的控制,以确保各种处理措施达到预期效果。因为始发技术与各个工程的始发条件息息相关,所以始发时每一个细节,如采用什么端头加固方式、连续墙破除方式,以及始发台与反力架的定位等,均需根据现场条件选择最合适的方法。

1)加固效果不好:端头土体加固的效果不好是在始发过程中经常遇到的问题。采取的主要措施是必须根据端头土体情况选择合理的加固方法,而且要加强过程控制,特别是要严格控制一些基本参数。对于加固区与始发井间形成的必然间隙要采取其他方式处理。

2)开洞门时失稳：开洞门时失稳主要表现为土体坍塌和水土流失两种，其主要原因也是由端头加固效果不好所致。在小范围的情况下可采用边破除洞门混凝土、边利用喷素混凝土的方法对土体临空面进行封闭。如果土体坍塌失稳情况严重，只有封闭洞门重新加固。

3)始发后盾构机"叩头"：始发推进后，在盾构机抵达掌子面及脱离加固区时容易出现盾构机"叩头"的现象，根据地质条件不同有些可能出现超限的情况。为此，通常采用抬高盾构机的始发姿态、合理安装始发导轨以及快速通过的方法尽量避免"叩头"或减少"叩头"的影响。

4)密封效果不好：洞门密封的主要目的也是在始发掘进阶段减少土体流失。当洞门加固达到预期效果时，对于洞门环的强度要求相对较低，否则要在盾构推进前彻底检查和确定洞门环的状况。在始发过程中若洞门密封效果不好时可及时调整壁后注浆的配合比，使注浆后尽早封闭，也可采用在洞门密封外侧向洞门密封内部注快凝双液浆的办法解决。

5)盾尾失圆：在很多情况下，始发阶段由于自重及其他原因，盾尾一般都会出现失圆的情况，有些可能达到 10 cm 之多。可以采用盾构机自带的整圆器进行整圆，在必要的情况下，可采用错缝拼装以保证在管片拼至隧道内时，将管片自身的椭圆度控制在误差以内。

6)支撑系统失稳：支撑系统在某些情况下由于盾构机推进中的瞬时推力或扭矩较大而产生失稳，这样将导致整个始发工作的失败。对于支撑系统的失稳只能从预防角度进行，同时在始发阶段对支撑系统加强监测。

7)地面沉降较大：由于始发施工的特殊性，始发阶段的地面沉降值均较大，因此在始发阶段需尽早建立盾构机的适合工况并严密注意出土量及土压情况，同时加大监测频率，控制地面沉降值。

4.1.11 盾构掘进

盾构掘进由操作司机在中央控制室内进行，由工地土木工程师计算正面主被动土压力值。土压力值根据隧道埋深、土层性质和地面超载计算。开始施工时，在盾构机的正面及盾构体的上下方设置土、水压传感器监控平衡系统，在盾构机前面安装岩土勘探系统。打开出土闸门，依次开启皮带输送机、螺旋机和大刀盘，推进千斤顶，调整好各千斤顶工作油压。此时大刀盘切削土体，盾构前进。盾构机根据设定的正面土压力自动控制出土速度或掘进速度。盾构机的行程、上下左右四个区域千斤顶压力、螺旋机转速、盾构扭转、俯仰等参数将显示在显示屏上，盾构司机及时做好参数记录，并参照仪表显示以及其他人工测量和施工经验调整盾构机姿态和各项参数，使盾构始终按设计的轴线推进。

(1)盾构掘进终止。盾构掘进遇有下列情况之一时，必须停止掘进，分析原因并采取措施：

1)盾构前方发生坍塌或遇有障碍；

2)盾构自转角度过大；

3)盾构位置偏离过大；

4)盾构推力较预计的值有较大出入时；

5)管片发生裂缝或注浆发生故障时；

6)盾构掘进扭矩发生较大波动时；

7)盾壳卡住隧道衬砌环；

8)盾构"上飘"或"叩头",推进坡度难以掌握。

（2）特殊地段及复杂地质条件施工。盾构施工进入特殊地段及地质复杂地段前,必须详细分析工程的地质状况与隧道周边环境状况,对特殊地段及特殊地质条件下的盾构施工制定专门的施工技术措施。

1）浅覆土层施工。

①必须提前研究并选定添加剂,并在施工过程中严格进行开挖面压力管理,把地层变形控制在容许范围之内。

②必须对壁后注浆的压力及流量进行控制,抑制地层变形。

③应事先制定相应的防止抬头的措施,以克服因覆土荷载小发生盾构抬头现象。

2）小半径曲线施工。

①必须对地层条件、隧道线路、盾构、管片、超挖量、辅助工法、壁后注浆等进行综合研究,提出掘进控制和安全施工的措施。

②修建小半径曲线隧道时应采取以下措施：

A. 选择满足小半径曲线段施工的盾构；

B. 应对衬砌结构进行适当的加强；

C. 应将超挖量控制在施工需要的最小范围之内；

D. 及时注浆充填盾尾空隙,选择收缩率小、早强、速凝的注浆材料；

E. 适当增加测量的频率,并定期检测洞内控制点；

F. 宜尽量使用小楔形量和环宽较小的管片；

G. 应注意将盾尾间隙的变化控制在允许的范围内。

3）地下管线段施工。

①盾构施工之前,应详细了解、调查隧道所经过地段地下管线的分布、管线类型、允许变形值等情况,制订具体施工方案。

②对重要管线和施工中难以控制的管线施工前应根据不同情况采用迁移、加固措施。

③应设定合理的掘进参数控制地下管线的变形。

④施工中,应加强对管线的监测,时刻掌握管线的动态变化。

⑤盾构掘进时应及时调整掘进速度和出土量,从而减少地表的沉降和隆起。

⑥在掘进过程中,必须严格控制同步注浆压力和注浆量来保证注浆质量。

4）地下障碍物处理。

①地下障碍物处理前,必须对障碍物进行充分的调查研究,制订处理方案,以确保施工安全。

②地下障碍物的处理应遵循提前从地面采取处理措施的原则,如需在洞内进行处理时,盾构必须具备处理障碍物作业的功能或者确保人工处理时的安全保障功能。

③必须做好设备检修工作,确保一次性通过,避免长时间停机,导致地层沉降。

5）穿越建（构）筑物施工。

①盾构施工前必须对可能穿越的建（构）筑物进行调查,并根据以往的工程实际,预测施工对建筑物的影响,并制订有针对性的预案。

②应加强盾构的保养与维修,避免盾构在桩基或建筑物下部的非正常停机。

③盾构掘进时应及时调整掘进速度和出土量,减少地表的沉降和隆起。

④在掘进过程中，对同步注浆压力和注浆数量进行控制，减少地表下沉和隆起现象。

⑤盾构施工中必须对地表及建筑物沉降进行监测，并根据监测结果调整和优化盾构施工参数。

6) 砂性地层中盾构推进。土压平衡盾构施工成功的关键之一是合理进行土压力管理，使开挖面保持稳定。为保证密封舱内的土压力能够真实反映，需要将开挖面切削下来的土体在密封舱内调整成一种"塑性流动状态"的土体。如果地层是淤泥质土层，只要在密封舱内通过旋转翼板搅拌，就可满足这种状态顺利进行施工。但是，如果地层是黏粒（粒径小于0.005 mm）的含量较少（小于10%）的卵石层、砂土地层、粉土层、风化岩地层，进入密封舱的土体就很难形成这种"塑性流动状态"，从而给土压力保持带来困难，导致施工出现问题。

①开挖面失稳。当盾构开挖面中心水、土压力与盾构机密封舱内压力无法平衡的时候，将产生开挖面失稳。土压平衡盾构在砂性土层中施工时，由于砂性土流动性极差，切削下来的土体并不能充满整个密封舱，进入舱内砂性土大颗粒沉积在密封舱的底部，而细小颗粒浮在上层，出现分层离析、表层失水、开挖面上部的土压力无法被舱内压力平衡，发生土体失稳。

高水头压力下，大刀盘切削振动可能引起工作面附近砂土液化，孔隙水压力上升，有效应力减小，抗剪强度降低甚至丧失。液化引起的管涌流砂使工作面失去稳定平衡。土体失稳将引起大幅度的地层位移，使得相邻的建、构筑物产生差异沉降，管线破裂，地表发生大范围沉陷，造成巨大的经济损失。

产生开挖面稳定问题的原因如下：土压平衡式盾构是将开挖下来的土体泥土化，由刀盘上轮辐开孔进入开挖面后的密封舱，通过施加适当的土压力并控制出土量，使密封舱土体挤压密实，保持与工作面水、土体侧压力动态平衡，开挖面处于稳定状态。

要保证开挖面的稳定必须注意以下几个环节：首先，盾构施工过程中必须在开挖面和隔板之间充满土料，这里土料是作为一种荷载传递的介质，将密封舱的压力由刀盘上的开孔传递到开挖面上，以维持工作面的稳定；其次，在盾构推进挖土和管片拼装过程中，始终保证盾构机密封舱内压力孔始终略微大于正面主动侧压力 P_s 和水压力 P_w 之和。

土压平衡式盾构在砂性土层中比较容易丧失稳定性主要是由于砂性土、砂质粉土等土层的渗透性好，受扰动后产生水土分离流出，土与水不能形成具有一定流动性的土料，无法完全充满开挖面与隔板之间的土舱，致使在开挖面上局部区域压力不平衡从而导致工作面失稳。由此可见，要保证土压平衡式盾构在砂性土等特殊土层中施工时工作面的稳定，应当增加砂性土的保水性，改善其流动性。

②盾构推进时周围土体发生液化导致土体沉降。虽然土压平衡盾构施工时不会对盾构周围土体造成影响，但在砂性土等黏粒含量较少的特殊土层中盾构推进过程会发生一个特殊现象，尤其是在颗粒级配不理想和相对密度较小的土层中容易发生液化。

由于粉细砂层颗粒与颗粒之间吸引力相对较小，几乎没有连接，且含水量较高，因此在循环荷载作用的一开始，就产生一个较大的瞬间变形。主要原因是颗粒受到挤压后，孔隙体积被压缩，孔隙比减小，此时部分有效应力发生转移，由超孔隙水压力来承担，土骨架强度降低，土体产生残余变形。当施加的动应力小于临界动应力时，随着振动时间的增长，土体颗粒经过不断调整，已能够适应变化了的压力环境，此时变形已趋于缓和，这是一个结构再造阶段。最后，当振动时间继续增长时，土体结构差异性调整已不明显，结构参数的变化大多趋于平缓，新的结构体系已基本形成；在压力的进一步作用下，新体系的结构要素仅做适当调整以求得更加巩固的平衡结构。这时的永久变形值基本上已趋于稳定。但是当施加的动应力大于临界动应力时，随着振动次数增多，土体结构经过一段时间的调整仍不能适应新的压力环境，而在这过程中，孔隙水压力不断上升，有效应力不断下降，最后导致土体强度丧失，也即粉细砂层达到了液化状态。

在砂性土层中盾构推进时，因盾构前进、盾构内部设备的振动和其他等因素，容易使周围的砂土发生液化，这在推进速度较慢和推进持续时间较长等情况下更加明显。砂土发生液化后，不可避免地造成土体的沉降。

③密封舱内砂土积聚，切削推进困难。土压平衡式盾构穿越砂性土地层时，若砂土中含有少量黏粒，则在盾构密封舱内的压力较高时，渣土往往无法顺利排出，在这样的情况下如果继续强行推进，那么密封舱内的砂粒失水固结越压越紧，将会使千斤顶的顶推力增加，刀盘的扭矩变大，盾构无法正常推进，甚至会使刀具损伤，主轴承断裂，盾构严重损伤。例如上海地铁明珠二期Ⅰ临平路—溧阳路区间盾构隧道，在粉砂地层中施工，盾构推进时遇到这个问题，密封舱的闭塞使密封舱内压力失控、扭矩变大、盾构推进困难，同时还引起较大的地层位移和地表沉降。

密封舱闭塞问题产生原因：土压平衡式盾构在砂性土层中掘进时，密封舱压力较在黏性土中掘进时高。含有少量黏粒的砂性土经刀盘切削进入密封舱后，由于砂性土本身具有较大的内摩擦力，加上少量黏粒所提供的黏结力，使得渣土在较高的密封舱压力作用下，发生应力重分布，在螺旋出土器的进出口附近容易产生拱作用，拱外渣土无法进入出土器，造成密封舱闭塞。消除密封舱闭塞现象的关键在于消除压力拱，参照普氏理论，压力拱形成的一个重要原因就是松散体之间存在较大摩擦力和黏结力，因而应当从降低渣土的内摩擦角着手考虑。

④舱内泥砂"结饼"。当土压平衡式盾构在黏聚力和内摩擦角都比较大的土层中施工时，在密封舱内，主轴承附近的土体往往会排水固结，形成饼状，若不及时采取措施，结饼的范围将不断扩大，最终充满整个密封舱，使得刀盘扭矩增大、切削困难甚至无法进行。2002 年，深圳地铁一期工程就遇到了这样的问题，最后不得不停止推进，打开密封舱人工处理，由此引起了邻近建筑物沉降，地表塌陷，对工程的影响巨大。

密封舱结饼现象问题产生原因：在砾质黏性土等同时具有较大的黏聚力和内摩擦角的土层中进行盾构掘进时，由于刀盘转动较慢，密封舱中的土体受到搅拌作用的影响由周边向中间递减，在密封舱主轴处的土体基本上只受到沿盾构轴向的压力，在此荷载下，渣土中的孔隙水排出，发生固结，形成泥饼。若不及时处理，泥饼将向周边不断扩大直至充满整个密封舱。与密封舱闭塞现象相似，引起结饼现象的关键在于砾质黏性土本身所具有的较大的黏聚力和内摩擦角，如何降低渣土的黏聚力和内摩擦角是解决结饼问题的核心。

⑤排土口喷涌，污染盾构作业面。通常情况下，在螺旋出土器的出口处，所排出的渣土中的水的压力为零，渣土在自重作用下落入传输带，然而在渗透性较大的砂性土中施工时，密封舱和排土器内的土体不能完全有效地抵抗开挖面上较高的水压力，会在螺旋出土器的口部产生喷涌。采用土压平衡式盾构施工的深圳地铁曾经遇到过这样的问题，广州地铁施工中也出现过因为喷涌而严重影响施工工期的情况。

喷涌问题产生原因：盾构正面的砂土中的水头压力所产生的向螺旋出土器出口的渗流力经过密封舱以及螺旋出土器过程的水头损失，还会在螺旋出土器的出口产生喷涌。

喷涌发生的主体是强度较低的扰动土，发生路径是筒状的螺旋出土器，而且土体本身处于运动中，只是由于运动的速度和压力失控发生的现象。喷涌发生的关键是砂性土具有良好的渗透性，不能对流经的水造成较大的水头损失。

4.1.12 管片拼装

管片通常由专业的厂家提前制作，按其功能又通常分为两种，即标准环和转弯环。顾名思义，标准环是用于直线段，转弯环是用于曲线段。标准环与转弯环配合使用就可以拼装各种线性的隧道。管片选型直接关系到隧道线路、隧道质量等一系列隧道的关键指标，所以管片选型是否正确，将决定盾构工程的成败。

(1)管片选型的原则。管片选型的原则有两个，即管片选型要适合隧道设计线路，同时管片选型要适应盾构机的姿态。二者相辅相成。

1)管片选型要适合隧道设计线路。当一个盾构工程开工之前，就要根据设计线路对管片作一个统筹安排，通常把这一步骤叫管片排版。通过管片排版，就基本了解了这段线路需要多少转弯环(包括左转弯、右转弯)，多少标准环，曲线段上标准环与转弯环的布置方式。管片排版还需要根据管片拼装方式(见图4-26)、管片环设计模式(如标准环设计、转弯环设计)。例如，某盾构区间的管片选型技术参数如表4-6所示，该区间线路分布三组圆曲线，半径分别为450 m、800 m、竖曲线3000 m。依照曲线的圆心角与转弯环产生的偏转角的关系，可以计算出区间线路曲线段的转弯环与标准环的布置方式(见图4-27)。

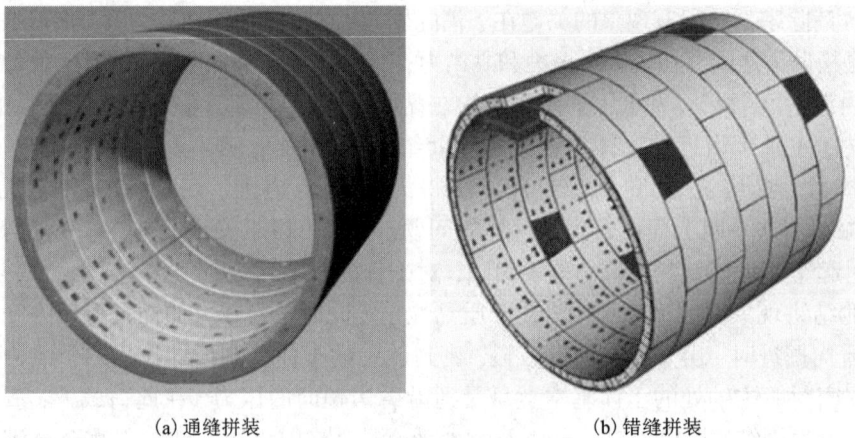

(a) 通缝拼装　　　　　　　　　(b) 错缝拼装

图4-26　盾构隧道管片拼装方式

表4-6　某盾构区间管片技术参数表　　　　　　　单位：mm

管片长度	1500	管片内径	5400
管片厚度	300	盾尾内径	6060
管片外径	6000	转弯环截面	等腰梯形
转弯环楔形量	38	盾尾间隙	盾尾内径减管片外径

转弯环偏转角的计算公式：

$$\theta = 2\gamma = 2\arctan \delta/D$$

式中：θ 为转弯环的偏转角；δ 为转弯环的最大楔形量的一半；D 为管片直径。

将数据代入得出 $\theta = 0.3629$。

根据圆心角的计算公式：

$$\alpha = 180L/\pi R$$

式中：L 为段线路中心线的长度；R 为曲线半径，取 800 m。

而 $\theta = \alpha$，将之代入，得出 $L = 5.067$ m。

上式表明，在 800 m 的圆曲线上，每隔 5.067 m 要用一环转弯环，地铁采用的管片长度为 1.5 m，也就是说，在 800 m 的圆曲线上，标准环与转弯环的拼装关系为 2 环标准环+1 环转弯环。以此类推，可

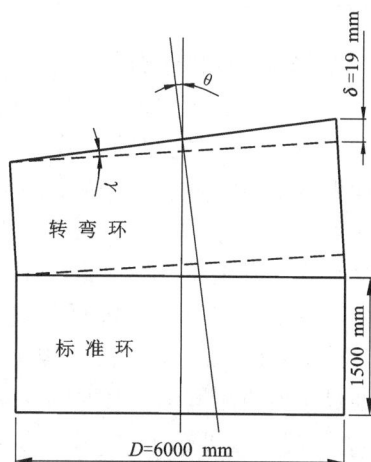

图 4-27　标准环、转弯环关系图

以算出 R 为 450 m、1500 m 的拼装关系，结合线路就可以将管片大致排列出来。值得注意的是，纠偏环使用最多是在缓和曲线到曲线之间，到曲线前就需提前安装纠偏环进行线路调整，以减少进入曲线后发生纠偏过急现象。

2）管片选型要适应盾构机姿态。管片是在盾尾内拼装，所以不可避免地受到盾构机姿态的约制。管片平面应尽量垂直于盾构机轴线，也就是盾构机的推进油缸能垂直地推在管片上，这样可以使管片受力均匀，掘进时不会产生管片破损。同时也兼顾管片与盾尾之间的间隙，避免盾构机与盾尾发生碰撞而损坏管片。在实际掘进过程中，盾构机因为地质不均、推力不均等原因，经常要偏离隧道设计线路，所以当盾构机偏离设计线路或进行纠偏时，都要十分注意管片选型，避免发生重大事故。

（2）管片选型。

1）管片的拼装点位。转弯环在实际拼装过程中，可以根据不同的拼装点位来控制不同方向上的偏移量。这里所说的拼装点位是管片拼装时 K 块所在的位置。上例中的管片拼装点位为在圆周上均匀分布 10 个点，即管片拼装的 10 个点位，相邻点位的旋转角度为 36°。由于是错缝拼装，因此相邻两块管片的点位不能相差 2 的整数倍。一般情况下，本着有利于隧道防水的要求，都只使用上部 5 个点位。根据工程实际情况，选择拼装不同点位的转弯环，就可以得到不同方向的楔形量（如左、右、上、下等）。上例区间的管片左转弯环不同点位的楔形量计算表如表 4-7 所示。

表 4-7　左转弯环楔形量计算表

单位：mm

点位	10 点	1 点	2 点	9 点	8 点
方向	左	左	左	左	左
右楔形量	38	34.4	24.8	34.4	24.8
上楔形量	19	4.83	0.93	30.2	34.1
下楔形量	19	30.2	34.1	4.83	0.93

右转弯环的情况与左转弯相反，不再赘述。通过管片不同点位的拼装，就可以实现隧道的调向。

2）根据盾尾间隙进行管片选型。盾构机管片、推进油缸关系图如图4-28所示，通常将盾尾与管片之间的间隙叫盾尾间隙。如果盾尾间隙过小，盾壳上的力直接作用在管片上，则盾构机在掘进过程中盾尾将会与管片发生摩擦、碰撞。轻则增加盾构机向前掘进的阻力，降低掘进速度，重则造成管片错台（在越三盾构工程中，就是通过调整盾尾间隙，大大减少管片错台量），盾构一边间隙过小，另一边相应变

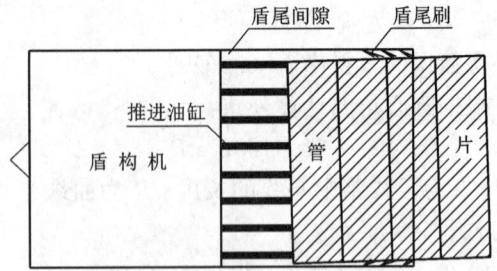

图4-28 盾构机管片、推进油缸关系图

大，这时盾尾尾刷密封效果降低，在注浆压力作用下，水泥浆很容易渗漏出来，破坏盾尾的密封效果。

盾尾间隙是管片选型的一个重要依据。又如某盾构区间盾尾间隙为45 mm，每次安装管片之前，对管片的上、下、左、右四个位置进行测量。如发现有一方向上的盾尾间隙接近25 mm时，就要用转弯环对盾尾间隙进行调节（在盾构掘进过程中，应及时跟踪盾尾间隙，发现盾尾间隙有变小趋势，最好能通过千斤顶推力来调整间隙）。调整的基本原则是，哪边的盾尾间隙过小，就选择拼装反方向的转弯环。表4-8是该盾构区间在不同点位拼装一环左转弯环的盾尾间隙调整表。

表4-8 左转弯环盾尾间隙调整表　　　　　　单位：mm

点位	15 点	14 点	16 点	13 点	1 点	12 点	2 点
盾尾间隙测量结果	右方较小	右、上方较小	右、下方较小	右、上方较小	右、下方较小	右、上方较小	右、下方较小
向左调整量	-4.2	-6.7	-6.7	-5.1	-5.1	-2.8	-2.8
向右调整量	4.2	6.7	6.7	5.1	5.1	2.8	2.8
向上调整量	0	2.8	2.8	5.1	-5.1	6.7	-6.7
向下调整量	0	-2.8	-2.8	-5.1	5.1	-6.7	6.7

右转弯环盾尾间隙的调整量与表4-8相反，由表4-8可以看出，拼装一环左转弯环之后，左边盾尾间隙将减小，右边盾尾间隙将增大，同时通过拼装不同的点位，还可以调节上、下方向的盾尾间隙。如此时盾构机在进行直线段的掘进，则必须注意在拼装完一环左转弯环后，选择适当的时机，再拼装一环右转弯环将之调整回来，否则左边盾尾间隙将越来越小，直至盾尾与管片发生碰撞。如盾构机处于曲线段，则应根据线路的特点进行综合考虑。

3）根据油缸行程差进行管片选型。盾构机是依靠推进油缸顶推在管片上所产生的反力向前掘进的，我们把推进油缸按上、下、左、右四个方向分成四组。而每一个掘进循环中这四组油缸的行程的差值反映了盾构机与管片平面之间的空间关系，可以看出下一掘进循环盾尾间隙的变化趋势。由图4-32可以看出，当管片平面不垂直于盾构机轴线时，各组推进油缸

的行程就会有差异，当这个差值过大时，推进油缸的推力就会在管片环的径向产生较大的分力，从而影响已拼装好的隧道管片以及掘进姿态。同时也可以看出如果继续拼装标准环，下部的盾尾间隙将会进一步减小。通常我们以各组油缸行程的差值的大小来判断是否应该拼装转弯环，在两个相反的方向上的行程差值超过 40 mm 时，就应该拼装转弯环进行纠偏，拼装一环转弯环对油缸行程的调整量见表 4-8，也就是拼装 1 环 10 点左转弯环，可以使左、右两组的油缸行程差缩小 38 mm。

德国海瑞克公司的土压平衡式盾构机，如图 4-29 所示，10 对推进油缸分为 A、B、C、D 四组，分别代表上、右、下、左四个方向。油缸行程可以通过位移传感器反映在显示屏上，通过计算各组油缸之间的差值，就能进行正确的管片选型。下面举例说明：

现有一组油缸行程的数据如下：

B 组（右）：1980 mm

C 组（下）：1964 mm

D 组（左）：1934 mm

A 组（上）：1943 mm

左右行程差为：D-B=1934-1980=-46 mm

上下行程差为：A-C=1943-1964=-21 mm

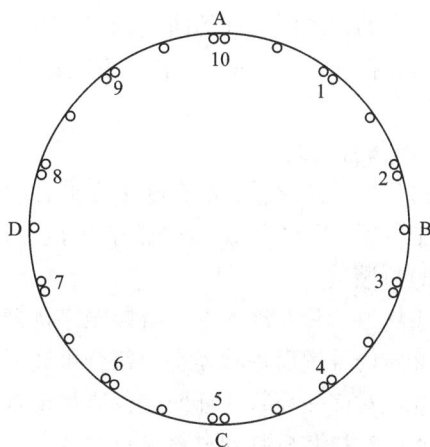

图 4-29　油缸分区图

由此可以看出，盾构机的轴线相对于管片平面向左上方倾斜。在对这环管片进行选型的时候，就应选择一环左转弯环且还要有向上的偏移量。对照表 4-7 后得出，此环应选择左转弯环在 1 点拼装。拼装完管片后掘进之前油缸行程的初始数据理论为：A 组（上）：454 mm；B 组（右）：465 mm；C 组（下）：453 m；D 组（左）：450 mm。这样左右与上下的油缸行程差值基本控制在 20 mm 之内，有利于盾构掘进及保护管片不受破坏（如果上述数据在左转弯曲线上，下一环管片仍安装一环左转弯环管片，那么盾构姿态基本调整过来）。

4）盾尾间隙与油缸行程之间的关系。在进行管片选型的时候，既要考虑盾尾间隙，又要考虑油缸行程的差值。而油缸行程的差值更能反映盾构机与管片平面的空间关系，通常情况下应把油缸行程的差值作为管片选型的主要依据，只有在盾尾间隙接近于警戒值（25 mm）时，才根据盾尾间隙进行管片选型。

（3）影响管片选型的其他因素。

1）铰接油缸行程的差值。目前地铁盾构工程中大多采用的是铰接式盾构机，即盾构机不是一个整体，而是在盾构机中体与盾尾之间采用铰接油缸进行连接，铰接油缸可以收放，这样就更加有利于盾构机在曲线段的掘进及盾构机的纠偏。铰接油缸利用位移传感器将上、下、左、右四个方向的行程显示在显示屏上，当铰接油缸的上下或左右的行程差值较大时，盾构机中体与盾尾之间产生一个角度，这将影响到油缸行程差的准确性。这时应当将上下或左右的行程差值减去上下或左右的铰接油缸行程的差值，最后的结果作为管片选型的依据。例如，瑞克盾构铰接油缸有三种模式，锁、收和自由放开；当盾构在直线上，盾构姿态很好，可以使用锁定模式；当在曲线上，应把铰接油缸自由放开；当显示铰接油缸行程差较大或使用大于 2/3 行程后，应通过针对性收模式来调整行程差。

2）盾构机掘进。盾构机应尽量根据设计线路进行掘进，避免产生不必要的偏差，这样基本可以根据管片排版进行管片拼装，也有利于管片按计划进行生产。如果盾构机偏离设计线路，在纠偏过程中也不要过急，否则转弯环管片的偏移量跟不上盾构机的纠偏幅度，盾尾仍然会挤坏管片。盾构掘进纠偏原则：蛇行修正应以长距离慢慢修正，修正过急，盾构蛇行将更加明显，在直线推进的情况下，应选取盾构当前所在位置点与设计线上远方的点作为直线，然后以这条线为新的基准进行线形管理，在曲线推进情况下，应使盾构当前所在位置点与远方点的连线同设计的曲线相切。如：目前盾构垂直方向处于 -40，计划控制在 -20 内，每环纠偏宜控制在 5 mm 变化内，不宜超过 10 mm，那么应至少 4 环才能把盾构姿态调整到预设范围内。

（4）管片拼装。

1）盾构施工之前，所有施工人员必须熟悉管片设计、排列情况，施工过程中施工人员依据施工位置、盾构姿态、盾尾间隙、设计状况等准备、运输、安装管片。

2）拼装准备。

①隧道管片在地面上按拼装顺序排列堆放，并应粘贴好接缝弹性密封垫等防水材料。

②盾构推进后现状姿态应符合拼装要求。

③应对前一环管片环面进行质量检查和确认。

④应对拼装机具和材料进行检查。

⑤在管片拼装前必须清除前一环环面和盾尾里的垃圾和异物。

第一块管片定位（在定位前必须观察管片与盾构四周空隙情况及上环管片成果报表来决定本环纠偏方法与纠偏量，然后确定第一块的拼装位置）及检查每块管片位置的准确性。

3）拼装作业。

①管片拼装应按设计要求进行，防止挤伤管片密封。

②在管片拼装过程中，应严格控制盾构千斤顶的伸缩，以保证盾构位置保持不变。

③拼装机操作要平稳，转速不能过大以免造成管片碰碎、止水带损坏，千斤顶要有足够顶力使管片不发生相对滑动。

④安装作业应按拼装工艺要求逐块拼装管片。定位棒安装准确到位，确保完好无损。

⑤成环后作圆环校正，并全面检查所有纵向螺栓，均需拧紧，最好用标准测力扳手检测拧紧程度。

⑥环纵向螺栓应全部穿进。在盾构掘进的同时依次拧紧环纵向螺栓。对后几环的环向螺栓，应以长扳手予以拧紧（扳手柄长一般为 70~80 cm）。

⑦拼装过程中遇有管片损坏，应及时用规定材料修补，管片损坏超过规定的标准应严禁使用。

钢筋混凝土管片，每生产 50 环应抽查 1 块管片做检漏测试，连续三次达到检测标准，则改为每生产 100 环抽检 1 块管片，再连续三次达到检测标准，最终检测频率为每生产 200 环抽查 1 块管片做检漏测试。如果出现一次检测不达标，则恢复每生产 50 环抽查 1 块管片做检漏测试的最初检测频率，再按上述要求进行抽检。每套模具每生产 200 环做一组（3 环）水平拼装检验，管片拼装最终成环质量允许偏差应符合相关规定（见表 4-9）。

表 4-9　管片拼装允许偏差　　　　　　　　　　　　　　单位：mm

序号	项目	允许偏	检测数量	检验方法
1	高程	±100	每 5 环 1 点	水准仪
2	平面	±100	每 5 环 1 点	全站仪
3	相邻管片高差	4	每 5 环 1 点	尺量
4	环向缝间隙	≤2	每环测 6 点	插片
5	纵向缝间隙	≤2	每条缝测 3 点	插片
6	成环后内径	±2	测 4 条(不放衬垫)	用钢卷尺
7	成环后外径	−2~+6	测 4 条(不放衬垫)	用钢卷尺

4.1.13　盾构同步注浆

地铁区间隧道采用土压盾构掘进施工，必须在盾构掘进的同时，进行盾尾同步注浆或管片壁后注浆作业，以充填盾尾建筑空隙，达到控制地面沉降和隧道长期稳定的要求。对穿越构筑物及环境保护要求高的地段，必须按要求进行同步注浆和多次壁后补压浆作业。

盾构施工同步注浆技术又是盾构工法的关键性环节，是控制隧道结构稳定和保护周围环境的关键。盾构同步注浆工艺是在盾构掘进的同时，通过注浆泵的泵压作用，把填充材料注入盾尾的管片环外空隙之中，达到填充管片环外空隙、固定管片环位置、减小地面沉降、充当环外第一道防水层等目的。

(1)同步注浆原理。随着盾构的推进，在管片和土体之间会出现建筑间隙。为了填充这些间隙，就要在盾构机推进过程中，保持一定压力(综合考虑注入量)，不间断地从盾尾直接向壁后注浆，当盾构机推进结束时，停止注浆。这种方法是在环形建筑空隙形成的同时用浆液将其填充的注浆方式(见图 4-30)。

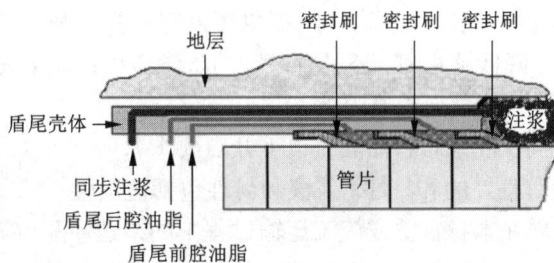

图 4-30　盾构同步注浆技术原理示意图

(2)同步注浆的目的。盾构同步注浆就是在隧道内将具有适当的早期及最终强度的材料，按规定的注浆压力和注浆量在盾构推进的同时填入盾尾空隙内。其目的有以下 4 项：

1)尽早填充地层，减少地基沉陷量，保证环境安全。

2)确保管片衬砌的早期稳定性和间隙的密封性。

3)作为衬砌防水的第一道防线，提供长期、均质、稳定的防水功能。

4)作为隧道衬砌结构加强层，具有耐久性和一定强度。

同步注浆通过同步注浆系统及盾尾的注浆管，在盾构向前推进、盾尾脱离空隙形成的同时进行。浆液在盾尾空隙形成的瞬间及时填充，从而使周围岩体及时获得支撑，有效防止岩体坍塌，控制地表沉降。

（3）同步注浆系统。同步自动注浆系统使用 2 台全液压双缸双出口活塞注浆泵。注浆泵由电动液压泵站提供动力。浆液在搅拌站配制好以后，由砂浆运输车（带搅拌叶片）运至注浆站，通过软管抽送至砂浆存储罐内（即搅拌罐），连接好注浆管路，并设定压力、流量进行注浆。同步注浆主要拌制设备见图 4-31 所示。

图 4-31 同步注浆拌制设备

（4）注浆材料。原材料主要有黄沙、水泥、膨润土、粉煤灰、硅酸钠。其中黄沙为浆体中的填充料；水泥为胶结剂，提供浆液固结强度和调节浆液凝结时间；膨润土减缓浆液的材料分离，降低泌水率，还具有一定的防渗作用；粉煤灰改善浆液的和易性（流动性）；硅酸钠为凝结剂，使浆液迅速固结。

同步注浆材料需具备以下几点要求：

1）良好的和易性。浆液和易性包括流动性、黏聚性和保水性。流动性（又称稠度）是指浆液材料在本身自重或施工运输过程中的泵送、振动等作用下，能产生流动并均匀密实地成型的性能；黏聚性是指浆液材料在施工过程中各组成材料之间具备一定的黏聚力，不至于产生分层和离析现象，能保持整体均匀；保水性是指浆液材料在施工过程中，具有一定的保水能力，不至于产生严重泌水现象，容易泌水的浆液在形成结石体之后会产生收缩，也会对注浆的后期效果产生不利影响。浆液和易性关系到浆液在拌制、运输、泵送及后期注浆效果，是浆液材料最重要的指标之一，其控制参数一般采用坍落度（稠度）、常压泌水率进行测定。

2）适当的初凝时间。鉴于盾构法隧道的施工特点，浆液在地面（或拌站）拌制后，需要经过一定时间与距离进行运输、储存，因此，要求浆液必须具备较长的可使用时间，以满足盾构施工需要。根据施工工况条件的不同，对浆液的可使用时间也不尽相同，一般单液浆的初凝时间应达到 10 h 以上，其控制参数一般采用坍落度（稠度）经时损失进行测定。

3）较高的早期强度。所谓的早期强度是指浆液材料在充分填充建筑空隙之后，具备能够抵抗周围土体应力变形及控制成环管片结构稳定的能力，特别是在软土地区，浆液材料的及时填充以及形成的早期强度，决定着地表沉降控制及管片结构上浮的控制效果。由于浆液材料在注入管片壁后的受力形式主要为土体作用于管片结构的剪切力,因此,其控制参数一般采用抗剪切屈服强度来进行评价与测定。目前广泛采用的抗剪型单液浆即具备该特性,其特点为大密度、低稠度、高抗剪。

4)收缩率要小。浆体凝固时产生的体积收缩要小,其目的也是减少地表变形。

(5)配套设备。由于盾构法隧道施工采用的浆液材料不同,其配套设备的组成与形式也不尽相同。现以抗剪型单液浆为例,对配套设备的适应性作以下分析。

1)拌浆设备。拌浆设备由地面设备和工作面设备两部分组成(见图 4-32)。抗剪型单液浆配比特点为高含砂率,故对搅拌设备的形式及效率提出了高要求。拌制低稠度"厚浆"应采用自动搅拌系统,搅拌机采用立轴强制式,整套系统由砂料筛分系统,砂料、粉煤灰、膨润土自动上料系统,粉料独立仓储计量系统,液体外加剂储料计量系统,搅拌机和控制室等组成,实现高精度自动化拌浆,确保浆液配比的精确与拌制浆液的和易性。

图 4-32　拌浆设备

2)输浆设备。对于大直径盾构,采用抗剪型单液浆施工时,在输送过程中一般采用大型的浆桶吊装设备或混凝土泵结合运浆橄榄车进行输送。在中等直径盾构隧道施工中,一般采用螺杆泵或挤压泵进行浆液输送。

3)泵送设备。鉴于新型抗剪型单液浆低稠度、高含砂率的特性,普通注浆泵难以适应于该种厚浆的泵送,目前大多采用双缸注浆泵,其优点是进、出浆阀门结构是油缸控制的蝶阀,能适应含砂量大、流动性低的浆料,被广泛应用于盾构同步注浆的泵送施工中。

4)电气控制设备。盾构同步注浆施工过程中,应对注浆量及注浆压力参数进行重点控制。因此,在接近盾尾的每个注浆孔设置压力计,每个注浆点上的压力计发出的信号可以用于控制注浆过程;在泵冲程可检测的地方,每个活塞都应装有指示器,使得活塞速度(注浆量)可以控制,借助于操作面板上的 4 个分压器,每条管路上的注浆量均可与盾构掘进速度相匹配。

(6)注浆参数控制。注浆参数的设置直接影响同步注浆施工效果,其核心控制理念为注浆压力与注浆量的"双控"。

1)注浆压力。根据注浆的目的和要求:注浆压力应保证充分填充盾构施工产生的建筑空隙,避免由此引起的周围土体变形、地表沉陷影响地表建筑物与地下管线的安全;避免过大的注浆压力引起地表有害隆起或破坏管片衬砌，防止注浆损坏盾尾密封。注浆压力最佳值应在综合考虑地质条件、管片强度、设备性能、浆液特性和土舱压力的基础上来确定。

2) 注浆量。注浆量的确定是以盾尾建筑空隙量为基础并结合地层、线路及掘进方式等考虑适当的富余系数，以保证达到充填密实的目的。根据施工实际，富余系数包括由注浆压力产生的压密系数、取决于地质情况的土质系数、施工消耗系数、由掘进方式产生的超挖系数等。一般主要考虑土质系数和超挖系数。土质系数取决于地层特征，黏土地层一般取值为1.1～1.5。超挖系数是正常情况下盾尾建筑空隙的修正系数，一般只在曲线段施工中产生（直线段盾构机机体与隧道设计轴线有较大夹角时也会产生，其值一般较小可不予考虑），其具体数值可通过计算得出。

同步注浆量经验公式：

$$Q = V \cdot \lambda$$

式中：V 为充填体积，即盾构施工引起的孔隙，m^3；λ 为注浆率，一般取 130%～180%。

$$V = \pi (D^2 - d^2) L / 4$$

式中：D 为盾构切削外径，m；d 为预制管片外径，m；L 为回填注浆段长，即预制管片衬砌每环长度。

3) 注浆速度。注浆速度由注浆泵的性能、单环注浆量确定，应与掘进速度相适应。

(7) 注浆工艺。

1) 盾构始发段同步注浆。

①为防止同步注浆破坏洞门止水装置（即防止铰链板由于注浆压力崩断及防止袜套外翻）影响止水效果，需等盾尾脱出加固区方可进行同步注浆。由于此段（约 6 m）为出洞加固区，土体自立能力较强，地表沉降相对较小。

②当推进至 20 环时，对洞门进行注浆，防止可能的土体流失。

③由于现场条件的限制，此阶段盾构后配套台车位于地表，浆液拌制好后直接通过地表管路泵入后配套台车的注浆罐中，再经泵送至盾尾浆液注入点注入地层。浆液输送管路较长，应避免管路堵塞，影响同步注浆。在施工结束及时压注膨润土浆液，疏通浆液泵送管路，减少堵管的可能，做到同步施工。

④此段盾构施工过程中，盾构掘进出土时进行同步注浆，以控制注浆压力为主兼顾注浆量，从盾尾上方 A_1、A_4 两点注入。在拼装管片时，停止注浆，以免拼装时千斤顶部分松开时注浆造成管片移位、变形。

⑤通过本段施工，加强对地面变形情况的监测分析，掌握盾构推进同步注浆量。

2) 盾构掘进正常段同步注浆。

①每环开始推进前，先拌制足够一环使用的浆液打入注浆罐。当开始掘进后，保证注浆罐储存的浆液能够满足同步注浆要求，保证施工的连续性。

②严格控制同步注浆量和浆液质量，通过同步注浆及时填充建筑空隙，减少施工过程中土体的变形。做好地面变形情况及地表监测分析，及时调整注浆量。

③要合理控制注浆压力，尽量做到填充而不是劈裂。注浆压力过大，管片外的土层将会被浆液扰动而造成较大的沉降，并易造成跑浆。同时，注浆压力过小填充速度过慢，填充不足，也会使变形增大。

④在管片脱出盾尾 5 环后，对管片的建筑空隙进行壁后二次注浆，整个区间每隔 5 环注

浆一次，压浆量的控制根据变形信息确定。

3) 盾构掘进小半径曲线段同步注浆。

①小半径曲线施工时，管片从盾尾脱出后如果不能立即与周围土体形成一体，盾构推进就不能充分取得反力，导致产生较大的管片变形和隧道位移的危险性。

②同步注浆浆液应选择体积变化小，早期强度高的注浆材料。

③曲线段推进必然导致土体损失的增加。由于设计轴线为圆滑曲线，而盾构是一定长度的直线，故在实际推进过程中，实际掘进轴线必然为一段段折线，且曲线外侧出土量又大，这样必然造成曲线外侧土体的损失，并存在施工空隙。因此在曲线段推进过程中同步注浆必须加强对曲线段外侧的压浆量，以填补施工空隙，加固外侧土体，使盾构顺利沿设计轴线推进。注入量的多少还是以地表沉降监测为指导。

4) 盾构掘进浅覆土段同步注浆。浅覆土地段的壁后注浆，由于盾尾建筑空隙会立即影响到地面或地下建(构)筑物，要进行充分的壁后注浆管理以控制地层变形。同步注浆宜使用有早期强度的壁后注浆材料，同时，要通过实验确定注浆压力及注浆量。

5) 盾构掘进大坡度段同步注浆。大坡度施工中的壁后注浆材料，宜采用体积变化小，早期强度高的瞬结性材料。下坡度时，容易出现漏浆现象。出现漏浆现象可采取以下措施预防解决这一问题：

①同步注浆的同时应当注意盾尾油脂的及时填充，盾尾刷及盾尾油脂的配合使用能阻挡浆液倒流，避免漏浆。

②在盾尾油脂压注到位的情况下，盾尾漏浆大多是由注浆压力过高或注入速度过快造成，可以通过控制推进速度，调整同步注浆流量及调整注浆压力，防止浆液击穿盾尾漏浆。

③在出现漏浆的情况下，应当立即停止压浆，压注盾尾油脂，在管片间隙漏浆处塞上海绵条等防漏材料，待漏浆结束后在推进过程中适当加大注浆量，填补漏失的浆液，同时，根据监测报表决定是否进行壁后二次注浆

6) 盾构穿越建筑物及重要管线同步注浆。

①穿越建筑物及重要管线前，应当对建筑物的桩基基础类型、埋深、建造年代及管线的口径、埋深、走向等进行详细的勘查，综合考虑该处的地质情况确定同步注浆参数。

②同步注浆的浆液在填补建筑空隙时可能会存在一定间隙，且浆液的收缩变形也存在地面沉降的隐患，因此在隧道掘进的同时，根据地面监测情况，必要时进行二次壁后注浆，浆液视情况采用单液浆或双液浆。浆液通过管片的注浆孔注入地层，并在施工时采取推进和注浆联动的方式，注浆未达到要求，盾构暂停推进，以防止土体变形。根据施工中的变形监测情况，随时调整注浆量及注浆参数，壁后二次注浆根据地面监测情况随时调整，从而使地层变形量减至最小，达到保护建筑物及管线的目的。

7) 盾构掘进进洞段同步注浆。进洞段同步注浆施工除了填充建筑空隙，控制地面沉降外，还应配合盾构轴线控制，采取灵活多变的注浆方式，确保盾构顺利进洞，当盾构机靠上盾构基座后停止同步注浆，待盾构机进入完全停靠在盾构基座，洞门封死后再进行洞门的补压浆，防止水土流失。

8) 壁后二次注浆。

①盾尾间隙已在盾构施工同步注浆时充分填充，如再超量进行注浆，有可能扰乱土体，引起地面隆起和压实沉降等问题，所以二次注浆基本上不需进行。当出现管片漏水等现象

时，则根据实际情况，确定注浆方法和材料后，进行补充注浆。

②压浆时指派专人负责，对压入位置、压入量、压力值均作详细记录，并根据地层变形监测信息及时调整，确保压浆工序的施工质量。

③为防止浆液在注浆系统内的硬化，定时对工作面注浆系统及地面上的拌浆系统进行清洗，清洗时间根据实际情况确定。

壁后二次补注浆浆液配比见表4-10。

表4-10 壁后二次补注浆浆液配比(重量比)

水泥	粉煤灰	水	稠度
1	3	适量	9~11

(8)同步注浆常见问题及解决措施。

1)浆液质量不符合质量标准。

①现象：在盾构推进过程中，由于注浆浆液质量不好，使注浆效果不佳，引起地面和隧道的沉降。

②原因分析：

A.注浆浆液配合比不当，与注浆工艺、盾构形式、周围土质不相适应；

B.拌浆计量不准，导致配合比误差，使浆液质量不符合要求；

C.原材料质量不合格；

D.运输设备的性能不符合要求，使浆液在运输过程中产生离析、沉淀。

③预防措施：

A.根据盾构的形式、压浆工艺、土质情况、环境保护的控制要求及经济效益正确设计浆液配比，并通过试验，使其符合施工要求。

B.应在满足合理的精度前提下，考虑使用简单可靠的计量器具。同时应保养好计量器具，定时做检定。发现计量器具精度误差超标，应及时校正或换新。

C.对拌浆材料的质量进行有效的管理。保证各种材料采购的渠道，并附有相应的质量保证单。应按规定对材料进行质量抽检。

D.拌浆设备的工作环境差，使用中要定期维修保养，经常清洗拌浆机。如在使用中机械发生故障应及时修复，不能让设备带病作业。

E.浆液的输送应视浆液的性能而定，选择合理的输送方法。用管路输送时，管子的直径要适当；用拌浆车输送时，拌浆车上的拌浆机应有充分的搅拌能力。

F.加强对拌制后浆液的检测，要确保浆液的质量符合施工所需。

④治理方法：

A.不符合要求的浆液重新进行拌浆；

B.不符合质量要求的原材料不得使用；

C.如浆液经使用确认配比设计不合理，应及时作配合比的设计和试验，最好决定出实际应使用的配合比；

D.更换浆液运输设备，以适应浆液性能及压浆工艺。

2）沿隧道轴线地层变形量大。

①现象。沿隧道轴线地层变形过量，引起地面建筑物及地下管线损坏。

②原因分析：

A.盾构开始掘进后，如不能同步地进行注浆或注浆效果差，则会产生地面沉降；

B.盾尾密封效果不好，注浆压力又偏高，浆液从盾尾渗入隧道，造成有效注浆量不足；

C.浆液质量不好，强度达不到要求，不能起到支护作用，造成地层变形量过大；

D.注浆过程不均匀，推进过程中有时注浆压力大，注浆量足，有时注浆量少，甚至不注浆，造成对土体结构的扰动和破坏，使地层变形量过大。

③预防措施：

A.正确确定注浆量和注浆压力，及时、同步地进行注浆；

B.注浆应均匀，根据推进速度的快慢适当地调整注浆的速率，尽量做到与推进速率相符；

C.提高拌浆的质量，保证压注的浆液的强度；

D.推进时同时、均匀、经常地压注盾尾密封油脂，保证盾尾钢丝刷的使用功能。

④治理方法：

A.根据地面变形情况及时调整注浆量、注浆部位，对于沉降大的部位可采用补压浆的措施；

B.损坏的盾尾进行更换，或采用在盾尾内垫海绵的方法对盾尾进行堵漏；

C.注浆口离盾尾太近引起盾尾漏浆，可采用从管片上进行壁后注浆的方法，减少浆液的渗漏；

D.经常施测浆桶确定实际压出浆量，避免受盾构机计数器误导。

3）单液注浆浆管堵塞。

①现象。采用单液注浆时浆管堵塞，无法注浆，甚至发生浆管爆裂的情况，严重影响施工质量和进度。

②原因分析：

A.停止注浆的时间太长，留在浆管中的浆液结硬，引起堵塞；

B.浆液中的砂含量太高，沉淀在浆管中，使浆管通径逐渐减小，引起堵塞；

C.浆管的三通部位在压浆过程中有浆液积存，时间长了就沉淀凝固。

③预防措施：

A.停止推进时定时用浆液打循环回路，使管路中的浆液不产生沉淀。长期停止推进，应将管路清洗干净。

B.拌浆时注意配比准确，搅拌充分。

C.定时清理浆管，清理后的第一个循环用膨润土泥浆压注，使注浆管路的管壁润滑良好。

D.经常维修注浆系统的阀门，使它们启闭灵活。

④治理方法。将堵塞的管子拆下，将堵塞物清理干净后重新接好管路。

4）双液浆管堵塞。

①现象。双液注浆时浆管堵塞，无法注浆，甚至发生浆管爆裂的情况，严重影响施工质量和进度。

②原因分析：

A. 长时间未注浆，浆管没有清洗，浆液在管路中结硬而堵塞管子；

B. 两种浆液的注浆泵压力不匹配，B 液浆的压力太高而进入 A 液的管路中，引起 A 液管内浆液结硬，堵塞管子；

C. 管路中有支管时，清洗球无法清洗到该部位，使浆液沉淀而结硬。

③预防措施：

A. 每次注浆结束都应清洗浆管，清洗浆管时要将橡胶清洗球取出，不能将清洗球遗漏在管路内引起更严重的堵塞；

B. 注意调整注浆泵的压力，对于已发生泄漏，压力不足的泵及时更换，保证两种浆液压力和流量的平衡；

C. 对于管路中存在分叉的部分，清洗球清洗不到，应经常性通过人工对此部位进行清洗。

④治理方法。将堵塞部位的注浆管路拆卸下来进行清洗，然后重新安装恢复压浆。

4.2 浅埋暗挖法

4.2.1 浅埋暗挖法的定义与原理

（1）定义。在城镇软弱围岩地层中，在浅埋条件下修建地下工程，以改造地质条件为前提，以控制地表沉降为重点，以格栅（或其他钢结构）和锚喷作为初期支护手段，遵循"新奥法"大部分原理。按照"十八字"原则（即管超前、严注浆、短开挖、强支护、快封闭、勤量测）进行隧道的设计和施工，称之为浅埋暗挖技术。

浅埋暗挖法又称矿山法，起源于 1986 年北京地铁复兴门折返线工程，是中国人自己创造的适合中国国情的一种隧道修建方法。该法是在借鉴新奥法的某些理论基础上，针对中国的具体工程条件开发出来的一整套完善的地铁隧道修建理论和操作方法。与新奥法的不同之处在于，它是适合于城市地区松散土介质围岩条件下，隧道埋深小于或等于隧道直径，以很小的地表沉降修筑隧道的技术方法。它的突出优势在于不影响城市交通，无污染、无噪声，而且适合于各种尺寸与断面形式的隧道洞室。顾名思义，浅埋暗挖法是一项边开挖边浇筑的施工技术。

（2）基本原理。浅埋暗挖法依据新奥法（new austrian tunnelling method，NATM）的大部分原理，在施工中采用多种辅助施工措施加固围岩，充分调动围岩的自承能力，隧道开挖后采取适当的支护措施，使围岩或土层表面形成密贴型薄壁支护结构的不开槽施工方法，及时支护、封闭成环，使其与围岩共同作用形成联合支护体系，有效地抑制围岩过大变形，适用于在第四系无水土质或软弱无胶结的砂、卵石等地层修建覆跨比大于 0.5 的隧道；对于较高地下水位的类似地层，采取灌浆堵水或降水等措施后仍能适用。采用浅埋暗挖法修建的隧道多采用复合式衬砌。

（3）特点。

1）浅埋暗挖法不允许带水作业，如果含水地层达不到疏干，带水作业开挖面的稳定性将时刻受到威胁，甚至发生塌方。大范围的淤泥质软土、粉细砂地层，降水有困难或经济上选择此工法不合算的地层,不宜采用此法。

2)要求开挖面具有一定的自立性和稳定性。我国规范对土壤的自立性从定性上提出了要求:工作面土体的自立时间,应足以进行必要的初期支护作业。对开挖面前方地层的预加固和预处理,视为浅埋暗挖法的必要前提,目的就在于加强开挖面的稳定性,增加施工的安全性。

3)浅埋暗挖技术从减少城市地表沉陷考虑,还必须辅之以其他配套技术,如地层加固、降水等。从工程条件出发,还必须熟悉在不同条件下的马头门开挖,断面变化地段(诸如扩大、爬高、转弯等)开挖,由明挖进入暗挖的破桩,分部开挖完成及自下而上的二次衬砌前的"托梁换柱"以实现"力的转换"以确保安全等诸多关键技术。

4)注重施工方法的选择,尤其是地铁车站多跨结构和大跨结构。合理的机构形式和正确的施工方法能起到事半功倍的作用。

(4)与"新奥法"的关系。"新奥法"的核心是以维护和利用围岩的自承能力为基点,使围岩成为支护体系的组成部分,支护在与围岩共同变形中承受的是形变应力,因此要求初期支护有一定柔度以利用和充分发挥围岩的自承能力。而作用于浅埋隧道上的地层压力是覆盖层的全部或部分土柱重,其地层压力和支护的刚柔度关系不大,从减少地表沉陷的城市要求角度出发,还要求初期支护有一定刚度。设计时并没有充分考虑利用围岩的自承能力。这正是浅埋暗挖技术与"新奥法"的不同点。

但是,浅埋暗挖技术仍然遵循了"新奥法"施工的大部分原则,如:以锚喷作为初期支护手段;尽量减少围岩扰动,要求周边圆顺避免棱角突变处应力集中;初支与围岩密贴;量测信息反馈指导设计施工;等等。

(5)与明(盖)挖及盾构的关系。浅埋暗挖法既可作为独立的施工方法,也可以与其他施工方法结合使用,车站经常采用浅埋暗挖法与盖挖法相结合,区间隧道采用盾构法与浅埋暗挖法结合施工。浅埋暗挖法与其他工法有很强的兼容性。三者的应用情况见表 4-11。

表 4-11　浅埋暗挖法、明(盖)挖法及盾构法应用情况

工法名称	浅埋暗挖法	盾构法	明(盖)挖法
地质条件	有水需处理	各种地层	各种地层
地面拆迁	小	小	大
地下管线	不需拆迁	不需拆迁	需拆迁
断面尺寸	各种断面	不行	各种断面
施工现场	较小	一般	大
进度	开工快,总工期偏慢	前期慢,总工期一般	总工期快
振动噪声	小	小	大
防水	有一定难度	有一定难度	较易

4.2.2 基本要求

（1）采用浅埋暗挖法修建隧道时，应认真贯彻"管超前、严注浆、短开挖、强支护、快封闭、勤量测"18字原则。

（2）以喷射混凝土+网构钢架+钢筋网为初期支护（即一次衬砌）、二次衬砌为模筑钢筋混凝土，应在两层衬砌之间施作高材料的防水层。

（3）当隧道围岩为 V 类，由于其自稳能力差，必须采取预注浆加固地层后方可开挖。

（4）隧道开挖应在无水条件下进行。如遇地下水，根据工程具体情况选择人工降水或灌浆堵水措施，创造无水作业条件。

（5）隧道开挖应减少对围岩的扰动，保持隧道开挖轮廓圆顺。

（6）隧道的防水层及二次衬砌应在初期支护变形基本稳定的条件下再施作。

（7）施工前应根据施工规模、工期、围岩情况、现场条件编制施工组织设计，其内容包括：施工方法及技术措施、施工部署及质量、安全、环境措施等。

（8）开工前必须进行质量、安全及施工工艺的培训工作，建立各工序工艺卡片。

（9）施工期间必须加强施工管理，确保工序衔接，不间断地施工。

（10）监控量测工作应纳入隧道施工作业循环之中，作为工序循环的一个组成部分。

4.2.3 单跨隧道浅埋暗挖方法

采用浅埋暗挖法施工时，依据工程地质、水文情况、工程规模、覆土埋深及工期等因素，常用施工方法有全断面法、台阶法、中隔墙法（CD法）、交叉中隔墙法（CRD法）、双侧壁导坑法（眼镜法）、洞桩法（PBA法）、中洞法及侧洞法等。各施工方法示意及比较见表4-12。

表4-12　常用浅埋暗挖法分类及比较

施工方法	示意图	纵段示意图	重要指标比较			
			沉降	工期	支护拆除量	造价
全断面法			一般	最短	没有拆除	低
台阶法			一般	短	没有拆除	低
中隔墙法（CD）法			较大	短	拆除少	偏高

续表4-12

施工方法	示意图	纵段示意图	重要指标比较			
			沉降	工期	支护拆除量	造价
交叉中隔墙法（CRD法）	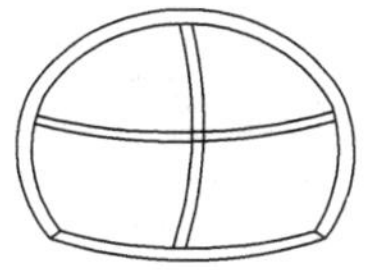	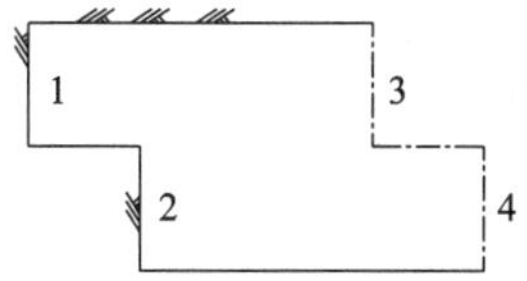	较小	长	拆除多	高
双侧壁导坑法（眼镜法）	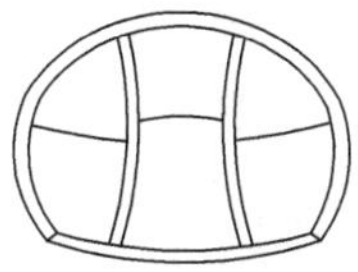	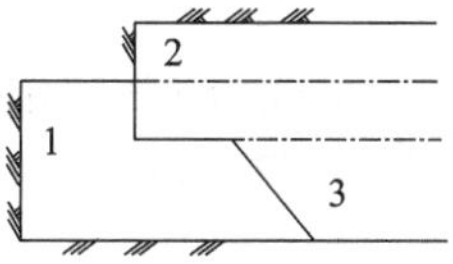	大	长	拆除多	高
洞桩法（PBA法）	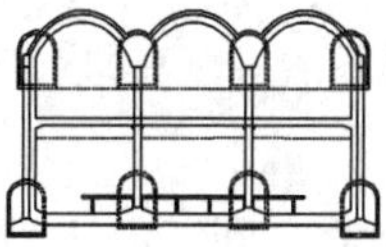	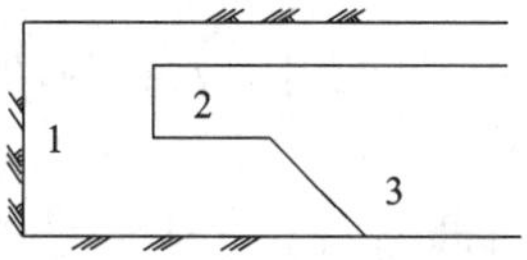	大	长	拆除多	高
中洞法	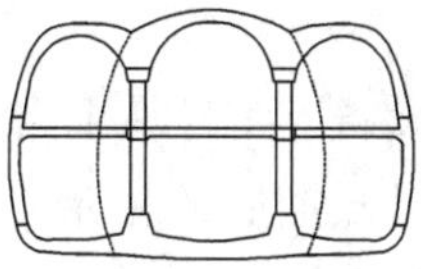	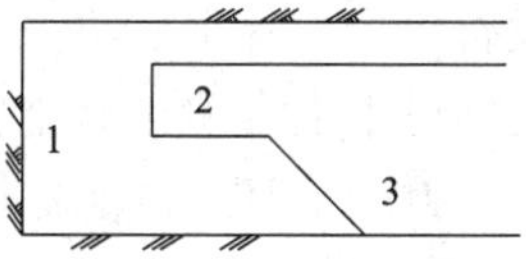	小	长	拆除多	高
侧洞法	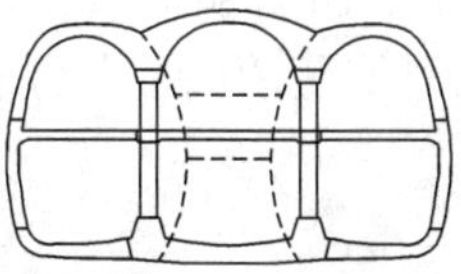	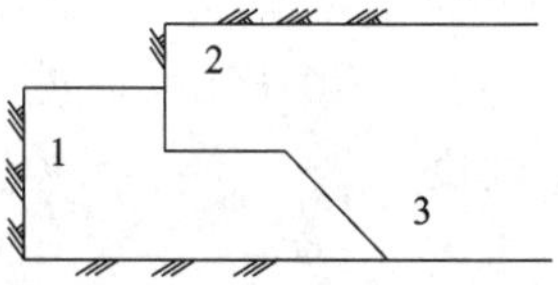	大	长	拆除多	高

对于单跨隧道，根据开挖断面大小，在一般条件下有如图4-33所示的开挖方法，在地质条件较差和拱部弧度较平缓时情况，10~12 m断面仍宜采用CD法。

（1）全断面开挖法。全断面法主要适用于较好围岩，全断面开挖法施工操作比较简单，为了减少对地层的扰动次数，在采取局部注浆等辅助施工措施加固地层后，也可采用全断面法施工。采用全断面开挖法有较大的作业空间，有利于采用大型配套机械化作业，提高施工速度，且工序少，便于施工组织和管理。但由于开挖面较大，围岩稳定性降低，且每个循环工作量较大。每次深孔爆破引起的震动较大，因此要求进行精心的钻爆设计，并严格控制爆破作业。

（2）台阶法。台阶法是最基本、运用最广泛的施工方法，而且是实现其他施工方法的重要手段。当开挖断面较高时可进行多台阶施工，每层台阶的高度常用3.5~4.5 m，或以人站立方便操作为标准选择台阶高度。当拱部围岩条件发生较大变化时，可适当延长或缩短台阶长度，确保开挖、支护质量及施工安全。

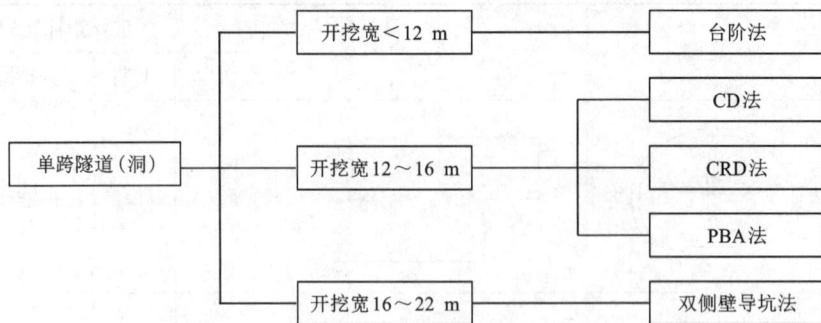

图 4-33 单跨隧道(洞)开挖方法

1)台阶分类。

①长台阶($L>5B$):长台阶对掌子面的稳定有利,但施工的干扰大;上台阶上设备、材料困难;上台阶向下台阶出碴困难;不能及时封闭成环,有时不得不在上台阶底板上作临时仰拱,这种方法在一般情况下不宜采用。

②中台阶($L=1.5\sim5B$):中台阶的特点介于上台阶和短台阶之间,由于台阶有一定长度,当拱部锚杆和初期支护壁后,注浆工作量大时可减少和上台阶开挖的施工干扰。由于上台阶的距离不长,喷混凝土和注浆设备仍可放在下台阶。

③短台阶($L=1\sim1.5B$):在土质隧道中上台阶不必上大型设备,而且从上台阶向下台阶运土的距离短,下半段能在$1\sim1.5B$内封闭成环,也能保证围岩开挖后的稳定,这种台阶长度在城市地铁的第四系地层中普遍采用。

④微台阶($L<B$):在满足掌子面开挖稳定要求、满足开挖下台阶时喷混凝土的强度和方便施工的原则下进行选择,一般用$3\sim4$ m。当使用反向挖掘机开挖装碴时,上台阶大部分可利用该机进行挖、装,可以提高施工速度。

2)辅助施工方法。

①环状开挖留核心土并设锁脚锚管:开挖上台阶时,Ⅱ级围岩地段宜采用环状开挖留核心土并做锁脚锚管。上台阶开挖留核心土有利于掌子面的稳定,减少地表沉陷,同时方便架设钢筋和喷混凝土,如图 4-34 所示。

②下台阶除可一次开挖外,根据地质条件又可分别选用图 4-35 所示的开挖方法。

下台阶先挖核心土施工速度较快,但有时施工不安全,一般不宜采用;留核心土施工较安全,但施工仍然不方便,仅在必要时使用;左右错进同样可以保证施工安全,而且施工方便,因此使用较广泛。

③初次支护背后注浆:拱部部分喷混凝土常因重力下沉而在围岩之间产生小的裂隙,在其壁后注浆有利于减少地表下沉。

④特殊不良地质条件在上台阶的底部设临时仰拱,或者在上台阶的拱顶下设临时立柱,有利于减少围岩的收敛和拱顶的下沉。

(3)CD 法和 CRD 法(中隔墙法和交叉中隔墙法)。中隔墙法也称 CD 工法,主要适用于地层较差和不稳定岩体,且地面沉降要求严格的地下工程施工。当 CD 工法仍不能满足要求

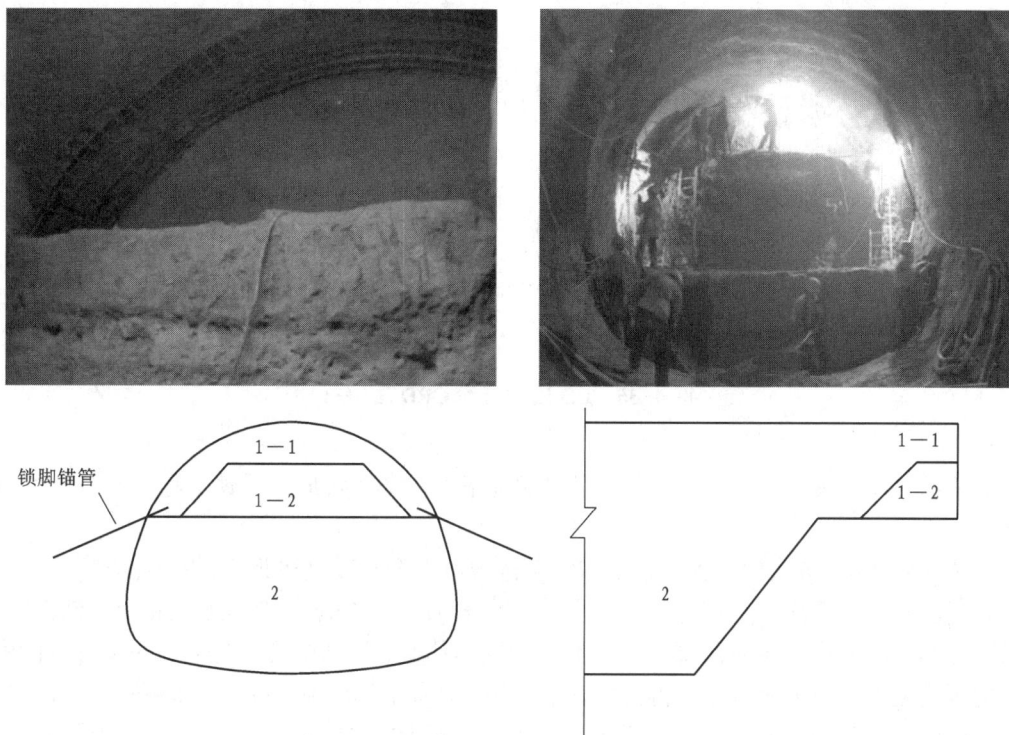

图 4-34 台阶法环状开挖留核心土法

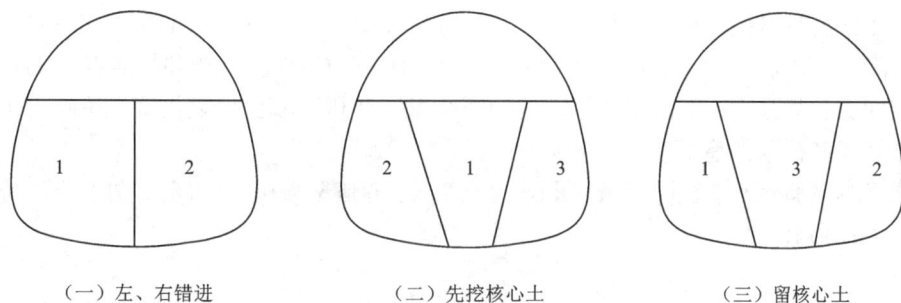

（一）左、右错进 （二）先挖核心土 （三）留核心土

图 4-35 台阶法下台阶的开挖方法

时，可在 CD 工法的基础上加设临时仰拱，即所谓的交叉中隔墙法（也称 CRD 工法）。CRD 工法的最大特点是将大断面施工转化成小断面施工，各个局部封闭成环的时间短，控制早期沉降好，每个步序受力体系完整。因此，结构受力均匀，形变小。另外，由于支护刚度大，施工时隧道整体下沉微弱，地层沉降量不大，而且容易控制（见图 4-36）。

进入 20 世纪 80 年代，日本和西欧在经历众多工法选择和权衡后，热衷于运用非掘进机方法处理浅埋软弱地层的地下工程，并在技术、经济上有所突破。

在 CD 法出现以前，惯用的方法除台阶法外，在断面较大和地质条件较差时，采用上半断面临时闭合法和眼镜工法。

图 4-36　CD 法(左)和 CRD 法(右)

最先采用 CD 法的工程是德国兰茨贝格城地下停车场和慕尼黑地铁工程以及日本的真米隧道。

最先采用 CRD 工法的工程是日本东叶高速线习志野台隧道和北习志野台隧道。

CD 法和 CRD 法实际上都是左右分块、上下分台的开挖方法,将大断面化成小断面施工,步步封闭成环,每个施工阶段都是一个完整的受力体系,结构受力均匀。而两种方法的不同处,前者是先将一个半块挖完后再挖另一个半块;后者是每层左、右开挖后再挖下层。CD 法和 CRD 法模筑混凝土施工方法,是先用支承替换法施作底板,即分段拆除中壁铺设防水板和施工底板,再用支撑恢复中壁,最后分段拆除中壁和临时仰拱,由初期支护承受荷载,完成墙、拱衬砌。

当然,当断面的高、宽尺寸不大(例如小于 10~12 m)、外形好(矢跨比大)的情况下采用 CD 法和 CRD 法时对控制地表的作用并不大。由于分块、分层多,对地层的多次扰动,对控制地表沉降反而不利。如果此时采用台阶法,把 CD 法、CRD 法中壁和临时仰拱的数量用在台阶法初期支护加强上,不但增加了结构的安全度,有利于减少地表沉降,还减少了中壁和临时仰拱施工和拆除的麻烦。

根据日本试验资料,在同等条件下开挖宽 9 m、隧道覆盖层 10 m 时,两种方法施工效果比较如表 4-13 所示。

表 4-13　CD 法、CRD 法施工效果对比

施工方法	地表总沉陷/mm	地表沉降最大化倾斜率/‰	侧向水平位移/mm
CD	77~84	6	20
CRD	26~30	2.3	9

由表 4-13 可看出 CRD 法比 CD 法的地表沉陷和结构侧向水平位移小 50%,因此在相同条件下推荐使用 CRD 法。目前我国城市地下工程以 30 mm 控制地表沉陷,以上试验资料是主要参考因素。

CRD 法是将原 CD 法先挖中壁一侧改为两侧交叉开挖方式,并步步封闭成环,流程为:开挖洞室①,施作初期支护→台阶法开挖洞室②,施作初期支护→开挖洞室③,施作初期支

护→台阶法开挖洞室④，施作初期支护→根据监测情况，纵向分段拆除临时仰拱及中壁→敷设防水层，施作二次衬砌及内部结构。其中，洞室①②③④为两两相邻的洞室分布。CRD 法即交叉中隔墙法，来源于英文"center cross diaphragm"。CRD 法的使用十分广泛，浅埋暗挖地铁车站三拱两柱和双拱单柱结构断面，其中洞和侧洞大断面自上而下的开挖均用 CRD 法实现。车站风道双层大断面及风道进入车站施工的抬高段，一般也是采用 CRD 法。CRD 法的每个步序均采用最基本的台阶法步骤。

（4）大断面暗挖方法。大断面车站开挖方法的选择，受地表沉陷影响较大，变大跨为小跨可减小地表沉陷；开挖分块越多，扰动地层次数增多地表沉陷就越大；一次支护及时、开挖支护封闭时间越快，地表沉陷就越小。当采用正确施工方法和相应的辅助施工措施后，可以达到安全、经济、快速施工的目的。

大断面暗挖主要集中在地铁车站及渡线段。主要工法包括洞桩法（PBA 法）、中洞法、侧洞法等。在大断面施工中以下几点值得注意：

①大断面化小断面，不是越小越好，要根据地层作调整，小断面固然开挖安全，但多次力的转换，易造成累计沉降过大。

②较好的方法为洞桩法，但洞桩法导洞多，洞内施工桩，作业条件差。

③中洞法较为安全，控制沉降好，但该法在完成中洞后，开挖侧洞，由于侧向抵抗侧压的减弱，会造成中洞过大变形，有的造成中拱二衬开裂，二衬不宜过早受力。

④多层导洞开挖，一般先从上部洞室开挖，然后落底。但是整体下沉总累计沉降较大。为减少累计沉降，可采取反复注浆措施，也可以考虑先挖下部导洞，逐层上挖，但每层开挖增加超前小导管。

1）PBA 法施工顺序。PBA 法即洞桩法，该方法的施工顺序是先进行上下各 4 个导洞的施工，在下导洞内作条形基础并由上导洞向下开挖护壁桩孔和立柱孔，分别吊装钢管柱和浇筑护壁桩，使之置于条形基础之上，然后进行上层开挖和初次支护，实施二次衬砌的顶梁、拱部和上部边墙，并用地模施作中隔板，再向下完成下部开挖和衬砌。在开挖左、右洞上台阶时，为平衡中洞拱脚向左、右的推力，在两柱顶纵梁之间设置水平拉杆，也可以在中柱和孔桩间的空隙进行回填，并在中柱穿过上、下导坑施工支护的缺口处，用塑料布包住钢管柱后用低标号混凝土填充。为保证中柱两条形基础的整体性，在其下导坑间中柱位置，每隔一柱间距横向开挖小导坑，先施作部分窄条底板（见图 4-37）。

如前所述，也可以用钻孔桩法施作边桩及中柱，并可取消下导坑，对控制地表沉降有利，但施工设备复杂，成本高，在有的地层中（例如漂石和直径较大的砂卵石地层）钻孔的速度慢，如果地质条件好，边桩可采用矩形挖孔桩底部扩桩的办法，取消边桩的下导坑和条形基础。

如果条件允许，也可以用挖孔桩代替钻孔桩。施工的方法是在边墙脚附近增加下导坑，在下导坑内施工条形基础，然后从上导坑向下施工孔桩和完成桩顶冠梁，以后的施工同前钻孔桩。如基底地质条件较好，可用矩形挖孔桩下部扩桩的方法取消下导坑和条形基础。该方法的特点是边桩可起到部分隔离作用，即减少对桩外土体的扰动，地面沉槽范围减少为左、右上导坑开挖高度的沉槽范围；同时，开挖上台阶时进行初期支护，拱脚有稳固的桩作为支点，下沉量很小，也避免了以后开挖下台阶时引起的下沉。因此，本方法对控制地表沉降和保护周边建筑和地下管线有利。

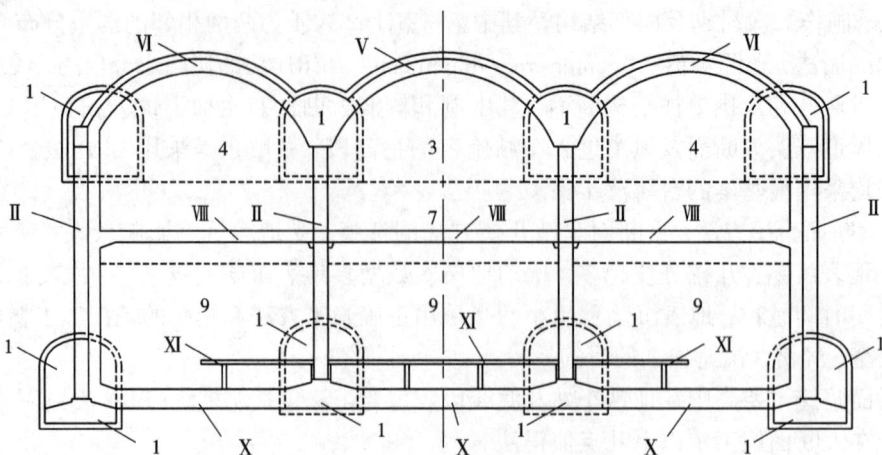

1—上下导坑错开距离开挖(包括初支)；2—孔桩开挖、底纵桩、中柱边桩、顶纵梁；3—中洞上台阶开挖(包括初支)；4—左右洞上台阶开挖(包括初支)；V—中洞拱部衬砌；VI—侧洞拱部衬砌；7—楼板以上土体开挖；VIII—楼板浇混凝土；9—剩余部分土体开挖；X—底板及底部边墙衬砌；XI—站台板浇筑。

图 4-37　PBA 法施工顺序图

该法最大优点是按照施工顺序，可以再横向扩大施作更大跨度结构，但因其需在两侧施作护壁桩而提高了造价，且在一个十分狭窄的小导洞内完成一系列的钢筋、立模、浇筑、吊装等操作，作业环境恶劣。采用 PBA 法地表沉降值比侧洞法、中洞法小，因此适用于一拱两柱等拱顶较平缓的断面。

2)侧洞法。施工顺序上是先同步开挖两个侧洞，而侧洞往往又是采用 CRD 法来完成。待侧洞封闭后，在侧洞内自下而上施作基础、立柱、边墙和边拱，顶住两侧洞上部土体，再在中部用正台阶自上而下开挖并完成中拱、隔板和基础，如图 4-38 所示。

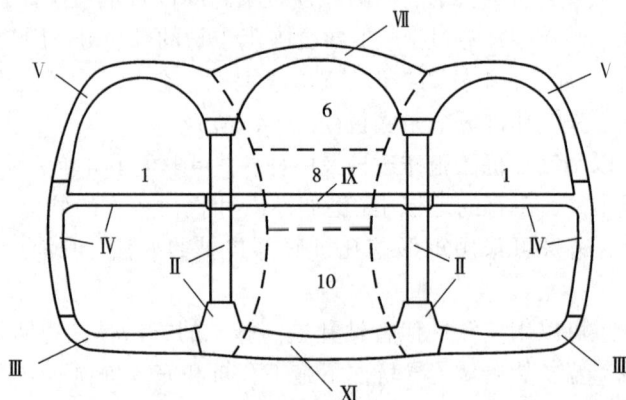

1—CRD 法开挖左、右洞包括初支和施工支护；II—柱底纵梁和钢管柱；III—左右洞底板；IV—分边墙和左、右洞楼板；V—左、右洞其余边墙和拱部；6—中洞上台阶环形开挖；VII—中洞拱部；8—中洞楼板以上土方开挖；IX—中洞楼板；10—中洞其余部分开挖；XI—中洞底板。

图 4-38　侧洞法施工顺序图

该法必须同步推进两个较大跨度的侧洞，以免产生不均匀推力，对地层扰动范围较大。

3）中洞法。中洞法在松散地层中修建地铁车站，因其在开挖和初次支护过程中横向影响范围小、沉降小、安全且避免了侧洞法施工时因施工误差而造成中洞拱部钢架安装困难，因此在北京地铁多座车站被推荐采用。

中洞开挖采用CRD法，完成中洞（六部或八部）封闭后，在中洞较大空间内自下而上完成基础、立柱、中隔板、顶梁和中拱，使之在中洞内形成一个庞大的刚体顶住上部土体。用正台阶法或CRD法完成两侧洞开挖支护和二次衬砌。

在开挖侧洞上台阶时，为平衡中洞拱脚向左右的推力，在两柱顶纵梁之间设置水平拉杆。该法工序单纯，中洞开挖充分利用各部分尽快封闭早成环，整体环套环特点，结构整体性好，具有广阔的使用前景（见图4-39）。

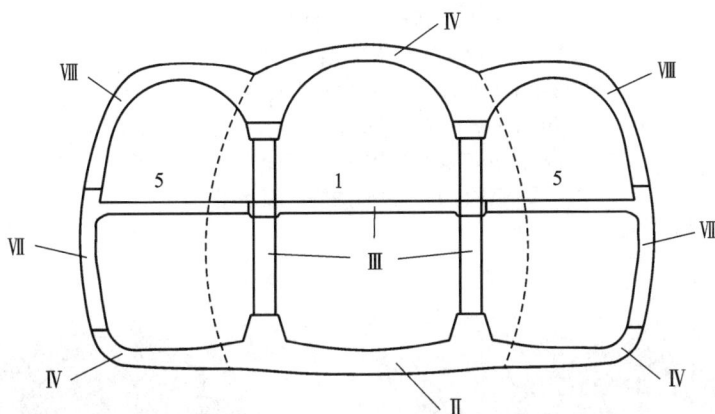

1—用CRD法开挖中洞（包括初期支护和施工支护）；Ⅱ—中洞底板底纵梁；
Ⅲ—钢管柱、楼板；Ⅳ—柱顶纵梁和中洞拱部；5—用台阶法开挖左、右洞；
Ⅵ—左右洞底板；Ⅶ—左右洞部分边墙和楼板；Ⅷ—左右洞其余边墙和拱部。

图4-39　中洞法施工顺序图

4）柱洞法。本方法具有PBA和中洞法的特点，即先挖柱洞完成中柱再开挖中洞。其他压力转换基本原理和中洞法相同。本方法主要用在一柱两洞设计拱部弧度平缓，采用一般中洞法可能有大的地面沉降值使用，如图4-40所示。

5）双侧壁导坑法。双侧壁导坑法也称眼镜法，是变大跨度为小跨度的施工方法，其实质是将大跨度分成三个小跨度进行作业，主要适用于地层较差、断面很大、三线或多线大断面铁路隧道及地下工程。该法工序较复杂，导坑的支护拆除困难，有可能由测量误差而引起钢架连接困难，从而加大下沉值，而且成本较高，进度较慢。一般采用人工和机械混合开挖，人工和机械混合出渣。

双侧壁导坑法（见图4-41）实际上是竖向分成3块，上、下仍是分台阶的开挖方法，先开挖两侧导坑后再开挖中间块。这种开挖断面大，竖向三块要求大致均匀，且侧导内要加横向撑，除非经过计算和量测反馈证明初期支护强度足以满足全断面衬砌要求，否则建议尽量采用分部衬砌。

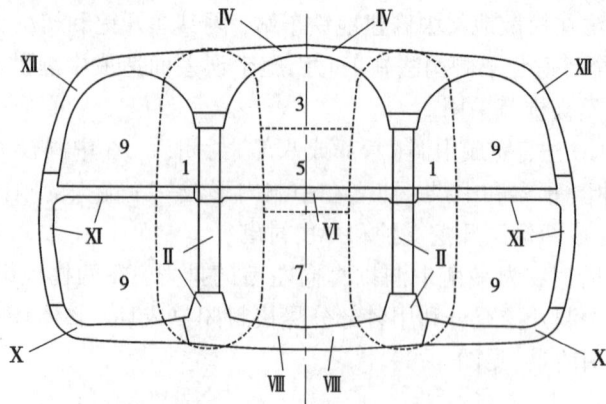

1—台阶法开挖柱洞（包括初期支护和施工支护）；Ⅱ—底纵梁、中柱、顶纵梁；3—中洞上台阶开挖；Ⅳ—中洞拱部；5—用台阶法开挖中洞楼板以上部分；Ⅵ—中洞楼板；7—中洞其他部分开挖；Ⅷ—中洞底板；9—台阶开挖左右洞；Ⅹ—左右洞底板；Ⅺ—左右洞部分边墙和楼板；Ⅻ—左右洞其余边墙和拱部。

图 4-40　柱洞法施工顺序图

图 4-41　双侧壁导坑法工程实例

4.2.4　浅埋暗挖法常用的配套技术

稳定地层的主要手段是用注浆加固隧道周边地层，要根据地质和施工的具体情况确定注浆的范围、压力和材料，达到改善地层的物理力学参数的目的，提高地层的自稳能力。即采用某些辅助施工措施，如小钢管棚、大管棚、小导管注浆、深孔注浆、超前小导管注浆、劈裂注浆、充填注浆及加固注浆等，另外还有一些小的辅助办法，如：开挖留核心土、喷射混凝土封闭开挖工作面、锁脚锚管、设置临时仰拱等。在有水地段尚需有降水或排水措施。为防止施工中地表下沉量过大，初期支护完成后，可采用背后充填注浆或加固注浆。辅助措施需根据地质情况、施工工法、进度要求及机械配套情况选择一种或几种。

（1）超前小钢管棚。超前小钢管棚一般只在起拱线以上沿环向设置。小钢管棚管径可先用 $\phi38\sim\phi50$ mm 钢管，一般选用 $\phi42$ mm 钢管。钢管环向间距视地质条件而定，一般为 0.2 ~0.4 m，沿拱部开挖外轮廓布置。管长一般为 3~8 m，钢管要顺直。钢管前端嵌固在地内层，末端支撑在钢拱架上，纵向两排钢管搭接的水平投影长度不得小于 1 m。管棚孔距离差不得大于 100 mm，外插角应符合设计要求，宜控制在 15°左右。浅埋暗挖法采用的小钢管棚多与超前小导管注浆合用。

（2）大管棚。在隧道覆盖层较薄、城市管网密集及其他各种因素造成的危险地段，为了控制地面沉降并有效地保证安全及地下管线的正常使用，宜采用大管棚进行超前支护。

在开挖工作面处应先架设受力拱架，并对工作面喷射厚度不小于 50 mm 的混凝土，进行封闭加固。钻机就位准确、安放牢固，钻杆轴线与管棚设计轴线相吻合，钻机钻进时不应产生偏移和倾斜。钻孔顺序一般从高孔位向低孔位顺序钻进。管棚钢管顶进过程中，须用测斜仪严格控制上仰角，一般控制在 3°以下。如设计有特殊要求，按设计执行。大管棚应注水泥沙或细混凝土，以填满管内空隙(见图 4-42)。

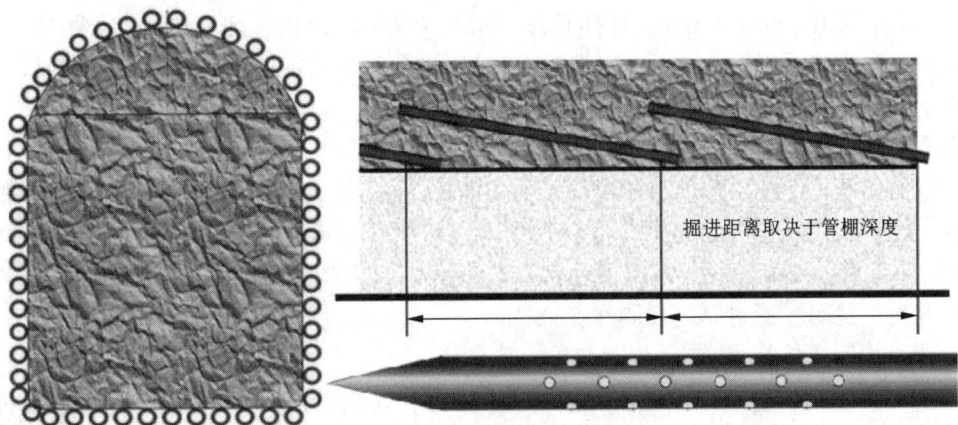

图 4-42 管棚支护

（3）小导管注浆。

1）原理。在软弱及破碎岩层施工中，超前小导管对松散岩层起到加固作用，注浆后增强了松散、软弱围岩的稳定性，有利于完成开挖后与完成初期支护时间内围岩的稳定，不至于围岩失稳破坏直至坍塌。适用于隧道拱部软弱围岩，松散、无黏结土层、自稳能力差的砂层及砂砾(卵)石层及破碎岩层。通过超前小导管注浆能改变围岩状况及稳定性，浆液注入软弱、松散地层或含水破碎围岩裂隙后，能与之紧密接触并凝固。浆液以充填、劈裂等方式，置换土颗粒间和岩石裂隙中的水分及空气后占据其位置，经过一定时间凝结，将原有的松散土颗粒或裂隙胶结成一个整体，形成一个结构新、强度大、防水性能良好的固结体，使得围岩松散破碎状况得到大幅度改善。

2）制作。注浆小导管一般选用 $\phi33\sim\phi50$ mm 焊接钢管，长度宜为 3~5 m。在小导管的前端做成约 10 cm 长的圆锥状，在尾端焊接直径 6~8 mm 钢筋箍。距后端 100 cm 内不开孔，剩余部分按 20~30 cm 梅花形布设直径 6 mm 的溢浆孔(见图 4-43)。

图 4-43　小导管注浆

3）参数。根据围岩边界地质条件、围岩状况、支护结构形式及隧道断面尺寸而定。一般超前小导管施工沿着开挖轮廓线 120° 范围设置。一般情况下：小导管长度 $L=$ 上台阶高度 $+2$ m。小导管直径：30~50 mm。外插角度一般控制在 10° 以内。注浆压力控制在 2 MPa 左右。浆液扩散半径一般为 0.5 m。注浆速度控制在 50~100 L/min。每循环小导管的搭接长度控制在 1~2 m。

4）安装。可采用引孔或直接顶入方式。

用电钻钻孔，孔直径大于小导管直径的 10~20 mm，孔深视导管长度而定。导管如插入有困难，可用带有顶进功能的风钻将套管顶入。用吹风管吹出孔内的杂物。小导管尾缠棉纱，使得小导管与钻孔密贴，并用棉纱将孔口堵紧。小导管安装后必须将其周围一定范围内用喷射混凝土封闭。喷射厚度控制在 5~8 cm。

5）注浆加固土体技术。

①在软弱、破碎地层中凿空后极易塌孔，且施作超前锚杆比较困难或者结构断面较大时，应采取超前小导管支护。超前小导管支护必须配合钢拱架使用。在条件允许时，也可在地面进行超前注浆加固；在有导洞时，也可在导洞内对隧道周边进行径向注浆加固。

②小导管注浆宜采用水泥浆、水泥砂浆或改性硅酸钠。浆液必须充满周围空隙，注浆量和注浆压力应由试验确定。小导管在隧道开挖时承受地层的压力，为保证灌浆质量防止漏浆，小导管的尾部需设置封堵孔。

A. 超前小导管单液水泥注浆。超前小导管采用风动注浆泵进行单液水泥注浆时，浆液配比一般按水灰比 0.8：1、1：1、1.5：1、2：1 配制，压力一般控制在 0.3~0.6 MPa 范围内。大管棚注浆配比一般按灰：砂＝1：3 或 1：2 配制，浆液均经反复多次加压灌注直至注不进为止。

B. 超前小导管改性硅酸钠注浆。稀释或配制浆液时，应严格控制加料速度，并不停地搅拌，以防浆液结块。制浆过程中宜采用电动机械搅拌，确保搅拌均匀，搅拌时应严防浆液溅出伤人。浆液的 pH 应根据现场地层情况试验确定。浆液应用滤网过滤，清除杂质。配制好的浆液应在规定的时间内用完，一般停放时间不得超过 30 min。注浆孔口最高压力应控制在 0.5 MPa 以内，以防压裂工作面。

进浆速度不宜过快，浆液扩散半径应不小于 0.3 m。采用定量注浆法注浆时，在压力逐渐上升，流量逐渐减少，每个孔的注浆量已达到预定的数量后，即可结束注浆。认真填写注浆记录。

③注浆施工应根据土质条件选择注浆法：在砂卵石地层中，宜采用渗入注浆法；在砂层中，宜采用挤压、渗透注浆法；在黏土层中，宜采用劈裂或电动硅化注浆法；在淤泥质软土层中宜采用高压喷射注浆法。

④注浆材料应具备良好的可注性，固结后应有一定强度、抗渗、稳定、耐久和收缩小，浆液须无毒，注浆工艺应简单、方便、安全，注浆材料的选用和配比的确定，应根据工程条件，经试验确定。

⑤注浆施工期应监测地下水是否受污染，应该防止注浆浆液溢出地面或超出注浆范围。

（4）水平旋喷法。开挖前进行水平旋喷加固土体，一般土柱直径为 30 mm，相互咬合搭接，形成整体壳体，开挖时起到棚护作用。目前一般旋喷长度为 20 m 左右，开挖 18 m，留 2 m 搭接。旋喷压力为不小于 20 MPa，覆土较薄时要减压，且适当缩小间距。目前采用旋喷加固土体主要问题是浆液流失较大，另外是长距离水平旋喷方向性偏差。水平旋喷施工期间会有较大沉降，有时可超过 10 mm，但开挖时沉降较小，初支背后压浆亦少，对于个别点棚护不好时，可补打小导管注浆处理。

（5）地表降水及洞内水理方法。地表井点降水是常用方法，在布置井点时应控制单井抽水量，在施工时做好反滤层，并且分段抽水，以减少因降水引起的地表沉降和减少地下水的流失。黏土层中夹有砂层或砂层中夹有黏土等，管井降水很难全部疏干，地层中存在残留水，这时经常采用水平排水和注浆止水等办法。

（6）冻结法。冻结法又称冷冻法，最早用于俄国金矿开采，后由德国工程师用于煤矿矿井建设，获得专利，技术趋于成熟，现在已广泛应用于地铁、基坑、矿井建设等工程中。冻结法适用于各类地层，主要用于煤矿井筒开挖施工。目前在地铁盾构隧道掘进施工，双线区间隧道旁通道和泵房井施工，顶管进出洞施工，盾构出发或到达端头、联络通道（见图 4-44）和区间隧道局部具流塑或流沙地层的止水与加固，以及地下工程堵漏抢救施工等方面也得到了广泛的应用。

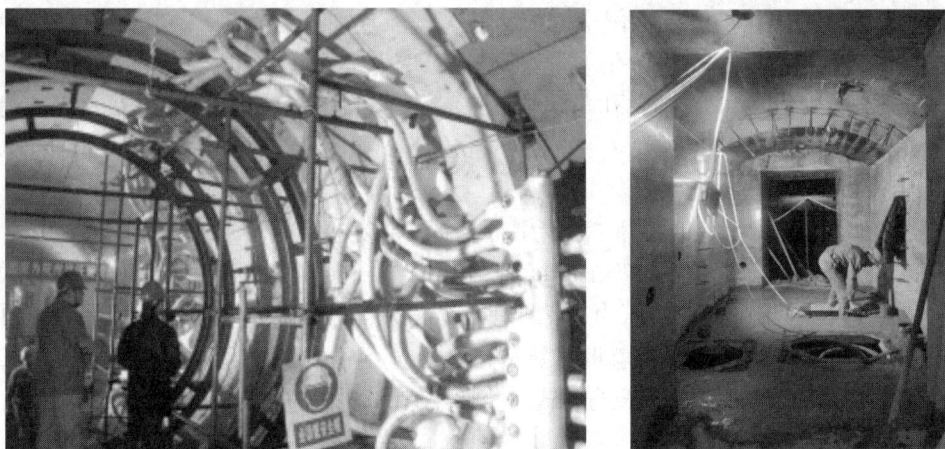

图 4-44　联络通道冻结法施工

冻结法既适用于松散不稳定的冲积层和裂隙发育的含水岩层，也适用于淤泥、松软泥岩以及饱和含水和水头特别高的地层。对于土中含水率非常小或地下水流速相当大的地层不适用。1883 年德国最早用冻结法开凿竖井，随后比利时、荷兰、英国、波兰、苏联、美国、加拿大等国也主要用此法开挖竖井。冻结法除广泛地用于矿山井巷工程以外，也用于修建地下铁道车站和自动扶梯斜隧道、地下洞室以及桥墩的深基础等工程，最大冻结深度已接近 500 m。

1）基本原理。冻结技术是利用人工制冷技术，使地层中的水结冰，把天然岩土变成冻土，增加其强度和稳定性，隔绝地下水与地下工程的联系，以便在冻结壁的保护下进行地下工程掘砌施工的特殊施工技术。其实质是利用人工制冷临时改变岩土性质以固结地层。冻结壁是一种临时支护结构，永久支护形成后，停止冻结，冻结壁融化。岩土工程冻结制冷技术通常利用物质由液态变为气态，即汽化过程的吸热现象来完成的。其制冷系统多以氨作为制冷工质，为了使氨由液态变为气态，再由气态变为液态，如此循环进行，整个制冷系统由氨循环系统、盐水循环系统和冷却水循环系统三大循环构成。

2）冻结法特点。

①可有效隔绝地下水，其抗渗透性能是其他任何方法不能相比的，对于含水量大于 10% 的任何含水、松散，不稳定地层均可采用冻结法施工技术；

②冻土帷幕的形状和强度可视施工现场条件、地质条件灵活布置和调整，冻土强度可达 5~10 MPa，能有效提高工效；

③冻结法是一种环保型工法，对周围环境无污染，无异物进入土壤，噪声小，冻结结束后，冻土墙融化，不影响建筑物周围地下结构；

④冻结施工用于桩基施工或其他工艺平行作业，能有效缩短施工工期。

3）主要机具设备。冻结法施工根据现场工程情况不同，所用机具设备也不同，主要包括螺杆冷冻机组、盐水泵、冷却水泵、冷却塔、钻机、电焊机、抽氟机等。

4）施工要点。

①冻结孔施工

A. 开孔间距误差控制在 ±20 mm 内。在打钻设备就位前，用仪器精确确定开孔孔位，以提高定位精度。

B. 准确丈量钻杆尺寸，控制钻进深度。

C. 按要求钻进、用灯光测斜，偏斜过大则进行纠偏。钻进 3 m 时，测斜一次，如果偏斜不符合设计要求，立即采取调整钻孔角度及钻进参数等措施进行纠偏，如果钻孔仍然超出设计规定，则进行补孔。

②冻结管试漏与安装。

A. 选择 $\phi63\times4$ mm 无缝钢管，在断管中下套管，恢复盐水循环。

B. 冻结管（含测温管）可采用丝扣连接加焊接。管子端部可采用底盖板和底锥密封。冻结管安装完，进行水压试漏，初压力 0.8 MPa，经 30 min 观察，降压 ≤0.05 MPa，再延长 15 min，以压力不降为合格，否则就近重新钻孔下管。

C. 冷冻站安装完成后要按要求进行试漏和抽真空，确保安装质量符合设计要求。

③冻结系统安装与调试。

A. 按 1.5 倍制冷系数选配制冷设备。

B. 为确保冻结施工顺利进行，冷冻站安装足够的备用制冷机组。冷冻站运转期间，要有两套的配件，备用设备完好，确保冷冻机运转正常，提高制冷效率。

C.管路可用法兰连接，在盐水管路和冷却水循环管路上要设置伸缩接头、阀门和测温仪、压力表、流量计等测试元件。盐水管路经试漏、清洗后用聚苯乙烯泡沫塑料保温，保温厚度为50 mm，保温层的外面用塑料薄膜包扎。集配液圈与冻结管的连接用高压胶管，每根冻结管的进出口各装阀门一个，以便控制流量。

D.冷冻机组的蒸发器及低温管路用棉絮保温，盐水箱和盐水干管用50 mm厚的聚苯乙烯泡沫塑料板保温。

E.机组充氟和冷冻机加油按照设备使用说明书的要求进行。首先进行制冷系统的检漏和氮气冲洗，在确保系统无渗漏后，再充氟加油。

F.设备安装完毕后进行调试和试运转。在试运转时，要随时调节压力、温度等各状态参数，使机组在有关工艺规程和设备要求的技术参数条件下运行。

④积极冻结阶段。积极冻结，就是充分利用设备的全部能力，尽快加速冻土发展，在设计时间内把盐水温度降到设计温度。旁通道积极冻结盐水温度一般控制在$-28 \sim -25$ ℃。

在冻结试运转过程中，定时检测盐水温度、盐水流量和冻土帷幕扩展情况，必要时调整冻结系统运行参数。冻结系统运转正常后进入积极冻结。

积极冻结的时间主要由设备能力、土质、环境等决定，上海地区旁通道施工积极冻结时间基本在35 d左右。

⑤维护冻结阶段。在积极冻结过程中，要根据实测温度数据判断冻土帷幕是否交圈和达到设计厚度，测温判断冻土帷幕交圈并达到设计厚度后再进行探孔试挖，确认冻土帷幕内土层无流动水后(饱和水除外)再进行正式开挖。正式开挖后，根据冻土帷幕的稳定性，提高盐水温度，从而进入维护冻结阶段。

维护冻结，就是通过对冻结系统运行参数的调整，提高或保持盐水温度，降低或停止冻土的继续发展，维持结构施工的要求。旁通道维持冻结盐水温度一般控制在$-25 \sim -22$ ℃。维护冻结时间由结构施工的时间决定。

采用冻结法施工时，需根据施工进度、冻土墙的需要强度、开挖顺序等，确定冻土墙的厚度、冻结管群的间距与行数，以及其长度、冻结顺序和解冻顺序等，从而选择必要的冻结设备。还须制订施工中的测定温度计划和测定点。根据测定结果，以连续或间断的供冷方式保持冻土墙的冻结。同时研究地层冻结时的膨胀和解冻时的下沉情况，预先制定测定方法和对策。此外，在地下构筑物施工时，必然要在接近$-10 \sim -5$ ℃的冻面处灌注混凝土，因此最好采用低温早强混凝土，否则要埋设加热器或敷设绝热材料，以减少冻土墙对混凝土的影响。地下构筑物完成后，要对冻结的地层进行均匀而连续的解冻，对埋深不大的地下工程，可停止供应盐水，令其自然解冻；如埋深很大时，则供应温度逐渐提高的盐水，进行人工解冻。此外，各国还有用液态气体蒸发制冷的。进行冻结时，只需用储气罐将液态氮运至工地直接注入冻结管即可，因此工地设备简单，但其缺点是液态氮使用不安全，有一定的危险性。

(7)深孔注浆。深孔注浆主要应用特别松散的砂砾石膏、空隙率大的砂层或回填土层的开挖。注浆管一般采用$\phi 30 \sim \phi 115$的焊接钢管。钢管长度$5 \sim 20$ m，在管壁的前端四周钻设$8 \sim 12$ mm的出浆孔。注浆管在开挖面上按设计要求布置，孔间距一般为$1.0 \sim 2.0$ m。浆液多采用水泥浆、水泥硅酸钠浆。注浆压力一般为$0.5 \sim 1.5$ MPa，不得超过2 MPa，浆液扩散半径1.0 m左右，浆液凝胶时间可根据地质特点及实际需要，并经试验选定。深孔注浆过程中，要特别注意防止损坏市政管网及其他设施。在指定注浆工艺时，要结合围岩的特性，经过试配，确定各种参数。浆液的凝胶速度和强度增长应符合施工设计要求。

（8）其他注浆。在流塑或软塑状砂黏土地层中，柱底或墙基加固需注特殊化学浆液。这些浆液的材料或工艺都要进行认真研究试配。

4.2.5　喷射混凝土

喷射混凝土，是用压力喷枪喷涂灌筑细石混凝土的施工法。常用于灌筑隧道内衬、墙壁、天棚等薄壁结构或其他结构的衬里以及钢结构的保护层。

喷射混凝土是浅埋暗挖法修建地下工程的关键工序，施工中应根据它的"及时性、密贴性、灵活性"等主要特点，严格工艺，认真操作，保证质量。喷射混凝土应紧跟开挖作业的掌子面施作，使其与掌子面围岩密贴。

（1）施工机具选择。选用性能良好的施工机具，不仅能保证工程质量，提高生产效率，同时也能减少回弹损失和洞内粉尘。

（2）喷射混凝土施工。在喷射作业之前，应将待喷面上的粉尘、杂物清理干净，并对断面尺寸进行核实。严格检查、准确掌握混凝土的配合比、外加剂的品种、掺加数量，并应搅拌均匀。认真检查喷射机具设备和管道。

喷射混凝土作业时，喷头与受喷面应垂直，根据风压的大小保持 0.6~1.0 m 的距离。喷射混凝土应从低向高，按螺旋轨迹均匀分层喷射。每层喷射厚度：边墙 70~100 mm，拱部 50~60 mm（后一层应在前一层终凝后进行，但不得超过 1 h），不得长时间对准一点一次喷成。操作过程中，应认真掌握规定的水灰比，使其达到表面平整、圆顺、光滑、无干斑或流淌滑坠现象，以保证喷层的质量。

钢支撑与开挖之间的空隙，必须用喷混凝土填实，喷射的混凝土应将钢支撑平整覆盖，钢支撑保护层厚度不得小于 4 cm。钢构件两侧也要认真喷射密实。

采用钢纤维喷射混凝土时，钢纤维在混合料中应分布均匀，不得结团。

冬季施工时，喷混凝土作业区的气温及料温不得低于+5 ℃。

地层中有地下水时，应先处理地下水。一般先将分散的地下水集中于一个或若干个汇水点排出，把大面积无水地段先喷好。喷射材料中宜加入高效防水速凝外加剂，待大面积喷好后，再处理局部的排水点。

（3）喷层厚度和强度。喷层厚度和强度按设计要求严格执行。不得有空鼓、漏筋、脱落、裂缝，渗漏水必须进行封堵。喷层要圆顺，凹凸不平小于±3 cm。

喷射混凝土用掺有速凝剂的混合料，存放时间不应大于 20 min，一般混合料存放时间不应大于 2 h。

（4）回弹量控制。按工程部位不同，回弹量控制标准也有所区别。施工过程中要尽可能减少喷射混凝土回弹量，回弹物要及时清理干净，不得再用。

（5）配合比及外加剂。

1）配合比：喷射混凝土的各种原料配合比，必须经试验确定。

2）外加剂：为了尽快获得喷层的早期强度，应采用速凝剂等外加剂，使用前必须做相容性及水泥净浆凝结效果试验。一般应满足初凝时间不大于 5 min，终凝时间不大于 10 min。

3）原材料称量：要求按重量计。允许偏差水泥和速凝剂为±2%，砂、石均为±3%。

4）初期支护背后压浆。为防止地表下沉量过大，初期支护后，宜进行背后压浆。背后压浆的距离与工作面之间不得小于 5 cm。压浆管一般布置在拱顶及两侧起拱线以上。压浆方式同超前小导管单液水泥注浆。

4.2.6　钢支撑与钢筋网

（1）钢支撑。在松散、自稳性能差的地层中，必须设置钢支撑。所采用的钢支撑，在满足强度和刚度要求的前提下，尽可能轻便，并在一定程度上可以互换，以利安装。

1）钢支撑的选材与制作。钢支撑选材应符合设计及有关规范要求。格栅构件和其他钢支撑必须具备必要的强度和刚度。加工成品必须尺寸准确，加工误差要在设计允许范围内。构件出厂或用于工程前，要按规定进行检验和试拼。尺寸误差应在设计允许范围之内。

2）钢支撑的运输与安装。

①运输：钢支撑在运输过程中，应防止变形。凡变形的钢支撑，未经调整合格，不得使用。

②安装：钢支撑安装前应认真除锈，并应做好各方面的准备工作，严格按设计规定的位置、中线、高程、间距、垂直轴线架设（设计有特殊要求例外）。安装时宜采用三台激光仪定位。钢支撑架设的倾斜度不得超过 2°，上下左右偏差不得大于 50 mm，两榀钢支撑的间距误差不得大于 100 mm。架设上台阶拱部钢支撑时，拱架必须稳固、准确、对称、拱脚须稳固、垫平，每片钢支撑应按设计要求，连接密贴牢固。安装后如发现钢支撑在地压作用下有扭曲、下沉等现象或征兆时，应立即采取可靠的加固措施。钢支撑之间，应按设计要求加设纵向连接筋或剪刀撑。以加强纵向刚度和整体性。并应按设计要求设置迷流测试块。

（2）钢筋网。

1）选材。

钢筋网通常选用 $\phi6 \sim \phi10$A3 钢筋制作。设计有特殊要求时，按设计执行。

2）制作。钢筋网一般在施工地点绑扎和焊接。钢筋网格间距宜为 150~300 mm，加工前应除锈。

3）安装。钢筋网须与锚杆、钢支撑和其他固定装置连接牢固。钢筋网片搭接长度不得小于 200 mm。

采用双层钢筋网时，第二层网应在第一层网被喷射混凝土覆盖后铺设。

4.2.7　防水工程

地下铁道的防水工程必须采取多道防线，进行综合治理，达到有效而又可靠的防水目的。

防水层的施工在初期支护基本稳定，并经验收合格后施作。防水层做法为多层时，在前一层验收合格后进行后一层的施工。复合机构的二次衬砌防水混凝土的浇筑在防水层验收合格后进行。防水工程必须在无水条件下施工。施工前应采取有效措施，治理好渗漏水。当管道、设备和其他预埋件需穿越防水层或防水混凝土时，应按设计或规范要求做好穿越后的防水处理。对防水层成品及甩茬应妥善保护，严禁在其上凿眼打洞，并严防相邻工序施工时损坏防水层。

（1）水泥砂浆防水层。水泥砂浆防水层如掺外加剂的水泥砂浆防水层、多层抹压法砂浆防水层、适用于混凝土结构的附加防水层。

（2）防水混凝土结构。地下铁道工程二次衬砌结构应采用防水混凝土，抗渗标号必须符合设计要求。区间不得低于 S6，车站不得低于 S8，防水混凝土的厚度、强度等均符合设计要求，配合比经试验确定。二次衬砌混凝土先后施工的两结构间衔接部位的"刹肩"空隙及混凝土收缩缝隙，用同级混凝土或高标号防水水泥砂浆压注灌实。橡胶止水带、遇水膨胀胶带条的设置基面应平滑、无杂物、铺设平顺、固定牢固、粘贴严密，街头搭接严密可靠，且不得置于转角处。防水混凝土不得出现深部裂缝。

（3）变形缝（或沉降缝）。变形缝应严格按设计要求设置和施工。变形缝止水带设置要求：

①安装基面应平整。

②止水带设置应准确，止水带圆环应处于变形缝中心线，并应铺设平整，固定牢固，粘贴严密。

③浇筑混凝土前止水带上的泥土、杂物、油污等应清除干净。

④止水带宜采用整条的，如需接长或接成环时，其接缝应胶接平整、严密且接缝宜设在水平部位，不得设在转角处，胶接长度、方式应符合设计要求。

⑤变形缝内应按设计要求填塞嵌缝材料。

⑥变形缝外部预留槽，应严格按设计要求施工。

（4）细部处理。在浇筑混凝土之前，所有预埋套管及其预埋件，均应检查无误，并应可靠固定。凡穿越防水混凝土结构的预埋管件均应按设计要求设置止水环，止水环须满焊，焊缝应严密。防水层与穿越防水层的管道连接处，应按设计要求做好防水处理。穿越防水层的预埋套管与其穿越线之间须用防水性能可靠的材料严密封堵。

4.2.8 二次衬砌及混凝土结构

（1）模板。现浇混凝土或钢筋混凝土结构所用模板和支架宜选用模板台车或定型金属模板。模板应有足够的强度、刚度和稳定性。模板尺寸准确，应满足设计图纸的要求，同时应易于安装、拆卸和移动。模板接缝严密，不得漏浆。

模板立好后，检查模板布局和中线、标高、几何尺寸，各种连接杆、件、扣的规格、质量和紧固情况，支承杆件的强度、着力点和钢模板的整体稳定性，各种预埋件和预留孔洞的规格、数量、位置及固定情况，钢模板的拼缝、内轮廓尺寸、板面平整度、垂直度、圆弧度、模板的清理、脱模剂的涂刷及规定的起拱高度，等等。

为便于有关工序的操作，确保混凝土的质量，应根据需要在安装的模板上留出检查口、清扫口、灌注窗和捣固孔。

区间断面跨度小于 6 m 的二次衬砌混凝土强度达到 2.5 MPa 即可拆模。其他混凝土结构拆除模板应满足规范对各类混凝土结构拆模的基本要求，拆模过程中已浇筑完成的结构应妥善保护，缺损之处按规定进行修补。对影响结构使用性能的缺陷，要按拟定的整改修补方案认真修改。破损或变形的模板未经修复严禁使用。

（2）二次衬砌。二次衬砌必须待初期支护基本稳定，渗、漏水点经处理确保不渗不漏后，经验收合格才能进行施工。二次衬砌混凝土配合比的试配方案必须在正式浇筑前进行审定，配比方案未经批准不得随意变更。

二次衬砌为防水混凝土,可采用商品混凝土,并用混凝土输送泵施工,泵送管径不宜小于 150 mm,有关各项指标要求如下:

①坍落度:需振捣时宜为 80~120 mm。

②自流式混凝土宜为 150~210 mm。

③水泥用量一般不少于 400 kg/m³(包括粉细料在内),配合比按试验室配方确定,同时骨灰比宜采用 5∶1,灰沙比不应小于 1∶2.8。

④水泥标号不得低于 42.5#。

⑤石子粒径,一般粒径应小于 40 mm。

⑥砂率宜控制在 40%~50%。

⑦每立方米混凝土中,粒径 0.315 mm 以下的砂不应少于 400 kg。

(3)二次衬砌的浇筑。二次衬砌浇筑前,应对所立模板的强度、刚度、稳定性、外形尺寸、中线、标高和各种预埋件,预留沟、槽、孔、洞等认真检查,并填写详细记录,隐检合格签证后,才能进行灌注。商品混凝土在运送过程中应不停搅拌。从混凝土装入搅拌罐车到工地卸出使用,不得超过初凝时间的一半。泵、管路在浇筑前应认真检查、清理、润滑,防止堵管,以保证浇筑连续作业。墙、拱两侧混凝土应对称均匀浇筑。浇筑拱顶混凝土时应加压灌满,正确设置施工缝。混凝土自高处倾落的自由高度不应超过 2 m。新浇混凝土未达到拆模强度不得扰动。浇筑完成后,应整理出完整、详细的记录。

(4)施工缝的留置与处理。

1)留设方法。施工缝的位置应设置在结构受剪力较小和便于施工的部位,且应符合下列规定:柱、墙应留水平缝,梁、板的混凝土应一次浇筑,不留施工缝。

①施工缝应留置在基础的顶面、梁或吊车梁牛腿的下面、吊车梁的上面、无梁楼板柱帽的下面。

②和楼板连成整体的大断面梁,施工缝应留置在板底面以下 20~30 mm 处。当板下有梁托时,留置在梁托下部。

③对于单向板,施工缝应留置在平行于板的短边的任何位置。

④有主次梁的楼板,宜顺着次梁方向浇筑,施工缝应留置在次梁跨度中间 1/3 的范围内。

⑤墙上的施工缝应留置在门洞口过梁跨中 1/3 范围内,也可留在纵横墙的交接处。

⑥楼梯上的施工缝应留在楼梯上三步的位置,并垂直于踏步板。

⑦水池池壁的施工缝宜留在高出底板表面 200~500 mm 的竖壁上。

⑧双向受力楼板、大体积混凝土、拱、壳、仓、设备基础、多层钢架及其他复杂结构,施工缝位置应按设计要求留设。

2)处理要求。施工缝连接方式应符合设计要求。设计无具体要求时,对于素混凝土结构,应在施工缝处埋设直径不小于 16 mm 的连接钢筋。连接钢筋埋入深度和露出长度均不应小于钢筋直径的 30d,间距不大于 20 cm,使用光圆钢筋时两端应设半圆形标准弯钩,使用带肋钢筋时可不设弯钩。混凝土施工缝的处理还应符合下列要求:

①当旧混凝土面和外露钢筋(预埋件)暴露在冷空气中时,应对距离新、旧混凝土施工缝 1.5 m 范围内的旧混凝土和长度在 1.0 m 范围内的外露钢筋(预埋件)进行防寒保温。

②当混凝土不需加热养护且在规定的养护期内不致冻结时,对于非冻胀性地基或旧混凝

土面，可直接浇筑混凝土。

③当混凝土需加热养护时，新浇筑混凝土与邻接的已硬化混凝土或岩土介质间的温差不得大于 15 ℃；与混凝土接触的地基面的温度不得低于 2 ℃。混凝土开始养护时的温度应按施工方案通过热工计算确定，但不得低于 5 ℃，细薄截面结构不宜低于 10 ℃。

④应凿除已浇筑混凝土表面的水泥砂浆和松弱层，凿毛后露出的混凝土面积不低于 75%。凿毛时，混凝土强度要求：Ⓐ用人工凿毛时，不低于 2.5 MPa；Ⓑ用风动机等机械凿毛时，不低于 10 MPa。

⑤经凿毛处理的混凝土面应用水冲洗干净，但不得存有积水。在浇筑新混凝土前，对垂直施工缝宜在旧混凝土面上刷一层水泥净浆，对水平施工缝宜在旧混凝土面上铺一层厚 10～20 mm、比混凝土水胶比略小的胶砂比为 1∶2 的水泥砂浆，或铺一层厚约 30 cm 的混凝土，其粗骨料宜比新浇筑混凝土减少 10%。

⑥施工缝为斜面时，旧混凝土应浇筑成或凿成台阶状。

（5）混凝土结构。除二次衬砌外，梁板结构的混凝土不得出现水平施工缝，竖向施工缝应满足受力要求。

（6）二次衬砌有害裂缝的处理。影响使用的裂缝应用水泥砂浆、丙酸盐类、环氧树脂或环氧树脂砂浆及其他可靠的防水嵌缝或补强。

（7）养护。已浇筑完的混凝土，应在拆模后进行养护。混凝土养护期不得少于 7 d，防水混凝土不得少于 14 d。浇水次数应能保持混凝土具有足够的湿润状态。养护用水与拌和用水标准相同。

当混凝土表面不便于浇水养护时，宜采用涂刷保护层（薄膜养生液等）或喷雾法加以养护。

4.3　洞门接口工程施工

（1）洞门接口概述。盾构区间进出洞时设计特殊的进出洞环，环上紧靠车站端墙面上预埋有钢环板。洞门后浇环梁内部分结构需与车站端墙空口预埋钢环、管片上的预埋钢板通过焊接连接起来，以增加洞门结构的整体性。

（2）洞门预埋件的制作与安装。

1）洞门预埋件的制作。洞门预埋件包括：为满足盾构机进出洞，需要临时封堵洞门端头，要求设置环状钢板及为保证洞门结构与车站端墙保持刚性接头的预埋钢筋等。为了环板能够牢固地嵌入端墙结构内，环板背面环向间隔 15° 焊接一根长 100 mm 的 φ16 螺纹钢筋并与结构钢筋相连。环板加工成型后，待相关工程施工时及时预埋其中。

为保证洞门的刚性接头，在车站内墙中预埋 2 环 72 根 φ16 钢筋，每根钢筋锚固长度不小于 48 cm，出露长度 10 cm，环向间隔 10° 预埋 1 根。

车站或始发到达井内墙混凝土浇筑至洞门位置时，将已分块制作好的环状钢板精确定位后连接在模板内侧，然后浇筑混凝土。在施作过程中应保证：

①环板位置的偏差不得大于 5 mm，环板必须牢固地嵌入混凝土，不得因松动而影响使用。

②盾构机进出洞前，在预埋好的环板上依次安装螺栓、帘布橡胶板、环状板及折页式压

板，最后拧紧螺母。

③洞门施工时将洞门钢筋与内墙预埋钢筋焊接起来，搭接长度不小于 $5d$，然后立模浇筑洞门混凝土。

（3）洞门施工工艺流程。洞门衬砌施工前先要拆除洞口环管片，按设计铺设防水层，安装遇水膨胀橡胶止水带，绑扎钢筋，确保洞门钢筋与端墙结构连接牢固，立模后浇筑混凝土。

洞门施工工艺流程详见图 4-45。

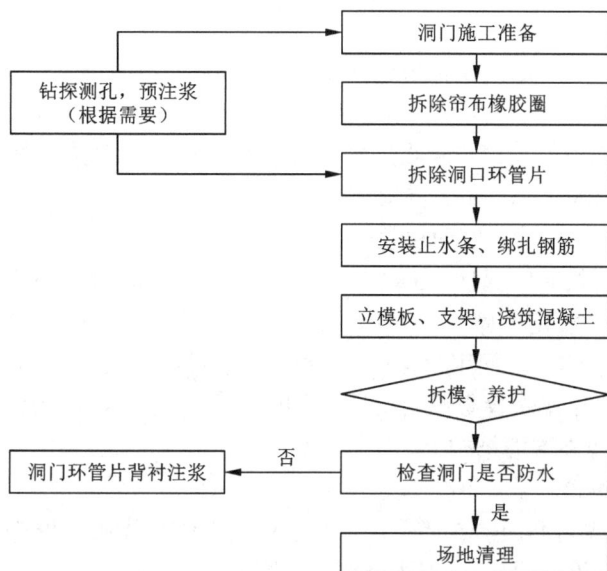

图 4-45　洞门施工工艺流程图

（4）洞门主要施工方法。

1）拆除洞门帘布、管片。洞门施工之前，首先对近洞口 3 环管片进行处理，从衬砌压浆孔内注入聚氨酯水泥浆，待其固结后再将洞口临时密封(折页式压板、帘布橡胶板等)拆除干净，利用专用工具进行洞门环的拆除，先拆一块邻接块，然后再自上而下依次拆除。砂浆凿除采用人工手持风镐施工，凿至洞门圈内混凝土表面完全出露，清理干净。

2）洞门防水施工。区间隧道的洞门处结构复杂，拐角(又称盲区)多，施工缝多，是防水工作的难点，也是防水工作的重点。盾构机在进出隧道时，管片缺乏后座顶力，管片间的压力松弛，接缝间隙一般稍大，易渗漏水，因此靠近洞门的盾构区间隧道也是防水的重点，应足够重视。

洞门施工中除采用防水混凝土外，在洞门和区间隧道管片及和车站(或始发井、吊出井)结构的刚性接头中设置缓膨型遇水膨胀止水条。在主体完工后，对全部缝隙进行嵌缝施作，根据施工具体情况，必要时可进行提前预注浆或施工时预埋注浆管进行后注浆。

现浇洞门的施工要严格按设计的防水要求进行施作。施工时若在洞门处有水渗漏，则应进行导流，布置好导流管后再浇灌混凝土(待混凝土达到一定的强度再注以化学固结剂进行封堵)。洞门施工完成后，在拱顶部分通过衬砌压浆孔向洞门管片背衬补充压浆以提高洞门防水性能，压浆完毕后检查防水效果，必要时再次注浆。

洞门采用 C30 防水混凝土，竖向、环向施工缝各设置缓膨型遇水膨胀止水条，形成防水结构。在主体完工后，进行嵌缝作业，并注入密封剂。

3）衬砌施工。

①绑扎钢筋。钢筋在地面进行加工，保证主筋弧度准确、圆顺；运至工作面进行绑扎、焊接，利用预埋钢筋或植筋作为固定钢筋；模板侧的钢筋绑上混凝土预制块，以保证混凝土保护层厚度，避免发生漏筋现象。

钢筋绑扎、焊接完备后，利用电桥检验钢筋与管片预埋钢板以及洞门钢环是否接通，若接不通必须补焊。

②立模、浇筑混凝土。洞门模板采用按设计图特殊加工的钢模板，确保洞门的尺寸精度，立模前涂脱模剂，确保混凝土表面的光洁、美观。

模板、钢筋、止水条等经检查验收达到设计、规范要求后浇筑混凝土，采用商品泵送混凝土，坍落度控制在 100～120 mm，混凝土直接泵送入模，分层浇筑，插入式振捣器捣固均匀，确保混凝土密实，无蜂窝、麻面现象。

③拆模、养护。拆模时间保证 3 d 以上，拆模时注意避免磕碰混凝土边角。洒水养护，保证 14 d 龄期内混凝土表面湿润。

④洞门保圆措施。钢模之间用螺栓连接，模板安装经精确定位后，沿径向每 36°设一径向支撑杆，以防模板变形；端头模板设斜支撑，防止跑模；为防止混凝土浇筑时模板上浮，上部模板焊接支撑，顶部撑在端墙结构上。

（5）洞门施工注意事项。

1）拆除管片前，先对洞门前 5 环管片背侧进行二次注浆补强，再进行洞门施工。

2）切割或拆除管片时要慎重，不要损坏相邻管片。

3）洞门与隧道、始发端墙密贴稳固连接，并保证车站与隧道刚性连接。

4）遇水膨胀橡胶止水条要粘贴紧密，位置准确无误，不能松动、破坏已粘贴牢固的遇水膨胀橡胶止水条。

5）严格按施工配合比拌制混凝土，严格控制水灰比，混凝土捣固均匀密实，确保混凝土强度、防水等级满足设计要求。

4.4 区间隧道施工监测

4.4.1 概述

（1）基本要求。

1）在城市、乡村进行盾构施工，施工环境、监控量测内容差别较大。盾构施工中应结合施工环境、地层条件、施工方法与进度确定监控量测方案。

2）监控量测目的是要及时、客观反映观测对象的变形状况，因此方案必须可靠、科学，对于有可能突发的安全事故必须有应对的监测方案。

3）在监控量测中应根据观测对象的变形量、变形速率等调整监控量测方案。

4）地上、地下同一断面内的监控量测数据以及盾构施工参数应同步采集，以便进行分析。

5)选择的监控量测的仪器和设备,应满足量测精度、抗干扰性、长期使用等要求。

(2)监测的主要作用。盾构施工是一个动态过程,与之有关的稳定和环境影响也是个动态过程。通过对盾构施工过程中围护结构、洞室主体及周边环境进行三维空间全方位、全过程的监测,一方面为工程决策、设计修改、工程施工和工程质量管理提供第一手的监测资料和依据,另一方面,有助于快速反馈施工信息,以便及时发现问题并采用最优的工程对策。

1)通过监测了解地层在施工过程中的动态变化,明确工程施工对地层及周边环境的影响程度及可能产生失稳的薄弱环节,并对可能发生的危及环境安全的隐患或事故提供及时、准确的预报,以便及时采取有效措施,避免事故的发生。

2)通过监测了解支护(围护)结构及周边建(构)筑物的变形及受力状况,并对其安全稳定性进行评估。

3)通过监测了解施工方法的实际效果,并对其进行适用性评价。及时反馈信息,调整相应的开挖、支护参数。

4)通过监测,收集数据,为以后的工程设计、施工提供参考和积累经验。

(3)施工监测管理。

1)工程施工前,根据现场的实际情况(尤其危房建筑)及工程的施工进度,编制详细的监测实施作业计划及其相应的保证措施,作为施工生产计划中的一项重要内容,同时报请监理工程师和业主批准。

2)成立专门的监测小组,保证监测人员有确定的时间、空间和相应的监测工具,确保监测成果及时准确。

3)施工监测紧密结合施工步骤,测出每一施工步骤时的变形影响,同时计算出各测点的累计变形。

4)监测人员及时整理分析监测数据,绘制各种变形和时间的关系曲线,预测变形发展趋向,及时向总工程师、监理和业主汇报,若发现异常情况,随时与监理、业主联系,采取有效措施,做好预防。

5)根据监测结果及时调整施工步骤及采取相应的技术措施,确保施工及周围环境的安全。

4.4.2 施工监测内容与方法

(1)监测依据。

1)正常施工情况下的具体监测要求,如不同的施工工艺对各项变形的限差等;

2)施工区域土壤及地下水情况;

3)隧道施工影响范围内现有房屋建筑、各种构筑物的形状、尺寸、与隧道轴线的相对位置;

4)隧道填埋的深度;

5)双线隧道的间距或施工隧道与近旁大型、重要公用管道的间距;

6)隧道设计的安全储备系数。

(2)监测内容。

盾构掘进施工,应根据工程及水文地质条件、地面环境条件以及隧道埋深等,按表4-16对地层和结构进行动态监控量测。

表 4-16　盾构施工监控量测项目

类别	量测项目
必测项目	地表隆陷
	地表建(构)筑物变形
	隧道沉浮和水平位移
选测项目	地中位移
	衬砌环内力和变形
	地层与管片的接触应力

　　穿越江、河等特殊地段的监控量测项目应根据设计要求制定。进行垂直位移测量时，应在变形区外埋设观测基点，观测基点一般不少于 3 个，在寒冷地区观测基点应埋设在冻土层以下稳定的原状土层中，或埋设在稳固的建(构)筑物的墙上；进行水平位移测量时，应建立水平位移监测网，宜采用具有强制归心装置的观测墩和照准装置。采用物理传感器进行监控量测时，应按各类仪器的埋设规定和监控量测方案的要求埋设传感器，进行观测。垂直位移测量可采用静力水准测量方法，静力水准的埋设、连接、观测、数据处理等应符合其相关技术要求，测量精度同大地测量方法要求的精度相同。观测点应埋设在能反映变形、便于观测、易于保存的部位。

　　1)地面环境沉降测量。隧道环境监控量测应包括线路地表沉降观测、沿线邻近建(构)筑物变形测量和地下管线变形测量等。

　　线路地表沉降观测应沿线路中线按断面布设，观测点埋设范围应能反映变形区变形状况。宜按表 4-17 要求设置断面。地表地物、地下物体较少地区断面设置可放宽。

表 4-17　地表沉降观测断面设置要求　　　　　　　　　　单位：m

隧道埋设深度	观测点纵向间距	观测点横向间距
$H>2D$	20~50	7~10
$D<H<2D$	10~20	5~7
$H<D$	10	2~5

　　注：H 为隧道埋设深度，D 为隧道开挖宽度。

　　对环境监控区内建(构)筑物，应根据结构状况、重要程度、影响大小有选择地进行变形量测。

　　环境监控区内邻近地下管线变形量测一般应直接在管线上设置观测点。对无法直接观测的管线，可在周围土体中埋设沉降仪或位移计间接测定变形。

　　环境监控量测应在施工前进行初始观测，并应从距开挖工作面前方 $H+D$（H 为隧道埋深，D 为隧道外直径）距离处开始，直至观测对象稳定时结束。

　　变形测量频率一般应按表 4-18 执行。

表4-18　变形测量频率

变形速度/(mm·d⁻¹)	施工状况	测量频率/(次·d⁻¹)
>10	距工作面1倍径	2/1
10~5	距工作面1~2倍洞径	1/1
4~1	距工作面2~5倍洞径	1/2
<1	距工作面>5倍洞径	1/7

盾构穿越地面建筑物、铁路、桥梁、管线等时除应对穿越的建(构)特进行观测外，还应增加对其周围土体的变形观测。

2)隧道结构监控量测。隧道结构监控内容应包括：盾构始发井、接收井结构和隧道衬砌环变形测量，特殊情况还应进行管片应力测量。

隧道管片环的变形量测包括水平收敛、拱顶下沉和底板隆起。水平收敛一般采用收敛仪或测距仪测量，拱顶下沉和底板隆起一般采用精密水准仪量测。

隧道管片应力测量应采用应力计量测。

初始观测值应在管片浆液凝固后12 h内采集。

变形量测频率参见表4-18。

3)资料整理和信息反馈。宜利用计算机和相关软件实行监控量测数据采集实时化、数据处理自动化、数据输出标准化，并建立监控量测数据库。

应结合施工和现场环境状况对监控量测数据定期进行综合分析，并应绘制出隧道环境变形、地表沉降、隧道水平收敛、拱顶下沉等时态曲线图。

对时态曲线进行回归分析时，应选择与实测数据拟合较好的函数，并对变形趋势进行预测。

当实测变形值大于允许变形的2/3时，要及时通报相关部门并采取措施控制变形。

每次监控量测完成后应提供书面报告。

工程竣工后应提供监控量测技术总结报告。

(3)监测方法。

1)地表沉降监测。地表沉降监测是采取精密水准测量的方法测量地铁盾构隧道上方地表的标高。

在沉降测量区域埋设地表桩，地表桩一般沿盾构隧道的轴线每隔3~5 m设置一个，同时，适当布置几排横向地表桩，便于测量盾构施工引起的横向沉降槽的变化。

在远离沉降区域，沿地铁隧道方向布设监测基准点，并进行基准点联测。

按照监测方案规定的观测频率，用精密水准仪进行测量，并计算每次观测的地表桩高程。

如果地铁盾构隧道上方是道路，在进行道路沉降观测时，必须将地表桩埋入地面下的土层里，才能比较真实地测量出道路的沉降。

如果地铁盾构隧道上方有地下管线，在监测时，对重点保护的管线，应将测点设在管线上，并砌筑保护井盖，一般的管线可在其周围设置地表桩进行监测。

2)土体沉降和深层位移监测。监测盾构施工引起的土体分层沉降和深层位移量可了解土层被扰动的范围和影响程度。

土体分层沉降是指土层内离地表不同深度处的沉降或隆起，通常用磁性分层沉降仪量测。

土体深层位移是指土层不同深度的水平位移，通常采用测斜仪进行测量。

土体沉降和深层位移监测都是在隧道两边或底部钻孔预埋测管，两者可共用一个测管。

3）土体回弹测量。在地铁盾构隧道掘进中，由于卸除了隧道内的土层，因而引起隧道内外影响范围内的土体回弹。

土体回弹测量就是测量地铁盾构隧道掘进后，相对于地铁盾构隧道掘进前的隧道底部和两侧土体的回弹量。

一般是在盾构前方埋设回弹桩，观测施工过程中底部土体的回弹量，具体可以采用精密几何水准测量的方法进行。

埋设回弹桩时，要利用回弹变形的近似对称性，应埋入隧道底面以下 20~30 cm，根据土层土质的情况，可采用钻孔法或探井法。

4）土体应力和孔隙水压力测量。对土体应力和孔隙水压力测量，能了解盾构的施工性能，了解盾构的施工对土层的扰动程度以及预测固结沉降量，可及时调整施工参数，减少对土层的扰动。

土体应力和孔隙水压力测量主要是采用钻孔埋设法埋设土应力盒和孔隙水压力探头等传感器。

利用这些传感器获取土体的温度和水压力，通过计算得到需要的观测数据。

这些测点主要埋设在隧道外围。

5）相邻房屋和重要结构物的变形监测。地铁盾构隧道掘进中，对盾构直接穿越和影响范围内的房屋、桥梁等构筑物必须进行保护监测。

建筑物的变形观测可以分为沉降观测、倾斜观测和裂缝观测三部分内容。

沉降观测的观测点设在基础上或墙体上，另外在构筑物外的表面上和构筑物底板上有时也需设一些观测点，用精密水准仪进行测量。

构筑物倾斜监测可采用经纬仪测量方法，也可在墙体上设置倾斜仪，连续监测墙体的倾斜。

构筑物的裂缝可用裂缝观测仪测得。

6）相邻地下管线的变形监测。相邻地下管线的监测内容主要为管线垂直沉降，其测点布置和监测频率应在对管线状况进行充分调查，与管线单位充分协商后确定。

调查内容包括以下三个方面：①管线埋置深度和埋设年代；②管线所在道路的地面人流与交通状况；③隧道施工过程中地下管线的预计沉降。

布点方式：目前，管线垂直沉降布点方法主要采用间接测点和直接测点两种形式。

①间接测点又称监护测点，常设在管线轴线相对应的地面或管线的窨井盖上，由于测点与管线本身存在介质，因而测试精度较差，但可避免破土开挖，可以在人员与交通密集区域或设防标准较低的场合采用。

②直接测点是通过埋设一些装置直接测读管线的沉降，常用方案有抱箍式、套筒式。

7）隧道沉降和水平位移监测。传统的隧道沉降和水平位移监测方法是在隧道的顶部或腰线处设立观测点，然后用常规的水准测量方法进行沉降量的测量，同时，以隧道轴线和其轴线的垂直方向建立坐标系,用导线测量的方法测量所有观测点的坐标,以此来推算隧道水平位移量。

目前,为了能够连续准确地监测到隧道的沉降及水平位移变形情况,可采用具有先进功能和高精度的自动跟踪全站仪进行观测。

8)隧道断面收敛位移监测。常规收敛位移监测采用收敛计进行测量,但最大的问题是重复精度不高,而且因操作人而异;其次是工作量大,效率低。

目前,用断面自动扫描的方法进行隧道断面收敛变形监测。

这种方法是利用免棱镜自动跟踪全站仪和专业的断面测量系统软件组成的仪器系统来实现断面自动扫描,以此进行隧道断面收敛变形监测。

9)应力测量。应变和应力测量是在隧道的结构物上,焊接应变计和应力计等一些传感器,根据传感器测量的结果计算结构构件的轴力和弯矩,判断结构物的安全性能。

(4)地铁盾构隧道监测方案设计。

1)方案设计的原则。在熟悉隧道施工方案,了解施工区域内土壤及地下水和隧道施工影响范围内现有结构物的基础上,根据工程的特殊要求,设计出确保工程安全的、经济有效的、便于监测工作的实施和工程项目施工的监测方案。

2)方案设计前的准备工作。

①收集各种资料:主要包括隧道施工方案、施工区域内地质分析报告、施工影响范围内结构物的设计图纸和竣工资料、施工区域内的管线图、施工区域内的交通情况等。

②实地进行踏勘:实地进行踏勘主要是进行施工影响范围内结构物和管线的调查。调查管线的位置、种类、大小;结构物形状以及其是否有裂缝等情况。调查的主要目的是便于观测点的布置和施工对其影响的评价。

3)方案设计的内容。

①工程项目概况。主要介绍工程项目的基本情况和施工区域内的地质情况。

②监测的目的和意义。详细阐述监测对安全施工、保障人民财产的重要性以及进行各项科学研究的重要意义。

③施工过程中对各种设施的影响评价。分析隧道项目施工对周边结构物、管线的影响程度,分析盾构推进引起的地表位移特征,并估算地表沉降量,分析隧道本身的变形特征。

④监测的具体内容。根据具体工程项目和地质的情况,确定监测的具体项目内容,同时,可以包含对于一些具体施工工艺和参数的测定。

⑤监测点的布置。根据收集的资料和踏勘的实际情况,具体确定监测点的数量和位置,绘制监测点位分布图。

⑥监测方法。针对每一项监测内容,提出采用何种监测方法以及如何实施监测工作,使用何种监测仪器,并详细阐述使用方法的实施效果。

⑦监测频率和报警值的确定。根据规范,结合实际情况确定每一监测项目的监测频率和报警值。

⑧监测的组织结构和质量保证体系。为保障监测工作的顺利实施和监测结果的准确性,要制定科学的质量保证体系。

(5)监测数据整理与分析。

1)监测数据整理。主要工作是对现场观测所取得的资料加以整理,编制成图表和说明,使它成为便于使用的成果。其具体内容如下：校核各项原始记录，检查各次变形观测值的计算是否有误；变形值计算；绘制各种变形过程线、建筑物变形分布图。

2）监测数据分析。监测数据分析是分析归纳地表、管线及周边建筑物的变形过程、变形规律和变形幅度。分析变形的原因、变形值与引起变形因素之间的关系，并找出它们之间的函数关系，进而判断地表、管线及周边建筑物的情况是否正常。

①成因分析(定性分析)。成因分析是对结构本身(内因)与作用在结构物上的荷载(外因)以及观测本身，加以分析、考虑，确定变形值变化的原因和规律性。

②统计分析。根据成因分析，对实测数据进行统计分析，从中寻找规律，并找出变形值与引起变形的有关因素之间的函数关系。

③变形预报和安全判断。在成因分析和统计分析的基础上，可根据求得的变形值与引起变形因素之间的函数关系，预报未来变形值的范围和判断建筑物的安全程度。

复习思考题

1. 地铁区间隧道常用的断面形式有哪些？

2. 区间隧道常用的施工方法有哪些？各有哪些优点和缺点？

3. 采用盾构进行隧道开挖具有哪些优点？

4. 简述盾构的发展历程。

5. 简述盾构的分类。

6. 简述盾构的选型原则与依据。

7. 盾构选型的主要方法有哪些？

8. 面板式和辐条式分别在何种情况下采用？为什么？

9. 盾构刀具种类有哪些？

10. 简述盾构法施工基本原理。

11. 简述盾构法施工程序。

12. 盾构法施工准备工作主要有哪些？

13. 盾构始发时为什么要对洞口土体进行加固？

14. 简述盾构始发施工方法。

15. 简述盾构接收施工的技术要点。

16. 盾构掘进过程中遇到哪些情况需要终止掘进？

17. 简述盾构舱内泥砂"结饼"的原因。

18. 简述盾构同步注浆目的与原理。

19. 何谓浅埋暗挖法？简述其基本原理。

20. 简述浅埋暗挖法与"新奥法"的关系。

21. 常用的单跨隧道浅埋暗挖方法有哪些？各适用哪些条件？

22. 何谓冻结法？其基本原理是什么？具有哪些特点？

23. 简述联络通道施工常用的施工方法和适用条件。

24. 简述洞门主要施工方法。

25. 简述区间隧道施工监测的项目与要求。

第 5 章　区间隧道之间的联络通道施工

地铁隧道分左右两条独立的线路，互相平行，联络通道是横在地铁两条来回隧道之间的通道（见图 5-1），基本上每隔 500 m 就有一个，属于地铁的附属工程。为了满足地铁区间盾构隧道消防疏散要求，地铁设计规范 28.2.4 条第二款规定：两条单线区间隧道应设联络通道，相邻两个联络通道之间的距离不应大于 600 m。地铁区间盾构隧道长度一般在 1000 m 以上，因此联络通道是连接两条单洞单线地铁盾构隧道不可或缺的附属结构。

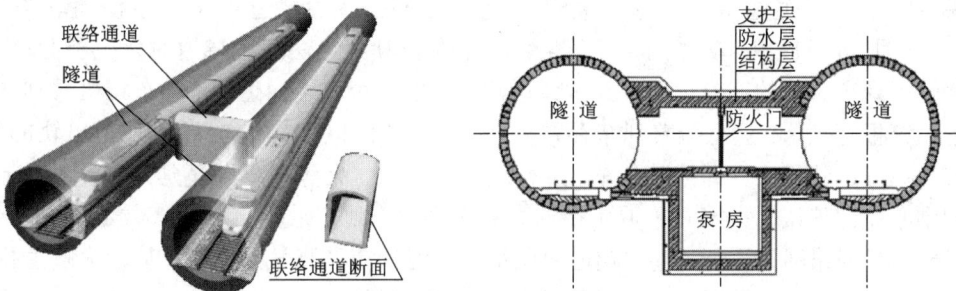

图 5-1　联络通道示意图

5.1　区间联络通道概述

5.1.1　联络通道功能

根据国内外地下隧道在施工和运营中的事故灾害的情况分析可知，当列车在地下区间隧道行驶过程中发生了火灾而此时又不能够牵引到车站时，乘客必须在区间隧道下车。为了保证乘客安全有序地疏散，乘客可以从首节或者末节列车的端头门下到区间隧道或者当区间隧道有条件设置纵向疏散通道时，也可以考虑打开列车侧向车门来疏散乘客，此时乘客应该按照区间隧道内应急指示灯指引的方向，利用两条区间隧道之间的联络通道到达另一区间隧道，进而疏散至安全出口，从而实现安全逃生。此外，联络通道也可以供消防人员使用，即作为两条区间隧道间消防水管的过管通路，有的泵房与联络通道（见图 5-2）一起设置，起到排水的作用，因此联络通道的设置是非常有必要的。

连接英国福克斯顿和法国凯莱斯的英法海峡隧道，曾经发生过一起火灾，联络通道在这次事故便发挥了良好的作用。英法海峡隧道的外径是 7600 mm，长度是 50.45 km，是由南北

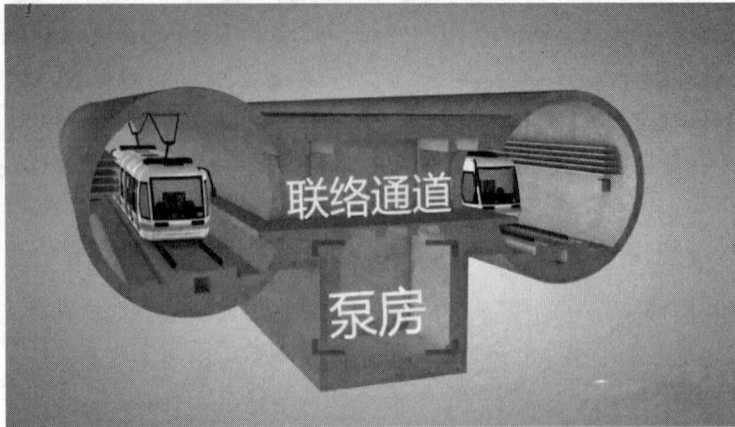

图 5-2　联络通道与泵房设置位置

两条平行的运营隧道组成。在这两条运营隧道之间，一共建造了 146 条横向联络通道。1996 年 11 月 18 日夜里，从法国开往英格兰列车在行驶到英法海底隧道时发生了起火事件，因火烧毁了列车后部的五节车厢。经过该运营隧道的一个联络通道处，列车司机看到在其控制台上的警报灯亮了，这意味着列车存在一些不正常的问题，可能会导致列车出轨的危险。司机按照标准运营程序立即停驶列车，进行检修。此时，火势又逐渐蔓延到列车的前端，隧道控制中心立即确认了火警并采取了措施。列车司机、列车乘务员和乘客共 34 人按照备用救援措施通过联络通道进行逃生，隧道通风系统始终保持稍高气压，防止从起火隧道排入烟尘，36 min 后遇险人员搭乘北向运营隧道的列车撤离了现场。这起火灾虽然造成了重大损失，但却未造成人员伤亡，横向联络通道发挥了极其重要的救援作用。

5.1.2　联络通道施工

联络通道的施工方法主要有矿山法施工与机械法施工，其中机械法施工包括盾构法与顶管法。

（1）矿山法施工。矿山法的基本原理是：在进行土层的开挖工作时，相信围岩在短时间内的自稳能力能使隧道保持稳定状态，并且同时采取一定的支护措施让围岩或土层表面形成密贴型薄壁支护结构。矿山法具有施工工艺简单的优点，而且对于不同地质情况的适应能力也非常强；当地面有道路交通时，也不会有很大的影响。如果联络通道的断面较小，或者埋深较大，采用矿山法施工是比较经济的，而且引起地面沉降量也较小。主要适用于砂卵层、黏性土层和砂层等地质。

矿山法联络通道的施工通常需要先对通道周围一定范围内的土体进行加固，然后通过人工以及一定的机械设备对联络通道进行开挖工作。常用的加固方法有：

1）水泥系加固法（包括注浆法、搅拌法、旋喷法等，见图 5-3）；

2）冻结法（或称冷冻法、冰冻法，见图 5-4）。

图 5-3　注浆加固

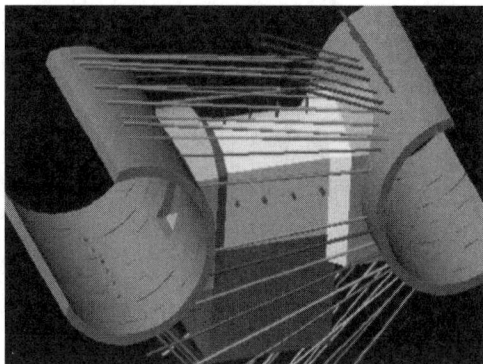

图 5-4　冻结管布设

其中最常用的为冻结法加固，通常使用人工制冷技术使得地层内的地下水结冰，这样天然岩土层就变成了冻土层，不仅其稳定性大幅度提高，强度也大幅度增加，还能将地下工程与地下水之间的联系隔绝开来，然后在冻结壁的保护下通过矿山法进行地下结构的开挖。冻结壁作为一种临时支护结构，在永久支护形成后，停止冻结，然后冻结壁融化。这种技术对于联络通道矿山法施工时的帮助是非常大的，同时其在国内外也有很大的应用性及知名度。

矿山法施工联络通道的优点有：

1）适用于各种地质条件；

2）能够灵活地适用于各种断面形式施工；

3）矿山法一般采用分步开挖的方法，并配以一定的辅助工法，这样可以控制地表下沉及坍塌；

4）在开挖距离较短的工程中使用时，相较于其他施工方法更为经济。

当然，矿山法也有许多的缺点，施工时风险较大、施工工序多、施工速度慢、施工后可能出现的问题多等。

联络通道开挖的土方量并不大，最大的困难为地下水，在其加固效果不如人意时，人工冻结法成为现在施工联络通道时加固地层的最主要方法。矿山法作为如今联络通道施工中最常用的施工方法，已经在北京、上海、南京、苏州等地的软弱土层及含水砂层之中被成功应用。

南京地铁 1 号线的联络通道施工中，平均埋深 15.5 m，地层土体大部分为粉细砂、淤泥质黏土和粉质黏土。共计 6 个联络通道，而其中 5 个均采用冻结法进行地层的加固，然后用矿山法进行联络通道的开挖；还有一个则是使用顶管法进行施工。其中的新模范马路—南京站、张府园—新街口站联络通道施工时，原本打算通过地面旋喷加固，但是失败了，之后改用人工冻结法加固土体，矿山法开挖。

在武汉地铁的一条越江隧道施工中，一共要进行 5 个联络通道的施工。其中的一个联络通道处于长江的正中心下方且距离地面有 50 m 的深度，可以说是全国最深的联络通道了。该联络通道需要承受巨大的水压力，施工难度比一般的隧道工程要大得多，最后选择了冻结法加固，在冻结壁的保护下通过矿山法开挖联络通道。

（2）盾构法施工。盾构法是由盾构机在地层中掘进，渣土通过盾构机的传送带运出，并在开挖处拼装预制管片的一种机械化施工方式。

联络通道施工时采用特殊设计的盾构机，在挖取盾构机前方土体后，使用盾构机后方的千斤顶顶住已经拼装完成的钢筋混凝土管片，然后就能将盾构机顶推到已经挖去的土体空间内，并在盾构机掘进的距离为一环管片宽度时缩回盾构机千斤顶，然后进行预制管片的拼装，再将开挖面挖至新的进程，如此循环直到施工结束。盾构法施工联络通道具有施工安全、作业快捷、地面影响小等优点。当然也有一些缺点，比如对于断面变化的隧洞无法进行施工；新型盾构机的购置费昂贵，对联络通道这种施工区段短的工程也不太经济。

盾构法施工是如今联络通道施工使用最少的一种方式之一，其主要原因是盾构法使用基本条件较难满足：一是盾构机进出隧道需要足够的空间，出渣和进料也需要足够的工作空间；二是隧道的覆土深度最好不小于 6 m，即需足够的埋深；三是盾构机施工最好在相对均质的土层进行。

由于联络通道是在两条地铁线路隧道修建完成后才开始施工，而且联络通道一般处于一个隧道区间的中间部位，要将盾构机运至联络通道施工处有一定的难度，而且盾构机的使用会对已建地铁隧道的结构产生一定的破坏。所以在解决这些问题之前，是无法使用盾构法进行联络通道施工的。这些困难在近年许多学者的研究下，终于取得一定的进展。

2018 年 1 月 5 日，世界上第一条采用盾构法完成施工的地铁隧道联络通道在中国宁波完工（见图 5-5）。该联络通道的直径为 3.15 m、长度为 17 m。该项目克服了近 10 项重大的技术难题，而且研究开发了一整套相应的联络通道盾构掘进设备，为我国地铁隧道的盾构施工发展提供了非常大的帮助，可以说是盾构史上的一个里程碑。

图 5-5　宁波地铁盾构法联络通道施工

（3）顶管法施工。顶管法是利用机械力将预制钢筋混凝土箱型框架或钢制管道顶入地层中的一种暗挖式施工方法。顶管法施工是通过传力顶铁和导向轨道，在液压千斤顶的顶推力作用下把预制好的管片顶入土层之中，并且通过机械或人工将管正面的土层挖除并运走。一个管节全部进入土层之后，在后方将下一管节顶在已经顶入的管节上，并对好位置，继续顶进，这样将所有管片顶入，建成涵管。因为联络通道连接地铁上下行两条隧道，所以其长度较短，非常适合使用顶管法进行施工。顶管法具有施工工期短、施工安全性高、成本低、适用范围广、环境影响小等诸多优点。但是由于顶管机后靠装置顶在已建地铁隧道管片结构上，在顶进过程中产生的巨大推力可能会使管片产生破坏，或者可能导致管片发生水平位移，这是顶管法的一大难点问题，因此如今顶管法在联络通道处的使用还是较少的。

顶管法的施工主要靠顶管机来进行，常用的顶管机有泥水平衡式顶管机和土压平衡式顶管机等。

泥水平衡顶管机是加入一定材料使得土层塑性液化，与此同时把刀盘切削下来的渣土和砂搅拌成泥水状，使其充满在开挖面与管道隔墙之间的全部开挖面，用这种方法能让开挖面稳定下来。泥水平衡式顶管机能够在大部分的土层内使用，适用于各种土质，如软土、硬土和黏性土等。

土压平衡顶管机的工作原理：

1）管机前进：首先顶管机由主顶进油缸提供动力前进；

2）土体切割：隧道中的土体通过顶管机的旋转刀盘进行切割；

3）土体挤压：刀盘切削出的渣土运入密封的土仓内进行挤压；

4）渣土运输：由螺旋输送机旋转输出切削下来的渣土。

为了保证开挖面的稳定，需要土仓内的土压力与切削面的静止土压力与地下水压之和保持一致，这需要靠控制螺旋输送机的出土量以及顶管机的前进速度来完成。土压平衡顶管机的使用可以防止地面的沉降或隆起，适用于在硬石或卵石层进行施工，是一种适用于全土质的顶管机。并且通过合理的注浆方式，可以改良土质，保持控制面的稳定以及地面沉降。弃土的出运和处理简单，操作安全、方便，对地面建（构）筑物的影响较小。

2003 年 12 月，地处南京中山路、长江路、华侨路交会以北 20 m 处的联络通道采用混凝土填充的钢管节顶进，以网格式矩形土压平衡顶管机施工。该联络通道是首次将网格式土压平衡顶管机运用于联络通道，且该联络通道断面为矩形。使用钢管片作为胸板，进行顶管法施工。其优点有：机型小巧便于运输，操作简单、方便等。该联络通道的施工是顶管法在联络通道处的首次应用，开拓了软土地质条件下修建联络通道施工方案的新思路。

2019 年 1 月 7 日，由中铁上海工程局承建的无锡地铁 3 号线一期 09 标高浪东路站—周泾巷站区间顶管法联络通道（见图 5-6）顺利贯通。该联络通道使用顶管法施工，联络通道的断面形式为圆形。该项技术不仅仅是在无锡地铁施工中首次成功使用，而且国内尚属首例（之前使用顶管法施工的基本为方形联络通道）。这个施工过程中需要克服许多重大的难题，

图 5-6　无锡顶管法联络通道施工

例如顶管机切削主隧道复合管片,在狭小的空间内拼装管片,顶管机后靠隧道管片的变形监测等。这个工程的顺利完工说明了我国地下工程施工技术处于世界的领先水平。

5.2 冻结法联络通道施工

5.2.1 冻结法施工要点与流程

(1)技术要点。

1)采用金刚石取芯钻开孔,跟管钻进法下冻结管。冻结孔开孔前,先打设卸压孔作为探孔,探测地层稳定情况。如发现有严重漏水冒泥现象,则采取处理措施后再钻进冻结孔。钻孔必要时要设置孔口管,并安装钻孔密封装置,以防钻进时大量涌水、涌砂。

2)施工冻结孔时可能会产生冒泥涌水现象,可采用强力水平钻机,尽量实现无泥浆钻进。如发现钻孔泥水流失,及时进行补浆充填。

3)由于混凝土和钢管片相对于土层要容易散热得多,会影响隧道管片附近土层的冻结速度,从而影响冻结帷幕的整体稳定性和封水性。所有的钢管片的格栅要用混凝土充填密实,同时管片外面采用 PEF 板隔热保温,以减少冷量损失。在对侧隧道布置 4 排冷冻板。在冻结帷幕与管片胶结处放置测温点,以加强对冻结帷幕与管片胶结状况的检测。

4)加强冻结过程检测。在冻结帷幕内布置测温孔,以便正确判断冻结帷幕是否交圈和测定冻结帷幕厚度。对侧隧道管片附近土层的冻结情况将成为控制整个联络通道冻结帷幕安全的关键,为此,在对侧隧道管片上沿冻结帷幕四周布置测温孔,以全面监测冻结帷幕的形成过程。

5)设置卸压孔,以减小土层冻胀对隧道的影响。可利用管片上的注浆孔来卸压,该孔亦可作为冻结帷幕压力变化的观测孔。

6)施工完联络通道临时支护层后,再打开对侧隧道联络通道的预留钢管片。在联络通道衬砌中预埋压浆管。

7)开挖前必须安装通道安全应急门。

8)在开挖过程中必须及时进行冻结帷幕变形和温度观测,如遇冻结帷幕有明显变形,立即用钢支架加木背板支撑,调整开挖构筑工艺,并同时加强冻结。

9)由于冻胀力和冻土融沉的作用,影响周围土层的力系平衡,使隧道产生水平位移和沉降,故在整个施工过程中,加强隧道变形的监测,确保隧道安全。在冻结帷幕关键部位,多布置测温孔,监测冻结帷幕的形成过程和形成状况。

10)加强地面建筑、管线的保护:加强地面建筑物、地下管线的检测,采用快速冻结减少冻胀,加强融沉注浆。

(2)施工流程。冻结法联络通道施工可分为冻结孔施工、冻结施工和开挖构筑施工三个主要部分(见图 5-7)。

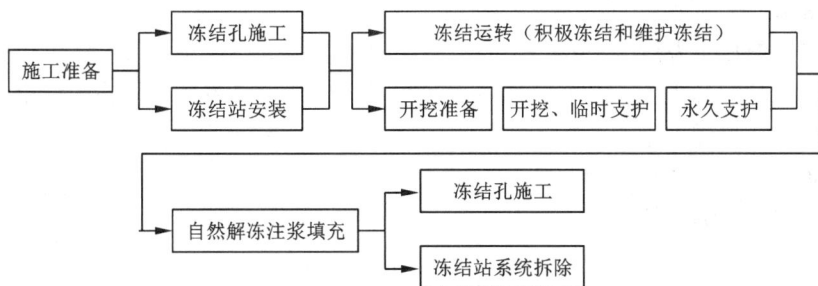

图 5-7 冻结法联络通道施工流程图

5.2.2 冻结加固设计

（1）冻结帷幕的设计要求。明确厚度、平均温度、单轴抗压强度、抗折强度、抗剪强度等指标。

（2）冻结孔布置。联络通道冻结孔布置分内、外两排孔，孔长度均以碰到对侧管片为准，可采取单侧打孔方式，具体布置可根据总数进行分配，一般外排略多于内排。要求：

1）冻结孔的开孔位置误差不大于 100 mm，应避开管片接缝、螺栓、主筋和钢管片肋板。冻结孔最大允许偏斜为 1%。

2）冻结孔有效深度不小于冻结孔设计深度。冻结管管头碰到冻结站对侧管片的冻结孔，不能循环盐水的管头长度不得大于 150 mm。

3）冻结管可用 φ89 mm 20#低碳钢无缝钢管，冻结管耐压不低于 0.8 MPa，并且不低于冻结工作面盐水压力的 1.5 倍。

4）冻结管接头采用螺纹加焊接，抗拉强度不低于母管的 80%。

5）施工冻结孔时的土体流失量不得大于冻结孔体积。

6）首先施工透孔以复核对侧隧道预留口位置的偏差及钻孔施工质量，如大于 100 mm 应按保证冻结壁设计厚度的原则对冻结孔布置进行调整。

7）冻结站对侧隧道上沿冻结壁敷设冷冻排管，冷冻排管采用 φ38 mm 无缝钢管。

（3）测温孔布置。联络通道测温孔根据现场实际情况确定。目的主要是测量冻结帷幕范围不同部位的温度发展状况，以便综合采用相应控制措施，确保施工的安全。

1）测温管选用 φ38 mm 无缝钢管；

2）测温管长度每个 2~8 m；

3）管前端焊接密封，管内不得渗水。

（4）卸压孔布置。在冻结帷幕封闭区域内布置卸压孔。在卸压孔上安装压力表，可以很直观地监测冻结帷幕内的压力变化情况，通过每日观测，及时判断冻结帷幕的形成，并可直接释放冻胀压力。

卸压管选用 φ38 mm 无缝钢管；卸压管前端开口，进入土体段钻孔呈梅花状，以确保冻结帷幕内的压力有效传递。

（5）制冷设计。

1）冻结参数。

①积极冻结期盐水温度为 $-30 \sim -28$ ℃，维护冻结期温度为 $-28 \sim -25$ ℃。

②积极冻结时间约为 45 d，维护冻结时间为从开挖开始至主体结构施工结束。

③冻结孔单孔流量不小于 3 m^3/h。

2）需冷量计算和冷冻机选型。

①联络通道冻结需冷量：

$$Q = \pi d H K$$

式中：H 为冻结总长度；d 为冻结管直径；K 为冻结管散热系数。

②冷冻站需冷量：

$$Q_{站} = 1.2 \sum Q$$

③冷冻站装机制冷量：根据具体工程设计，初步进行需冷量计算后选择机型与数量，以满足各联络通道的制冷需求。

3）冻结系统辅助设备。主要包括盐水泵、冷却水泵、冷却塔等。

4）管路选择。供液管可选用 ϕ48 mm 钢管，采用焊接连接；盐水干管和集配液圈可选用 ϕ159 mm 无缝钢管；冷却水管可选用 ϕ133 mm 无缝钢管；冷冻排管可选用 ϕ38 mm 无缝钢管。

5）其他。制冷剂可选用氟利昂 F-22；冷媒剂可选用氯化钙（$CaCl_2$）溶液。

5.2.3 冻结法施工程序

（1）准备工作。

1）设备吊运及管线铺设。钻孔设备采用吊车从工作井吊到井下隧道口，再采用材料运输车将设备、材料等运到联络通道位置。从移动变电箱处接电缆，沿隧道挂设至联络通道位置。施工用水管路从井下共用管路接至联络通道位置。

2）螺栓复紧。首先把联络通道中心左右各 5 环的管片连接螺栓全部复紧一遍。

（2）冻结孔施工。

1）冻结孔施工顺序。先施工透孔，根据穿透孔的偏差，进一步调整有关的钻进参数。然后根据联络通道施工的孔位，采用由上向下的顺序进行施工，这样可防止因下层冻结孔的施工引起上部地层扰动，降低钻孔施工时的事故发生率。

2）冻结孔的定位。依据施工基准点，按冻结孔施工图进行冻结孔孔位放线，孔位布置首先要依据管片配筋图和钢管片加强筋的位置，在避开管缝、螺栓及钢管片肋板的前提下可适当调整，不大于 100 mm。

3）冻结孔开孔及孔口密封装置。开孔采用钻机钻孔，深度约 250 mm，控制不得钻穿管片。用钢楔楔断岩心，取出后，打入加工好的孔口管，并用至少 3 个固定点固定在管片上。确有必要时，安装孔口密封装置。

4）冻结孔钻进与冻结管设置。

①每个联络通道可选用 MD-80 钻机 1 台，配用 BW250 型泥浆泵，钻具利用 ϕ89 mm 冻结管作钻杆；冻结管之间采用套管丝扣连接，接头螺纹紧固后再用手工电弧焊焊接，确保其同心度和焊接强度。

②正常情况下，钻进时安装简易钻头，直接无水钻进。如果钻进困难时，在钻头部位安装一个特制单向阀门，采用带水钻进。冻结管到达设计深度后冲洗单向阀，并密封冻结管端部。

③钻进过程中严格监测孔斜情况，发现偏斜要及时纠偏，下好冻结管后，进行冻结管长度的复测，然后再用灯光测斜仪进行测斜并绘制钻孔偏斜图。

④在冻结管内下供液管，然后焊接冻结管端盖和去、回路羊角。

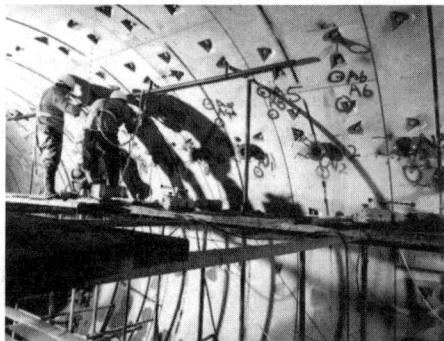

图 5-8　冻结孔定位

图 5-9　管片开孔

5）钻孔质量技术要求。

①钻孔的偏斜应控制在 1% 以内，否则应补孔。

②冻结孔钻进深度应不小于设计深度。钻头碰到隧道管片的，不参与制冷循环的长度不大于 150 mm。

③冻结管长度和偏斜合格后再进行打压试漏，压力控制在 0.8 MPa，前 15 min 压力损失小于 0.05 MPa，后 30 min 压力稳定无变化者为试压合格。

（3）冷冻站安装。

1）冻结站布置与设备安装。用盐水干管将盐水输送至联络通道位置。站内设备主要包括冷冻机组、盐水箱、盐水泵、清水泵、冷却塔及配电控制柜等。

2）管路连接、保温。管路用法兰连接，隧道内的盐水管用管架敷设在隧道管片斜坡上，以免影响隧道通行。在盐水管路和冷却水循环管路上要设置阀门和压力表、测温仪测试组件等。盐水管路经试漏、清洗后用保温板或棉絮保温，保温层厚度为 50 mm，保温层的外面用塑料薄膜包扎。集配液圈与冻结管的连接用高压胶管，每组冻结管的进出口各装 1 个阀门，以便控制流量。

冷冻机组的蒸发器及低温管路用棉絮保温，盐水箱和盐水干管用 50 mm 厚的保温板或棉絮保温。

联络通道两侧管片保温：由于混凝土和钢管片相对于土层要容易散热得多，为加强冻结帷幕与管片胶结，联络通道两侧管片表面采取保温措施，以减少冷量损失。

将钢管片格栅内用素混凝土填充密实，然后采用 PEF 保温板对冻结帷幕发展区域管片进行隔热保温。

在冻结站对侧隧道的冻结管端部区域范围内布置冷冻板，同样将钢管片格栅内用素混凝土填充密实,然后采用 PEF 保温板对冻结帷幕发展区域管片进行隔热保温。

图 5-10 冷冻机

图 5-11 盐水泵

图 5-12 冻结管布设

图 5-13 管道连接

(4)积极冻结与维护冻结。

1)冻结系统试运转与积极冻结。设备安装完毕后进行调试和试运转。在试运转时,要随时调节压力、温度等各状态参数,使机组在有关工艺规程和设备要求的技术参数条件下运行。冻结系统运转正常后进入积极冻结。

此阶段为冻结帷幕的形成阶段,积极冻结期盐水温度为 $-30 \sim -28$ ℃,设计冻结时间为 45 d,要求冻结孔单孔流量不小于 5 m³/h;积极冻结 7 d 盐水温度降至 -18 ℃以下,积极冻结 15 d 盐水温度降至 -24 ℃以下,去回路温差不大于 2 ℃;开挖前盐水温度降至 -30 ℃以下。如盐水温度和盐水流量达不到设计要求,应延长积极冻结时间。

2)维护冻结。在积极冻结过程中,要根据实测温度资料判断冻结帷幕是否交圈和达到设计厚度,同时要监测冻结帷幕与隧道的胶结情况,测温判断冻结帷幕交圈,达到设计厚度且与隧道完全胶结后,可进入维护冻结阶段。

维护冻结期温度为 -28 ℃ ~ -25 ℃,冻结时间贯穿联络通道开挖和主体结构施工始终。

3)冻结施工参数。冻结施工参数是根据具体工程进行设计的,某工程冻结施工参数如表 5-1 所示。

表5-1 某工程冻结施工主要参数

序号	参数名称	单位	数量	备注
1	冻结帷幕设计厚度	m	2.2	
2	冻结帷幕平均温度	℃	−12	
3	冻结孔最大允许间距	m	1.2	
4	冻结孔单孔流量	m^3/h	>3	
5	冻结管规格	mm	$\phi89$	20#低碳钢无缝管
6	测温管及卸压管规格	mm	$\phi38$	20#低碳钢无缝管
7	设计盐水温度	℃	−30～−23	积极冻结期
8	设计盐水温度	℃	−23～−21	维护冻结期

4)冻结质量控制程序(见图5-14)。

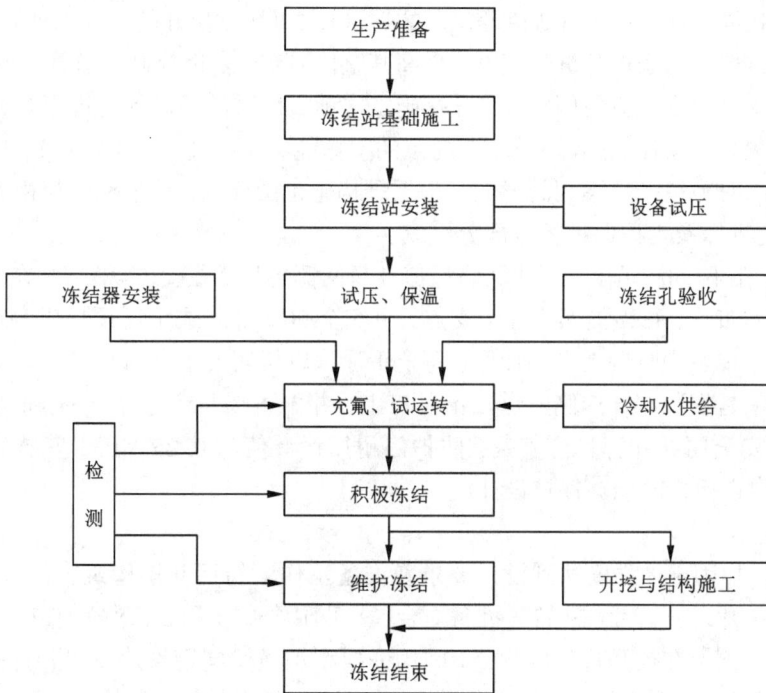

图5-14 冻结质量控制程序

(5)开挖与构筑施工。

1)具备开挖冻结技术指标。要确定打开管片进行开挖还需结合测温孔资料、卸压孔压力、探孔情况等方面综合考虑,需具备如表5-2所示的相关条件,方可开挖。

表 5-2　冻结法联络通道开挖基本条件

联络通道及隧道的远程监控		设施齐备	
冻结帷幕平均温度		-12 ℃	用成冰公式法计算
盐水温度	积极期	-30~-28 ℃	用测温仪监测
	维护期	-28~-25 ℃	
盐水区、回路温差（包括各支路）	积极期	2 ℃以内	冻结至设计温度时
	维护期	1.0 ℃以内	
卸压孔	交圈前	静水压力	通过压力表观测，并且无水、泥流出
	交圈后	剧增至 0.10~0.30 MPa	

2）施工准备。

①现场准备。准备工作是整个工程施工进展顺利的前提和保证，必须保证水通、电通、路通、信息通，并在隧道内搭设工作平台，堆放相应抢险物资。

②钢管片接缝焊接。将联络通道开口部的钢管片之间（欲拉开的管片除外）环向及纵向接缝采用满焊的方式将每条拼装缝焊接好，提高其整体稳定性，以控制隧道管片变形。

③预应力支架及安全应急门安装。开挖施工之前，在通道开口处隧道管片开口环中不开口部位均匀设置 8 个支撑点隧道支架（支撑点的支撑能力不小于 500 kN/点），以减轻联络通道开挖构筑施工对隧道产生不利的影响。根据结构施工图要求，单个钢支架由 6 个预应力千斤顶、2 个固定支撑及支撑保护板等部分组成。

安装方法：在区间隧道上、下线联络通道开口两侧各架 2 榀，共 4 榀，并在联络通道两端沿隧道方向对称布置，每榀支架有 8 个支点，由 6 个 50 t 螺旋式千斤顶提供预应力，施加预应力时每个千斤顶要同时慢慢平稳加压，每个千斤顶以压实支撑点为宜。

安全应急门是安装在开挖侧隧道预留洞口上，并配备风量不小于 6 m³/min 的空压机为防护门供气。安全门在开管片前安装，防护门耐压设计值为 0.25 MPa，安装后进行气密实验，要求在不停空压机时能够保持设计值。

3）开挖。

①拉管片。加固土体强度达到设计要求及准备工作就绪后开挖构筑工作就可正式开始，探孔后即可开管片。开管片前，首先准备 2 台 5 t 千斤顶，5 t 和 2 t 手拉葫芦各一个。

将 2 台千斤顶架在被开管片两侧，中间用一根型钢横梁同钢管片直接相连接，通过千斤顶顶推横梁向外顶推钢管片。操作时，要认真观察管片受力及位移情况，消除局部受阻因素，防止管片变形。5 t 葫芦作为辅助拉拔管片用，一端挂住欲拆管片，一端系在对面隧道管片上，水平方向稍加力向外（隧道内）拉拔管片，要配合千斤顶操作。2 t 葫芦悬吊在欲拆管片的上方，一端钩住欲拆管片，以防管片拉出时突然砸落在工作平台上。

②土方开挖。经探孔确认可以进行正式开挖后，打开钢管片，然后采用矿山法进行暗挖施工。根据工程结构特点，联络通道开挖掘进采取分区分层方式进行。

由于土体采用冻结法加固，冻土强度较高，冻结帷幕承载能力大，因而开挖时（除喇叭口处侧墙和拱顶外）可以采用全断面一次开挖，开挖步距为 0.3~0.5 m，通道开挖步距为

0.5 m。两端喇叭口处断面较大，为减轻开挖对隧道变形的影响，开挖步距控制为 0.3 m。开挖断面超挖不大于 30 mm，开挖中心线偏差不大于 20 mm。

在掘进施工中根据揭露土体的加固效果，以及监控监测信息，及时调整开挖步距和支护强度，确保安全施工。在开挖过程中，还要及时对暴露的冻结帷幕进行保温。

图 5-15　土体开挖

4) 临时支护。采用两次支护方式。第一次支护(临时支护)采用钢支架加木背板和喷射混凝土。第二次支护(永久支护)采用现浇钢筋混凝土。

① 临时支架的安装。临时支护采用木背板和钢支架外加喷射混凝土进行支护。支架间距一般为 0.5 m，为增加支架的稳定性，相邻两排支架间用 $\phi 12@500$ mm 钢筋焊接相互连接。

最后在钢支架外挂 $\phi 8@150$ mm 钢筋网，用喷射机进行喷混凝土支护。喷射混凝土强度为 C25~C30，喷射厚度应包住钢架，保护层厚度不小于 20 mm。

② 喷射混凝土工艺流程(见图 5-16)。

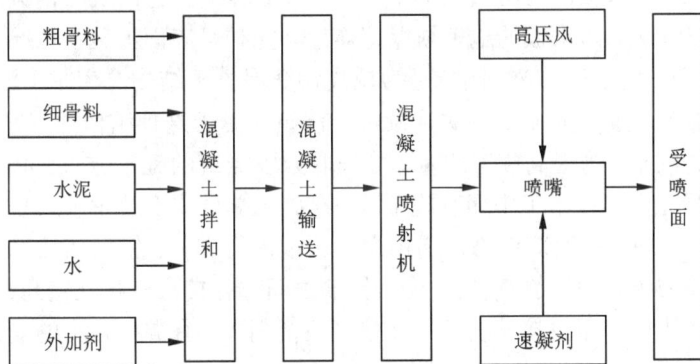

图 5-16　喷射混凝土工艺流程图

③ 喷射混凝土材料要求。

A. 骨料粒径。为体现喷射混凝土的综合经济指标，采用骨料粒径不宜过大，一般控制在 15 mm 内。沙选用中粗沙，模度系数大于 2.5，必要时用 5 mm 筛网过筛。石子粒径 5~

15 mm，必要时用 5 mm 和 15 mm 筛网分别过筛。

B. 材料配比。水泥∶沙∶石子 = 1∶2∶2，初期按本配比进行试验，再根据试验进行调整。

C. 速凝剂。液体速凝剂或粉状速凝剂，初凝时间不大于 5 min，终凝时间不大于 10 min，28 d 强度保持率大于 85%。速凝剂的掺量要严格控制，液体速凝剂 3% ~ 4%，粉状速凝剂 3% ~ 5%。使用液体速凝剂时须加速凝剂定量输送单元。

④混凝土喷射。根据结构要求特点，按照从下到上的顺序进行施工，分层进行喷射。

施工时要正确地控制喷射机的工作风压和保证喷嘴料流的均匀性。喷射机处的工作风压应根据适宜的喷射速度而进行调整，若工作风压过高，即喷射速度过大，动能过大，使回弹增加，若工作风压过低，压实力小，影响混凝土强度。喷射机的料流要均匀一致，以保证速凝剂在混凝土中均匀分布。喷射完毕，要及时进行表面的修整，以方便防水层的施工。

⑤注意事项。

A. 开挖及支架架设应按中腰线严格控制，防止支架偏移，支架偏移不超过 20 mm。

B. 在开挖和临时支护过程中，布设通道收敛变形测点(详见监测部分)，及时掌握冻结帷幕位移发展速度，通过调整开挖步距和支护强度来控制冻结帷幕的位移量，确保施工安全和施工进度。

C. 喷射混凝土前，在临时支护层中预埋注浆管，顶端接管箍，并用丝堵封闭。

5)防水层施工。

①遇水膨胀橡胶条及注浆管施工。钢管片与支护层和结构层的接缝处设置兜绕成环的遇水膨胀橡胶条和预埋注浆管。喇叭口部位全部刷扩至设计尺寸，临时支护完成后，即可进行橡胶条施工。遇水膨胀橡胶条用黏结剂沿着临时支护断面内侧直接黏到隧道管片上。黏结前必须对管片进行清洗，止水带一定要黏牢，不能留有空隙。

遇水膨胀橡胶条固定好后，再在管片上安装环绕成圈的注浆管，采用金属件固定，注浆口引出结构层外，注浆管搭接长度不小于 200 mm。

②防水板施工。防水板铺设由拱顶开始，然后沿侧墙下翻与由底板铺设上翻的防水板相接，构成一封闭防水层。防水板的施工须保持连续与完整且表面无破损情况。

6)永久支护。永久支护(二次衬砌)是为现浇钢筋混凝土结构。为减少混凝土施工接缝，联络通道开挖及临时支护完成后，一次连续进行浇筑。由于这种结构的特殊性，通道顶板内的混凝土浇筑较为困难，为提高施工质量，可采取分段浇筑的施工方式，必要时可采用喷浆机对浇筑空隙进行充填。在施工中如有施工缝，在施工缝处要安装中埋式止水带。

①钢筋绑扎。钢筋间排距应严格按结构设计图纸进行绑扎，钢筋搭接部分长度应符合设计要求，且不低于 35d(d 为钢筋直径)，受力钢筋之间绑扎接头应相互错开；

从任一绑扎接头中心至搭接长度的 1.3 倍区段范围内，有绑扎接头的受力钢筋截面积占受力钢筋总面积的百分率不超过 25%；

在结构混凝土与钢管片接触部位应按规定焊接锚筋，且纵筋与钢管片搭接处应采用丁字形焊接。

②立模板。根据结构尺寸定制钢模板，立模采用 C16 槽钢制作的碹骨作为模板支撑，碹骨间距 900 ~ 1200 mm，碹骨立设于已浇底板混凝土面上，碹骨底脚处加型钢横撑，以防浇混凝土时侧墙内移，碹骨脚底加垫一层厚 20 mm 的木板防止骨腿下沉。碹骨按中腰线安设并做

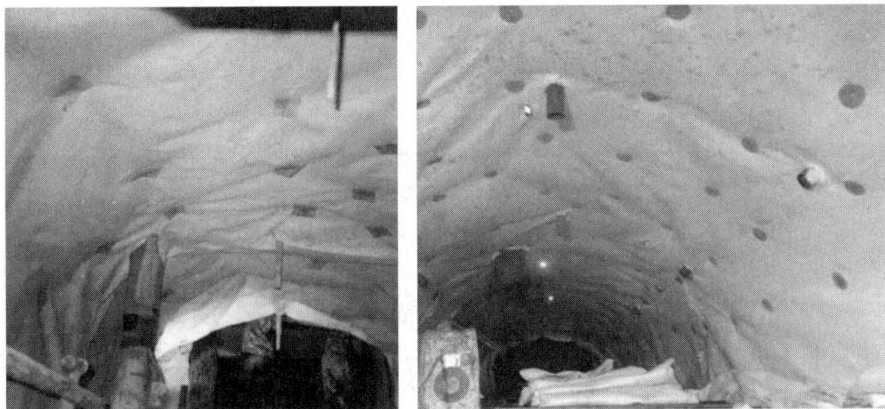

图 5-17　防水施工

到牢固可靠。模板就位前，应在模板上均匀涂刷脱模剂，按结构特征顺序安装模板，即先安设两侧墙模板，浇完后再从一端向另一端安齐顶模。检查模板的垂直度、水平度、标高以及钢筋保护层的厚度，校正合格后，将模板固定。

③浇灌混凝土。结构层混凝土选用商品防水混凝土，要求混凝土强度等级 C30，抗渗等级 S10。因隧道内长距离运输和结构浇筑时间长，可在混凝土内加入一定量的缓凝剂。混凝土由安装在工作井处的溜灰管输入隧道口的手推车或翻斗车内，然后运至工作面，优先选用翻斗车运输，缩短运输时间，防止混凝土产生离析和硬化现象。

用人工法将混凝土送入支好的钢模内并用插入式振捣棒反复均匀振捣。搅拌的混凝土用试模制成标准试块，现场用于检测混凝土强度及抗渗性。

通道顶板内的混凝土浇筑采用分段浇筑的施工方式，必要时用气动输送泵输送混凝土，采用外部振捣（即用附着式振动器振捣），以提高工作效率，确保砌筑质量。

注意事项：

A. 混凝土浇筑尽量连续浇筑，如因特殊原因不能连续浇灌时，在接茬部位应凿成毛面，确保混凝土粘接性；施工缝止水选用中埋式止水带。

B. 混凝土结构强度达到设计强度 70% 时方可拆模。

C. 混凝土振捣：采用斜向振捣，即振捣棒与混凝土表面成 40°~45° 角，振捣要求做到"快插慢拔"。混凝土分层浇筑时，每层混凝土厚度不超过振动棒长度的 1.5 倍。在振上分层时，应插入下层混凝土中 50 mm 左右，且在下层混凝土初凝之前进行。振捣时布点均匀，振捣程度以下面四条标准控制：不出现气泡、混凝土不下沉、表面泛浆、表面形成水面。

（6）收尾工作。冻结管口用钢板进行封堵。

浇筑钢管片内格腔混凝土，外露钢构件表面均涂无溶剂超厚膜型环氧涂料二度。

拆除隧道内钢支架，再次拧紧特殊衬砌环内所有连接螺栓。

（7）融沉控制。

1）解冻原则。现场一般采取自然解冻方法，利用信息化监测系统监测土体温度、沉降变化，利用浅部注浆管和深部注浆管进行压密注浆。立足信息化施工，根据监测反馈及时跟踪注浆。沉降监测内容主要包括地表沉降、管片变形、联络通道结构变形监测等方面。

2）注浆加固。

①注浆目的。依据解冻情况，分区域针对注浆，目的是联络通道结构和隧道能够依靠空间整体作用，而不至于土体在解冻后产生沉降。

②注浆管的布置。

A. 隧道底部和喇叭口处利用管片压浆孔，必要时再利用钻机开孔布设注浆孔；

B. 各区间联络通道注浆孔设置可按设计实施；

C. 预埋管结构：注浆管顶端接带螺纹的管箍，并用丝堵封闭。

③注浆工艺。

A. 浅部注浆孔注浆工艺：

a. 注浆材料及参数。浆液一般为惰性浆液，重量配比为水泥∶粉煤灰∶膨润土∶水 =0.1∶0.4∶0.5∶1。注浆压力不超过 2 倍的静水压力。具体要根据隧道变形和地面变形监测情况做适当调整。

b. 注浆的原则及方法。注浆以少量多次为原则。单孔一次注浆量控制在约 0.5 m³，最大不超过 1 m³。注浆前，将待注浆的注浆管和其相邻的注浆管阀门全部打开，注浆过程中，当相邻孔连续出浆时关闭邻孔阀门，定量压入惰性浆后即可停止本孔注浆，关闭阀门，然后接着对邻孔注浆。遇到注浆管内窜浆固结而引起堵管时，需用加长冲击钻头通管。

c. 反复注浆。根据地面变形情况，调整劳动组织，适时进行反复注浆，直至地面变形基本稳定。

B. 深部注浆孔注浆工艺。浆液为双液浆，材料为水泥与硅酸钠双组分混合料。配合比为水泥浆∶硅酸钠溶液 =1∶1。水泥浆的配比为水∶水泥 =1∶1。

注浆利用结构施工时预埋的注浆孔，在孔内插入芯管作为注浆管。注浆方法是先注深层，后注浅层，由下而上。

④注浆施工过程的监测。控制沉降变形是注浆的目的。因此，解冻过程中，要加强变形监测、冻土温度监测、冻结壁后水土压力监测。另外，注浆施工过程中，浆液的压力可以通过在相邻注浆孔安装压力表来反映。以上综合监测数据是注浆参数调整的依据。

3）信息化监测。

①监测监控设计。为了确保水平孔冻结暗挖隧道施工按时安全优质地完成，须对冻结系统、地层和支护结构进行必要的监测，使监测的资料得以及时反馈，指导施工，以便调整施工工艺并采取措施。

②监测内容。

A. 水平孔施工监测内容：钻孔长度、铺设冻结管长度、冻结管偏斜、冻结器密封性能、供液管铺设长度。

B. 冻结系统监测内容：冻结器去回路盐水温度、冷却循环水进出水温度、冷冻机吸排气温度、盐水泵工作压力、冷冻机吸排气压力、制冷系统冷凝压力、制冷系统汽化压力。

C. 冻结帷幕监测内容：冻结帷幕温度场、开挖后冻结帷幕表面温度、开挖后冻结帷幕暴露时间内冻结帷幕表面位移。

③监测方法。

A. 冻结孔偏斜冻结器密封性能监测。水平冻结孔偏斜的监测使用经纬仪结合灯光进行。冻结器密封性能的监测采用管内注水，试压泵加压的方法试漏，试漏程序及指针符合水平孔冻结器设计要求,每孔测量一次。

B. 温度监测。冻结系统及冻结帷幕的温度等指数监测,自冻结运转开始,直至冻结停冻。测温孔温度监测,在开冻前进行监测,开冻后每天测一次。

盐水系统和冻结帷幕温度监测,使用测温仪。

制冷系统和冷却水循环以及冻结帷幕壁温度,使用测温仪并结合精密水银温度计测量,监测频率每天 1~3 次,必要时每 2 h 一次。

C. 压力监测。制冷系统和盐水系统的工作压力安装氨用压力表和通用压力表量测,制冷高压系统选用 0~2.5 MPa 压力表,中低系统选用 0~1.6 MPa 压力表,监测频率为每 2 h 一次。

(8)联络通道的施工注意事项。

1)为保证开挖面稳定和安全作业,必须在开挖后,及时喷射初衬混凝土。

2)地层加固后拆除管片前,先对联络通道洞门前后 5 环管片背侧进行二次注浆补强,之后再施工联络通道洞门。加强施工监测,指导施工,保证施工的精度和控制地表沉降。

3)混凝土严格按施工配合比拌制,严格控制水灰比,混凝土捣固均匀密实,确保混凝土强度、防水等级满足设计要求。

5.2.4 泵房施工

泵房施工通常与联络通道施工同步进行。联络通道初支完成后,开始进行泵房开挖。首先,破除泵房处联络通道底板初支混凝土,切断格栅钢筋。格栅切断处用 I16 工字钢临时支撑,使泵房口处临时闭合。

泵房开挖本着先周围后中间的开挖方式进行,在开挖过程中及时对四周坑壁施作格栅钢架、挂网喷射混凝土支护,每开挖完一侧立即安装格栅钢架、挂网焊连接筋、喷射混凝土等进行初支。格栅钢架主筋可采用 $\phi25$HRB400 钢筋,每榀间距 0.5 m。钢筋网可采用 $\phi8$ mm 圆钢,间距为(150×150) mm 全断面布置。

当开挖深度达到 2 m 时,在联络通道出碴侧,架空焊接搭设垂直运输架,安设滑轮,在联络通道出碴另一侧搭设平台,安装卷扬机,作为出碴的垂直提升设施。

开挖过程中在每排格栅安装 I18 工字钢进行临时支撑斜撑,减小泵房开口尺寸,增大泵

图 5-18 泵房施工

房施工时的安全性。

开挖完成后及时架设格栅喷射 C20 早强混凝土至设计厚度。开挖到最低标高后，安设底板格栅、钢筋网、喷射混凝土封闭底板，泵房开挖、初支完成后，与联络通道一起施作防水及模筑 C35，P10 防水混凝土。

5.3 浅埋暗挖法联络通道施工

联络通道采用浅埋暗挖法施工的总体思路为：先对土体进行预加固，然后在联络通道处通过已贯通的右线盾构隧道为工作面，采用侧壁开洞混凝土切割技术，向另一条隧道施工。联络通道采用台阶法施工，先进行联络通道的开挖及初期支护，联络通道开挖支护并且初支背后注浆完成，将底部泵房位置的格栅拆除，向下开挖泵房，边开挖边支护，开挖安装格栅时，沿井壁打设锁脚锚杆。开挖到设计深度后，用封底格栅进行底板封闭，完成整个初支施工。将初支面找平，由下往上铺设防水层，最后进行模筑混凝土施工。联络通道处的管片在开口切割施工前采取支撑加固措施以防隧道变形，待通道钢筋混凝土结构达到设计强度后，拆除隧道内临时支撑点，再次拧紧相邻衬砌环内所有连接螺栓。

5.3.1 浅埋暗挖法联络通道施工准备

（1）正洞内管片加固施工。联络通道马头门位置测量放线完成后，在联络通道中心里程左、右线正洞 7.2 m 范围内分别安装临时支撑并拉紧洞门上方中线左右各 6 环管片。为了保证洞内水平运输不受影响，确保行车安全，安装门形临时钢支撑。支撑纵向间距为 1200 mm。联络通道施工过程中，应加强监控量测工作并及时复紧管片连接螺栓，若监测数据异常，应及时进行支撑加固补强，确保正洞结构的稳定。

（2）联络通道范围内土体注浆预加固施工。联络通道结构底板位于潜水水位以上，矿山法施工受地下水影响较小。地质属于砂卵石地层，自稳性强，且所处位置地表空旷。因施工需要，联络通道位置的正洞管片必须破除，由于该处土体在正洞施工时已经被扰动，如直接拆除后开挖容易引起该处土体失稳，为此需要对洞口进行预加固。

沿拱顶以上 300 mm 用水钻钻一排孔，间距排距 300 mm，通过管孔插入 $\phi32 \times 3.25$，长 3 m 的超前小导管，打设方向沿管片圆弧的径向，仰角基本在 $10° \sim 15°$，采用风镐顶入，周边适当向外插一定角度，以增加注浆范围。注水泥浆液，超前加固土层，注浆压力为 $0.2 \sim 0.4$ MPa。通过小导管将洞门掌子面提前进行加固，以确保开洞的安全。洞口开洞前土体加固示意图见图 5-19。小导管加工成型如图 5-20 所示。

（3）联络通道旋喷桩加固情况。

1）加固要求。加固后的地基应具有良好的均匀性和自立性，其无侧限抗压强度须达到 $0.8 \sim 1.0$ MPa，渗透系数 $\leqslant 1.0 \times 10^{-7}$ cm/s。

2）加固范围：长为混凝土结构衬砌外边两侧各 3 m，宽为隧道中心线间 13 m，深度为混凝土衬砌结构底下 3 m，结构顶上 3 m。

3）加固方法。采用水泥旋喷桩加固，桩径 550 mm，间距及排距为 400 mm，旋喷桩采用双重管工艺。

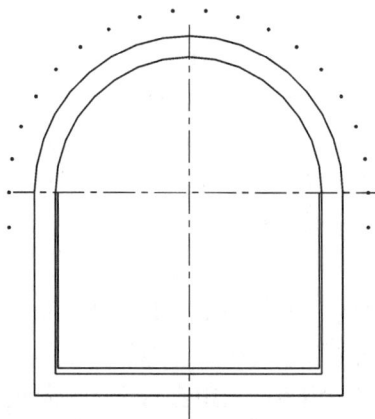

图 5-19　洞口开洞前土体加固示意图

图 5-20　小导管图

5.3.2　初期支护施工

联络通道初支施工工艺，见图 5-21。

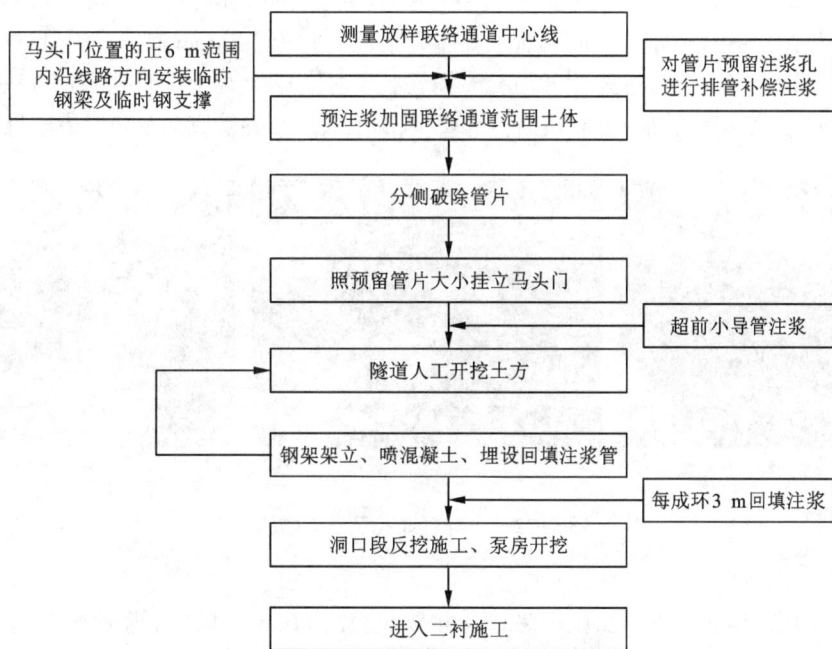

图 5-21　联络通道初支施工工艺流程图

（1）管片破除施工。在对联络通道范围土体预注浆加固完成后，再破除联络通道洞口相应管片。管片必须分侧破除，防止正洞结构及马头门土体失稳，并且边破除边支撑。在联络通道里程位置管片仅预留了 2.4 m 的开口宽度及 2.7 m 的开口高度，而联络通道的洞口段开挖断面尺寸为宽 4.66 m×高 4.2 m，联络通道马头门的格栅与拆除管片洞口宽度一致，底部高程与设计相同，拱部以拆除管片高度为准，封闭成环。

在管片拆除时，为避免发生隧道顶部土体坍塌，将联络通道开洞门范围内的管片分为 6 块破除，每块重约 500 kg，从上到下分步拆除洞口区管片，再分步开挖联络通道土体进行初期支护。先凿除联络通道上台阶范围内的 2 片管片，开挖土体，施作初衬；待上台阶掘进 2~3 m 后，再凿除下台阶位置剩余管片，进行下部土体开挖及初衬施作。

为保证联络通道开口位置正确，破除前应测量放线。为减少切割时对角部的破坏（多切），在四个角预先进行钻孔。

（2）超前小导管注浆施工。超前小导管注浆施工参考暗挖段施工经验，小导管成孔采用风枪和风镐辅助高压风相结合的方式，用风镐+高压风辅助成孔方式在原状地层中成孔，埋设超前小导管。为减少高压风吹孔成孔过程中对土体的扰动、坍塌，利用套管定向、封闭的措施解决孔位坍塌。具体作法为：格栅安装完毕后先安装超前小导管导向套管，测量定位，在初支格栅内环向安设套管，套管可采用 ϕ70 mm 钢管。小导管仰角基本在 10°~15°，采用风镐顶入。注水泥浆液，超前加固土层，注浆压力为 0.2~0.4 MPa。

1）小导管加工制作。小导管 ϕ32 mm×3.25 mm，$L=3$ m，前端加工成锥形，以便插入土体。小导管中间部位钻 ϕ8 mm 溢浆孔，呈梅花形布置（防止注浆出现死角），间距 300 mm，尾部 1.0 m 范围内不钻孔防止漏浆。

2）超前小导管安装。采取以下措施安装超前小导管及防坍塌措施：格栅、双层钢筋网片安装完成，先安装超前小导管导向套管，按照方案环向间距 300 mm 布孔，测量定位，在初支格栅内环向安设套管，套管可采用 ϕ70 mm 钢管，喷射完成混凝土。管孔采用 YT-28 风钻钻孔，孔径为 50 mm，将钢管前端插入套管孔内，风镐顶入。小导管成孔及防塌措施见图 5-22。

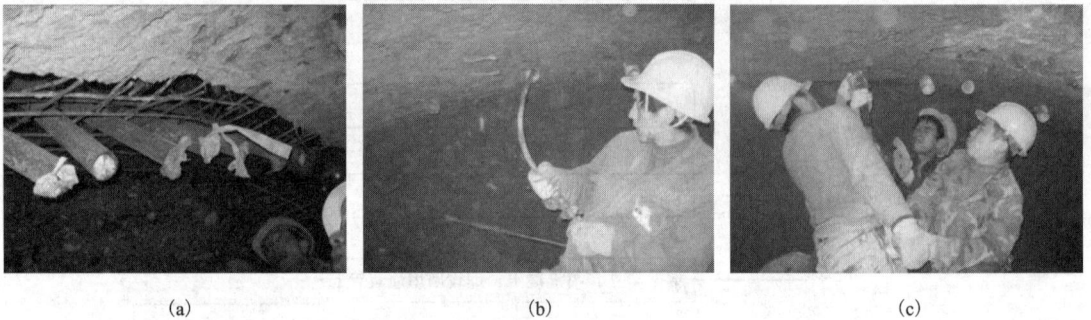

(a)　　　　　　　　　　　(b)　　　　　　　　　　　(c)

图 5-22　小导管成孔及防塌措施

3）注浆。用注浆机注浆，初压拟为 0.3 MPa，终压为 0.6 MPa。注浆管连接好后，注浆前先压水试验管路是否畅通，然后开动注浆泵，通过小导管压入地层。

（3）联络通道初期支护施工。联络通道初期支护采用初喷层、钢筋网、格栅钢拱架、湿喷混凝土联合支护。开挖时，为防止土体坍塌，小导管注浆固化土体后，人工开挖上台阶土体，环状开挖，预留核心土，每步开挖 0.5 m，安装钢架，钢架间距为 0.5 m，挂网喷射 30 cm 厚 C25 混凝土。为控制拱脚下沉，采用垫方木以加大拱脚，并设置 ϕ42 mm×3.5 mm，$L=3.5$ m 的注浆锁脚锚管。上台阶开挖长度 2~3 m 后，下台阶土体开挖跟进施工并及时安装钢架、钢

```
小导管加工          施工准备          浆液配置
                      │                │
                      ▼                ▼
                  测量布孔            注浆机
                      │
                      ▼
                    钻孔
                      │
                      ▼
                    清孔
                      │
          ┌──────────▶│
                      ▼
                  顶入钢管
                      │
                      ▼
                  封端止浆
                      │
                      ▼
                  小导管注浆 ◀──────────┘
                      │
                      ▼
                  效果检查
                      │
                      ▼
                    结束
```

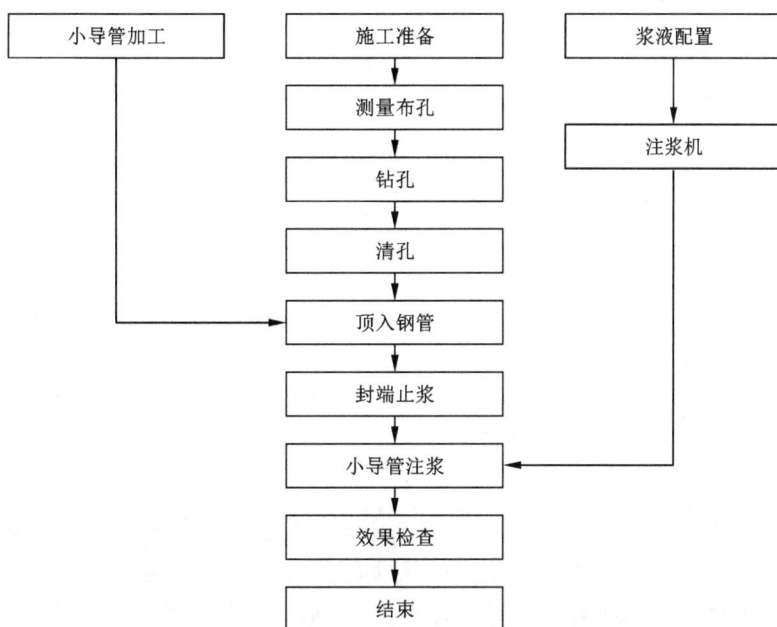

图 5-23　小导管注浆施工工艺流程图

筋网喷射混凝土,尽早封闭成环。待初衬贯通后再将渐变段初衬破除,进行反挖,即逐榀破除渐变段原有的格栅及喷射混凝土,按照设计端面尺寸重新架立格栅,使其满足设计要求。

联络通道土体开挖时,应坚持先探后挖,掌子面视情况进行注浆加固。

土方运输采用手推车,卸入土斗内,并用电瓶车沿区间隧道轨道运输至盾构始发井,通过垂直提升将设备运至地面。

为控制沉降及施工安全,在初支施工完成后根据监测结果进行初支背后充填注浆。充填注浆应跟随开挖工作面、并在距开挖工作面 5 m 的地方进行。注浆浆液为单液水泥浆,水灰比为 1:1,掺加 0.5%(占水泥比重)食盐和 0.05%(占水泥比重)三乙醇胺复合促凝剂。注浆终压为 0.5 MPa。注浆速度不大于 50 L/min。

初支背后充填注浆结束标准为:①单孔标准:注浆压力逐渐上升,流量逐渐减少,当注浆压力达到 0.5 MPa,稳定 3 min 即可结束注浆;②全段结束标准:初支表面无明显漏水点,隧道允许漏水量为 0.12 L/(m·h)。

1)联络通道标准段支护参数。

①格栅:采用四肢 $\phi25$ 主筋格栅,格栅间距 0.50 m;主筋内、外保护层均为 40 mm。

②纵向连接筋:$\phi22@100$ mm,双层布置。

③钢筋网:$\phi6.5@150×150$,外侧布置。

④喷混凝土:C25 混凝土拱墙底板均 300 mm 厚。

⑤回填注浆:注浆管 $\phi25$ mm×2.75 mm,$L=0.8$ m;环向间距起拱线以上为 2.0 m,边墙为 3 m;纵向间距为 3.0 m,呈梅花形布置;注浆深度为初支背后 0.5 m。

2)初支施工。

①土方开挖。结合工程的地质情况，上台阶开挖时，为了保证土体的稳定，开挖时预留核心土，沿结构边线开挖，开挖完成后即挂网扫喷一层混凝土。

②格栅架立。格栅根据设计图纸在加工厂加工。格栅架立时，根据测量安设的激光(隧道中线)进行安装，调整格栅间距、标高及垂直度并焊接连接筋。

③挂网喷射混凝土。格栅架立及连接筋焊接完成并经检查合格后，进行喷射混凝土施工。

3)初支施工注意事项。

①格栅安装前应清除底脚下的虚碴及其他杂物，超挖部分用混凝土喷射密实。各节格栅间应以螺栓连接拧紧，并点焊上。

②格栅与土层之间应尽量接近，留4 cm间隙作为保护层。在安装过程中，当格栅和土层之间有较大间隙时，用喷射混凝土填实。

③格栅应精确定位。

④格栅架立完成后，开始焊接连接筋，连接筋的间距为500 mm，连接筋采用单面搭接焊，焊缝长10d。格栅倒角处必须增设一根连接筋。

⑤连接筋焊接完成后，绑扎钢筋网片，网片须绑扎牢固且平顺，网片搭接长度不得小于200 mm。

图5-24　初期支护施工

5.3.3　联络通道二次衬砌施工

(1)衬砌施工流程。初支完成后，进行初支背后注浆，初支表面抹水泥砂浆找平，铺设防水层，施工结构二衬，联络通道、废水泵房二衬分三次浇筑完成：第一步施工泵房底板、底板导墙结构，第二步施工泵房墙体、联络通道底板、底板导墙等二衬，第三步施工联络通道墙体、顶拱二衬。由于联络通道与隧道结构之间不再单独设置变形缝，为此联络通道、泵房二衬结构只设置2道水平施工缝，底板、墙体、顶拱全长采取一次浇筑完成。二次衬砌施工工艺流程图具体见图5-25。

```
┌──────────────────┐   ┌──────────┐   ┌──────────────┐
│隧道中线、标高复核 │──▶│ 基面处理 │──▶│ 泵房防水施工 │
└──────────────────┘   └──────────┘   └──────────────┘
                                              │
       ┌────────────────────┐   ┌────────────────┐   ┌──────▼──────┐
       │泵房墙体、联络通道底板│◀──│泵房底板、导墙混凝土│◀──│泵房底板钢筋绑扎│
       │  防水铺设、钢筋绑扎  │   └────────────────┘   └─────────────┘
       └────────────────────┘
              │
       ┌──────▼──────┐   ┌────────────────┐   ┌────────────────┐
       │模板安装定位、浇筑│──▶│联络通道墙体、顶拱铺│──▶│联络通道墙体、顶拱铺│
       │   二衬混凝土   │   │设防水、绑扎钢筋 │   │设防水、绑扎钢筋 │
       └─────────────┘   └────────────────┘   └────────────────┘
                                                      │
                          ┌────────────────┐   ┌──────▼──────┐
                          │二衬背后注浆,完成整个│◀──│联络通道墙体、顶拱│
                          │联络通道结构施工 │   │模板安装、混凝土浇筑│
                          └────────────────┘   └─────────────┘
```

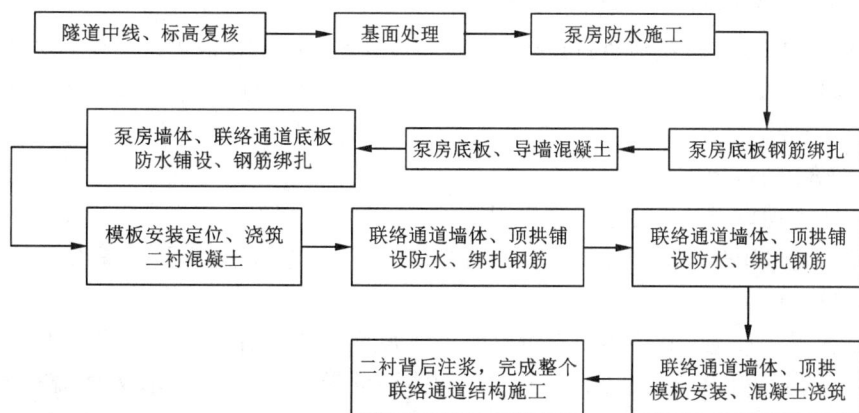

图 5-25　二次衬砌施工工艺流程图

结构底板施工完成后,在通道底板结构上方 500 mm 的初支上架设脚手管加丝托横向临时支撑后拆除联络通道封底格栅支撑 22 工字钢。施作集水坑墙体、通道底板、底板导墙。待通道底板结构强度到达设计强度 75% 时,拆除临时支撑。浇筑通道墙体、拱顶二衬。

（2）施工措施及要求。

1）基面处理。

①铺设防水板的基面应无明水流,否则应进行初支背后的注浆或表面刚性封堵处理,待基面上无明水流后才能进行下道工序。

②铺设防水板的基面应基本平整,铺设防水板前应对基面进行找平处理,处理方法可采用喷射混凝土或 1∶2.5 水泥砂浆抹面的方法,一般宜采用水泥砂浆抹面的处理方法。处理后的基面应满足如下条件:$D/L \leqslant 1/10$（D 为相邻两凹凸面间凹进去的最大深度;L 为相邻两凹凸面间的最短距离）。

③基面上不得有尖锐的毛刺部位,特别是喷射混凝土表面经常出现尖锐的石子等硬物,应凿除干净或用 1∶2.5 的水泥砂浆覆盖处理,避免浇筑混凝土时刺破防水板。

④基面上不得有铁管、钢筋、铁丝等凸出物存在,否则应从根部割除,并在割除部位用水泥砂浆覆盖处理。

⑤变形缝两侧各 50 cm 范围内的基面应全部采用 1∶2.5 防水水泥砂浆找平。

⑥所有阴角均采用 1∶2.5 的水泥砂浆做成 50 mm×50 mm 的钝角或 $R \geqslant 50$ mm 的圆角,阳角均做成不小于 20 mm×20 mm 的钝角或 $R \geqslant 20$ mm 的圆角,转角范围基层应光滑、平整。

2）防水层施工。联络通道复合式衬砌夹层防水层采用 1.5 mm 厚的 ECB 塑料防水板;缓冲层和底板保护层材料采用单位重量 400 g/m² 的无纺布;过渡封口材料采用单面密封胶黏带、双面密封胶黏带。

①铺设缓冲层

A. 铺设防水板前应先铺设缓冲层,用水泥钉或膨胀螺栓和与防水板相配套的圆垫片将缓冲层固定在基面上,固定时钉头不得凸出垫片表面。固定点之间呈正梅花形布设,侧墙上固定间距为 80～100 cm;顶拱上的固定间距为 50～80 cm;底板上的防水板固定间距为 1.5～

2 m；底板与侧墙连接部位的固定间距应适当加密至 50 cm 左右。所有塑料垫片均应选择基层凹坑部位固定，避免固定防水板时局部过紧。

B. 缓冲层之间采用搭接法进行连接，搭接宽度为 5 cm，搭接缝可采用点粘法进行焊接或用塑料垫片固定，缓冲层铺设时应尽量与基面密贴，不得拉得过紧或出现过大的褶皱，以免影响防水板的铺设。

②铺设 ESB 防水板。

A. 防水板的铺设方向以尽量减少出现手工焊缝为主，并不得出现十字焊缝。

B. 防水板先采用热熔法手工焊接在塑料圆垫片上，焊接应牢固可靠，避免灌注混凝土时防水板发生脱落现象。

C. 防水板固定时应注意不得拉得过紧或出现大的鼓包，铺设好的防水板应与基面凹凸起伏一致，保持自然、平整、服帖，以免影响二衬灌注混凝土的尺寸或使防水板脱离圆垫片。

D. 防水板之间接缝采用双焊缝进行热熔焊接，搭接宽度为 10 cm，不得有假焊、漏焊、焊焦、焊穿等现象。焊接完毕采用检漏器进行充气监测，充气压力为 0.25 MPa，保持该压力不小于 15 min，允许压力下降 10%。如压力持续下降，应查出漏气部位并对漏气部位进行全面的手工补焊。

E. 防水板铺设完毕后应对其表面进行全面的检测，发现破损部位及时进行补焊，补丁应剪成圆形，不得有三角形或四边形等尖角存在，补丁边缘距破损边缘的距离不得小于 7 cm。补丁应满焊，不得有翘边空鼓部位。

F. 对防水层进行验收合格后，才能进行下道工序的施工。

G. 所有防水板甩槎均应超过预留搭接钢筋最少 40 cm，也可将甩槎卷起后固定，并注意后期的保护。甩槎过短会导致后期接槎无法操作。

③保护层的施工。底板或仰拱防水板铺设完毕后应及时施作保护层，在防水板上表面铺设单位重量不小于 400 g/m² 无纺布，然后浇筑 50 mm 厚的 C20 细石混凝土。

④通道与盾构管片接口防水层的收口做法。

A. 喷射混凝土初衬施作完毕后，先将靠近洞口管片 50 cm 范围的喷射混凝土初衬表面清理干净，然后用 1∶2.5 的水泥砂浆进行找平处理，使基面基本平整、干净，确保无毛刺、无明水。将管片露出部位的表面用钢刷处理干净、无灰尘、油污等。

B. 如果管片与初衬连接的角部无明显的渗漏水时，直接用防水砂浆进行倒角处理；如果渗漏水严重且通过注浆或表面封堵无法将水堵住时，则在角部先固定临时导水管，导水管直径视渗漏水量的大小确定，但不宜大于 50 mm。然后在排水管的外面用防水砂浆覆盖压实，以不再渗漏水为宜。

C. 在清理干净的基面上铺设无纺布缓冲层和塑料防水板，要求防水板的端部紧靠在倒角边缘，并且要求进行找平处理过的初衬表面的防水板尽量平整。

D. 将自粘式卷材粘贴在处理好的管片表面，然后再粘贴在防水板表面。要求粘贴密实、牢固，不得出现空鼓脱落部位。

⑤注浆系统的施工技术要求。全包防水层表面设置注浆系统，注浆系统包括注浆底座和注浆导管，注浆底座应与防水层热熔焊接。注浆导管应采用塑料螺纹管，并应具有足够的抗压强度，确保埋入模筑混凝土内的部分不被压扁。

A. 注浆底座边缘采用四点焊接在防水板表面，四点应对称设置，每个焊接点宜为 10 mm

×10 mm。焊接点应牢固，避免浇捣混凝土时底座脱离防水板，但不得将底座边缘全部热熔满焊在防水板表面，以免后期浆液无法注入。

B. 注浆系统的环、纵向设置间距 4 m，注浆系统距施工缝 50 cm 左右设置，变形缝两侧各 50 cm 范围内必须设置一环注浆系统，环向间距 2 m。

C. 注浆导管与注浆底座连接应牢固、密闭，必要时应采用铁丝将导管与底座间连接部位绑扎牢固，避免底座与导管脱离。

D. 导管可以在结构内穿行一段距离后集中在两侧墙引出，引出的部位可以预埋木盒，将集中引出的导管设置在木盒内（每个木盒设置 6 个导管）。此时埋入混凝土内的部分应设置在内、外钢筋之间，并且每隔 40~50 cm 固定在钢筋上。开孔端应固定在钢筋上，避免浇捣混凝土时注浆管被拉入混凝土内。

E. 注浆导管也可以与底座连接点垂直穿过内、外排钢筋引出，此时需要将注浆导管固定在内、外钢筋上。

F. 导管开孔端可直接引出结构表面，也可根据混凝土保护层的厚度，将开孔端用封口盖堵住并用封口胶带严密封口后埋入混凝土内（或单独用封口塑料胶带封口），模板拆除后将开孔端表面封口胶带和混凝土破除即可露出注浆导管。此时应采取措施避免导管开孔端移位。

G. 二衬拱顶设置的背后"填充"注浆系统不能代替防水板注浆系统。

⑥注意事项。

A. 喷射混凝土基面有明水流时严禁铺设防水板。

B. 手工焊接应由熟练工人操作。

C. 钢筋的两端应设置塑料套，避免钢筋就位时刺破防水板。绑扎和焊接钢筋时应注意防水层并进行有效的保护，特别是焊接钢筋时，应在防水层和钢筋之间设置石棉橡胶遮挡板，避免火花烧穿防水层。结构钢筋安装过程中，现场应有专人看守，发现破损部位应及时做好记号，待钢筋安装完毕后，再进行全面的补焊及验收。

D. 底板防水层铺设完毕后，应注意做好保护工作，避免人为破坏防水层。

E. 振捣时的振捣棒严禁触及防水层。

（3）二衬回填注浆。

1）注浆目的。施作二次模筑防水混凝土时，在拱顶预埋注浆管注浆，以充填混凝土与防水层之间的空洞及疏松区，达到密实。

2）回填注浆管的加工与布置。施作二次模筑防水混凝土时，在拱顶预埋 ϕ32 mm 注浆管注浆，以避免混凝土在顶部和防水层之间不能密实。回填注浆管的长度为 70 cm。环向间距 2.5 m，纵向间距 4 m，起拱线以上梅花形布设。

3）回填注浆主要参数。注浆压力：0.2~0.3 MPa；注浆速度：5~15 L/min。

4）浆液与配合比选择。微膨胀水泥浆，水灰比 1∶1。

5）注浆机具。与超前预注浆所用机具相同。

6）施工工艺流程。二衬背后注浆应在二衬混凝土强度达到设计强度 75% 以上后进行，回填注浆的施工工艺流程见图 5-26。

（4）钢筋绑扎。

1）钢筋加工。

①所有加工好的钢筋，一律按规格、型号挂牌，分别存放，并作好防锈工作，设专人

负责。

②钢筋用切断机切断，所有弯钩用弯曲机成型。

③特殊部位的钢筋须放大样。

④钢筋在加工弯制前调直，须符合下列规定：

A．钢筋表面的油渍、漆污、水泥浆和用锤敲击能剥落的浮皮、铁锈等都清除干净。

B．钢筋平直，无局部折曲。

C．加工后的钢筋表面不应有削弱钢筋截面的伤痕。

⑤钢筋的弯制和末端弯钩均严格按设计加工，设计无要求时应符合以下规定：

A．弯起钢筋弯成平滑曲线，曲率半径 r 不小于钢筋直径的 10 倍(光圆)或 12 倍(螺纹)。

B．箍筋、钩筋末端设弯钩，弯钩的弯曲内直径大于受力钢筋直径，不小于箍筋直径的 2.5 倍，弯钩平直部分长度按照设计图纸要求制作。

图 5-26 二衬背后注浆工艺流程图

2）钢筋焊接要求。

①焊接过程中及时清渣，焊缝表面光滑平整，加强焊缝平滑过渡，弧坑应填满。

②搭接焊的钢筋搭接长度及焊缝长度满足规范要求(单面搭接焊 10d，双面搭接焊 5d，d 为钢筋直径)。

③钢筋接头设置在钢筋承受力较小处且应避开钢筋弯曲处，距弯曲点不小于 10 倍的钢筋直径。

3）钢筋施工顺序。

①根据施工安排，按照图纸设计加工底板、拱墙钢筋。

②先绑扎底板外层环向钢筋，调匀钢筋间距，架立底板纵向分布钢筋；再架立底板内层钢筋及钩筋；拱墙钢筋同底板。

③主筋与分布筋采用绑扎连接，连接完毕调整钢筋垂直度，将外层架立筋按设计间距分布好；架立筋预先附着在外层主筋上，待内层主筋架立好，垂直度调整完毕，再把内层主筋绑扎在架立筋上。

④调整主筋、架立筋间距，使间距符合设计要求；受力筋应按照 1.0 m×1.0 m 间距梅花形布置同标号砂浆垫块(或塑料卡)，垫块或塑料卡与钢筋应固定牢固。

⑤按照设计图纸加工钩筋。

⑥钢筋的搭接：受力钢筋连接采用绑扎连接，接头不宜位于构件最大弯矩处，受拉区域内Ⅱ级钢筋可不做弯钩。接头位置应相互错开，在规定接头长度的任一区段内有接头的受力钢筋截面面积占受力钢筋总截面面积百分率，受拉区不大于 50%。

（5）模板施工。

1）施工模板类型。

①底板采用人工抹面和直墙模板相结合。在浇筑混凝土时搭设台架，对于支撑的结构台架需要保证安全，满足施工荷载的受力。

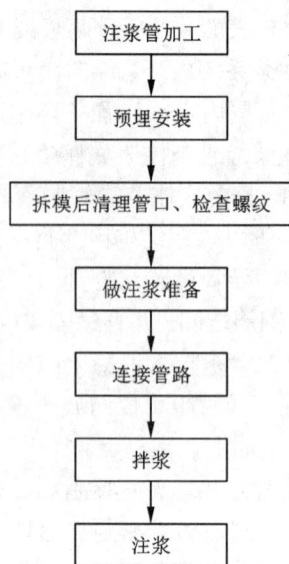

②拱墙衬砌采用定型钢模相结合的方式。联络通道二衬分三步施工(废水泵房底板及导墙,废水泵房墙体、联络通道底板及导墙,联络通道墙体、顶拱)。模板的定位根据隧道中线和拱顶标高确定。

2)模板施工。

①隧道底部模板采用组合模板加方木支撑。施工时先放出标高、中线。焊制预埋钢筋。定位模板的标高,根据中线来确定模板净空加设丝杆。保证隧道净空以及模板的安装质量,安装后的模板质量标准:标高误差±5 mm,中线误差 0~5 mm。联络通道二衬底板模板架立图如图 5-27 所示。

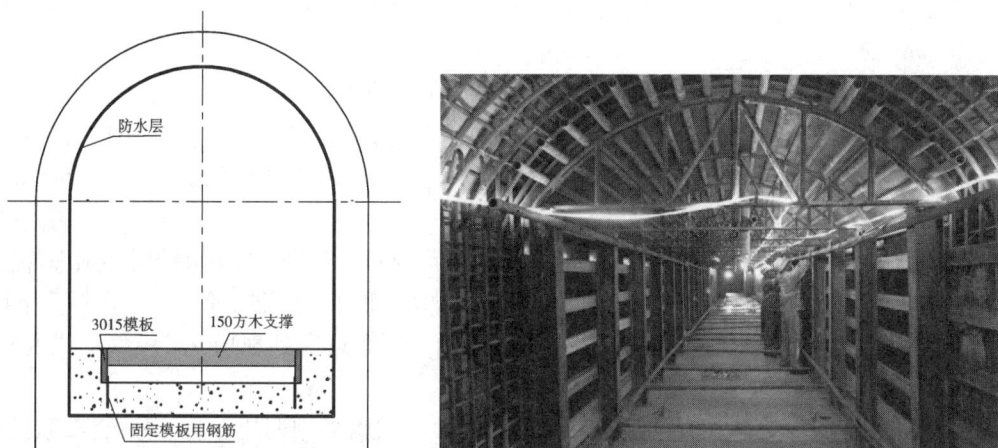

图 5-27 联络通道二衬底板模板架立图

施工顺序:先定位后装板,调整精确定位,加设支撑系统。

②拱墙模板采用定型钢模加型钢支撑(见图 5-28)。型钢支撑与钢模加工完成后应在平地上试拼装,长度和半径与设计符合后可在洞内安装。

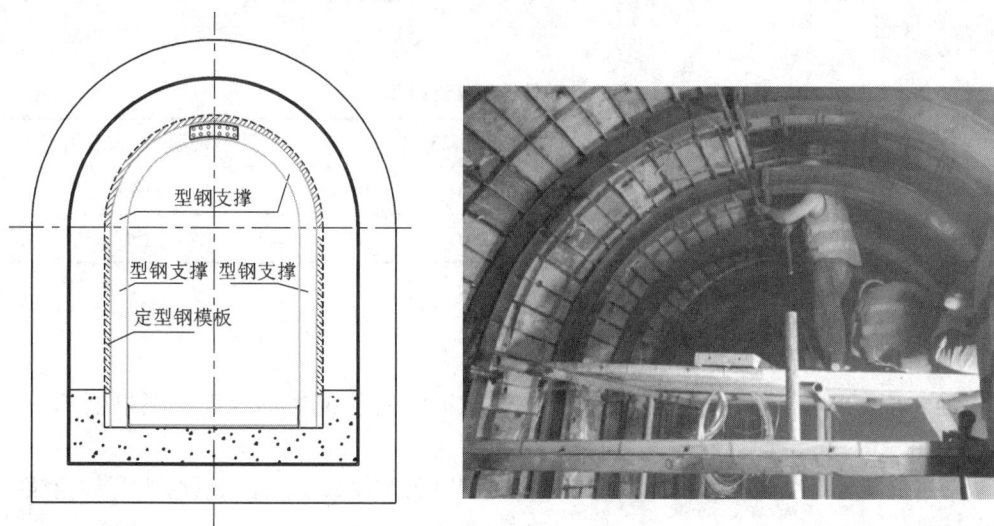

图 5-28 联络通道二衬拱墙模板架立图

A. 在底板上恢复隧道中线及标高，根据隧道中线及标高定位支撑及起拱线位置。

B. 支撑定位完成后，进行模板安装，并进行支撑加固及堵头施工。拱部模板应预留沉落量 10~30 mm，其高程允许偏差为设计高程加预留沉落量 0~10 mm。

（6）混凝土施工。

1）混凝土质量控制。

①选用商品混凝土。应随时对混凝土进行抽查，避免因搅拌时间不够导致骨料混合不均或时间过长发生离析，发现质量问题采取补救措施及时处理，严禁不合格混凝土进入施工现场。

②在混凝土灌注过程中应始终注意其坍落度。坍落度应为：墙体 100~150 mm，拱部 160~210 mm。

③在混凝土灌注前，应对混凝土进行检验，合格后方可使用。

④在混凝土灌注过程中，如发现离析，必须进行二次拌和，不准往拌和物中擅自加水。

⑤应尽量降低混凝土的入模温度，不得超过 28 ℃，冬季施工时不得低于 5 ℃，宜 5~10 ℃。

2）混凝土的灌注。

①混凝土浇筑前的准备工作。混凝土浇筑前，应对模板、支架、钢筋保护层和预埋件进行检查，符合要求后方能浇筑。同时，应清除模板内的垃圾、积水、泥土和钢筋上的污垢等杂物。

②混凝土的浇筑方法。采用商品混凝土，由混凝土罐车运送到现场，采用移动式混凝土输送泵施工。

底板采用先铺底后边墙，加强振捣减少蜂窝麻面。拱墙采用两边对称、分层浇筑，加强振捣。混凝土灌注至墙拱交界处，应间歇 1~1.5 h 后方可继续灌注。注意观察拱顶排气孔，确保混凝土灌注密实。保证模板的安装质量，加强振捣施工。

③混凝土的浇筑高度。混凝土灌注时的自由倾落高度不应大于 2 m。当灌注结构的高度超过 3 m 时，应采用串筒、溜槽或振动溜管下落。

④混凝土浇筑的间歇时间。混凝土应从低处向高处分层连续灌注，如必须间歇时，应在前层混凝土凝结前，将次层混凝土灌注完毕，否则应留施工缝。混凝土凝结时间不应大于规定（见表 5-3）。

表 5-3　混凝土凝结时间

单位：min

混凝土标号	气温低于 25 ℃	气温高于 25 ℃
不大于 C30	210	180
大于 C30	180	150

注：本表所列时间，包括运输和灌注时间。

⑤混凝土浇筑层厚度与振捣。

A. 防水混凝土每层灌注厚度：插入式振捣器不应大于 300 mm，表面振捣器不应大于 200 mm。

B. 防水混凝土必须采用振捣器振捣，振捣时间宜为 10~20 s，并以混凝土开始泛浆和不冒气泡为准。

C. 振捣器振捣时的移距，插入式不宜大于作用半径 1 倍，插入下层混凝土深度不应小于

50 mm，振捣时不得碰撞钢筋、模板、预埋件和止水带等；表面振捣器移距应与已振捣混凝土搭接 100 mm 以上。

D. 振捣靠近模板时，插入式振捣器机头必须与模板保持一定距离，一般为 5～10 cm，同时不得接触防水板。

E. 振捣时要快插慢拔，掌握好振距，不能漏振、欠振和过振，以混凝土表面出现浮浆和不再沉落为度，避免因漏振、欠振形成蜂窝、麻面和骨料分布不均等情况，影响混凝土强度。自防水混凝土更应振捣密实，不得漏捣。

3）混凝土的养护。

①防水混凝土终凝后，应立即进行养护，并保持湿润，养护期不少于 14 d。

②拆模时，混凝土结构表面温度与周围气温的温差不应大于 20 ℃。

③养护用水的质量与拌制混凝土相同。

4）模板的拆除。

①混凝土强度达到 75% 以上方可拆模。

②拆模顺序一般应后支的先拆，先支的后拆；先拆除非承重部分，后拆除承重部分。

③拆除的模板应清除灰渣，及时维修，妥善保管。

5.4　机械法联络通道施工

联络通道在采用冻结法施工时，出现施工难度大且施工质量不能得到有效的保证，冻结难以达到设计效果，在此情况下施工联络通道风险极大。因此可以采用机械法施工联络通道。机械法联络通道施工总体分为六个步骤：施工准备、机械吊装、机械洞内运输、机械法联络通道施工、洞门接口安装。

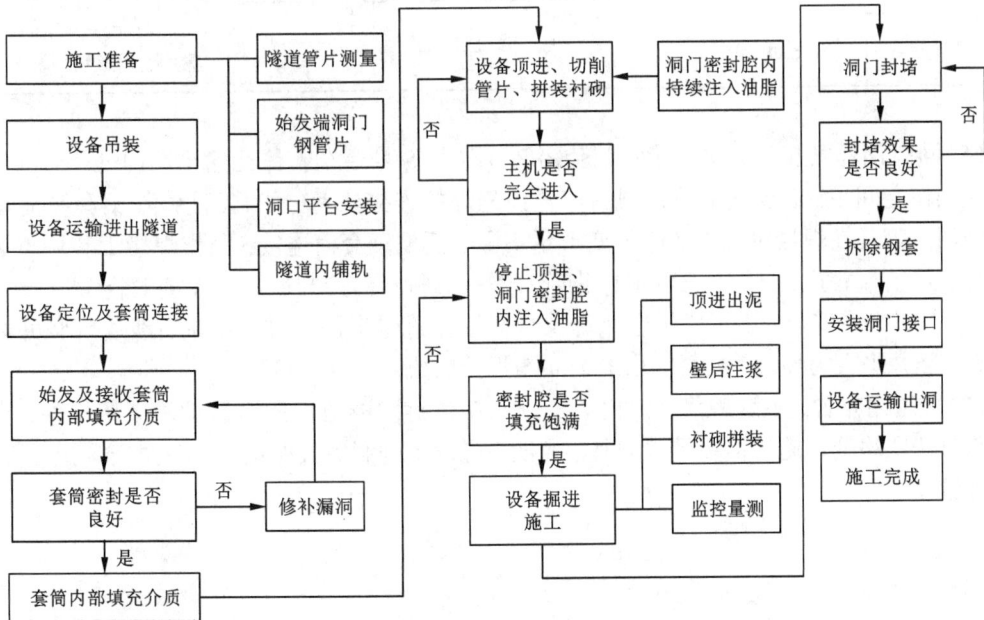

图 5-29　机械法联络通道施工流程图

5.4.1 施工前准备

（1）调整联络通道里程。在盾构始发前，对联络通道里程进行管片预排版，并结合第一环尺寸准确定位及管片调节环，要求联络通道里程与设计里程偏差在±60 cm 以内，左、右线联络通道相对位置偏差在±5 cm 以内。

（2）隧道断面测量。联络通道施工前，需在台车吊装井口至联络通道处对管片进行横向净空测量、竖向净空测量，以满足机械洞内运输要求。

（3）主隧道注浆。区间隧道移交前，对拟建联络通道左、右线前后 20 环范围内进行二次注浆。

（4）钢管片焊接。将主隧道管片始发及接收洞门处 6 块复合管片的钢结构部分焊接连为整体，采用跳焊法减少变形，分多层焊接，焊接厚度每层 3~5 mm。

表 5-4 钢管片焊接参数表

母材		Q235B	结点图（钢管片）		施焊要求
焊接材料	焊丝	ER50-6			（1）焊前将坡口两侧 30 mm 范围内的油污、水分及脏物去除干净
	保护气体	80%Ar+20%CO$_2$			
清根手段		手砂轮			（2）焊缝表面及热影响区表面不得有咬边、裂纹、未熔合等缺陷
预热温度		100~150 ℃			（3）焊后焊缝进行 UT 检测，Ⅱ级合格
预热方法		乙炔			

（5）洞门钢环安装。始发与接收钢套筒随 3 号与 5 号台车整体运输至洞门处，与洞门套筒连接操作空间小，需要施工前在洞门位置预先焊接连接法兰，即洞门钢环（钢套筒前端）。为保障洞门钢环在焊接过程中产生的变形量不影响后期钢套筒连接，制作焊接工装。将洞门钢环与套筒前端相连，并定位，与洞门钢管片焊接。待自然冷却后拆除焊接工装。

（6）井口平台安装。为了提供电瓶车及台车运输进隧道的条件，在左右线盾构竖井内搭设平台，竖井平台为预制钢构件，由 I32、I45 焊接而成。

（7）隧道内布置。主隧道移交前由盾构施工单位拆除隧道内所有盾构施工用构件，重新根据机械法联络通道施工需要铺设轨枕、照明，待设备进洞后按照招标文件进行通道、管路、电路等铺设。

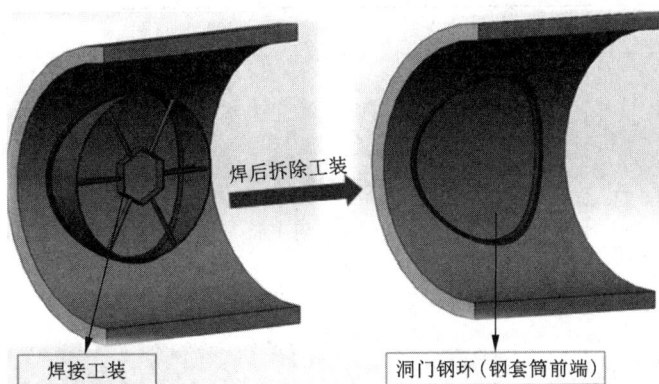

图 5-30　洞门钢环焊接示意图

5.4.2　机械吊装

机械吊装分为台车及主机吊装，主机采用整体吊装，3 号台车与 4 号台车分两节吊装，其余台车整体吊装。

表 5-5　机械吊装顺序表

序号	吊装顺序	吊装立面图
1	电瓶车吊装	

续表5-5

序号	吊装顺序	吊装立面图
2	1号台车吊装	
3	2号台车吊装	
4	3号台车下部吊装	

续表5-5

序号	吊装顺序	吊装立面图
5	主机吊装 （始发套内钢丝刷 涂抹手涂油脂， 并将盾构机置于套 筒内吊装下井）	
6	始发套筒上部及 3号台车上部吊装	
7	4号台车吊装	

续表5-5

序号	吊装顺序	吊装立面图
8	4 号台车横梁吊装	
9	5 号台车吊装	

5.4.3 机械洞内运输

机械共有 5 节台车, 分 5 次采用电瓶车推入隧道, 每节台车自带刹车系统, 防止运输过程中溜车, 1~4 号台车由 1#电瓶车运送至始发端隧道内, 5 号台车由 2#电瓶车运送至接收端隧道内。

表 5-6 机械洞内运输流程表

运输顺序	运输立面图
1 号台车运输	
2 号台车运输	
3 号台车运输	
4 号台车运输	
5 号台车运输	

5.4.4 机械法联络通道施工

（1）顶管法施工。

1）顶进施工工艺流程（见图 5-31）。

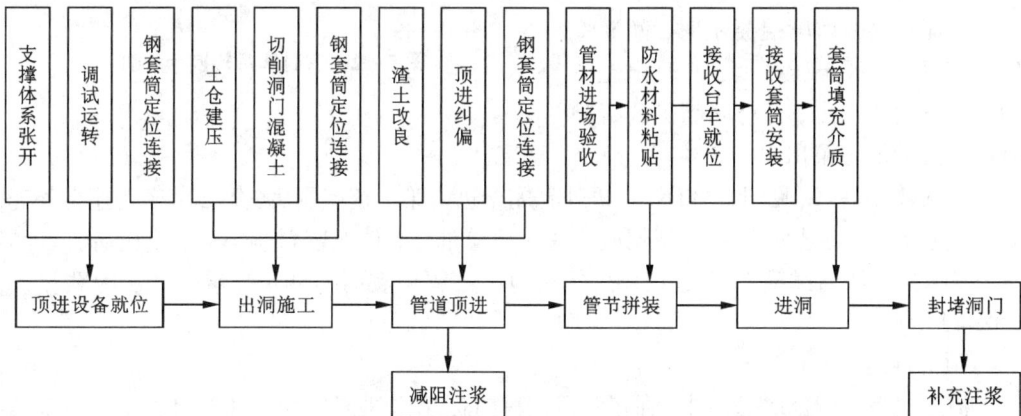

图 5-31 顶进施工工艺流程图

2）顶进设备就位。

①支撑体系张开。设备运输至联络通道位置后连接各管路及构件，伸出支撑体系油缸使支撑体系紧贴管片内壁。

②调试运转。在套筒未连接前进行设备调试。

表 5-7　顶进设备调试系统表

序号	名称	序号	名称
1	测量系统	7	主轴承密封油脂泵功能
2	螺旋输送机功能	8	盾尾油脂控制系统
3	顶进缸性能	9	拼装机系统
4	盾尾铰接油缸性能	10	空压机系统
5	刀盘驱动性能	11	吊机系统
6	泡沫注入性能	12	注浆泵功能

③钢套筒定位、连接。设备调试完成后，通过辅助千斤顶将设备主机与始发套筒整体向前顶进，直至与洞门钢环合龙，连接钢环法兰螺栓，向套筒尾刷腔内注入油脂，要求保持静止压力大于 5 bar，并对其压力进行实时监控，完成套筒密封。

3）出洞施工。

①土仓建压。在顶管切削至洞门混凝土破碎后，外界水土压力传递至钢套筒内，为达到平衡外界水土压力的目的，在套筒密封形成后，通过预留管道注入介质达到试压值(取水土压力+0.5 Par)。

②切削洞门混凝土。准确计算顶进行程，刀尖顶至管片后缓慢推进，开始切削洞门混凝土（管片），推进速度控制在 2 mm/min，顶进总力小于 4000 kN。

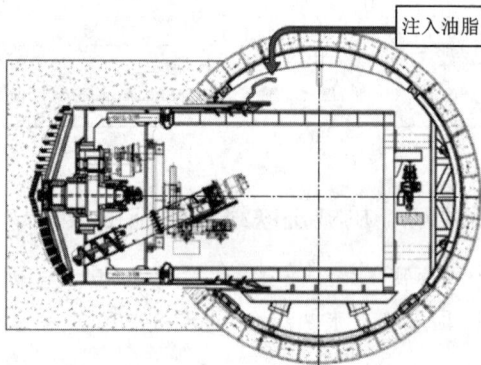

注入油脂

图 5-32　密封体系转换示意图

③出泥运转。切削混凝土时，间断性开启螺旋机，保证土压平衡，此时出土方式为人力三轮车出土，待空间满足放置输土泵后转换为输土泵出土。

④密封体系转换(见图 5-32)。主机外壳完全进入第 1 道尾刷后，第 2 道密封还在外壳位置时，停止顶进，迅速向第 1、2 道尾刷间注入盾尾油脂，填充密封刷空腔，建压后方可继续顶进，以同样方法通过第 2、3 道尾刷，并在施工过程中实时监测油脂腔压力，间歇注入油脂，保证压力。

4）顶管推进。

①渣土改良。结合地层特性，在正常段掘进时使用泡沫剂进行土体改良，要求改良后的渣土坍落度为 120~140 mm，便于泵送出泥。

②顶进纠偏。顶管顶进最大偏差量不超过±50 mm，确认管节拼装良好并经验收合格，所有机械运转正常的情况下即可开始顶进。顶进过程中遇姿态出现偏差，通过调节顶管铰接调整顶管机姿态，使顶管机沿设计轴线小幅度纠偏。

③顶进出泥(见图5-33)。具备放置输土泵后，采用输土泵直接泵送至4号台车后方渣土车内的方式出土。过程中保证顶进速度与出泥量匹配，严格监控土压力变化。

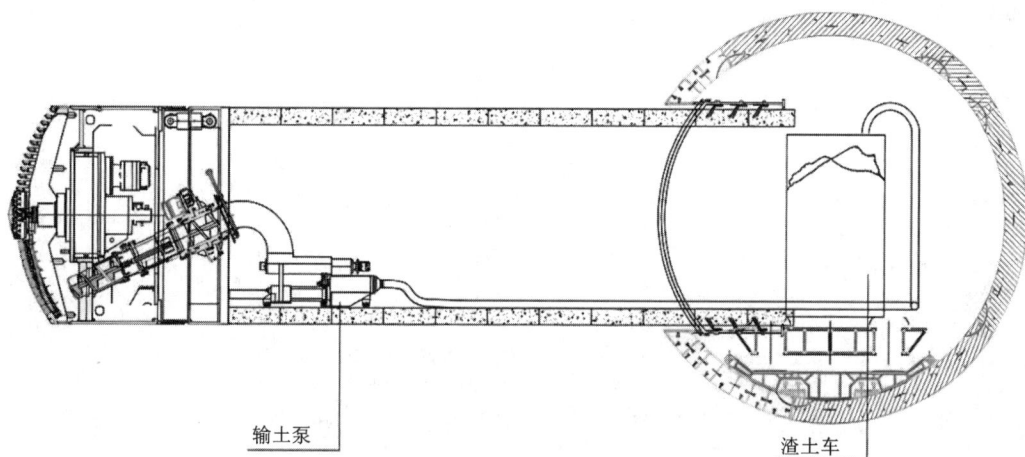

图 5-33　顶进出泥系统图

④减阻注浆。减阻注浆采用触变泥浆，主要材料为膨润土、碱、聚丙烯酰胺、水，主要起到支撑土体及减阻的作用。注浆量：同步注浆填充管外壁15 mm土体间隙，注浆量按建筑间隙的1.3倍计算，注浆速率与顶进速率匹配；补充注浆按0.2倍同步注浆量注入。注浆压力：注浆压入口压力取$1.2\gamma h$，同时要避免注浆压力过大，土层受到劈裂扰动。顶管注浆系统图见图5-34。

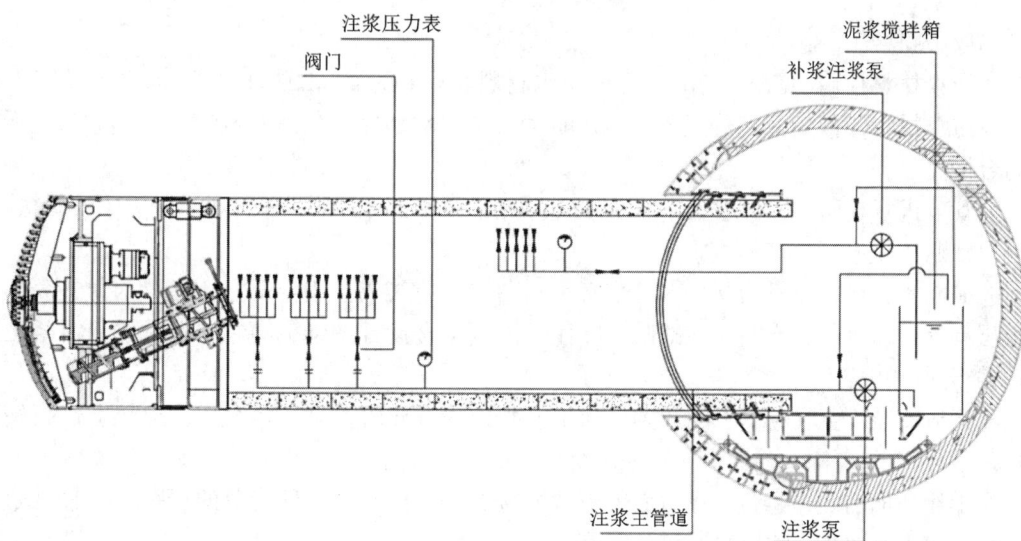

图 5-34　顶管注浆系统图

⑤填充注浆。顶管终止顶进，且完成洞门接口安装后，对外壁触变泥浆进行填充、置换，保障地面建筑物安全。采用水泥-硅酸钠浆液进行填充注浆，注浆压力控制在 0.35 MPa 以内，注浆结束后必须对注浆孔进行封闭。

5)物料运输。井口垂直运输采用 75 t 汽车吊完成，隧道内水平运输采用电瓶车编组完成，编组含机头、渣土车、平板车，台车部位采用吊机系统完成物料运输。竖井及洞内运输系统图见图 5-35。

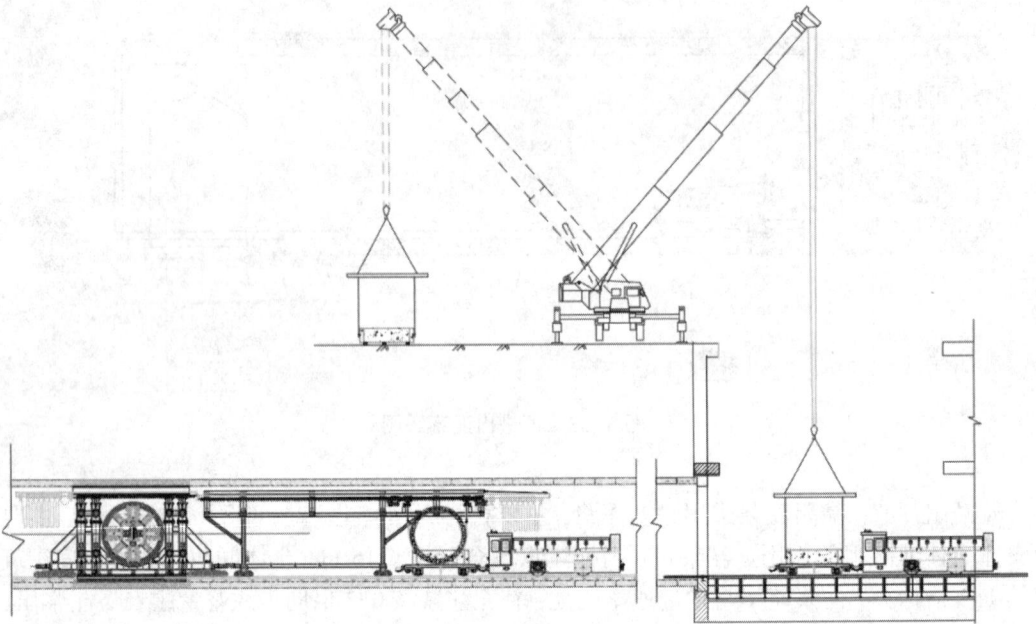

图 5-35　竖井及洞内运输系统图

6)管节拼装。

①防水材料粘贴(见图 5-36)。管节防水材料粘贴在地面完成，用黏结剂将橡胶圈牢固粘接在防水材料凹槽处并充分风干，下井前对橡胶圈粘贴完成后逐一检查，以不翘边、不脱落为合格。

②管节进场检验。管材进场后，逐节检查核对质量证明文件，对外观质量、橡胶圈粘贴、木衬垫粘贴质量进行逐节检查。

③端面木衬垫的粘贴质量。木衬垫必须粘贴在快速接头公头混凝土面上，木衬垫表面应无板层剥落、翘曲、木节等外观缺陷，尺寸误差应符合设计图纸的要求，木衬垫与混凝土立面粘贴牢固。

④管节安装。管节应缓慢吊放到导轨上，严禁冲击导轨。利用吊机，在导轨上进行转角调整。

主千斤顶向前缓慢推进，将后面管节快速接头公头插入上一环管节的母头内。插入过程中安排专人进行监护，防止快速接头对偏。

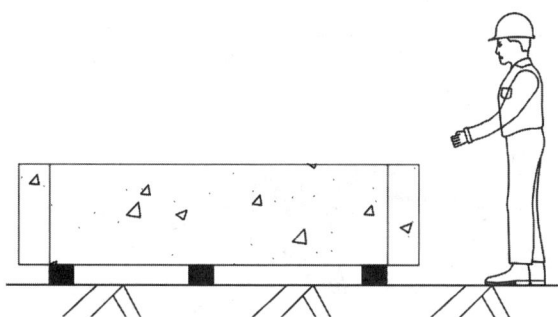

图 5-36　防水材料粘贴示意图

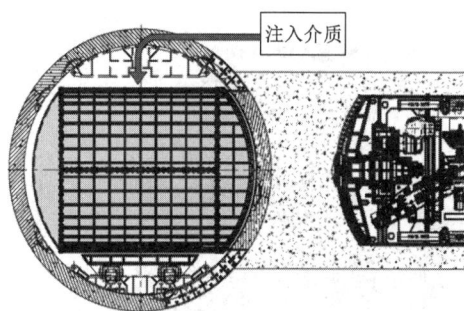

图 5-37　套筒填充介质示意图

7）顶管接收。

①接收台车就位、接收套筒安装。接收台车就位及接收套筒安装步骤及注意事项同始发台车就位与始发套筒安装一致。

②套筒填充介质。接收套筒内填充泡沫混凝土，调节泡沫混凝土成分配比将无侧限抗压强度控制在 1 MPa 左右，由砂浆车运送至 5 号台车，并泵送至接收套筒内。

③切削管片混凝土。准确计算顶进行程，刀尖顶至管片后缓慢推进，开始切削洞门混凝土（管片），推进速度控制在 2 mm/min，顶进总力小于 4000 kN，顶管进入套筒内后顶进方式同切削混凝土方式一致。

（2）盾构法施工。

1）盾构法施工工艺流程（见图 5-38）。盾构法施工工艺与顶管法施工工艺主要存在 3 个方面的不同。

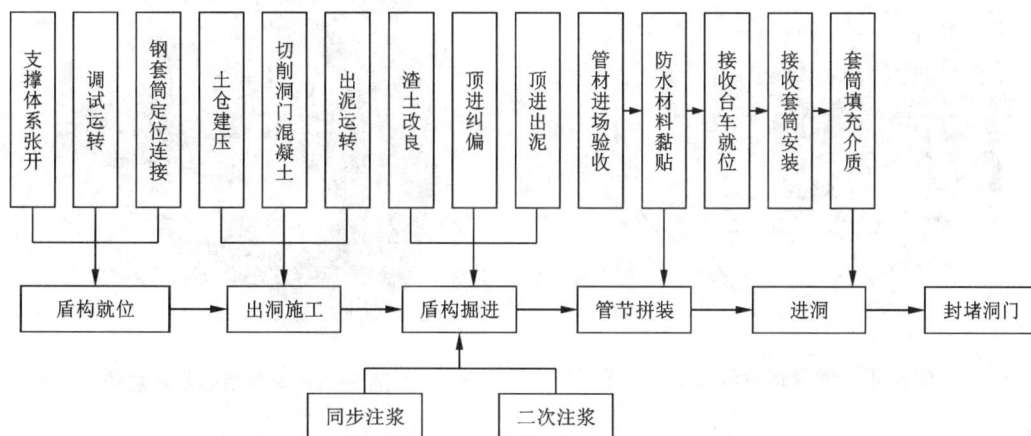

图 5-38　盾构法施工工艺流程图

2）盾构推进施工。

①顶进纠偏。盾构掘进最大允许偏差不超过±50 mm。盾构为无铰接设计，通过调整推进油缸分区压力实现盾构纠偏，并通过调整管片拼装点位拟合盾构姿态。

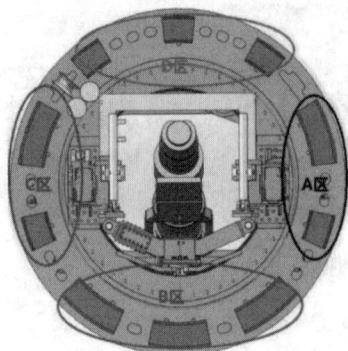

图 5-39 防水材料粘贴示意图

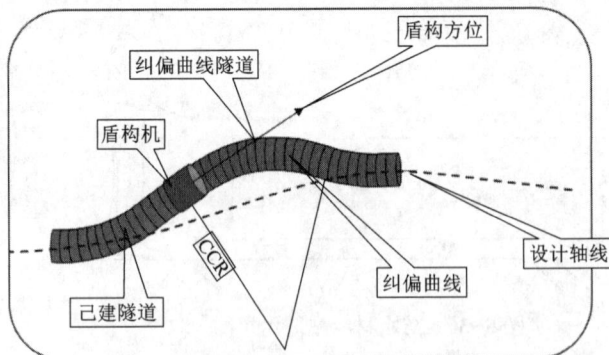

图 5-40 套筒填充节制示意图

②同步注浆。4 号台车上设置 2 台双液注浆泵，同步注浆采用滞后人工注浆。通过管片预留的注浆孔注入水泥-硅酸钠浆液，注入点位为 4 个点，压力控制小于 0.35 MPa，注入位置为当前环后 4 环。

③防水材料粘贴。防水材料为遇水膨胀聚醚聚氨酯弹性条，于地面粘贴运入隧道使用，地面管片堆放必须防潮、防雨，粘贴方式与传统粘贴方式相同。

④管片拼装。管片由吊机系统运送至反力架后方，然后通过人力叉车运送至拼装区域。

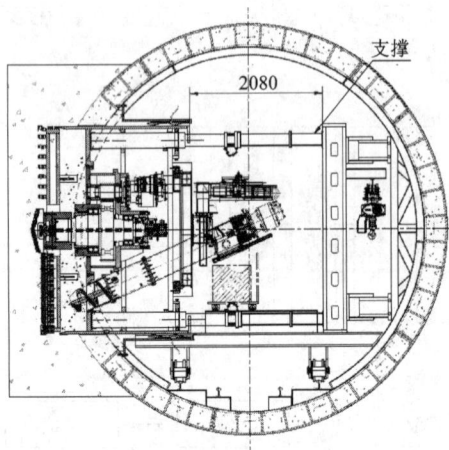

图 5-41 管片运输示意图

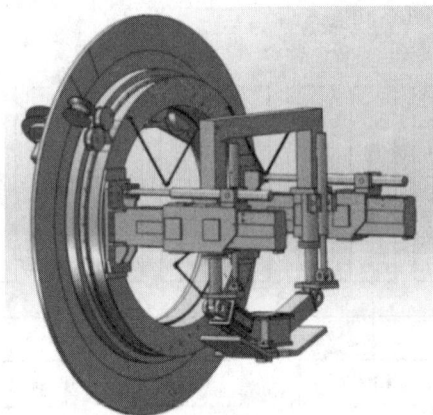

图 5-42 管片拼装机示意图

⑤二次注浆。在盾构接收且完成洞门接口安装后，为填充浆液收缩产生的空隙及封堵渗漏点在完成掘进后应进行二次注浆，浆液采用水泥-硅酸钠液浆，注入过程中压力控制小于 0.35 MPa。

3）洞口接收施工。

①洞门封堵。通过管片或管节上预留的 10 个环向注浆孔及主隧道洞门周边的 8 个注浆孔进行洞门封堵，洞门封堵采用双液浆封堵，注浆分多次进行，注浆压力不大于 0.35 MPa，

并通过观测孔及注浆孔开孔检查密封效果。

②钢套筒拆除。注浆效果检测合格后可对套筒进行拆除，拆除从套筒法兰处开始，拆至洞门接口可操作即可，负环拆除均通过辅助千斤顶整体分离，直至洞门接口焊接可操作。

③L 型钢梁安装。洞门套筒拆除后立即进行 L 型钢梁焊接，分块焊接时应先将 L 型钢梁与主隧道管片焊接，再与洞门钢管片焊接。

复习思考题

1. 区间联络通道常用的施工方法有哪些？各有哪些优点和缺点？

2. 简述冻结法联络通道施工的技术要点。

3. 简述冻结法联络通道施工程序。

4. 冻结法联络通道施工准备工作主要有哪些？

5. 简述浅埋暗挖法联络通道施工的准备工作。

6. 简述浅埋暗挖法联络通道二次衬砌施工流程。

7. 机械法联络通道施工分为哪几个步骤？

8. 简述盾构法施工工艺与顶管法施工工艺主要存在哪方面的不同。

第6章　城市轨道交通桥梁施工

6.1　城市轨道交通桥梁概述

　　城市轨道交通区间线路按其相对自然地面的高程来分,可分为地下线路、地面线路与高架线路,对应结构形式分别为隧道、路基与桥梁。对于城市地铁而言,在市区因早期城市规划未考虑地铁建设,地铁建设时用地受限,因此普遍采用地下线路;而在郊区为了节省工程造价,加上郊区对轨道交通噪声要求有所降低,因此普遍采用高架线路;而地面线路由于对城市景观影响大,以及对周边交通阻隔效应大,因此极少采用,仅在地下线路与高架线路的过渡段有50~200 m距离采用地面线路(见图6-1)。而早期修建地铁的城市为了节省工程造价,采用地面线路的里程相对更大。

图6-1　地下线路与高架线路的过渡段

　　城市轨道交通由于采用高架线路而具有工程造价低、施工难度小、建设工期短、运营成本低、易养护维修等特点,因此在用地条件允许或满足建设条件要求的情况下将采用高架桥梁。城市轨道交通桥梁主要由下部结构、墩台基础、上部结构组成,在城市轨道交通桥梁中通常还装配有轨道、通信系统、供电系统等轨道交通附属设施。根据主梁结构是否兼具车辆运行导向作用，城市轨道交通桥梁可分为其上敷设轨道的托轨式桥，或梁轨合一的单轨交通梁轨一体桥；根据是否与城市道路交通共用，可分为轨道交通专用桥和公轨共用桥。

　　在跨越宽阔的河流时，轨道交通需要采用特大跨度桥梁，如重庆市的南纪门轨道大桥[见图6-2(a)]。为了缓解两岸日益紧张的城市交通通行压力，有不少城市的跨河桥梁采用公轨共用桥，如重庆市的红岩村大桥、曾家岩嘉陵江大桥和白居寺长江大桥等[见图6-2(b)~图6-2(d)]。跨越河流的公轨共用桥所采用的桥梁结构形式主要有拱桥、钢架桥、悬索桥、斜拉桥等。

(a) 南纪门轨道大桥

(b) 红岩村大桥

(c) 曾家岩嘉陵江大桥

(d) 白居寺长江大桥

图6-2　城市轨道大跨度桥梁

(1)拱桥。拱式桥是指在竖直平面内以拱作为结构主要承重构件的桥梁(见图6-3)。

1)拱桥的分类。

①按静力条件分：两铰拱、三铰拱和无铰拱。

②按材料分：钢筋混凝土拱桥、钢管混凝土拱桥及钢拱桥等。

③按结构分：有上承式、中承式、下承式拱桥。上承式是指桥梁的上部结构承受主要荷载；中承式是指桥梁的中部结构承受主要荷载；下承式是指桥梁的下部结构承受主要荷载。

④按拱轴线形式分：圆弧拱桥、抛物线拱桥、悬链线拱桥。

⑤按拱上结构形式分：实腹式拱桥、空腹式拱桥。

图 6-3 拱桥

⑥按截面分：板拱桥、箱型拱桥、肋拱桥、双曲拱桥。

2）拱桥的优点。

①跨越能力较大。

②材料的适应性强。

③节约钢材。

④桥形美观。

⑤耐久性好，养护维修费用省。

3）拱桥的缺点。

①有水平推力的拱桥，对地基基础要求较高，多孔连续拱桥互相影响。

②跨径较大时，自重较大，对施工工艺等要求较高。

③建筑高度较高，对稳定不利。

（2）悬索桥。悬索桥，又名吊桥，指的是以通过索塔悬挂并锚固于两岸（或桥两端）的缆索（或钢链）作为上部结构主要承重构件的桥梁（见图 6-4）。

图 6-4 悬索桥

悬索桥由主缆、索塔、锚碇和加劲梁四部分组成。其缆索几何形状由力的平衡条件决定，一般接近抛物线。从缆索垂下许多吊杆，把桥面吊住，在桥面和吊杆之间常设置加劲梁，同缆索形成组合体系，以减小荷载所引起的挠度变形。

大多数悬索桥采用地锚式，主缆通过锚碇将拉力传给地基，是大跨度悬索桥最佳受力模式，锚碇处要求地基承载力大。自锚式悬索桥将主缆直接锚固在加劲梁两端，无需设置锚碇结构，加劲梁直接承受主缆传来的水平分力，适用于两岸地基承载力较差，特别是软土地区的桥位，自锚式跨度不宜太大。

1）悬索桥的分类。悬索桥可按主缆锚固方式、主缆线形、悬吊跨数、悬吊方式、支撑结构等方式分类。

①按主缆锚固方式分：地锚式和自锚式悬索桥。

②按主缆线形分：双链式和单链式悬索桥。

③按悬吊跨数分：单跨、三跨和多跨悬索桥。

④按悬吊方式分：竖直吊索、三角斜吊索、竖直和斜吊索混合式和悬吊-斜拉组合体系悬索桥。

⑤按加劲梁的支撑结构分：单跨两铰加劲梁、三跨两铰加劲梁和三跨连续加劲梁悬索桥。

2）悬索桥的优点。

①大跨度：悬索桥可以建造得比较高，容许船在下面通过，在造桥时无需在桥中心建立临时的桥墩，因此悬索桥可以在比较深或比较急的水流上建造。

②结构轻巧、视野开阔：悬索桥满足抗风和地震区的需要，比起普通的桥，悬索桥在这些地区必须更加坚固和稳定。

③施工难度低：悬索桥不需要修建大体积的锚碇，所以特别适用于地质条件较差的地区。

3）悬索桥的缺点。

①刚度小，在荷载作用下容易产生较大的挠度和振动，需注意采取相应的措施。

②悬索桥的悬索锈蚀后不易更换。

（3）斜拉桥。斜拉桥又称斜张桥，是将主梁用多条拉索直接拉在桥塔上的一种桥梁，是由承压的塔、受拉的索和承弯的梁体组合起来的一种结构体系（见图6-5）。

图6-5　斜拉桥

斜拉桥主要由索塔、主梁、斜拉索组成。其可看作是拉索代替支墩的多跨弹性支承连续梁。其可使梁体内弯矩减小,降低建筑高度,减轻结构重量,节省材料。斜拉桥作为一种拉索体系,比梁式桥的跨越能力更大,是大跨度桥梁的最主要桥型。斜拉桥的分类依据主要有五种,分别是功能、梁体材料、塔的数量、索的布置、主梁的结构体系。

1)斜拉桥的分类。

①按照功能分:根据桥梁建造的使用目的,可以分为公路斜拉桥、铁路斜拉桥、人行斜拉桥、斜拉管道桥、斜拉渡槽等,有时在一座桥上这些功能是兼而有之的,如公铁两用桥,现在越来越多的斜拉桥都同时通行管道(输送水、液化气、电缆等)。

②按照梁体材料分:有钢桥、混凝土桥、叠合梁桥、复合梁桥、组合梁桥。

③按照塔的数量分:单塔、双塔、多塔。

④按照索面形式,索的布置可分:面外-单面索、双面索、多面索、空间索;面内-辐射形、竖琴形、扇形。

⑤按照主梁和塔的连接形式分:悬浮体系、半悬浮体系、塔梁固结体系、刚构体系等。

2)斜拉桥的优点。

①跨越能力大,能够适应更大的跨度。

②建筑高度小,主梁轻巧,有利于减少引道填土工程量。

③受力合理,斜拉桥的竖向刚度与抗扭刚度均较大,抗风振稳定性好。

④设计构思多样性,可以适应多种不同的使用要求与桥址自然条件。

⑤悬臂法施工方便安全。

⑥刚度大,悬索桥总造价超过斜拉桥 20%~30%。

3)斜拉桥的缺点。

①施工复杂,需要大量计算,对施工人员的技术要求较高,安全系数要求较高。

②桥梁质量有限,其受力平衡性受限,长度受限,能够利用的施工材料也受限。

③腐蚀耐久性差,桥梁材料抗腐蚀性较弱,需要定期加固和检修。

6.2 城市轨道交通常规跨度桥梁施工

6.2.1 常规跨度桥梁概述

城市轨道高架桥梁使用最多的为简支梁桥(见图6-6),即上部结构由两端简单支承在墩台上的主要承重梁组成的桥梁。简支梁为静定结构,相邻各跨单独受力,结构受力比较简单,不受支座变位等影响,适用于各种地质情况,构造也较简单,容易做成标准化、装配化构件,制造、安装都较方便,是一种采用最广泛的梁式桥。

由于简支梁的跨中弯矩将随跨径增大而急剧增大,因而大跨径时显得不经济。因此当特殊条件下桥梁的跨径较大时(如需要跨越河流、道路等),将考虑采用连续梁桥(见图6-7)。连续梁桥是指两跨或两跨以上连续的梁桥,属于超静定体系。连续梁在恒活载作用下,产生的支点负弯矩对跨中正弯矩有卸载的作用,使内力状态比较均匀合理,因而梁高可以减小,由此可以增大桥下净空,节省材料,且刚度大,整体性好,超载能力大,安全性高,桥面伸缩缝少,并且由于跨中截面的弯矩减小,使得桥跨可以增大。

图 6-6　简支梁桥

图 6-7　连续梁桥

（1）简支梁桥的特点。适用于各种地质情况，构造也较简单，容易做成标准化、装配化构件，制造、安装都较方便，是一种采用最广泛的城市轨道交通桥梁。装配式简支梁桥安装如图 6-8 所示。

图 6-8　预制简支梁安装

在所修建桥梁的孔数不多（甚至建造单孔桥梁），工程数量不大，或缺乏起重安装机具设备的情况下，往往采用现场浇筑（见图 6-9），不过在施工速度、耗费支架模板木料等方面不如预制装配式结构。

图6-9 简支梁现场浇筑施工

根据简支梁桥上部所用的简支梁的不同，可分为箱型梁、U型梁、钢桁架梁等，如图6-10所示。

(a) 钢筋混凝土箱梁

(b) 钢箱梁

(c) U型梁

(d) 钢桁架梁

图6-10 简支梁桥上部梁结构

（2）连续梁桥的特点。连续梁在支座处增大梁高，减小跨中正弯矩，与简支梁相比，减小跨中正弯矩，使桥梁恒载减小，自重减轻，这是连续梁桥的突出特征。对于跨径大于80 m的大跨度预应力混凝土连续梁桥，一般主梁采用变高度形式，高度变化基本与内力变化相适应。虽然跨中弯矩减小了，但支点处上缘产生了负弯矩，易发生裂缝后受水侵蚀。连续梁施工是城市轨道交通建设施工中的关键技术，对城轨的运行性能具有至关重要的作用。连续梁施工技术难度大，施工环境复杂，施工工艺要求较高。因此，要保证城轨的施工建设质量和运行性能，就必须提高桥梁工程施工质量。连续梁桥通常采用现场浇筑施工，如图 6-11所示。

(a) 箱型连续梁桥　　　　　　　　　　　　(b) U 箱型连续梁桥

图 6-11　连续梁桥

6.2.2　简支梁桥施工

（1）桥墩基础施工（见图 6-12）。

1）扩大基础施工。土质基坑用挖掘机配合人工开挖，坑壁坡度根据地质情况确定，开挖过程中，须加强排水，开挖至距基底 20 cm 时，由人工清理至设计标高。石质基坑采用挖掘机开挖，无法松动时采用小型松动爆破配合开挖，挖至设计标高后，凿出新鲜岩面，用砂浆找平。开挖完成后，各项指标符合要求即可进行基础混凝土施工，如承载力达不到设计要求，应按监理工程师批复方案处理。基础钢筋运到现场绑扎，并预埋墩台身连接钢筋。基础模板采用定型平面钢模，利用基坑壁对称支撑和对拉螺杆加固。混凝土由拌和站供应，混凝土罐车运送，输送泵输送入模，水平分层浇筑。

图 6-12　桥墩基础施工

2）桩基施工。

①桩基成孔。对于软土地层，普遍采用泥浆护壁钻孔灌注桩施工，如图 6-13（a）所示；地层稳性好的也可以采用旋挖钻成孔，如图 6-13（b）所示。浅桩采用小型松动爆破配合人工挖孔，测量放样确定各桩基孔位后，按桩径做好孔口围护，并设置手摇绞车排渣。

(a) 泥浆护壁钻孔灌注桩施工　　　　　　　(b) 旋挖钻成孔

图 6-13　桥墩桩基成孔施工

②孔内清渣。采用泥浆护壁钻孔灌注桩施工时，可采用抽浆法、换浆法等。挖孔桩爆破结束时，孔底应预留 20~30 cm，用人工、风镐凿除至设计标高，将松散石渣、淤泥等扰动软土层清理干净，如地质复杂，应用钢钎探明孔底以下地质情况，并报监理工程师复查认可后方可灌注混凝土，以保证桩底嵌岩效果。

③钢筋笼制作安装（见图 6-14）。钢筋笼根据孔深在施工现场分节制作成型，吊车起吊入孔，采用电焊机单面焊接。桩基检测管下端用钢板封底焊牢，并牢固绑扎在加强箍筋内侧，随钢筋笼接长用套管焊接密封，最后一节焊好后应灌满净水并用木塞堵死。

图 6-14　钢筋笼安装　　　　　　　　　图 6-15　混凝土灌注

④混凝土灌注（见图 6-15）。当孔底及孔壁渗入的地下水上升速度大于 6 mm/min 时，采用水下灌注混凝土的方法施工，灌注混凝土之前，孔内水位至少应与孔外地下水位相同；若孔壁土质易坍塌，应使孔内水位高于地下水位 1~1.5 m。水下混凝土采用 $\phi30$ cm 导管灌注，

导管使用前进行水密试验，灌注时采用混凝土罐车配合吊车运送混凝土，首批混凝土采用剪球灌注，其容量应保证导管埋深不小于 1.0 m，混凝土灌注应连续进行，导管埋深控制在 2~6 m，每根桩的灌注时间控制在 8 h 以内。当孔内无水和地下水上升速度小于等于 6 mm/min 时，采用干灌的方法，混凝土坍落度控制在 7~9 cm，并保证足够的砂率，使混凝土自重密实。灌注时导管对准孔中心，孔底积水不得超过 5 cm，灌注速度应尽可能加快，使混凝土对孔壁的侧压力尽快大于渗水压力，以防止孔内渗水，桩顶以下 2 m 范围内用插入式振动棒振捣密实。

(2)墩台施工(见图 6-16)。

1)墩台身施工。施工前，凿除基础、承台与墩台身结合部位表层砂浆，定出墩台身位置。墩台身钢筋在加工棚集中下料，现场绑扎成型，用吊车配合安装，墩身钢筋与基础预留连接筋焊接。脚手架采用钢管脚手架搭设。中低墩柱采用定型钢模一次浇筑成型，模板用吊车安装，柱模四周用缆风绳对拉。混凝土采用混凝土灌车运输，输送泵入模，水平分层连续浇 3~5 cm，采用塑料薄筑，混凝土灌注完毕后，顶面混凝土应高出设计标高膜包裹保水养护。柱式墩设有墩中系梁的墩身分两次浇筑，先浇筑上系梁以下的部分，后浇筑系梁以上的部分，系梁采用抱箍承重支架完成。施工时水平分层进行，浇筑到距模板上口不少于 10~15 cm 的位置为止，排柱式墩身，各立桩应保持一致。混凝土强度达到 0.2~0.5 MPa 后，方可脱侧模，承重底模待混凝土强度达到设计强度标准值的 75% 后，方可拆除。已浇混凝土及时采用塑料薄膜包裹保水养护。下一节模板在已浇混凝土强度达标才可用吊车配合支立。

2)墩台帽施工。墩身系梁和柱式墩墩帽采用抱箍支承的现浇托架施工。抱箍与墩柱之间设置橡胶夹层增大摩擦力，抱箍安装后，用吊车将型钢吊到抱箍两侧的牛腿上，两侧用螺栓连成平面框架，依靠墩身定位，再用工字钢搭设底模平台并安装底模。肋式台台帽采用穿心螺杆锚固型钢作为支架施工方案。穿心螺杆安装后，吊车将工字钢吊起并穿在螺杆中，工字钢用螺栓连成平面框架，紧贴墩身，用工字钢搭设底模平台并安装底模。U 台台帽及背墙搭设支架现浇施工。钢筋在加工棚下料制成排架，凿除高出墩台身的混凝土、测量放样定出墩台帽纵横轴线后，用吊车逐片起吊，在底模上绑扎、安装。钢筋安装结束后吊装组拼侧模，侧模用对拉螺杆拉紧，用缆风绳调节模板垂直度，侧模顶口加设定位撑杆。混凝土浇筑参考墩台身进行，施工中应注意各种预埋件的预埋、预留。墩台帽应严格控制顶面标高并收浆平整。混凝土达到一定强度后拆除侧模，底模待其强度达到 90% 后方可拆除。

图 6-16　墩台施工

（3）板梁施工。

1）现浇法。

①地基处理：支架搭设前先清理场地内的浮土及钻机施工时留下的泥浆，再根据梁底标高与碗口支架配杆高度确定地面标高，然后用推土机推平场地，用平地机刮平后，用 20 t 振动压路机压实，再在已处理平整、压实的地基基础上浇筑一层 10 cm 厚的 C25 混凝土垫层以方便支架的搭设及稳定。地基两侧顺桥向各设排水沟一道，以保证排水系统畅通，避免雨水浸泡地基。

②支架搭设：满堂式支架采用满堂碗扣式脚手架，根据支架受力计算确定碗扣架立杆纵向间距为 80 cm，横梁端部位置纵向间距为 40 cm，横向间距为 60 cm，肋板处横向间距为 30 cm，水平杆步距为 1.2 m，顶端步距为 0.6 m，支架搭设时先在支架底部铺设 10 cm×15 cm 方木，再安装脚手架底托、安装碗扣支架主杆及水平杆，安装时应保证立杆处于底托下垫钢板中心位置，构件节点用碗扣锁定，用锤子顺时针锤击上碗扣至锁死为止。然后安装支架可调顶以能保持混凝土表面经常处于湿润状态为度。

2）预制法。梁板构件达到规定强度时，用吊机或架桥机移运至堆放场，在吊点位置下承垫横枕木，放置稳固。堆放构件的场地保证平整压实，不沉陷、不积水。构件按吊装次序、方向水平分层堆放，标志向外，板梁平放，不超过 3 层，且逐层支撑牢固，层与层间以垫木隔开，相邻构件间留出适当宽度的通道。起吊梁板用吊钩钩住预埋吊环或通过预留孔用钢丝绳起吊，起吊时注意不得损伤混凝土。梁、板吊装前，检查混凝土质量及截面尺寸，如有缺陷及时修补，以免安装时遇到困难。梁、板运输可用平板车或大型拖车，运输时构件要平衡放正，用特制的固定架，防止倾覆，并采取防止构件产生过大的负弯矩的措施，以免断裂。构件吊装前，在每片梁板二端标出竖向中心线，并在墩台面上放出梁的纵向中心线、支座纵横中心线、梁板端位置横线以及每片梁板的具体位置。

根据具体情况，选用不同的安装方法：

A. 自行式吊机架设法：即直接用吊车将运来盖板吊放到安装位置上。

B. 卷扬机配合导链架设法：因考虑到预制梁的预制规格大且桥下有水，可采用卷扬机配合导链架设法。也可采用大吨位吊机架设安装。

C. 在桥孔中搭设临时支架，在支架、台帽、盖梁上垫上枕木，纵向铺设双向轨道，轨道上安装加工的滑车，滑车上架梁。桥一端卷扬机固定在桥头，另一端卷扬机分别固定在各墩台上（可移动），通过卷扬机纵向移梁，导链落梁后采取手拉葫芦与钢管横向移梁，当支座安装后再用导链将梁就位。第一片梁安装后，第二片梁在第一片梁上横向移动（手拉葫芦），依次安装，再用导链就位。第一孔安装完后，把轨道直接铺在第一孔梁板上，下铺设枕木，再按顺序安装下一孔梁板。

6.2.3 连续梁桥施工

连续梁采用轻型挂篮分段悬臂浇筑施工。先在主墩顶灌注临时支座，在托架上灌注 0# 段，再对称向两侧顺序灌注各梁段。在墩设托架施工边跨现浇段，先合龙边跨，最后合龙中跨，形成连续梁。连续梁施工流程图见图 6-17。

（1）0# 块施工。根据施工图及挂篮施工工作面要求，首先浇筑 0# 块。0# 块为箱梁与墩身连接的节点，截面内力最大且受力复杂，钢筋和预应力管道密集，因此，保证 0# 块施工质量

```
┌─────────────────────────────────┐
│        安装支座和临时固结施工        │
└─────────────────────────────────┘
                 │
                 ▼
┌─────────────────────────────────┐
│    0#块托架、预压、钢筋、模板       │
└─────────────────────────────────┘
                 │
                 ▼
┌─────────────────────────────────┐
│          0#块浇筑混凝土           │
└─────────────────────────────────┘
                 │
                 ▼
┌─────────────────────────────────┐
│       挂篮拼装、预压荷载试验        │
└─────────────────────────────────┘
                 │
                 ▼
┌─────────────────────────────────┐
│   悬臂段钢筋绑扎、浇筑混凝土、张拉   │
└─────────────────────────────────┘
                 │
                 ▼
┌─────────────────────────────────┐
│            挂篮前移              │
└─────────────────────────────────┘
                 │
                 ▼
┌─────────────────────────────────┐
│            孔道压浆              │
└─────────────────────────────────┘
                 │
                 ▼
┌────────────────────────────┐      ┌─────────────────────────────────┐
│ 边跨现浇段支架搭设、模板安装、  │      │   边跨合龙段钢筋、模板、临时锁定    │
│ 钢筋绑扎、预应力管道安装       │      └─────────────────────────────────┘
└────────────────────────────┘                       │
                 │                                    ▼
                 ▼                       ┌─────────────────────────────────┐
┌────────────────────────────┐  ────▶  │       边跨合龙段浇筑混凝土         │
│         现浇段施工           │          └─────────────────────────────────┘
└────────────────────────────┘                       │
                                                     ▼
                                         ┌─────────────────────────────────┐
                                         │        浇筑中跨合龙混凝土          │
                                         └─────────────────────────────────┘
                                                     │
                                                     ▼
                                         ┌─────────────────────────────────┐
                                         │  拆除 32#、33#、34#墩临时支墩     │
                                         └─────────────────────────────────┘
                                                     │
                                                     ▼
                                         ┌─────────────────────────────────┐
                                         │           张拉、压浆            │
                                         └─────────────────────────────────┘
                                                     │
                                                     ▼
                                         ┌─────────────────────────────────┐
                                         │            挂篮拆除             │
                                         └─────────────────────────────────┘
```

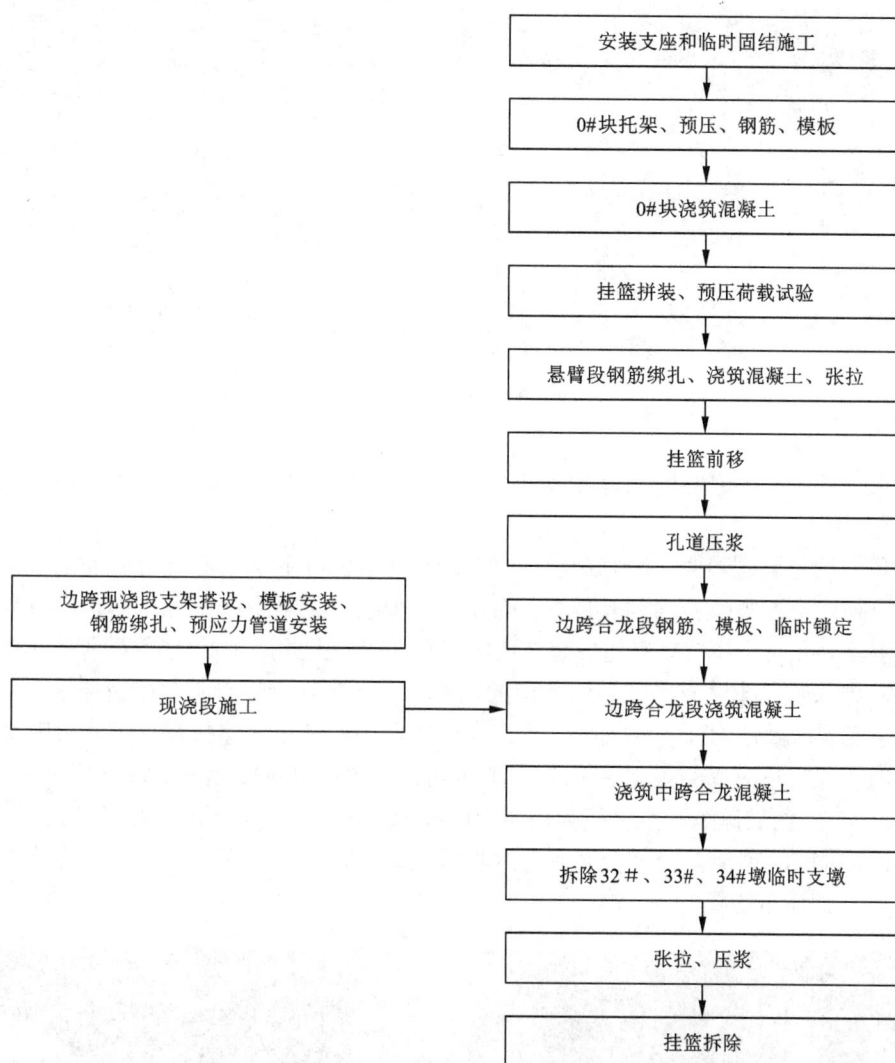

图 6-17　连续梁施工流程图

是连续梁施工的关键。

　　为保证 0#块混凝土的整体性和良好的外观质量,采用在墩身顶帽顶部预埋 I45b 工字钢,制作型钢托架,利用托架支撑两次浇筑成型的方法施工。

　　1)托架施工(见图 6-18)。0#块施工采用托架支撑,墩身横桥向每侧预埋 4 块 2 cm 厚钢板,钢板上焊接 φ16 锚固钢筋。墩顶纵桥向通长铺设 8 根 12 m 长 I45b 工字钢,其间每侧再铺设 6 根长 3.9 mI45b 工字钢。12 m 通长工字钢与预埋钢板间采用 I45b 工字钢焊接牛腿支撑制作托架,在墩顶预埋钢板作为托架的支点,主梁与钢板间采用满焊方式连接。托架上横向分别铺 I14b、I16b 和 I20b 工字钢作为底模的横梁。底模分配梁采用 10 cm 方木制作,底模为竹胶板,型钢与方木间设置三角木作为卸落层。所有钢构件间采用焊接加固。

图 6-18　托架施工

2）支座。

①永久支座。本桥主墩使用球型钢支座，施工严格按照厂家说明及设计图纸控制好中线、水平及标高。

在墩顶预埋地脚螺栓时，按"纵桥向，墩支座中心线与主梁中心线分别重合平行"的原则，严格控制四个地脚螺栓的相互位置，确保支座中线与主梁中线重合。支座最大水平位置偏差控制在 2 mm 内。并根据当地最高与最低气温，计算由此产生的连续梁伸缩量和支座位移量，确定 0#段底部永久支座安装时预留的偏移量。永久支座垫石必须严格抹平，并预留螺栓孔，支座安装时灌注 M50 无收缩砂浆，以实现支座与墩柱牢固连接及支座的精确安装。

②临时固结。临时固结设置在永久支座两侧，钢筋采用 φ32 钢筋，现浇两层 7.5 cm 的 MU40 硫黄砂浆，两层硫黄砂浆之间为一层 50 cm 的 C40 混凝土。通过钢筋混凝土实现墩柱与梁体之间的固结，待梁体全部合龙后拆除临时固结。临时固结详细设计参见连续梁临时固结结构设计及钢筋布置图。

图 6-19　支座施工

3）0#块托架预压。托架安装后进行预压（见图 6-20），其主要目的为检验支架的安全性和消除非弹性变形，测定弹性变形，为悬浇施工立模标高提供依据。结合 90 m 连续梁主墩墩顶尺寸及 0#段尺寸，0#段预压分墩外悬挑和墩顶两部分，悬挑部分预压主要对托架进行重点控制，观测托架的变形情况、墩顶范围内预压主要目的是观测 I14 工字钢变形情况。预压方法采取容量为 1 立方的尼龙袋装干砂堆积预压。预压时采用悬挑部分与墩顶部分，独立同步分级对称加载，先加腹板部位，再加底板部位，分级梯次为 20%、50%、75%、100%、120%（悬挑部分 150%），预压 150% 后 24 h 观测沉降。具体实施方案参见后附 0#托架预压方案。

图 6-20　托架预压

4）模板系统。0#块梁段在托架上进行现浇施工，按照结构尺寸要求精确控制箱梁底板标高，为保证箱梁的外观质量，底模面板全部采用大块竹胶板，板间拼缝必须严密，不得有错台、翘曲或较大缝隙，防止浇筑混凝土时漏浆及底板不平顺。0#块底模安装完成后采用砂袋加载方式进行等载对称预压，来消除非弹性变形和求得弹性变形的值，并作为施工标高控制的依据。模板立好后必须经过技术员、测量员和技术负责人等验收合格后方可进行下道工序的施工，以保证构件几何尺寸、坐标均满足设计及规范要求。

①侧模。侧模采用厂制大块钢模。用全站仪精确定出梁中心线及底板边线，架立侧模，侧模采用悬浇段施工模板的侧模板，外侧模采用 5 层 Φ25 精轧螺纹钢作为拉杆与内模对拉加以固定，以保证混凝土浇筑时不发生胀模。

②内模及端模。内模及端模采用木模，内模加固采用钢管支架加底托加固，并采用 5 层 M25 精轧螺纹钢作为拉杆与侧模对拉固定，确保梁体几何形状不会发生变化。

图 6-21　模板施工

5）钢筋绑扎。钢筋绑扎按设计图纸及规范要求进行，0#块钢筋和预应力管道较多，纵向及腹板竖向交织在一起，首先要严格控制钢筋的下料、加工，做到钢筋出厂验收合格。钢筋绑扎中，事先安排好钢筋的绑扎先后次序，选择好钢筋保护层的支垫方式，采用同强度规格的混凝土垫块，垫块与模板接触部分为圆形，以保证垫块与模板接触为点接触，保证混凝土外观；钢筋焊接工人要持证上岗。注意各种预埋件及预留孔的位置、尺寸、规格，不得遗漏。0#块预应力管道较多且集中，又是以后悬浇段预应力束的基础段，所以要定位准确，预应力管道用钢筋网片进行固定，定位网片安装与钢筋绑扎按顺序进行，定位网片焊接必须牢固，为避免混凝土施工中，波纹管进浆堵塞，预先在波纹管内穿直径稍小的硬质 PE 塑料管防止堵塞，并在混凝土浇筑过程中持续抽动。混凝土浇筑完成后将塑料管抽出并采用高压水枪冲洗管道（冬季施工不得采用水冲洗管道）。

6）混凝土浇筑。箱梁混凝土采用 C50 高性能混凝土，为了减小收缩、徐变对梁体的影响，在设计混凝土的施工配合比时严格控制水泥用量，并保证混凝土的弹性模量达到设计要求。

混凝土浇筑采用泵送入模方式，由于 0#块梁段高达 7 m，混凝土分两次浇筑。第一次浇筑至马蹄上倒角处、底板以上 3.8 m 处，第二次浇筑剩余腹板、翼板及顶板部分 3.2 m。浇筑过程见图 6-22。

图 6-22　0#块施工

0#段混凝土灌注按照前后对称分段、左右同位对称、上下水平分层的原则灌注。具体施工可按照底板-腹板（隔板）-顶板的顺序进行施工。

由于 0#段中心分别向两侧分层浇筑，先底板后顶板。腹板下层与底板接触处不易振捣密实，容易出现漏振和离析现象，需要特别加强振捣，保证底板倒角处混凝土的密实。分层浇筑厚度不超过 30 cm，在振捣上层时应插入下层 10 cm，每一振捣点要掌握振捣时间，不得少振或过振，同时注意点的密度，间距不大于振动作用半径。

混凝土振捣时应特别注意振动棒不得触及预应力管道，以免造成被振变形而无法穿束。同时，特别注意锚具及支座加强钢筋部位混凝土的振捣，因该段钢筋较密，采用 φ30 振动棒振捣。顶板混凝土浇筑应注意桥面的平整度及高程，标高为现场测量控制，用铝合金长尺刮平。

混凝土浇筑完毕，初期养护十分必要，在浇筑 1~2 h 后用麻袋覆盖，后期加强对梁段尤其是箱体内侧与外侧的洒水养护，养护周期不少于 14 d。当混凝土强度达到设计要求强度后张拉预应力束,张拉顺序为先腹板束,后顶板束,左右对称张拉,并应将单根钢绞线预张拉。张拉完后,及时进行压浆处理。

(2)悬臂段施工。0#块施工完毕后,开始悬臂段施工。6套独立的挂篮在T构两端进行对称悬臂灌注施工。悬臂段施工工艺流程图见图6-23。

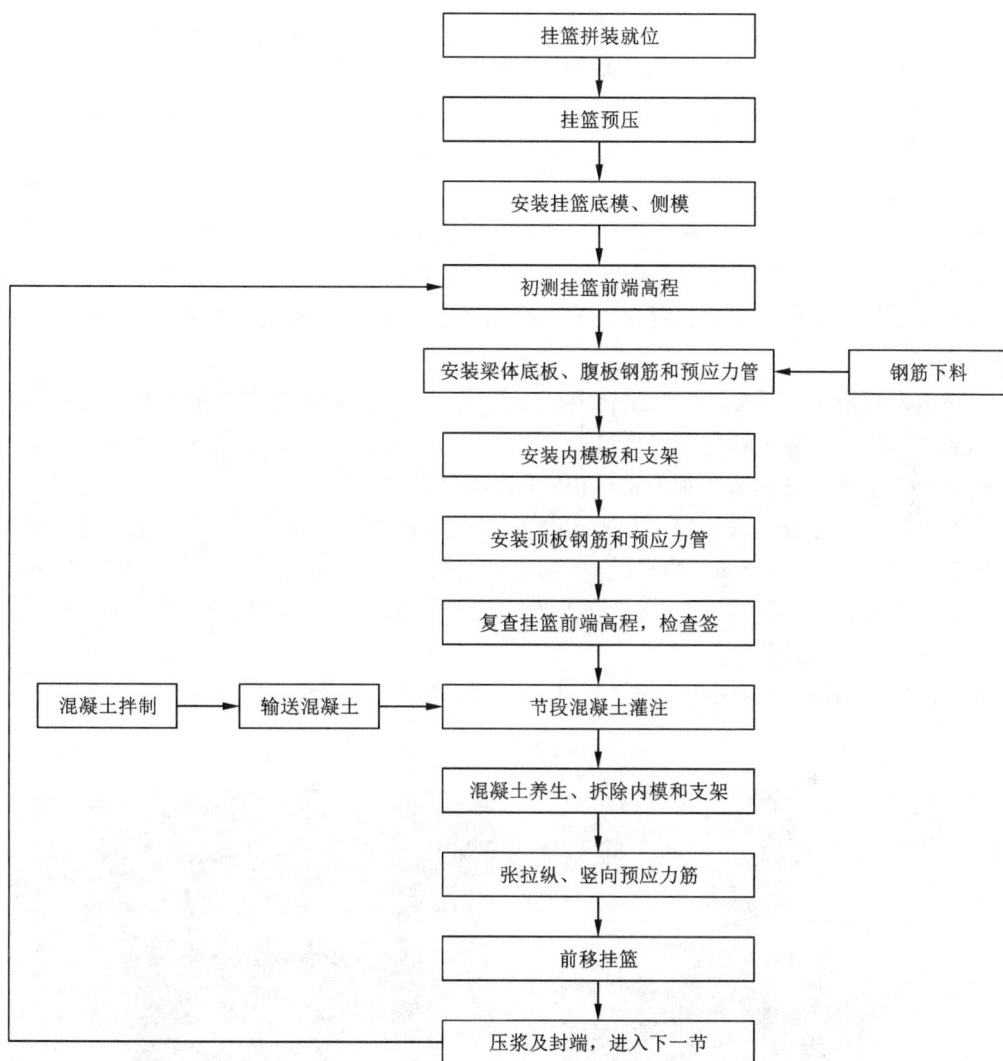

```
          ┌──────────────────┐
          │   挂篮拼装就位    │
          └──────────────────┘
                   │
          ┌──────────────────┐
          │    挂篮预压       │
          └──────────────────┘
                   │
          ┌──────────────────┐
          │  安装挂篮底模、侧模 │
          └──────────────────┘
                   │
          ┌──────────────────┐
   ┌─────→│  初测挂篮前端高程   │
   │      └──────────────────┘
   │               │
   │      ┌──────────────────────────┐    ┌──────────┐
   │      │安装梁体底板、腹板钢筋和预应力管│←──│ 钢筋下料 │
   │      └──────────────────────────┘    └──────────┘
   │               │
   │      ┌──────────────────┐
   │      │  安装内模板和支架   │
   │      └──────────────────┘
   │               │
   │      ┌──────────────────┐
   │      │安装顶板钢筋和预应力管│
   │      └──────────────────┘
   │               │
   │      ┌──────────────────┐
   │      │复查挂篮前端高程,检查签│
   │      └──────────────────┘
   │               │
┌────────┐ ┌────────┐ ┌──────────────────┐
│混凝土拌制│→│输送混凝土│→│  节段混凝土灌注   │
└────────┘ └────────┘ └──────────────────┘
   │               │
   │      ┌──────────────────┐
   │      │混凝土养生、拆除内模和支架│
   │      └──────────────────┘
   │               │
   │      ┌──────────────────┐
   │      │ 张拉纵、竖向预应力筋 │
   │      └──────────────────┘
   │               │
   │      ┌──────────────────┐
   │      │    前移挂篮       │
   │      └──────────────────┘
   │               │
   │      ┌──────────────────┐
   └──────│压浆及封端,进入下一节│
          └──────────────────┘
```

图6-23　悬臂段施工工艺流程图

1)挂篮结构特性。

①挂篮组成。采用整体移动式菱形挂篮,由主承重系统、悬吊系统、锚固系统、行走系统、平台系统五部分组成。

A. 主承重系统:桁架是挂篮的主要承重结构,由I32槽钢加工而成,分立于箱梁腹板位置,其间用型钢组成平面联结系。后锚梁和前吊梁由2根I40工字钢组焊而成。

B. 提吊系统:吊锚杆均采用ϕ32 mmⅣ级精轧螺纹钢筋。前吊杆下端锚固于底模横梁及内、外模的滑道上，上端吊挂于桁架的前吊梁上。后锚杆下端亦锚固于底模横梁及内、外模的滑道上，上端则锚固于已完梁块的混凝土表面。吊锚杆的调节通过2个10 t的千斤顶及扁担来完成。

C. 锚固系统：分为主桁架的锚固和平台系统的锚固两部分，主桁架用 ϕ32 精扎螺纹钢锚固在箱梁上。平台系统前端由吊杆支撑，后端用吊杆锚固在主梁节段前端底板上。

D. 行走系统：主要由牵引葫芦、行走滑船、前移滑道、行走滑轮等组成。

在2片桁架下的箱梁顶面铺设2根钢轨，在钢轨与主桁的前后支点间设滑行拖船，前移时，先在桁架后锚梁上安装好配重，保证其抗倾覆稳定系数不小于2，然后前端用2个5 t导链牵引，挂篮即可前移。轨道分节长度按梁段长度制作。

E. 平台(模板)系统：模板结构包括外模、内模、堵头模板、骨架及滑梁。箱梁外模外框架由槽钢与角钢焊接而成，模板围带采用槽钢，板面为6 mm厚钢板。模板设计为组装活动式，可根据梁段的高度和长度变化随时接长(高)和拆卸。外模支承在外模滑道上，前端通过外模前吊杆吊于桁架前吊梁上，后端通过锚杆锚固在已施工好的箱梁翼板上(在施工翼板时设预留孔)。

内模由内模桁架、斜支撑以及组合钢模等组成。内模安置在由内模桁架和斜支撑组成的内模框架上，内模框架支承在内模滑道上，前端通过内模前吊杆吊于桁架前吊梁上，后端通过锚杆锚固在已施工好的箱梁顶板上(在施工顶板时设预留孔)。

底模直接承受悬灌梁段的施工重力，由底模纵横梁和底模板组成，底模纵横梁均由槽钢加工而成。底模面板采用6 mm厚钢板，背后焊接扁钢骨架。底模宽度比箱梁底宽小8~10 mm。在浇筑混凝土时，利用底对拉杆使两侧外模将底模夹紧，以防漏浆。底模架前端设操作平台，供梁段张拉及其他操作。

为保证加工精度，挂篮桁架各杆件及模板骨架均由专业模板工厂加工制作，并进行试拼装和预压。

图6-24　挂篮施工

②挂篮特点。

A. 菱形挂篮外形美观，结构简单，杆件受力明确。

B. 作业面宽阔，便于钢筋及预应力管道安装，能加快施工进度，缩短梁段施工循环周期。根据其他箱梁施工情况，梁段最短施工周期7 d，平均8~9 d。

C.利用桁架前后支座，使桁架在轨道上移动，无需平衡重，操作方便，移动灵活、平稳，外模、底模随桁架一次到位。挂篮移动时间短，一般只需 2~4 h 即可就位。

D.挂篮自重轻，利用系数高，是我国目前利用系数最高的挂篮。

E.挂篮的纵向安装尺寸小，拼装就位快、一套挂篮 2~3 d 即可拼装就位。

F.挂篮刚度大，弹性变形小，立模时只需一次调整标高，灌注混凝土过程中不需再调整。

③挂篮使用要求。

A.挂篮组装后进行预压，以消除非弹性变形，测试弹性变形量。

B.每次挂篮就位后，其前后吊杆装置及后锚杆锚固力均要调试均匀，并派专人检查，发现问题及时解决。

C.挂篮施工属高空作业，图中未示出安全装置，待挂篮安装后要检查安装。

D.为防止在灌筑混凝土时受雨水侵袭，挂篮顶部可设防雨装置。

E.后锚位置根据梁段的长度准确预留。

F.挂篮使用应严格按操作规程，安全规定作业。

2)悬臂段菱形挂篮施工。

①挂篮的安装。挂篮安装在 0#块施工完毕后进行，先安装滑轨，并利用预埋竖向精扎螺纹钢筋锚固滑轨。然后吊装主桁架部分，主桁架在固定平台组装后吊装到位，最后安装前横梁和模板等。具体施工步骤如下：

A.安装挂篮底模板，用预埋竖向精扎螺纹钢筋锚固挂篮轨道。

B.主桁架在地面整体组装后用吊车吊装到位，锚固于挂篮轨道。

C.安装前横梁及前吊带，悬吊底模板，解除斜拉钢丝绳。

D.0#块外模解体，利用吊车和滑车组单侧分次移动就位，置于底模外侧走行纵梁上，上端临时固定于主桁架上。

E.安装外模吊梁和吊杆悬吊外模。

F.安装内吊梁、吊杆和内模架、内模板。

G.安装前对吊带孔位置、锚固钢筋间距、吊耳间距等进行检查，发现问题及时处理。

3)主桁结构拼装。

①在箱梁 0#块梁面轨道位置进行砂浆找平，测量放样并用墨线弹出箱梁中心线、轨道中线和轨道端头位置线。用全站仪和垂球相互校核主桁拼装方位，并控制挂篮行走时的轴线位置。

②缆索吊起吊安装轨道，安装轨道锚固筋，将锚梁与竖向预埋精扎螺纹钢筋连接后，施加锚固力。在轨道顶安装前支点滑靴，后支点临时设置支撑垫块。

③利用箱梁顶面作工作平台，水平组拼主桁菱体，用塔吊安装主桁片就位，并采取临时固定措施，保证主桁片稳定。

④安装主桁后支点处的锚杆，分配梁将后支点与竖向精扎螺纹钢筋连接。安装前后上横梁。

⑤安装吊杆、分配梁以及液压提升装置等。

4)底模和侧模拼装。

①外侧模拼装：起吊两侧外模，安装吊杆与主桁连接形成外模架。

②底模的拼装：起吊安装底模前后下横梁、分配梁等，在已浇箱梁底板前端预留孔附近，

以砂浆找平、安装分配梁等。

挂篮预压：

挂篮拼装结束后，为了验证挂篮结构强度和刚度，确保挂篮施工安全，以及为了取得主桁架弹性变形的数值，对挂篮进行加载试验。按设计荷载预压 24 h，以消除挂篮主桁架非弹性变形，并在卸载过程测量挂篮主桁架的弹性变形的数值，从而进一步指导施工，达到控制标高的目的。

③钢筋及预应力管道制作、安装。

箱梁底模板和外侧模板就位后进行钢筋及管道的安装，其顺序如下：

A.绑扎底板下层钢筋。

B.安装底板管道定位网片。

C.绑扎底板上层钢筋。底板上下层钢筋之间用Ⅱ型钢筋垫起焊牢，防止人踩变形，保持上下层钢筋的设计间距一致，Ⅱ型钢筋架立按间距 80 cm 呈梅花形布置。

D.绑扎好腹板骨架钢筋后，再绑扎腹板下倒角的斜筋，安装底板上的螺旋筋和锚垫板，然后穿底板波纹管。

E.在腹板钢筋骨架内安装下弯钢筋束管道和竖向预应力筋及其套管。

F.绑扎顶板和翼板下层钢筋。

G.安装顶板管道定位网片，顶板锚垫板及螺旋筋，穿顶板波纹管。

④管道制作与安装。预应力孔道采用金属波纹管成孔，并根据预应力筋束及锚具的型号确定波纹管管径，管壁厚 0.5 mm。

对连续梁中呈波浪状布置的曲线束，且高差较大时，在孔道的每个峰顶处设置泌水孔；起伏较大的曲线孔道，在弯曲的低点处设置排水孔；对于较长的直线孔道，应每隔 20 m 左右设置排气孔，有竖向弯曲的孔道在最低处及最高处均设排气孔，便于排气和排水及中继压浆。泌水孔、排气孔必要时考虑作为灌浆孔用。波纹管的连接采用大一号的同型波纹管，密封胶带封口。

波纹管孔道以钢筋网片固定定位，钢筋网片间距为 0.50 m，任何方向的偏差，在距跨中 4 m 范围内不大于 4 mm，其余部位不大于 6 mm，以确保孔道直顺、位置正确。在孔道布置中做到：不死弯；不压、挤、踩、踏；防损伤；发现波纹管损伤，及时以胶带纸或接头管封堵，严防漏浆；平立面布置准确，固定；距中心线误差控制在 5 mm 以内。

⑤孔道接长。纵向预应力孔道，用较通长孔道波纹管直径大 5 mm 的接头管进行接头，接头管长度为 200 mm，接长后以胶带纸包裹，以防漏浆。接头管除特殊情况均采用外接头，防止在穿束时接头管被破坏产生堵孔。

⑥锚垫板的安装。锚垫板安放时保持板面与孔道垂直，压浆嘴向上，波纹管穿入锚垫板内部，且从锚垫板口部用海绵封堵孔道端口，外包裹胶带，避免漏浆堵孔。为保证锚垫板定位准确，在施工到齿板处时，换用改装后的内模，精确定位，将齿板与梁体一同浇筑。

⑦防堵孔措施。在纵向预应力孔道内，于灌注混凝土前，穿入较孔道孔径小 10 mm 的硬塑料管，在混凝土初凝前抽动，终凝后抽出，以防措施不当漏浆堵孔，此塑料管可多次倒用。

⑧钢筋及管道安装注意事项。

A.锚垫板应与螺旋筋、波纹管中轴线垂直，螺旋筋应与锚垫板预先焊好，并与端模固牢，防止在混凝土振捣过程中造成锚垫板偏斜。

B. 在底板、腹板钢筋绑扎完毕后，进行内模安装时应在箱梁内设脚手板，防止操作人员踩踏底板钢筋。

C. 钢筋伸出节段端头的搭接长度应满足设计要求。

D. 钢筋下设置砂浆垫块，以保证钢筋的保护层厚度，垫块数量为 4 块/m²。

E. 预应力孔道安装前应提前按编号计算好孔道坐标对施工队进行技术交底，自检时重点加强检查，确保位置偏差满足规范要求。

5）悬臂段混凝土浇筑（见图 6-25）。

图 6-25　悬臂段混凝土浇筑

①挂篮安装就位后、钢筋绑扎、预应力管道及模板安装等作业完毕后，进行混凝土浇筑。浇筑前按计算要求调整模板标高，锁紧吊杆，放下液压千斤顶。

②混凝土的浇筑

A. 混凝土配合比：泵送 C50 混凝土对和易性有严格的要求，我部对高标号水泥、早强缓凝减水剂及外加剂进行多次选择实验，可以满足高强、早强、缓凝、可泵性好等要求。

B. 混凝土采由 1#拌和站集中搅拌，混凝土罐车运输至现场，混凝土输送泵输送到作业面。先底板后腹板、再顶板，从中间向两侧对称进行浇筑。由前往后对称灌注两腹板混凝土至下倒角，然后再由前往后灌注底板，底板及腹板下部混凝土由串筒导流入模，立模时按规划在腹板上留好天窗，底板灌注完成后继续对称分层灌注腹板混凝土，上部腹板 2 m 范围可由输送管直接插入，分层厚度为 30 cm。顶板的灌注遵循由两侧向中央灌注的顺序。

C. 混凝土振捣采用附着式和插入式振捣器相结合的形式，底板和顶板以插入式振捣器为主，腹板以附着式振捣器为主并辅以插入式振捣器，箱梁梗腋处两种振捣器相互补充，加强振捣。插入振捣厚度为 30 cm，插入下一层混凝土 5~10 cm，插入间距控制在振捣棒作用半径 1.5 倍之内，振捣到混凝土不再下沉，表面泛浆有光泽并不再有气泡逸出时将振捣棒缓慢抽出，防止混凝土内留有空隙。

6）混凝土灌注注意事项。混凝土要分散缓慢卸落，防止大量混凝土集中冲击钢筋和波纹管；捣固混凝土时避免振动棒与波纹管接触振动；混凝土入模过程中随时注意保护波纹管，防止波纹管碰撞变形；混凝土灌注过程中要随时测量底板标高，并及时进行调整。

7）混凝土养生及张拉。混凝土灌注完成后，表面用塑料布覆盖，并洒水养护，待同等条件养护的混凝土试件其抗压强度达到梁部混凝土设计要求时，揭开塑料布，洒水继续养护，

始终保持混凝土表面潮湿，养护 14 d 以上。同时进行底面和侧面的养护。当混凝土强度达到

始终保持混凝土表面潮湿，养护 14 d 以上。同时进行底面和侧面的养护。当混凝土强度达到设计要求后张拉预应力束，张拉顺序为先腹板束，后顶板束，左右对称张拉，并将单根钢绞线预张拉。

预应力张拉在混凝土强度达到设计规定的强度后进行。

①预应力筋制作。预应力筋即钢绞线下料，长度按梁段长度加千斤顶的工作长度加钢绞线穿束时的连接长度加工作长度再加 10 cm 计算。钢绞线采用砂轮机切割，塑料胶带包头。钢绞线下料够一束的数量后以梳筋板梳理后用细铁丝绑扎，间隔 1.5 m 绑一道，以便运输和穿束。钢绞线下料的数量以满足梁段施工为准。

②穿束。本桥采用人工穿短束及人工配合卷扬机穿长束的方法穿束。穿束前在钢束前端安放引导头。

③张拉锚固。按照设计要求纵向预应力筋采用一次张拉的工艺，其步骤为：

0→10%初应力→20%控制应力→100%控制应力(持荷 5 min)→锚固。

④伸长值的量测方法。设定初张力，当张拉力达到 10%初张力后，量测千斤顶的活塞外露长度 L_1，然后供油达到控制应力的 20%，量测活塞外露长度 L_2，再张拉至设计吨位的油压值，量测活塞的外露长度 L，$[L-L_1+(L_2-L_1)]$ 即为实际伸长值。

⑤竖向预应力筋的张拉。竖向预应力筋为 $\phi 25$ mm 高强度精轧螺纹粗钢筋，JLM-25 型锚具锚固，YC60B 型千斤顶张拉，张拉采用双控法，以油压表值为主，油压表值的误差不超过±2%，伸长量的误差不超过±6%。伸长量的测量采用千斤顶上的转数表与实际测量活塞杆伸长相结合的办法。

⑥孔道压浆。孔道灌浆采用电动柱塞压浆机，且配有搅拌机，使灰浆搅拌均匀，压浆连续。

压浆水泥浆采用 M50 高性能无收缩防腐蚀管道灌浆剂，水灰比采用 0.40~0.45，水泥等级不低于 42.5 级。

水泥浆拌和采用先下水再下水泥，拌和时间不少于 1 min，灰浆应过筛、并保持足够数量以保证每根管道的压浆能一次连续完成。水泥浆自调制到压入管道的间隔时间不得超过 40 min。

压浆工艺：孔道压浆顺序为先下后上，将集中在一处的孔一次压完。若中间因故停歇，应立即将孔道内的水泥浆冲洗干净，以便重新压浆时孔道畅通。对曲线孔道和竖向孔道应由最低点的压浆孔压入，由最高点的排气孔排气和泌水。

压浆管路超过 30 m 时，应提高压力 100~200 kPa，每个压浆孔道出浆口均安装一节带阀门的断管，以备压注完毕时封闭，保持孔道中的水泥浆在有压状态下凝结。压浆的压力以保证压入孔内的水泥浆密实为准，开始较小，逐步增加到 0.5~0.7 MPa；梁体竖向预应力孔道的压浆最大压力控制在 0.3~0.4 MPa。每个孔道压浆至最大压力后，应有一定的稳压时间。

⑦封锚。压浆完成后，外露锚头封锚时先将锚槽处的水泥浆等杂物清理干净，并将端面混凝土凿毛，同时清除支承垫板、锚具及端面混凝土的污垢，绑扎封锚钢筋，浇筑封锚混凝土，洒水养护。

⑧挂篮前移。

A.待已浇梁段预应力施工完毕后开始进行挂篮移动。在移动挂篮前应做好以下准备工作：

B.解除模板间的对拉螺杆，及其他临时加固的焊接。

C.拆除内模倒角模板，用葫芦拉开内腹模板。

D.松动吊杆，松开并下落后端吊杆，使前后下横梁及分配梁下落5~10 cm，从而使模板脱离已浇混凝土。

E.解除挂篮后锚的锚杆，用8个千斤顶把挂篮前支点顶起，距离轨道面1 cm。

F.解除锚固于滑轨的扁担梁，用葫芦拉动滑轨，使其前移就位并调平滑轨在同一水平面的高度。

G.用扁担梁把滑轨锚住，使其固定。并在滑轨前端涂抹黄油，解除千斤顶受力，使挂篮前支点落在滑轨上。

H.用2个10 t葫芦对称拉动挂篮，使挂篮受力前移就位。

挂篮前移就位后，固定后锚点，收紧前后横梁吊杆，进入下一阶段的施工。

（3）边跨现浇段施工。在墩身上预埋型钢制作托架较为困难时，采用搭设钢管支架进行边跨现浇段施工。现浇梁段的底模和外模采用竹胶板制作，内模采用组合钢模与木模相结合，混凝土一次施工完成。

（4）合龙段施工。

1）两个边跨两个主跨共4个合龙段，边跨合龙段长度为2 m，中跨合龙段为2 m，箱梁合龙是主桥连续箱梁施工的主要环节，是控制全桥受力状况和线形控制的关键工序，技术含量高，质量要求严。合龙段施工首先要解决的是体系如何转换问题，体系转换是现浇施工中的一个重要环节。本桥确定的体系转换步骤为：边跨合龙段施工→边跨预应力施工→中跨合龙段施工→中跨预应力施工→完成体系转换。合龙段施工选择一天中气温最低时合龙，必须严格控制混凝土浇筑质量。

2）施工要点。

①配重：在浇筑合龙段混凝土之前，在悬臂端设置水箱平衡压重并在浇筑混凝土过程中逐步卸除，防止混凝土产生变形裂缝。

②测量控制：主跨合龙前，对两悬臂端标高及主梁伸长量进行48 h连续观测，每隔2 h观测一次，绘制时间—挠度曲线及时间—伸长量曲线，以提供临时锁定及浇筑合龙混凝土的时间。

③选择时机焊接临时锁定构件：临时锁定是为了防止合龙段接缝开裂，气温控制在14~20 ℃时进行浇筑，先用千斤顶和顶架顶压合龙段，然后迅速完成锁定构件焊接，形成刚性连接。焊接时，在预埋件周边混凝土表面浇水降温，以免烧伤混凝土。型钢焊成整体、锁定长度后撤除千斤顶。

④刚性连接杆件焊接完成，立即浇灌合龙段混凝土，浇筑时逐渐卸除等重的平衡压重，浇筑混凝土施工要一气呵成。

3）合龙施工。

①边跨合龙施工。边跨现浇段施工完毕后，将悬臂段挂篮拆除，安装吊架和模板并绑扎合龙段钢筋，然后在11#块与边跨现浇段间设置型钢吊架和临时钢束进行锁定后，立即浇筑

边跨合龙段。由于边跨合龙段的混凝土重量由 11# 块与边跨现浇段共同承受。所以在由 11# 块与边跨现浇段各设置一个水箱。每侧水箱存水量约是边跨合龙段混凝土重量的一半。混凝土浇筑时，两水箱卸载总重量与混凝土浇筑的重量保持同步。

②中跨合龙。在悬臂浇筑中跨 11# 块完成后，拆除两边挂篮，安装吊架和模板并绑扎合龙段钢筋，选择气温最低的时间按设计位置与数量对称迅速焊接型钢劲性骨架体外支撑及张拉临时钢束进行锁定，并迅速灌注 12# 合龙节段混凝土，为缩短灌注混凝土及张拉钢束间的间隙，拌制混凝土时，混凝土提高一个等级或采用早强措施，并掺入微量铝粉作膨胀剂，以免新老混凝土接合面产生裂缝。混凝土作业的结束时间，尽可能安排在气温回升之前，在 2~4 h 内浇筑完成。混凝土浇筑完毕后，顶面覆盖双层草袋，箱梁内外及合龙前后 1 m 范围内，由专人持续洒水养护。待合龙段混凝土达设计要求后，拆除体外支撑，之后拆除主墩上的临时支座，然后按顺序张拉预应力钢束及竖向预应力钢筋。

图 6-26　合龙施工

6.3　城市轨道交通大跨度桥梁施工

6.3.1　城市轨道交通大跨度桥梁概述

在城市轨道交通线路跨越宽阔且具有通航需求的河流时，或线路跨越宽且深的峡谷时，通常需要考虑采用特大跨度桥梁。在城市轨道交通中，采用较多的大跨度桥梁主要为斜拉桥和悬索桥。如重庆市的南纪门轨道大桥为斜拉桥为轨道交通专用的大跨度斜拉桥(见图 6-27)，是重庆轨道交通十号线二期工程的关键，位于重庆轨道交通 10 号线南滨路站和七星岗站区间，自 2017 年动工，到 2023 年 1 月 18 日正式建成通车，全程耗时 5 年，主跨 480 m，是世界轨道专用斜拉桥中跨度最大的桥梁。桥梁首次在城市轨道交通特大桥梁中采用钢箱叠合梁主梁，为减小结构振动噪声，增大主梁刚度，该桥采用了钢箱叠合梁主梁，桥面板采用预制混凝土板，通过集束式剪力钉与钢箱梁连接。通过优化设计，既减小了纯钢箱结构造成的运行噪声，又实现了装配化绿色施工，把大量浇筑工作放到工厂进行，大大降低了现场的施工噪声和粉尘污染。

图 6-27　南纪门轨道大桥

　　重庆市郭家沱长江大桥(见图 6-28)连接重庆市江北区郭家沱与南岸区峡口镇,为公轨两用悬索桥,其中上层为汽车线路,下层为轨道交通 8 号线线路,是中国国内跨度最大的公轨两用悬索桥,主线全长约 6.3 km,包含特大桥 1 座,长约 1.36 km,上层汽车按双向八车道设计,南引道长约 2.1 km,含全互通立交 1 座;北引道长约 2.8 km,含简易立交 2 座。

图 6-28　郭家沱长江大桥

6.3.2　斜拉桥施工

　　(1)索塔施工。索塔是斜拉桥的主要承重结构,索塔的施工质量直接影响整个桥梁的使用寿命及结构安全。斜拉桥索塔分为钢筋混凝土索塔、钢结构索塔和结合型索塔,以下主要对钢筋混凝土索塔施工进行讲解。

　　1)钢筋混凝土索塔施工。

　　A.钢筋混凝土索塔施工流程:索塔基础施工→承台施工→下塔柱施工→下横梁施工→中塔柱施工→上横梁施工→上塔柱(拉索锚固塔顶)施工。

　　B.钢筋混凝土索塔的施工方案,应根据索塔的结构、外形尺寸和设计要求,选用劲性骨架挂模、爬模等施工方法。现多用液压自爬模法施工。

　　当塔底与墩铰接时,应将墩与索塔临时固定,因为在安装张拉斜缆索时,索塔要摆动,无法准确地控制斜缆索的位置,也不能使索塔位置的支座准确就位,浇筑索塔混凝土时也处于不利情况。必要时还需增设风缆，待斜缆索全部安装、张拉完毕后撤除。

若梁体采用悬臂施工法，而且与索塔交错施工时，接筑的塔段要沿索塔摆动的方向延伸提高，使浇筑后的索塔轴线基本与墩身一致。由于索塔在斜缆索安装张拉时，可能发生一定的摆动；因此，支架与浇筑索塔间应留有活动空隙，以免碰撞。

图 6-29 索塔施工

2）拉索锚固区的施工。索塔拉索锚固区的施工，应根据不同的锚固形式选用不同的施工方法，常见拉索的锚固形式有：交叉锚固、钢横梁对称锚固、钢锚箱对称锚固。大跨度拉索的锚固一般采用后两种方式。

A. 钢梁对称锚固法施工。施工顺序：安装劲性骨架→绑扎钢筋→安装钢筋连接套筒→套筒定位→安装外侧模板→混凝土浇筑→安装钢横梁。

钢横梁在工厂加工后运至工地安装。因钢横梁尺寸较大，根据工地起吊能力，可设计为整体，或分块起吊、高强度螺栓连接的方式施工。

B. 钢锚箱对称锚固法施工。施工顺序：安装劲性骨架→绑扎钢筋→安装钢筋连接套筒→套筒定位→安装预应力管道及钢束→安装模板→混凝土浇筑→施加预应力→压浆。

大跨度斜拉桥，为了使锚箱吊装施工斜拉索定位更准确，多在锚固段设置钢锚箱构架。钢锚箱采取分节预制，利用塔吊吊装，节间用高强度螺栓紧固连接。对于制造和安装引起的误差，采用不同厚度的钢垫板在连接处进行调整。

（2）主梁施工。斜拉桥主梁施工方法与梁式桥基本相同，大体上可以分为顶推法、平转法、支架法和悬臂法等四种方法。支架法和悬臂法是目前斜拉桥主梁施工的主要方法，前者适用于城市立交或净高较低的岸跨主梁施工；后者适用于净高较大或河流上的大跨径斜拉桥主梁的施工。

1）支架法施工主梁。支架法（见图 6-30）：有在支架上现浇、在临时支墩间设托架或劲性骨架现浇、在临时支墩上架设预制梁段等几种施工方法。其优点是施工简单方便，能确保结构满足设计线型，但仅适用于桥下净空低、搭设支架不影响桥下交通的情况。

支架法的施工步骤：在永久性桥墩和临时墩上架设主梁→从已完成主梁的桥面安装塔柱→安装拉索→拆除临时墩，使荷载传至缆索体系。

2）悬臂法施工主梁。悬臂法（见图 6-31）一般是在支架上修建边跨，然后中跨采用悬臂施工的单悬臂法，也可以是对称平衡施工的自由悬臂法。悬臂施工法一般分为悬臂拼装法和

图 6-30　支架法

图 6-31　悬臂法

悬臂浇筑法。其中，悬臂浇筑法机械化程度高，可以减少劳动力的投入，所以我国大部分混凝土斜拉桥主梁都是采用悬臂浇筑法施工的。

悬臂浇筑法是从塔柱两侧用挂篮对称逐段就地浇筑混凝土。斜拉桥主梁的悬臂施工与连续梁和连续刚构桥类似，不同的是如果能利用斜拉索，可以采用更轻型的挂篮施工。随着我国交通基础设施建筑的高速发展，斜拉桥以其优美的造型，较大的跨越能力，良好的结构受力性能，抗震能力强及施工方法成熟等特点，在高等级公路和城市道路跨越江河的桥梁建设中占据了重要地位，在城市轨道交通中也运用较广泛。

悬臂浇筑法施工的工艺流程：悬臂浇筑采用移动式挂篮作为主要施工设备，以桥墩为中心，对称向两岸浇筑梁段混凝土，待混凝土达到强度要求后，张拉预应力束，再移动挂篮，进行下一节段的施工。

每浇筑一个箱形梁段的工艺流程为：移挂篮→装底、侧模→装底、肋板钢筋和预留管道→装内膜→装顶板钢筋和预留管道→浇筑混凝土→养护→穿预应力筋、张拉和锚固→管道压浆。

(3)斜拉索施工。短索放索时，先在塔端锚杯前依次安装过渡套及牵引锚座，在锚杯后 3 m 处间隔安装 2 个哈夫夹具，利用塔吊的起升高度将索全部抽出。

长索放索时，按以下工序进行：

1)在塔端锚杯前依次安装过渡套、牵引锚座拉杆，在锚杯后安装好夹具；

2）利用塔吊抽出塔端锚头，起升至索道管处与塔上吊点对接，松开塔吊；

3）高塔吊起吊梁端锚头至最大高度，将索在空中展开并使其失去扭矩，缓慢下放梁端锚头并尽量使索往梁端方向前移；

4）将索放于梁面上由钢管及轮胎组成的滑道上，将梁面 5 t 卷扬机通过转向滑车与斜拉索梁端锚头对接；

5）牵引梁端锚头至箱梁梁端，前移时在斜拉索锚头后 10 m 处利用梁面汽车吊移动跟进起吊索，并且利用高塔吊在其吊矩 30 m 处上提拉索，保护斜拉索平滑前移，防止突然扭转而导致索皮破坏。

最后进行斜拉桥主梁合龙，如图 6-32~图 6-33 所示。

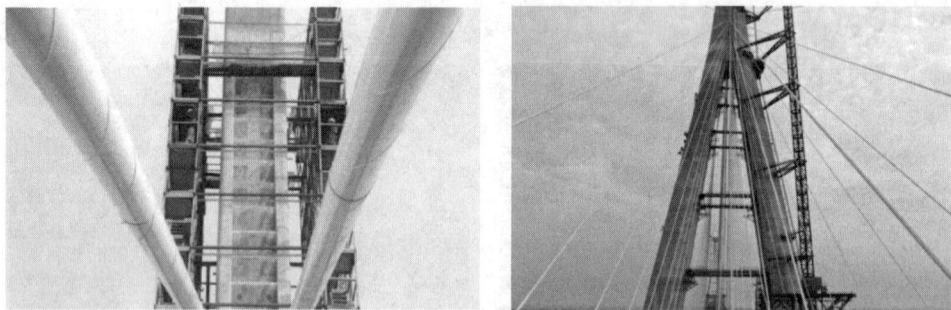

图 6-32 斜拉索施工

图 6-33 斜拉桥主梁合龙

6.3.3 悬索桥施工

（1）主梁施工工艺流程。

1）先梁后缆施工工艺流程。施工步骤如下：

①施工各临时墩，锚跨、边跨箱梁对称分段悬臂拼装。

②主跨钢箱梁悬臂拼装。

③施工临时猫道，吊装鞍座，安装散索套基座，安装主缆，锚跨压重区灌注压重混凝土，安装索夹、吊杆。

④由塔处依次向跨中安装并张拉吊索，同时分步顶推鞍座。

⑤待吊索全部张拉完成后拆除临时墩支架等临时结构，调整吊索索力至设计值。

图 6-34 主梁架设

2）先缆后梁施工工艺流程。施工步骤如下：

①搭设边跨、锚跨拼装支架及临时地锚。

②边跨、锚跨主梁拼装。

③施工临时猫道，安装主缆、索夹及吊杆。

④利用桥面吊机从桥塔对称安装主跨钢箱梁。

⑤主梁合龙。

⑥解除辅助墩临时锚固、主墩临时限位及临时地锚索、调整吊杆索力，完成体系转换。拆除边跨、锚跨临时拼装支架。

图 6-35 悬臂拼装

（2）主要施工方案。

1）总体施工方案。

①下部结构。进场后首先从两岸搭设栈桥至桥塔墩。水中墩钻孔桩采取搭设钻孔平台，超长钢护筒、泥浆护壁，大动力回旋钻机成孔，导管法灌注水下混凝土成桩。承台采用钢套箱围堰分段拼装，吸泥下沉至封底混凝土底，多导管法浇筑水下混凝土封底，封底混凝土强度达到要求后，抽水、凿除桩头，干法进行承台大体积混凝土施工。桥塔施工：下塔柱采用支架配合爬模分节段现浇施工；下横梁采用支架法分次现浇混凝土施工；上塔柱采用爬模分节段现浇混凝土施工；上横梁采用托架法分次现浇混凝土施工。

图 6-36　钢套箱围堰

②上部结构。现场安装即在主桥下部结构施工过程中搭设各段梁悬拼支架及施工平台，利用浮吊安装支架顶梁段，然后在已安装梁段上对称安装桥面吊机，利用桥面吊机或浮吊对称分段安装其余各梁段，直至全桥合龙。待全桥合龙且桥塔完成后安装临时猫道，架设主缆，安装吊杆。从桥塔对称向跨中张拉吊杆，调整吊杆力及成桥线形达到设计要求。最后拆除临时墩，并对主缆、吊杆进行防腐处理，拆除猫道，完成桥面铺装及交安、机电设备安装，完成全桥施工。

③猫道、承重索、主缆架设。首先利用塔吊在主塔顶安装桁架起重系统，利用桁架吊安装鞍座。架设主缆架设牵引系统。牵引系统采用单线往复式牵引系统，牵引系统的牵引索两端分别卷入主、副卷扬机，一端用于卷绳进行牵引，另一端用于放绳，2 台驱动装置联动，使牵引索做往复运动，逐步完成猫道及主缆的架设施工。完成吊杆的张拉及全桥线形调整；最后进行主缆防腐施工。待全桥吊索、主缆防腐、防护安装完成后，拆除悬索吊、猫道、塔顶桁架起重系统。最后进行塔顶装修、亮化工作。全部完成后拆除塔吊、施工电梯。

图 6-37　猫道架设

（3）各分部施工方案。

1）栈桥施工方案。进场后采用履带吊起振动锤逐跨振打栈桥钢管桩，然后搭设平台。在每个墩位旁边搭设 U 形平台，满足各墩处的施工材料、机具的摆放的需要，栈桥均布置在主桥上游侧，按双向通行设计，桥面标高 8 m，栈桥边距承台边 2.0 m。

采用"钓鱼法"实施钢栈桥施工，首先完成栈桥桥头路基施工，然后利用大型履带吊车配振动打桩机"钓鱼法"施打栈桥钢管桩、焊接钢管桩连接系、安装桩顶型钢分配梁，然后安装贝雷梁、桥面板分配梁型钢及桥面钢板。完成一跨后履带吊向前移，依次实施后续栈桥施工，直至搭设完成。

2) 桥塔基础施工方案。桥塔基础采用大直径钻孔灌注桩，施工工序如下：使用打桩船插打钢管桩搭设工作平台，利用履带吊和振动打桩锤插打钢护筒。由于钢护筒直径大、长度长，因此钢护筒下沉时要采用大型桩锤，同时进行筒内吸泥取土，减少土塞效应，并采用射水等辅助措施下沉护筒。在工作平台上安放钻机，成孔，浇筑钻孔灌注桩。承台施工采用钢套箱围堰施工，钢套箱围堰采用工厂分块加工，采用驳船水路运输至现场分节段拼装下沉，水下封底，干法施工承台大体积钢筋混凝土。

3) 桥塔。桥塔设计为门形桥塔，桥塔根据横梁的位置和锚索区高度可划分为下塔柱、上塔柱两段，因此桥塔的施工主要包括下、上两段塔柱和下、上横梁的施工。

桥塔的主要施工方案为：下塔柱采用支架配合爬模分节段现浇施工，并在塔平面内设竖向、横向支撑；下横梁采用支架法分次现浇混凝土施工；上塔柱采用爬模分节段现浇混凝土施工，并每隔一定距离布设平面内的横向、竖向支撑；上横梁采用支架法分次现浇混凝土施工。

① 下塔柱施工。下塔柱起始段 10 m 左右塔柱不能用爬升架施工，应搭设落地支架，分数段立模现浇，待该段施工完成后，拆除现浇落地支架、安装爬升模板系统，进行下塔柱爬升架施工节段的施工。

塔柱施工时应将劲性骨架测量定位，准确地固定在设计位置。由于劲性骨架主要用于施工时固定钢筋、模板及作为爬架的受力支柱，因此劲性骨架应在各节段混凝土浇筑前在测量监控下精确定位。

② 下横梁施工。下横梁是桥塔整体结构的一个重要部分，可采用由承台顶搭设万能杆件支架或钢管立柱支撑后立模现浇。考虑到爬升模板系统施工的连续性，先施工横梁段塔柱，然后再施工横梁。由于横梁混凝土灌注量较大，难以在混凝土初凝时间内完成全部混凝土浇筑工作，同时也为减轻支架的荷载和支架变形，横梁可分两次浇筑。

横梁施工时，第一次灌注至顶板以下腹板倒角交界处。待第一次混凝土浇筑且张拉部分预应力结束后再浇筑横梁顶板混凝土，使第一次浇筑的混凝土与支架共同承受第二次混凝土重量。为了保证横梁的施工质量，消除支架的非弹性变形，同时也是为了检验支架承载能力，应在支架拼装完成后对其进行预压处理，预压采取填砂或水箱的方法进行。横梁边施工边对预压荷载进行卸载。

③ 上塔柱施工。上塔柱施工与下塔柱标准段一样采用爬升模板系统施工，提升模板沿塔柱斜向设置。为了防止塔柱在向内水平分力的作用下内倾，施工中每隔一定高度需用水平撑连接两悬臂塔柱，承受塔柱自重产生的水平力，并通过水平撑对塔柱施加主动外顶力，用以消除支架拆除后塔柱底部残余弯矩。

④ 上横梁施工。上横梁采用与下横梁相同的施工方法，采用支架法分次现浇混凝土施工。

4) 主梁施工。

① 钢梁加工制造及运输。根据本工程钢梁特点，分为钢梁制作、梁段预拼、运输、现场安

装四个阶段。钢梁采取专业化工厂内单元件制作，在专用的生产线上制作完成后，在长线总拼胎架上进行梁段的预拼装，预拼装合格后由驳船运输至桥址现场进行安装。

②主梁安装方案。首先搭设边跨及锚跨拼装支架，临时地锚。悬臂法对称拼装边跨及锚跨箱梁，并与辅助墩刚性连接，同时在主塔柱位置安装临时限位装置。待边跨、锚跨及桥塔施工完成后临时封航，采用拖船牵引挂设两侧首根牵引索，并调整牵引索高度，不影响通航要求后，再利用牵引索逐束牵引挂设猫道索、安装临时猫道、架设主缆，安装吊杆。再从两桥塔对称向中间采用缆索吊安装中跨钢箱梁，直至全桥合龙。最后分次分级解除辅助墩刚性连接，割除临时限位装置及临时锚索，完成体系转换，调整全桥线形及吊杆索力，直至达到设计要求。最后进行主缆、吊杆防腐处理，拆除猫道，完成桥面铺装及交安、机电设备，完成全桥施工。

5）缆索施工。

①索鞍吊装。

A. 主索鞍安装。

a. 索鞍下底板安装。用全站仪根据桥塔及上横梁顶面纵、横向中心线准确测定各预埋件的平面位置，用水准仪准确测定预埋件高程及顶面平整度，保证预埋件平面位置偏差满足要求。预埋件与桥塔钢筋焊接牢固，在浇筑桥塔混凝土时注意保护预埋件的位置。

b. 主索鞍安装：主索鞍吊装选择在白天晴朗的时候连续工作，一次性完成。

再次测出预埋底板的标高、四角的高差，确定塔顶上主索鞍安装位置后，根据设计和监控要求的预偏量，画出索鞍安放点。

用驳船把主索鞍运至主塔下面，利用塔顶临时起重门架上的卷扬机分两次将索鞍起吊至超过塔顶高度，然后平行移位至塔顶调整，把索鞍安装至正确的位置上。

c. 散索鞍安装：散索鞍的安装取决于散索鞍与主索鞍相对位置的测量定位和精度控制，从而保证主缆安装的线型。

B. 猫道架设。猫道采用分离式构造布置形式，一端锚于梁面上，另一端锚于塔顶，塔顶两侧设调节装置，便于施工垂度调整。猫道面的线形平行于主缆空载线形。

C. 主缆架设。主缆施工采用预制平行钢丝索股逐根架设的施工方法，分为索股制作及运输、索股牵引及布置、索股上提横移、索股整形入鞍、索股垂度调整、锚跨张力调整、索股固定等。

a. 索股制作。主缆索股由专业厂家生产制造。

b. 主缆放索、牵引施工。主缆放索区设置于锚跨，用汽车吊配合展索和放索。

主缆上提、横移及整形入鞍

当索股牵引到位后，利用塔顶门架卷扬机、手拉葫芦结合握索器进行索股的上提、横移。

c. 主缆紧缆施工。构成主缆的全部索股的垂度调整结束后，各索股之间，索股内部都存在空隙，其表观直径比所要求的直径大得多。为了能够顺利地进行索夹安装及缠丝作业，需要把主缆截面紧固为圆形，尽可能缩小内部空隙。紧缆施工分为预紧缆和正式紧缆。

d. 索夹安装。在主缆紧缆完毕后，应在适宜的时间段进行索夹安装，以避免扰动主缆空缆线形。

e. 猫道承重索调整。承重索调整应根据空缆标高现场调整，以保证猫道线型与主缆空载线型基本一致。在主缆架设完毕后对猫道进行改吊，将猫道改吊于主缆上。

f.吊索安装。近塔处吊索采用塔吊安装,边跨吊索采用汽车吊安装,塔吊和汽车吊无法吊装位置采用挂在牵引承重索上的电动葫芦起吊安装。吊索的安装顺序与吊杆张拉顺序一致。

(a) 栈桥施工

(b) 桥塔基础施工

(c) 桥塔施工

(d) 主梁安装

图6-38　悬索桥关键施工步骤

g.体系转换。通过分轮次张拉吊索,使得主梁自重荷载由临时墩转移到主缆上,最终主缆及主梁达到成桥线形。先从靠近主塔的吊杆开始张拉,再向两侧吊杆依次张拉,每对吊杆张拉次数及张拉力最大值满足设计要求。

h.主缆缠丝、防护及猫道拆除。主缆是悬索桥的主要承受杆件,被称为悬索桥的生命线,主缆防护是保护主缆长期安全使用的一项重要工作。在二期恒载作用于主梁后,进行主缆缠丝及防护。具体方法是先在主缆刮填腻子,再缠绕一层钢丝,然后进行涂装;最后拆除猫道。猫道拆除顺序:抗风索→栏杆及栏杆网→猫道面网→猫道承重索→扶手索→猫道工作平台。

6.4　城市轨道交通转体施工

6.4.1　城市轨道交通转体桥概述

桥梁转体施工是20世纪40年代以后发展起来的一种架桥工艺,是在河流的两岸或适当的位置,使用简便的支架先将半桥预制完成,之后以桥梁结构本身为转动体,使用一些机具设备,分别将两个半桥转体到桥位轴线位置合龙成桥。可在深水、峡谷中建桥采用,同时也适应在平原区及城市跨线桥。现在许多城轨桥梁施工中用到了桥梁转体施工技术。

步入新世纪，中国的经济在飞速发展，城市建设也在大跨步前进。随着城市交通建设的不断发展，新建路线必然会遇到老线路的阻碍，在这些情况下，采用立体交叉进行上穿或者下穿既有线路是必然的选择，基于经济及施工难度等因素的考虑，人们往往选择修建桥梁上穿既有路线。城市桥梁施工与野外桥梁施工不同，在施工时往往要考虑对城市既有交通的影响，很多情况下在施工时不能影响到既有路线的运营。为此经常用到转体法进行施工。

20 世纪 80 年代之前，转体施工桥梁的数量较少，转体质量均在 2000 t 以下；1980 年到 2000 年间，转体施工技术得到大规模推广与应用，每年都有大量转体施工桥梁，但是转体质量并没有显著提高，大多数在 4000 t 以下，少数超过 4000 t；2000 年至 2010 年间，转体施工桥梁的数量持续快速增长，更重要的是转体质量大幅提升，过万吨级转体施工的桥梁比比皆是。部分我国采用转体法施工的地铁高架桥如表 6-1 所示。

表 6-1 转体法施工的桥梁案例

编号	桥名	地点	桥跨/m	转体重量/t	建成时间
1	宁波地铁 4 号线转体桥	宁波	301	15000	2020 年 7 月
2	西安地铁 10 号线转体桥	西安	140	7900	2022 年 11 月
3	洛阳地铁 1 号线转体桥	洛阳	96	3200	2020 年 7 月
4	北辰特大桥跨青龙湾减河连续梁	北京	128	7700	2022 年 12 月

6.4.2 转体法的概念

因受施工条件限制，将桥梁结构在适宜角度位置现浇或拼装完毕后，通过转动使其到达设计位置的施工方法，即为转体法。通过转体技术，将条件受限或难度较大的施工转移到不受限制或难度较小的位置进行，降低施工难度。转体方式分为三种，一种是竖向转体法，即竖转法(见图 6-39)；一种是水平转体法，即平转法(见图 6-40)；另外一种为两种转体方式相结合的平竖转体结合法。在实践中经常应用到的是平转法，它又分为墩顶转体和墩底转体两种。

图 6-39 竖转法

图 6-40　平转法

(1)竖转法。该方式主要应用在拱桥施工，施工时在地面或低标高处拼装或者浇筑肋拱部分，完成之后以一侧为支点将其整体上拉，使其竖向旋转到设计标高后合龙。施工体系主要由拉索、牵引系统以及索塔组成。竖转法中，转铰的质量与安装精度、拉索强度、牵引动力的稳定性是保障竖转安全、顺利的重点。

(2)平转法。平转法应用范围较广，各种结构桥梁均可采用。施工时在河流、深谷或既有线的两侧地形条件较好地点先完成两个半桥结构，之后转动两个半桥结构至设计位置后合龙。其施工体系由牵引、支撑以及平衡系统组成。平转法中，最主要的结构是由上、下转盘组成的转动支撑系统，其中，上转盘起支承的作用，下转盘部分则同基础或墩顶连接。在实际施工中，通过转盘的相对转动，将上部结构转至设计位置。

6.4.3　转体法施工的优点

在实际应用中，转体施工的优点有：

(1)适用性相对较强，可在桥梁跨越既有线或山谷、沟渠等特殊地形处施工。

(2)仅需要几组滑轮以及两盘绞磨，能够在短时间内通过自身结构实现旋转，施工设备、工艺简单，节约成本及工期。

(3)桥梁转体部分的重量由球面混凝土轴心承受，桥墩混凝土轴心具有较大承载力，施工较为安全可靠。

(4)能够实现整体半孔梁的预制，具有较强的整体性，能有效发挥梁体结构的力学性能优势。

6.4.4　工艺原理

预制一个可以进行转动的轴心在桥台或墩上，并且将轴心设为分界点，上面是可以旋转的桥体，下面是固定的墩台或基础，上部构造在条件较好位置完成后，旋转至设计位置。

工程实际中，桥体重量通过墩身传递到上球铰，通过球铰间的四氟乙烯片传递至下球铰和承台。待桥体施工完毕后，将梁体重量转移到下球铰，测算力学参数并进行配重。启动连续千斤顶牵拉埋设在上转盘(见图 6-41)的钢绞线形成水平力偶，带动上转盘以球铰为中心带动桥梁上部进行转动就位，同时在转盘等位置预埋应变传感器，以实现应变及应力的跟踪监控。

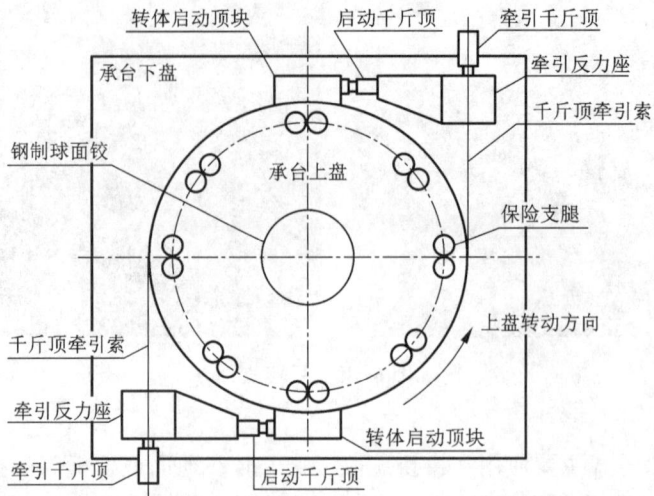

图 6-41 转盘

(a) 承台施工

(b) 桥梁施工

(c) 转体 I

(d) 转体 II

(e) 转体合龙

(f) 转体完成

图 6-42 转体合龙

连续梁转体法施工工艺流程：

(1) 下承台施工；

(2) 下承台槽口中转动体系系统的安装；

(3) 下转盘球铰安装；

(4) 滑道的安装；

(5) 下承台槽口混凝土浇筑施工；

(6) 上承台中转体系统的安装；

(7) 上球铰吊装；

(8) 上转盘撑脚安装；

(9) 上转盘施工；

(10) 上承台混凝土浇筑；

(11) 连续梁墩身浇筑及墩梁固结；

(12) 转体连续梁梁体施工；

(13) 转体施工。

转体段桥面附属施工及支架拆除→清理滑道及临时锁定设施→牵引动力系统→不平衡重称重试验及配重→试转→正式转体→合龙段施工及体系转换。

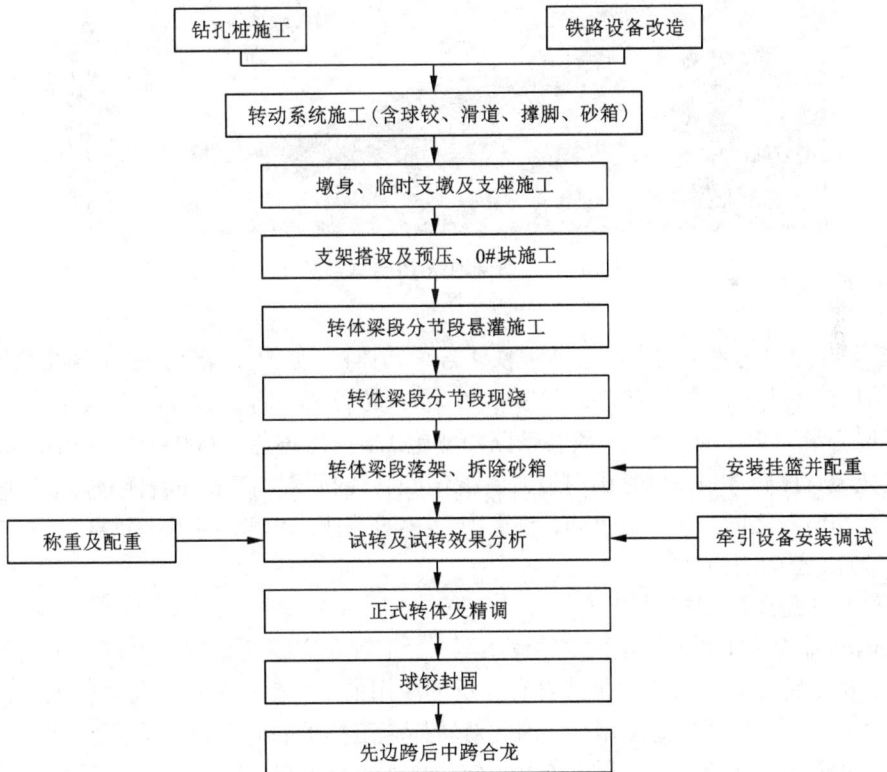

图 6-43　转体法施工工艺流程图

6.4.5 我国转体梁的应用

我国地铁发展迅速，在地铁建设中也不可避免地要修建桥梁，因处于城市中，往往采用转体法修建，典型案例如下：

（1）西安地铁 10 号线转体桥。2022 年 11 月 28 日，西安地铁 10 号线杏渭路站—水流路站高架区间上跨西安铁路枢纽北环线转体桥（见图 6-44）与南北两侧边跨墩成功合龙，转体角度达 73.2°，这在西安城市轨道交通建设史上尚属首次。此次转体桥位于国际港务区港务西路与货运铁路枢纽北环线交叉口西北象限内，桥梁跨度为 2 m×70 m，桥梁总重达 7900 t，设计最大牵引力为 139.64 t，采用转体方式一次跨越铁路既有线。

图 6-44　西安地铁 10 号线转体桥

（2）宁波地铁 4 号线转体桥。宁波地铁 4 号线转体桥（见图 6-45）位于 4 号线慈城站至官山河站区间，上跨杭深、萧甬铁路，桥总长 301 m，宽 11 m，高 31.8 m，曲线半径仅 350 m、横向施工偏心最大 2.2 m，分成两段在铁路两侧施工，一侧重达 15000 t，另一侧重 8000 t，是宁波轨道交通首座转体桥，也是国内最大曲线偏心转体桥梁。能够让转体桥轻松"转动"的，是位于承台与墩身之间一个直径 4 m，自重 14.4 t 的整体式球铰，类似"磨盘"，通过它来顶起重达 15000 t 重的刚构桥梁。

我国转体桥施工应用概况如下：

1）我国的桥梁转体施工技术发展迅猛，至今，不管在实践还是理论上都处于国际领先水平。同时，桥梁转体施工在我国仍然具有广泛的应用前景，特别是在当前我国大规模基础设施建设的大背景下，跨线桥急剧增多，因此对转体施工技术的研究具有重要意义。

2）球铰的设计与施工、转动体系布置、转体施工准备及转体稳定性控制是桥梁转体施工中的关键技术，是一座桥梁安全，顺利建成的保证。而实际上，这些技术在我国的理论研究并不深入，仍有较大的提升空间。虽然我国已能建大跨度吨位的转体桥梁，但是理论指导不够，如果能做到理论实践相结合，则必将极大促进我国转体施工技术的进一步发展。

图 6-45 宁波地铁 4 号线转体桥

3) 虽然目前转体施工大多采用钢制球铰, 但混凝土球铰仍具有较大的开发应用价值, 可望将其适用范围从小跨径桥梁扩展到较大跨径的转体桥梁施工。同时对球铰的研究不仅要从材料上寻求突破, 更要从计算理论上进行深化设计, 提高球铰性能。

复习思考题

1. 城市轨道交通一般在什么条件下采用高架线路?
2. 城市轨道交通高架线路最常用的桥梁形式是什么?
3. 连续梁桥与简支梁桥的受力特性有何不同?
4. 连续梁桥通常在什么条件下应用?
5. 简述连续梁桥的施工要点。
6. 超大跨度的轨道交通桥梁通常采用什么形式?
7. 转体桥通常在什么条件下使用?
8. 简述转体桥的施工要点。

第7章 城市轨道交通轨道施工

7.1 铺轨基地建设

7.1.1 铺轨基地选址

铺轨基地是地铁铺轨工作生产生活的重要枢纽，基地建设的过程中需要从多方面综合加以考虑。

地铁铺轨基地普遍利用土建施工单位施工场地，地下线的下料口(轨排井)一般是在明挖区间(车站)预留或者利用中间风井、盾构始发井(吊出井)、地下线与地面线交接位置的U型槽，高架线铺轨基地选择范围相对要大些，主要考虑场地及运输条件。

铺轨基地位置一般在轨道施工设计或者业主总体策划时确定。铺轨基地选址一般应遵循以下原则：

(1)铺轨基地间距选择。铺轨基地间距以8~10 km为宜。地铁轨道工程综合进度一般为1~1.5 km/月，如果铺轨工期为6~12个月，则间隔8~10 km设一个铺轨基地比较合适。同时，轨道施工时用轨道车运送混凝土距离过长使运输时间长影响进度且混凝土容易离析，一般来说混凝土运输距离以3~4 km为宜，超过4 km需要在中间设置混凝土下料口，间隔8~10 km设一个铺轨基地，每个铺轨基地往两边施工4~5 km可以不用在中间增设混凝土下料口。

(2)铺轨基地下料口的选择。铺轨基地下料口应选在土建结构简单的地方，下料口一般都是在土建结构基础上通过局部加强预留的，待铺轨结束后再进行二次封堵。若结构复杂将会增加预留加固的成本，同时，铺轨结束后封堵工作量太大，时间过长也会影响后续相关工程施工。

(3)铺轨基地下料口布置。铺轨基地宜设双线下料口，目前地铁下料口一般有三种形式：单线单口(只在一条线上设一个下料口)、双线双口(左右两条线上各设一个下料口，两个下料口平行)、双线单口(一个下料口，跨左右两线)。单线单口、双线双口每个下料口尺寸为5 m×30 m，双线单口下料口长度一般为30 m，宽度与线间距有关。

单线单口工程量较小比较节约，但对轨道工期影响较大，因为单线单口下料口要有道岔转线才能施工没有下料口的一条线，如果左右两条线每天各有10~15趟工程列车，工程车交会扳运道岔次数会很多，而工程线道岔无联锁只能人工扳道，既影响施工进度又增加行车安全隐患。

双线下料口优缺点与单线下料口相反，一般在线间距较小时宜采用双线单口，在线间距较大或者土建施工有其他要求时采用双线双口式。

一般说来，留一个下料口和两个下料口成本增加并不会太大，但对于工期的影响较大，对于地铁来说由于土建施工有许多不确定因素，往往完工时间较策划时晚，使得后续工程工期较紧，需要抢工，因此地铁下料口采用双线下料口为宜。

(4)铺轨基地位置选择。铺轨基地位置应选在场地宽阔、地形平坦规则、大型拖车进出方便的地方。

(5)铺轨基地与土建关系。铺轨基地选址应考虑土建施工工期远离控制性工程。土建完工时间有先有后，一般都是分期移交，在选择铺轨基地时尽量远离地质、结构复杂的区段或者控制性工程等工期易受影响的地方，应选在工期可控、预计完工时间较早的地方。

7.1.2　铺轨基地内部设置

(1)基地房屋布置。根据生产生活的需要，铺轨场地分为生活区、办公区和生产区三个片区(见图7-1)，由于生产场地涉及大量的材料堆放，大型车辆、施工人员的进出场，因此生产场地比较大，场地进口处要宽阔，方便车辆掉头，材料卸载，并且尽量在大型龙门吊的工作范围内。

图7-1　铺轨基地现场示例

在规划房屋布置时，需要结合周边环境，包括基地内部排水的方便，噪声的控制，车辆进出停放。

1)生活区的划分比较复杂，需要考虑基地容纳的人数，人员活动生活的需要，以及活动过程中的安全等因素，生活区包括：住宿区、食堂、厕所、洗漱间等。

2)办公片区是员工办公区域，根据铺轨基地进驻人员进行部门设置，其中包括：各部门科室、项目部领导办公室、会议室、业主代表室、监理室等；办公区要设置停车场、员工活动区、门卫岗、指示牌、旗杆等。

3)生产区的建设要满足文明施工的要求：施工封闭化、围栏标准化、现场硬地化、噪声灰尘控制化等。根据生产需要，生产区要设置以下几个片区：

①钢轨存放区：钢轨堆放区的布置尽量靠近轨排井和龙门吊的位置，方便拼装下料。钢轨堆放时，相邻两层扣轨堆放，每两层之间用垫木垫平，钢轨堆放要整齐，钢轨存放区的大小根据材料进场多少来划定。

②轨排拼装区：在铺轨场地范围允许的情况下，设置拼装区，拼装台位直接利用原地面搭建，在拼装的台位旁边设置轨排存放区。在铺轨基地不满足场地需求时，进行洞下散铺作业。

③扣配件存放区：扣配件堆放要堆码整齐，不同扣配件分类摆放。

④轨枕摆放区：轨枕要分类摆放，堆码整齐。

⑤钢筋加工区：钢筋加工区需要搭建钢筋加工棚，在加工棚内部设置钢筋弯曲机，钢筋切割机等机械。钢筋加工区需要布置在进出材料方便的场地。

（2）场地硬化。铺轨基地内部场地地面进行硬化处理，通常先进行机械夯实，再铺设 50 mm 的砂砾，最后在上方浇筑 C15 素混凝土。地面要保持平整，并且向排水沟设置坡度。场地内部不得有较严重的坑洼地带。

（3）铺轨基地取电。铺轨基地内部用电需从业主提供的接入口接入配电箱供电，由于生产生活用电使用情况不同，在设置配电时，需要分开设置配电，避免出现由电路负载过大引起的断电等情况，确保生产的顺利进行。

7.2 铺轨基标测设

当地铁土建结构基本完成后，便进行铺轨相关工作移交，铺轨单位在接收土建移交的同时，做好混凝土下料口、隧道内止排水情况、预埋件、预留管道、水电接口等施工情况调查。同时还要做好施工技术资料的准备及基标测设工作。

基标测设的依据为上道工序提供的基桩（导线点及水准点），基桩移交后及时进行标示和防护。及时对上道工序提供的导线点及水准点进行复测，导线测量的闭合差和水准测量的误差应满足设计要求及规范的精度要求。复测成果通过后进行控制基标和加密基标测设。

7.2.1 测设工作程序

基标测量工作程序如图 7-2 所示。施工前，监理工程师负责协调，向铺轨施工单位提供轨行区的控制桩点等基本数据的测量资料，并做好交接手续；铺轨单位在收到基本数据的测量资料和现场实际对应桩位后，及时进行复核验算和复测工作，并将复测成果报监理审查。

根据复测并经监理审查的控制桩点和测量资料及铺轨基标测设方案，研究布设铺轨控制基标，并报监理审批后执行。

将布设的控制基标和加密基标的测量成果报监理工程师复测，并根据监理复测的成果进行修正测量，合格后方可交付铺轨施工。

最后，根据测设过程的实际情况，呈报测量成果报告，内容包括施测方法和计算方法、操作规程、仪器设备的配置状态和测量专业人员的配备等。

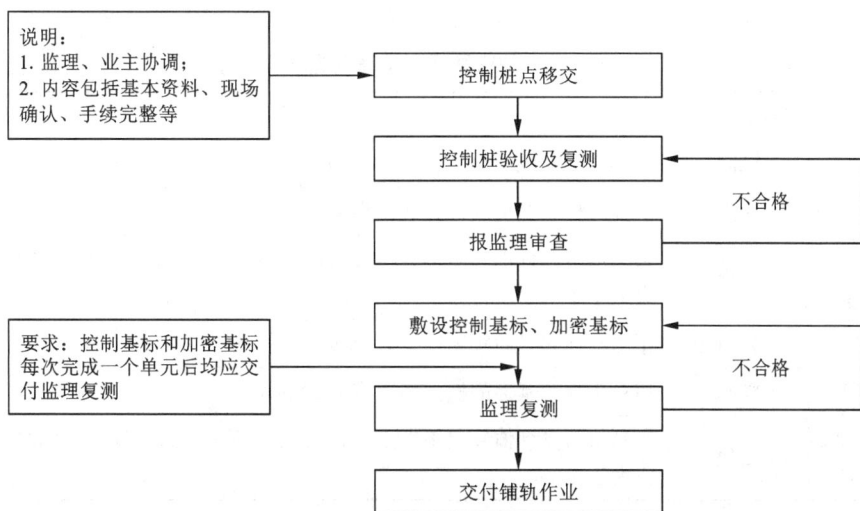

图 7-2 基标测量工作流程图

7.2.2 基标的设置与精度

(1)控制基标和加密基标的设置。控制基标在直线段上不超过 120 m 设置一个, 曲线段除了在曲线要素点设置外, 还应每间隔 60 m 左右设置一个(可根据曲线长度适当调整)。明挖和暗挖段在线路中心线上对应位置设置线路中线桩。控制基标与线路中线桩均应通过测量监理检测。

加密基标在直线段上每间隔 6.0 m 设置一个, 曲线段上每间隔 5.0 m 设置一个。加密基标用量距法(直线段)或偏角法(曲线段)测设位置、水准测量方法测设高程。测设完成后由监理总部测量队复核后方可供铺轨使用。在明挖和暗挖段道床浇筑完毕后, 曲线段每 3 个、直线段每 4 个加密基标在对应线路中心位置测设加密线路中线桩。

基标埋设时先将底板凿毛, 以增加基标与底板的黏结力, 用 C30 混凝土初步固定, 然后检测基标各项精度是否满足要求, 精度满足要求后, 进行永久固定。

(2)控制和加密基标设置精度。

1)控制基标: 其测设精度要求如表 7-1 所示。

表 7-1 控制基标测设精度要求表

序号	控制项目		精度要求
1	方向	直线段	夹角与 180° 较差小于 8″
		曲线段	夹角与设计值较差计算出的线路横向偏差小于 2 mm
2	高程		与设计值较差小于 2 mm; 相邻基标间高差与设计较差小于 2 mm
3	距离	直线段	实测距离与设计距离较差小于 10 mm
		曲线段	弦长测量值与设计值较差小于 5 mm

2)加密基标：其测设精度要求如表7-2所示。

表7-2 加密基标测设精度要求表

序号	控制项目		精度要求
1	直线	纵向	相邻基标间纵向距离误差为±5 mm
		横向	偏离两控制基标间的方向线距离为±2 mm
		高程	实测值与设计值较差不大于2 mm；相邻基标实测高差与设计高差较差不应大于1 mm
2	曲线	纵向	相邻基标间纵向距离误差为±5 mm
		横向	相对于控制基标的横向偏差应为±2 mm
		高程	实测值与设计值较差不大于2 mm；相邻基标实测高差与设计高差较差不应大于1 mm

7.2.3 正线基标设置

基标设置在列车前进方向的右侧或曲线的外侧；车站内基标设在靠边墙侧；在曲线要素点、竖曲线起终点、中点(变坡点)、整公里处均设置控制基标。

基标由行车方向右侧变换为左侧或曲线外侧时，在相对应位置应加设一个控制基标，如图7-3所示。基标顶面应与水沟底齐平，即基标顶面距钢轨顶面的距离应为水沟底至轨顶面的距离，普通道床为380 mm、GJ-Ⅲ型扣件道床为393 mm；基标距线路中心距离为1400 mm，即基标埋设于水沟中央。

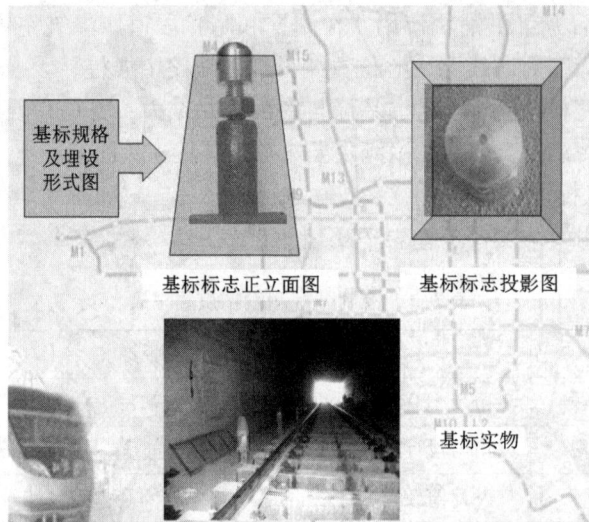

图7-3 正线基标

7.2.4 道岔及交叉渡线区基标设置

（1）道岔区基标设置。道岔控制及加密基标的位置沿股道两侧布置，在岔头、岔尾及岔心设控制基标，中间轨距变化处及支距位置增设加密基标。基标距线路中心距离为 1.4 m，误差要求小于 2 mm。基标除满足表 7-1 和表 7-2 精度要求外，还应达到以下误差要求：

1）岔心相对于线路中线的里程与设计值较差小于 10 mm；

2）基标间距离与设计值较差小于 2 mm；

3）相邻基标间实测高差与设计高差小于 1 mm，高程实测值与设计值较差小于 2 mm。

单开道岔岔区基标布置如图 7-4 所示。

（2）交叉渡线基标设置。单开道岔部分的基标布设按上图布设。道岔与道岔连接的直股部分按正线整体道床基标布设要求增设加密基标。锐角和钝角辙叉组成的菱形交叉部分，在其两条对称轴方向上设 5 个加密基标，控制交叉叉心位置和对称轴的垂直度，其精度要求同岔区基标要求，具体布置如图 7-5 所示。

图 7-4　60 kg/m 钢轨单开道岔岔区基标布置

图 7-5　交叉渡线菱形交叉部分现场图

（3）道岔铺轨基标限差。道岔铺轨基标根据控制基标和道岔铺轨设计图进行，埋设方法与控制基标相同，道岔铺轨基标的限差为：

1）岔心相对于线路中线的距离与设计值较差小于 10 mm；

2）铺轨基标与线路中心线的距离和设计值较差小于 2 mm；

3）铺轨基标间距离与设计值较差小于 2 mm；

4）相邻基标间实测高差与设计高差较差小于 1 mm，高程实测值与设计值较差小于 2 mm。

7.3　地铁道床及其种类

7.3.1　道床的作用

道床通常指的是轨枕下面道床，路基面上铺设的石碴（道碴）垫层。

道床依靠本身和轨枕间的摩擦，起到固定轨枕位置的作用，阻止轨枕纵向或横向的移动。这在无缝线路区段显得更为重要，因为在无缝线路区段，如果线路的纵向或横向阻力减少到一定程度,很容易发生胀轨跑道事故,严重危及行车安全。

道碴还有排水作用。由于道碴块间的空隙,使得地表水能够顺畅地通过道床排走,这样路基表面就不会长期积水。路基表面长期积水,不仅会使承载能力大大下降,还会造成翻浆和冻胀等很多病害。

7.3.2 道床的种类

道床分为普通有砟道床、沥青道床和混凝土整体道床。有砟道床通常由具有一定粒径、级配和强度的硬质碎石堆积而成,在次要线路上,也可以使用级配卵石或粗砂。沥青道床是为了改善普通石碴道床的散体特性而加入乳化沥青或沥青砂浆的结构形式。整体道床(见图7-6)是用混凝土等材料浇筑的道床,常见为现浇钢筋混凝土结构,通常用于不易变形的隧道内或桥梁上。

(a) 长枕式

(b) 短枕式

(c) 浮置板式

(d) 承轨台式

图 7-6 地铁整体道床

以广州地铁为例,其采用的主要道床类型大体有如下种类:

1号线全长约18.5 km,其中穿越繁华的正佳广场地带近300 m的路段采用了浮置板道床结构。浮置板道床是地铁线路上一种减振降噪的道床结构,对减少商住繁华地区的振动与噪声污染具有重要意义。

2号和3号线又提出了轨道减振的系列措施。对一般轨道采用60 kg/m重型钢轨并焊接成无缝线路,既提高轨道平顺度,又提高轨道部件的弹性指标,符合严格施工及维护养护要求;对中等轨道采用弹性短轨枕道床减振,减振效果可达8~12 dB;对高等轨道采用橡胶浮置板道床,减振效果可达 16~20 dB 以上;对特殊轨道采用钢弹簧浮置板道床,减振效果可达 25 dB 以上。正线及辅助线采用单趾弹簧扣件,减缓钢轨对混凝土道床的直接冲击。这些新方法、新技术、新工艺的运用能有效达到减振降噪的效果,使列车运行状态更平稳,乘坐更舒适。

3 号线珠江电影制片厂录音棚地下区段,采用钢弹簧浮置板道床减振法,在国内地铁率先采用钢弹簧浮置板道床以及先锋 Vanguard 扣件,减少轨道两侧及列车内的辐射噪声,确保满足录音棚的减振要求。同时采用了弹性短轨枕整体道床、减振器整体道床等 7 种道床施工工艺,其中先锋扣件、钢弹簧浮置板道岔首次用于国内地铁轨道施工。除一般短轨枕整体道床和单开道岔、交叉渡线外,还有减振器扣件整体道床、中等减振弹性短轨枕整体道床和先锋扣件道床、钢弹簧浮置板道床道岔等。

4 号线在国内首次采用直线电机牵引系统,其地下线整体道床类型采用长枕式整体道床、钢弹簧浮置板整体道床、先锋减振扣件整体道床、合成树脂轨枕道岔整体道床等。4 号线直线电机车辆段拟铺设"零轨"的整体道床有如下几种形式:①普通长枕埋入式整体道床,轨枕中央的 2 个螺栓孔用于固定感应板,道床成型后,可通过增减感应板下方的调整垫片来调节感应板顶面距轨面的高度。②库内横通道长枕埋入式整体道床与普通长枕埋入式类似。道床成型后,先调整好高度并固定好感应板,最后将感应板与道床浇筑成一个整体形成横通道。③支柱 H 型钢检查坑式整体道床。这种道床采用无轨枕支柱式设计,在钢轨与支柱之间首次应用 H 型钢过渡。H 型钢的运用增大了轨道刚度,为"零轨"精度保持恒定不变提供支持,支柱间距也得以从原设计 1.1 m 加大至 2.2 m,方便了检修作业人员出入检查坑。4 号线采用的道床板主要分为 A、B、C、D 四种类型。几何尺寸为 200 mm×2100 mm×L mm,其中 L 为板长。该线的转道结构主要为桥面基础、ZH 砂浆填充层、道床板、扣件、钢轨等。

5 号线轨道板轨道类型有地下整体道床、高架板式道床两种结构。地下整体道床有矩形隧道整体道床、马蹄形隧道整体道床、圆形隧道整体道床,其中包括 Vanguard 减震道床等。

7.3.3　道床的要求

(1)一般要求。道碴颗粒不宜过大,否则将不利于保持轨道弹性和进行捣固作业。过小也会影响排水。中国铁路的道碴标准粒径为 20~70 mm。

道床应有足够厚度,使轨枕压力均匀分布于路基面的较大范围上,以减小路基面上的压力,使其不产生残余变形。根据轨道类型的不同,可采用不同厚度的道床。

道床顶面宽度取决于轨枕长度和道床肩宽。在一定范围内,道床肩宽越大,轨枕的横向阻力和轨枕的稳定性也越大。这一点对无缝线路尤为重要。道床应有适当的边坡,以保持稳定。

(2)针对性要求。长度大于 100 m 的隧道内和隧道外 U 形结构地段及高架桥和大于 50 m 的单体桥地段,宜采用短枕式或长枕式整体道床,并符合下列要求:

1)长、短轨枕混凝土强度等级应为 C50。长轨枕应采用预应力式,轨枕与道床连接应采取加强措施。

2)隧道内和隧道外 U 形结构地段,整体道床混凝土强度等级宜为 C30,高架桥上整体道床混凝土强度等级宜为 C40,道床内应布筋并与排流筋结合。道床与结构底板或桥面联结应采取加强措施。

3)轨下部位混凝土道床厚度,直线地段不宜小于 130 mm、曲线地段不宜小于 110 mm。

4）整体道床应设置伸缩缝，隧道内宜每隔 125 m、U 形结构地段和高架桥上宜每隔 6 m 设置一个。在结构沉降缝和高架桥梁缝处，应设置道床伸缩缝。

5）排水沟的纵向坡度应与线路坡度一致，线路平坡地段排水沟纵向坡度不宜小于 2%。

6）整体道床应设铺轨基标，基标宜设在排水沟内，并宜每隔 15~24 m 保留一个供维修用的永久基标。

7）道床面应低于轨枕承轨面 30~40 mm，道床面横向排水坡度不宜小于 3%。

7.4 普通整体道床施工

7.4.1 施工工艺流程

整体道床由混凝土整体灌筑而成的道床，道床内可预埋木枕、混凝土枕或混凝土短枕，也可在混凝土整体道床上直接安装扣件、弹性垫层和钢轨，又称为整体轨道。我国整体道床主要有三种结构形式：支承块侧沟式整体道床、整体灌筑侧沟式整体道床及中心水沟式整体道床。普通整体道床施工工艺流程如图 7-7 所示。

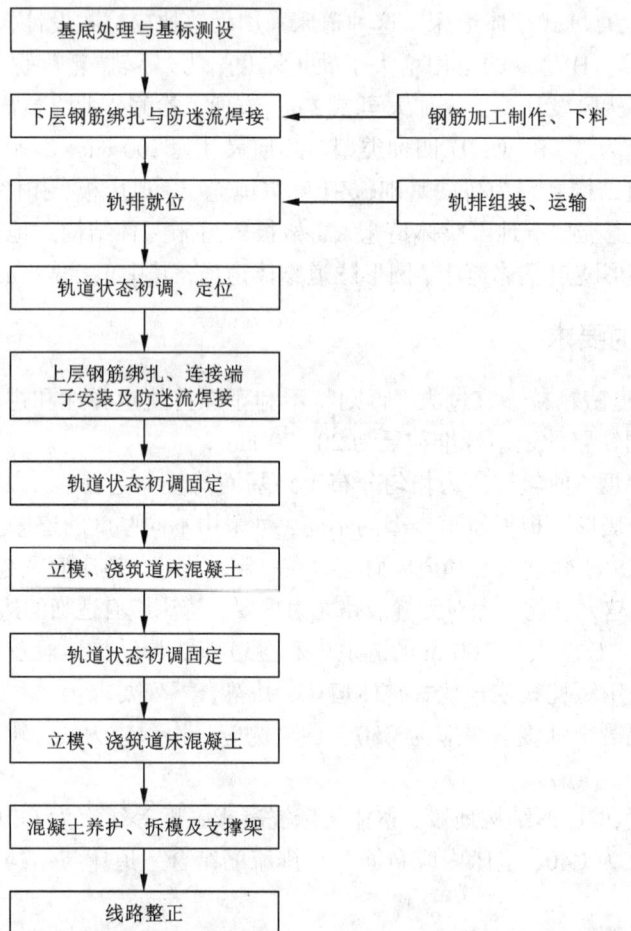

```
┌─────────────────────┐
│   基底处理与基标测设    │
└──────────┬──────────┘
           ↓
┌─────────────────────┐      ┌──────────────────┐
│  下层钢筋绑扎与防迷流焊接  │←─────│  钢筋加工制作、下料  │
└──────────┬──────────┘      └──────────────────┘
           ↓
┌─────────────────────┐      ┌──────────────────┐
│      轨排就位         │←─────│    轨排组装、运输    │
└──────────┬──────────┘      └──────────────────┘
           ↓
┌─────────────────────┐
│   轨道状态初调、定位     │
└──────────┬──────────┘
           ↓
┌─────────────────────┐
│  上层钢筋绑扎、连接端    │
│  子安装及防迷流焊接     │
└──────────┬──────────┘
           ↓
┌─────────────────────┐
│    轨道状态初调固定     │
└──────────┬──────────┘
           ↓
┌─────────────────────┐
│   立模、浇筑道床混凝土    │
└──────────┬──────────┘
           ↓
┌─────────────────────┐
│    轨道状态初调固定     │
└──────────┬──────────┘
           ↓
┌─────────────────────┐
│   立模、浇筑道床混凝土    │
└──────────┬──────────┘
           ↓
┌─────────────────────┐
│  混凝土养护、拆模及支撑架  │
└──────────┬──────────┘
           ↓
┌─────────────────────┐
│      线路整正        │
└─────────────────────┘
```

图 7-7 普通整体道床施工工艺流程图

7.4.2　基底处理与基标测设

（1）基底清理与凿毛。为确保基底有良好的联结，需将接触面凿毛（凿毛工艺要求：深度宜为 5～10 mm、间距不大于 150 mm，呈梅花状）、将积水排出，并清理干净，使用高压风清除浮碴及碎片，保证表面清洁、无积水和堆积杂物。同时，根据线路条件在水位上游设置防水堰，确保施工段内干燥，确保新旧混凝土有较强的黏结力，确保整体道床施工质量。

在进行基底处理前，以轨面标高为基准线，先对轨道结构高度进行检测，确认整体道床底至钢轨顶面距离不小于设计高度。若有不足之处，将实测资料上报驻地监理核查，协调处理。

（2）铺轨基标测设。基标测设可在基底处理前、后进行，可依据施工进度而定。在基底处理前测设的，在基底处理过程中应注意保护好基标，不得随意碰撞、挪动测设好的基标；在基底处理后测设的，要注意防止污染已清理好的道床基底。

对第三方测量所提供的控制导线点及基标进行复测，复测结果上报监理，满足规范要求后进行施工。铺轨基标测量根据铺轨综合设计图，利用调整好的线路中线点或贯通平差后的控制点进行测设。每次施工测量、放样前均对全站仪、水平仪、三脚架、棱镜、水准尺等进行常规检查，确保仪器合格使用。每一测量过程都按要求严格控制精度，把误差控制在合格范围内，保证施工的顺利进行。

7.4.3　道床钢筋绑扎与防迷流端子焊接

整体道床钢筋网采取洞外下料、加工，洞内绑扎焊接成型的作业方式，纵向钢筋按两相邻伸缩缝长度配料。钢筋在预留口捆绑成束，吊入洞内平板车。铺设时由洞内小龙门吊吊运至铺设地段，一捆一捆分散布置后，人工抬运钢筋散布在道床底板上。人工绑扎固定，调整网格间距。钢筋布置间距严格按设计要求控制，纵向和横向钢筋按防杂散电流要求焊接。纵向钢筋搭接处采用双面搭接焊，焊接长度不小于钢筋直径的 5 倍，焊缝高度不小于 6 mm。道床每隔 5 m 选 2 根横向筋（上下层各一根）与所交叉的所有纵向筋及架立筋焊接，同时在线路中心线处选两根上层纵向筋和所有上层横向筋焊接。钢筋网绑扎工序流程如图 7-8 所示。

道床伸缩缝的两侧，根据杂散电流的防护（《杂散电流防护通用图》）要求分别用（5×50）mm² 的铜排与所有的收集网钢筋焊接之后，在整体道床的左右两侧引出铜排连接端子，连接端子露出空气中的长度为 60 mm，并在其上打 $\phi14$ 的孔，道床伸缩缝两侧的连接端子通过 95 mm² 的铜绞线连接，使全线道床收集网电气连接。

7.4.4　轨排组装与洞内吊装运输

（1）组装轨排。组装轨排前，根据设计文件和规范要求做好配轨计算，并编制轨排表。

1）配轨计算。根据设计文件，先确定每组道岔的头尾里程，对每组相邻道岔头尾距离进行实测，并依此计算出每段的轨道长度。配轨按外股钢轨长度和预留轨缝连续计算，并确定曲线始点前（或后）的钢轨接头到曲线终点前（或后）的钢轨接头距离，再计算出每个曲线的缩短量。根据钢轨接头相对原则，保证钢轨接头相错量在直线上不大于 20 mm，在曲线上不超过缩短量的一半加 15 mm。由于洞内温度恒定，钢轨接头可不考虑轨缝。

```
┌─────────────────────┐
│   钢筋调直、下料制作   │
└─────────────────────┘
          │
          ▼
┌─────────────────────┐      ┌──────────────────────┐
│      钢筋运输         │◄─────│  钢筋检测，试验及加工   │
└─────────────────────┘      └──────────────────────┘
          │
          ▼
┌─────────────────────┐
│摆放及绑扎下层横向、纵向钢筋│
└─────────────────────┘
          │
          ▼
┌─────────────────────┐
│   安放C30混凝土垫块   │
└─────────────────────┘
          │
          ▼
┌─────────────────────┐      文明施工要求：
│    下层防迷流焊接     │      1.钢筋下料制作视进尺而定量，避免露天起锈；
└─────────────────────┘      2.分类堆放各种加工零件；
          │                  3.根据安全操作要求戴好防护面具；
          ▼                  4.钢筋无论在地面或地面上都应该存放于干净无污水处
┌─────────────────────┐
│    报请监理检查       │
└─────────────────────┘
          │
          ▼
┌─────────────────────┐
│  轨排吊装就位及调整   │
└─────────────────────┘
          │                  技术要求：
          ▼                  1.钢筋网每隔5 m选一横向筋与所有纵向筋焊接；
┌─────────────────────┐      2.全部采用堆焊，焊缝高6 mm，保证其断面面积要求；
│上层钢筋网、连接端子安装及防迷│◄──  3.其他按照《杂散电流防护通用图》办理
└─────────────────────┘
          │
          ▼
┌─────────────────────┐
│    报请监理检查       │
└─────────────────────┘
```

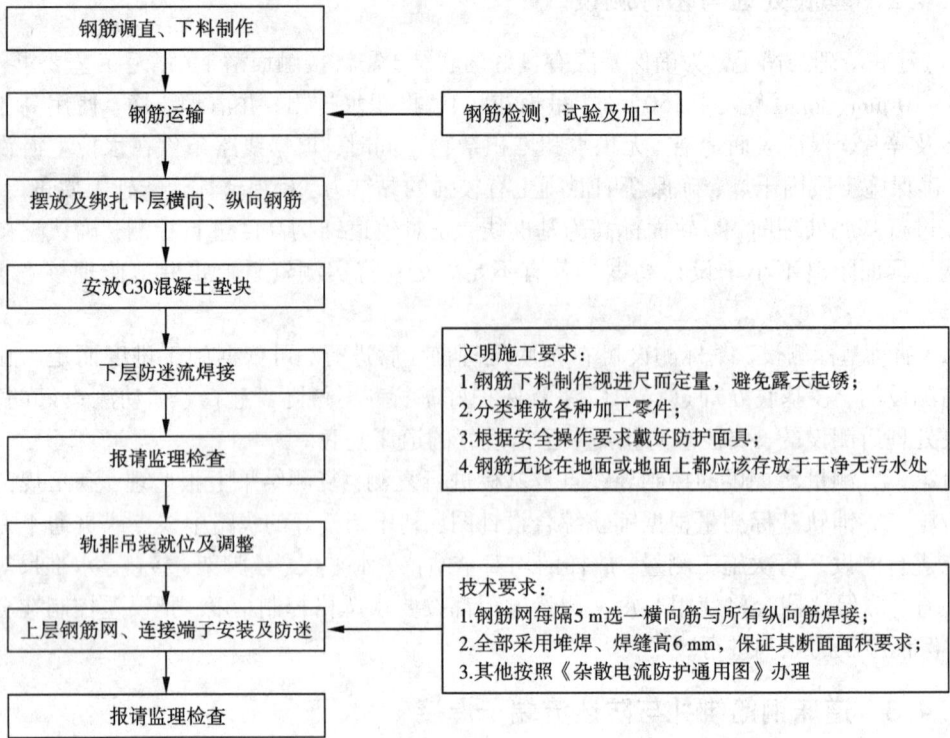

图 7-8 钢筋网绑扎工序流程图

两道岔之间最多只能配一对非标准短轨，并充分考虑长轨焊接时对最短合龙轨长度的要求。临时龙口轨选用旧轨。

①曲线内股缩短量的计算。

A.圆曲线内股缩短量 ε_1：

$$\varepsilon_1 = S_1 \times L/R$$

式中：S_1 为两股钢轨中心间距，取 $S_1 = 1500$ mm；L 为圆曲线长度，m；R 为圆曲线半径，m。

B.缓和曲线内股缩短量 ε_2：

$$\varepsilon_2 = S_1 \times L_1/2 \times R$$

式中：L_1 为端缓和曲线长度，m。

C.整个曲线的内股缩短量 ε

$$\varepsilon = \varepsilon_1 + 2\varepsilon_2$$

②缩短轨需要量 N 的计算：

$$N = \varepsilon/K$$

式中：K 为曲线选用缩短轨的缩短量。

③编制轨排表。根据以上计算编制轨排表，轨排表含以下内容：轨排编号；铺设连续里程；左、右股钢轨长度；左、右股钢轨到达里程，相错量；混凝土短枕对数、布置间距、扣件类型，以及道床伸缩缝、变形缝设置里程等。

④组装轨排。同一轨节宜选用长度公差相配的钢轨配对，公差相差量不得大于 3 mm。短枕在长钢轨上按轨排表中所给的布置间距进行悬挂，前后两块间距允许误差为 ±10 mm。过渡段短枕距按设计要求布置。枕位先用白油漆标于轨腰内侧，曲线段标于外股轨腰内侧。短枕应与钢轨中轴线垂直，内外对齐。轨排应根据铺设顺序来编号，并按先铺设者在上，后铺设者在下的顺序装车。

轨排组装在基地组装作业台上完成。其施工顺序为：

A. 按设计要求的数量和间距，将短枕散布于组装台座的钢轨上；

B. 散布扣件于短枕两端；

C. 拧入短枕螺栓，在承轨槽内依次放置铁垫板下橡胶垫、铁垫板及轨下橡胶垫；

D. 将已丈量配对的钢轨吊入承轨槽，轨头上标注短枕位置；

E. 安装钢轨支承架，并使钢轨底离开承轨槽约 5 cm；

F. 逐个抬起短枕，下塞木楔，再用扣件将短枕悬挂于钢轨上，螺栓拧紧力矩必须满足设计要求；

G. 安装轨距拉杆，调整轨距拉杆和钢轨支承架，使轨距基本满足 1435 mm 要求，将轨排吊至存放区。

轨排组装及轨距拉杆和钢轨支承架布置如图 7-9 所示。

图 7-9　轨排组装现场布置图

轨排组装以轨节表为轨排拼装的依据，轨排拼装在拼装台座上进行。先依据曲线资料 (超高调整和扣件偏移表)安装好铁垫板及调高垫板等，然后在铁垫板上铺设钢轨并安装扣件，再安装钢轨支撑架，轨排组装工艺流程如图 7-10 所示。

(2)龙门吊走行轨道的安装。洞内小龙门吊是洞内轨排、钢筋、混凝土等材料吊运必不可少的，也是使用最频繁的机具之一。因此，对龙门吊走行轨的要求是铺设及拆除方便、快捷，龙门吊行走平稳安全。

```
┌─────────────────────────────┐
│    依轨排表，取相应数量扣件     │
└─────────────────────────────┘
              ↓
┌─────────────────────────────┐
│  人力抬铺均匀散布轨枕于组装台上  │
└─────────────────────────────┘
              ↓
┌─────────────────────────────┐        ┌──────────────────────────────┐
│      散布扣件于轨枕上          │        │ 技术要求：                     │
└─────────────────────────────┘        │ 1. 螺栓必须对称逐渐拧入，不得一次到位；│
              ↓                         │ 2. 铁垫板翘曲超过2 mm坚决不用    │
┌─────────────────────────────┐        └──────────────────────────────┘
│  拧入螺栓、安放橡胶垫板及铁垫板  │        ┌──────────────────────────────┐
└─────────────────────────────┘        │ 技术要求：                     │
              ↓                         │ 1. 单趾扣件扭矩为100～110 N·m；  │
┌─────────────────────────────┐        │ 2. 减振扣件扭矩为130 N·m        │
│     风动扳手拧紧扣件          │        └──────────────────────────────┘
└─────────────────────────────┘        ┌──────────────────────────────┐
              ↓                         │ 技术要求：                     │
┌─────────────────────────────┐        │ 左右股公差相差量不得大于3 mm    │
│   吊装钢轨（丈量、配对）       │        └──────────────────────────────┘
└─────────────────────────────┘        ┌──────────────────────────────┐
              ↓                         │ 技术要求：                     │
┌─────────────────────────────┐        │ 1. 轨枕间距误差小于10 mm；      │
│     划分轨枕位置             │        │ 2. 用长钢尺划分，避免误差积累    │
└─────────────────────────────┘        └──────────────────────────────┘
              ↓                         ┌──────────────────────────────┐
┌─────────────────────────────┐        │ 技术要求：                     │
│     组装钢轨支承架           │        │ 1. 避开短枕位置；              │
└─────────────────────────────┘        │ 2. 间距布置均匀；              │
              ↓                         │ 3. 使钢轨离开轨枕面5 cm         │
┌─────────────────────────────┐        └──────────────────────────────┘
│    组装弹条、悬挂轨枕         │        ┌──────────────────────────────┐
└─────────────────────────────┘        │ 技术要求：                     │
              ↓                         │ 1. 安放轨距垫时，非工作不得留有空隙；│
┌─────────────────────────────┐        │ 2. 将空隙留在钢轨工作边一侧      │
│   组装并调整轨距拉杆          │        └──────────────────────────────┘
└─────────────────────────────┘        ┌──────────────────────────────┐
              ↓                         │ 技术要求：                     │
┌─────────────────────────────┐        │ 1. 间距布置均匀；              │
│      报请监理检查            │        │ 2. 支撑架与轨距拉杆必须打油；    │
└─────────────────────────────┘        │ 3. 应先装支承架后装拉杆；       │
                                        │ 4. 曲线地段内股工作边加设垫片    │
                                        └──────────────────────────────┘
```

┌──┐
│ 文明施工要求：   │
│ 1. 每班施工完毕，组装场上的扣件应分类归箱并集中堆放； │
│ 2. 吊装钢轨时，必须服从指挥人员的安排；   │
│ 3. 轨排码放时，底部必须垫平，并放正，以防侧倒   │
└──┘

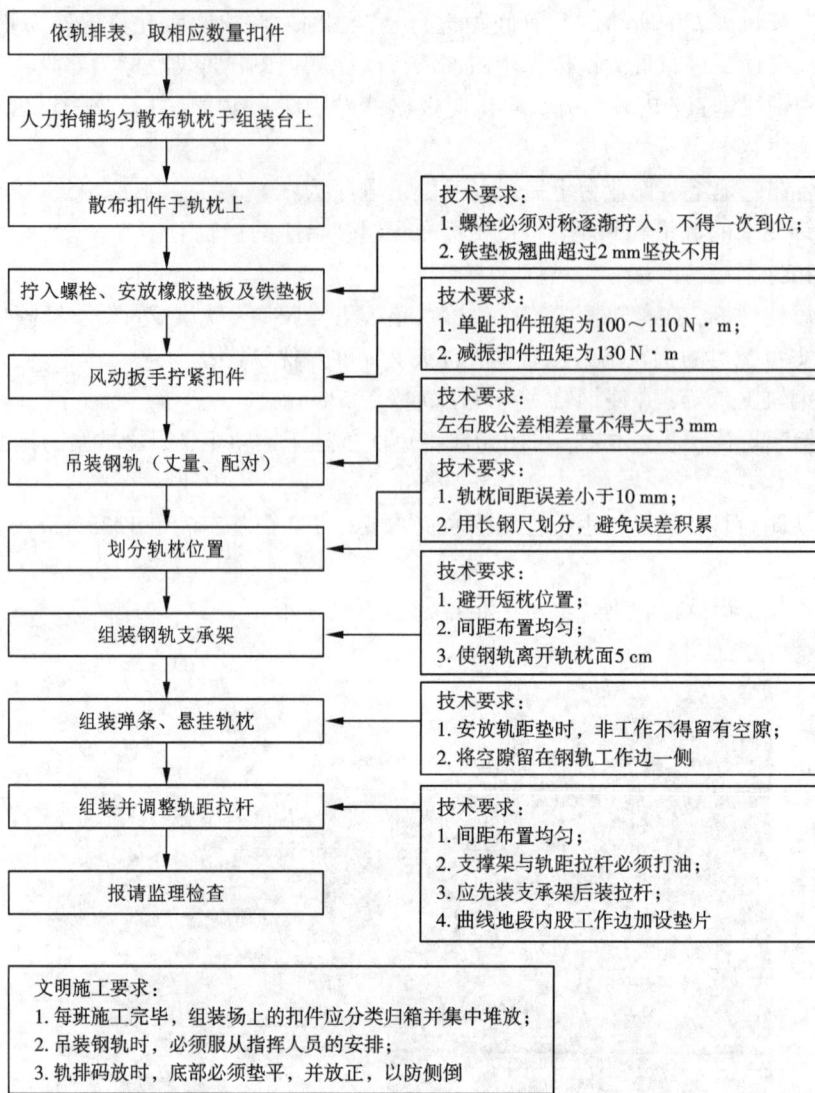

图 7-10　轨排组装工艺流程图

　　洞内龙门吊走行线（见图 7-11）采用长度为 12.5 m 的 24 kg/m 的钢轨，两走行轨中心距 3.2 m，走行轨支承点间距为 1.2 m，最大不超过 1.4 m。其中心线须与线路中心线一致，其轨顶标高应高于道床面标高，确保龙门吊走行时不会冲撞基标。轨下采用钢制支撑架，其间距按 1.5 m 左右布置，用膨胀螺栓固定在隧道底板上。两相邻支撑架中间采用槽钢支腿加固，以防产生过大的变形而影响龙门吊的走行。支架和支腿均采用螺栓和扣板将钢轨固定，钢支架根据不同的隧道截面尺寸而制。

　　龙门吊走行线的铺设必须及时并以 50 m 的超前铺轨长度进行，以利转运钢筋和袋装垃圾，龙门吊走行线转运和安装时，要特别注意安全和对已铺钢筋网以及基标的保护，杜绝野蛮施工和违章作业。

图 7-11 铺轨龙门吊及走行轨现场图

龙门吊走行轨在跨越岔区时需抬高走行轨，使龙门吊走行轨道底高于轨面 10 cm。走行轨安装工序流程如图 7-12 所示。

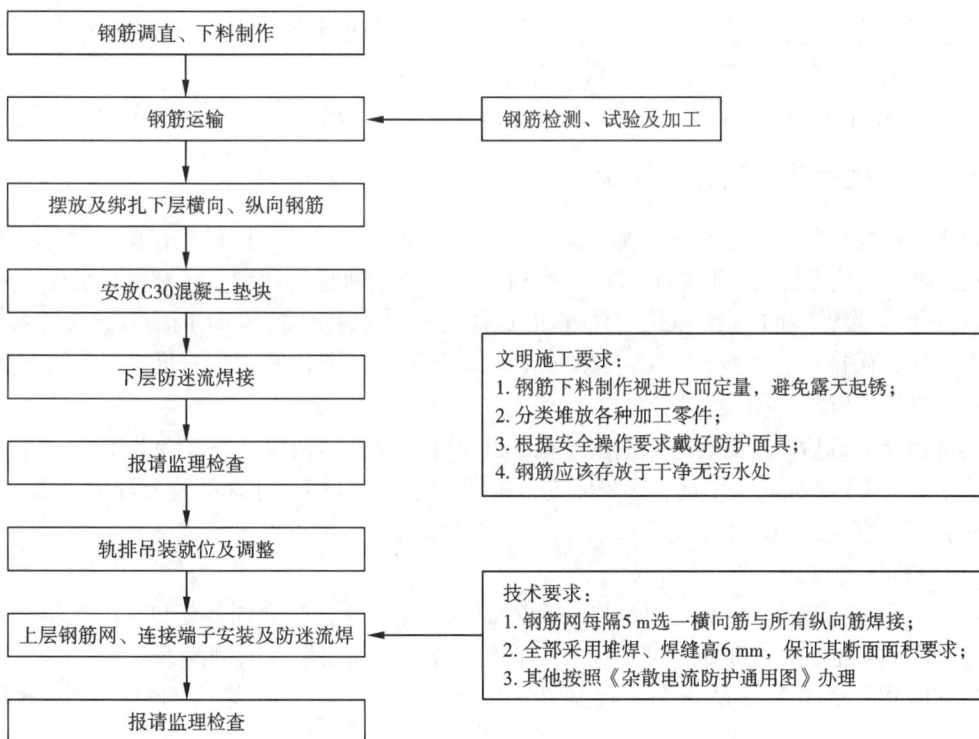

钢筋调直、下料制作

钢筋运输 ← 钢筋检测、试验及加工

摆放及绑扎下层横向、纵向钢筋

安放C30混凝土垫块

下层防迷流焊接

报请监理检查

文明施工要求：
1.钢筋下料制作视进尺而定量，避免露天起锈；
2.分类堆放各种加工零件；
3.根据安全操作要求戴好防护面具；
4.钢筋应该存放于干净无污水处

轨排吊装就位及调整

上层钢筋网、连接端子安装及防迷流焊 ← 技术要求：
1.钢筋网每隔5 m选一横向筋与所有纵向筋焊接；
2.全部采用堆焊、焊缝高6 mm，保证其断面面积要求；
3.其他按照《杂散电流防护通用图》办理

报请监理检查

图 7-12 走行轨安装工序流程

（3）轨排洞内吊装运输。轨排在铺轨基地用龙门吊吊放到洞内轨道车平板车上，轨道车推至道床混凝土已施工完毕且强度达到70%设计强度的地段，再用两台洞内小龙门吊抬至待铺位置，如图7-13所示。

图7-13　轨排洞内吊装运输

施工注意事项：

1）装车时轨排间应放置垫木，且后铺轨排先装车，先铺轨排后装车。

2）轨道车走行速度不大于15 km/h，过站台和道岔时应减速慢行，且前后派专人防护。

3）停车时及时放入铁楔，防止平板车滑行。

4）两台龙门吊共同作业时，要专人指挥，口令统一、清晰，司机操作熟练，配合默契。

7.4.5　轨道状态调整与控制

轨排经小龙门吊初步摆放正位后，即能以施工基标为依据，借助于直角道尺（特制）和万能道尺，通过钢轨支承架丝杠对轨道状态进行初调。要求轨道目视顺直或圆顺，标高、轨距、水平及方向偏差均不超过±20 mm，内外轨的短枕对齐，然后将前后钢轨用临时接头连接，上紧紧固螺栓并保持轨缝对接，接头连接如图7-14所示。轨道状态调整时借助道尺与轨排的相对位置进行，如图7-15所示。

轨排初调完成后，在浇灌道床混凝土前，再用经过校正的精度允许误差为0~0.5 mm的道尺，对钢轨位置、标高、方向等依基标进行精调，使轨道几何尺寸全部符合规定要求，轨道左右两股钢轨直线段相错量不大于20 mm；曲线段相错量不大于规定缩短量之半加15 mm。

（1）轨排调整方法。

1）用直角道尺检查、调整与基标同一侧的钢轨。先将立柱高度调节至与基标至轨面高差相适应，并将立柱底的对准器对准基标的中心孔，道尺滑动块架在同侧的钢轨上。

2）同时将万能道尺紧贴直角道尺架在两股钢轨上，控制另一侧的钢轨并检查轨排的轨距。

3）调整基标前后邻近钢轨支承架，且先调水平后调中线。

4）旋转支承架立柱，使钢轨升高和降低，直角道尺水准气泡居中时表示同侧钢轨已调至所需高度，万能道尺水准气泡居中，则表示另一侧钢轨也调至所需高度。

图 7-14　钢轨接头连接实物图

图 7-15　整体道床轨排调整

5）旋转支承架上的轨卡螺丝（先松一侧再紧另一侧）使轨排左右移动，直至直角道尺水平滑块指针读数为零。

6）目测观察配合万能道尺和 10 m 或 20 m 长弦线丈量，旋转离基标较远的支承架的立柱和轨卡螺栓，使钢轨平直圆顺。

在整个调轨作业中，由于钢轨支承架的位置与线路基标不在同断面上，钢轨与支承架立柱又不在同一位置，以及某一支承架调轨时钢轨的刚性连动，因此调轨工作往往要反复调整，才能达到要求。

（2）误差控制要求。经调整就位的轨排，对中线位置、钢轨高程、轨距、曲线正矢和超高等用直角道尺、万能道尺和 10 m 或者 20 m 长弦线丈量检查，其误差应符合下列规定：

1）方向：直线以一股钢轨、曲线以外股钢轨为准，距基标中心线允许偏差为±2 mm。直线段用 10 m 弦量，允许偏差为 1 mm；曲线应圆顺，用 20 m 弦量正矢允许误差如表 7-3 所示。曲线头尾不得有反弯或鹅头。

表 7-3　轨道曲线调整正矢容许误差表　　　　　　　　　单位：mm

曲线半径/m	缓和曲线正矢与计算正矢差	圆曲线正矢连续差	圆曲线正矢最大最小值差
251~350	3	5	7
351~450	2	4	5
451~650	2	3	4
>650	1	2	3

2）水平及标高：

①直线以一股钢轨为准，曲线以外股钢轨为准，与设计标高允许偏差为±1 mm。

②左右股钢轨顶面水平允许偏差为 1 mm，在延长 18 m 距离范围内，应无大于 1 mm 三角坑。

③轨顶高低差，用 10 m 弦量，前后高低差不大于 1 mm。

3）轨距：允许偏差为+2 mm、−1 mm，变化率不超过 1%。

4）轨底坡：轨底坡设置要求不小于 1/50 且不大于 1/30，一般采用 1/40 的标准轨底坡。

5）轨缝：由于一次性铺设新轨，且考虑到洞内温度恒定，除永久轨缝外，不再设置轨缝。永久接头轨缝允许误差为 0~+1 mm。

上述项目检查符合要求，目测线路直顺并签字确认后，方可进行下一工序的工作。

施工和检查用的直角道尺，万能道尺每天使用前后均在标准检测台作检查，如有误差及时调整。

7.4.6　整体道床混凝土浇筑与养护

道床混凝土分两部分施工，先施工中间道床部分，后施工两侧水沟。道床施工可一次性全部施工完成。以盾构圆形隧道为例，其施工顺序及模板安装如图 7-16 所示。

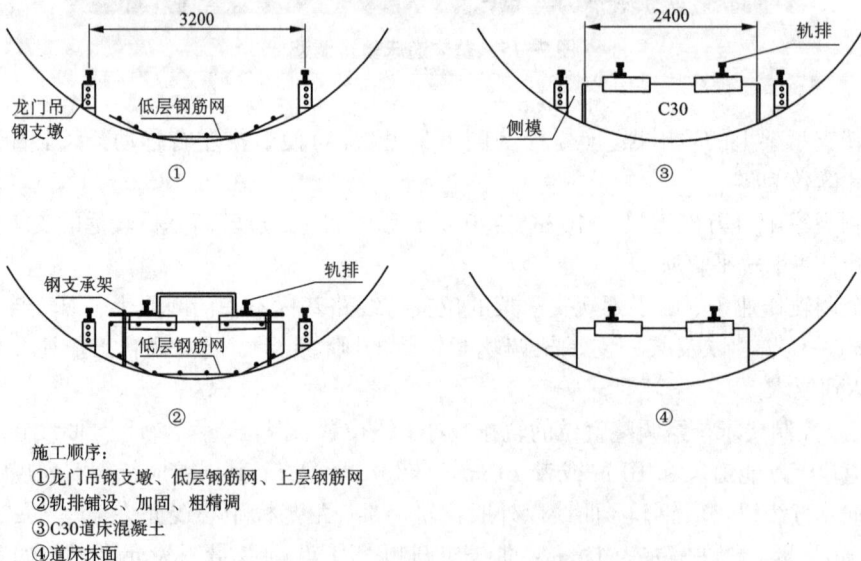

施工顺序：
①龙门吊钢支墩、低层钢筋网、上层钢筋网
②轨排铺设、加固、粗精调
③C30道床混凝土
④道床抹面

图 7-16　整体道床混凝土施工及模板安装顺序图（单位：mm）

（1）模板安装。整体道床混凝土侧模采用建筑钢模。安装模板前要复查道床标高及轨道中心线位置是否符合设计要求，检查预埋件及预留孔洞是否遗漏，位置是否准确，确保模板安装正确。

注意检查轨排支撑架支腿外套套管或可溶塑胶带，确保混凝土浇筑后，支撑架支腿能从道床混凝土中取出。

（2）浇筑中间道床混凝土。浇筑道床混凝土前，再次对轨道状态进行测定，确认符合施工标准后方可浇筑道床混凝土。道床混凝土最好采用商品混凝土，分区段采用铺轨预留口或其他投料口下料、轨道运输车运至浇筑部位，以洞内小龙门吊运输浇筑、插入式振捣器振捣、人工抹面的方法施工。

混凝土配合比提前设计、优化。根据施工现场要求，适当掺入混凝土外加剂来改善混凝土使用性能，各种组成材料严格按配合比计量充分拌和，在取得驻地监理工程师签认后，方可施工。

混凝土浇筑时分层、水平、分台阶灌注，并振捣密实，严禁振捣器触及支撑架和钢轨，施工中随时检查轨道状态，发现问题及时处理。施工顺序如下：

1）钢筋网铺设就位，再次对轨道进行调整、检查、固定，然后安装道床侧模。

2）浇筑道床混凝土，根据试验控制的初凝时间对道床表面进行压平抹光，抹面允许偏差：平整度 3 mm，高程 0~5 mm，确保道床表面平整，排水坡度符合设计要求。

3）拆模、清理基标四周杂物，并将基标里程及相关资料标注在侧墙上，以便查找和无缝线路铺装。

（3）混凝土养护。混凝土终凝后及时养护，其强度达到 5 MPa 时方可拆除支撑架；混凝土强度达到 70% 设计强度后才允许行驶车辆和承重。在自然气温条件下喷洒养护液养护，养护液应分两层喷洒均匀。

整体道床混凝土施工工序流程如图 7-17 所示。

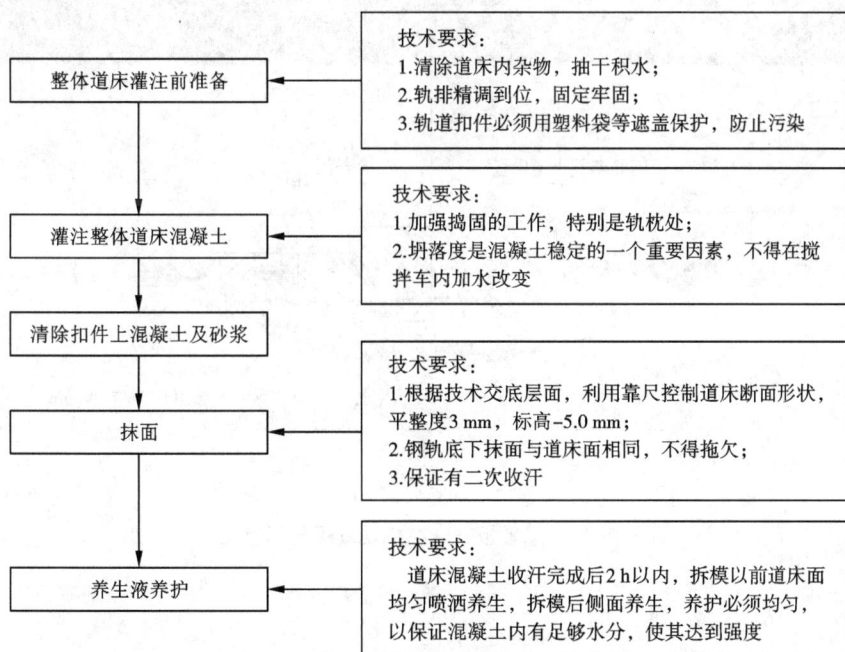

图 7-17　整体道床混凝土施工工序流程图

（4）两侧水沟混凝土浇筑。清理道床两侧所有的垃圾和污水，安装水沟沟槽模板，利用平板车运送洞内混凝土罐车、自卸入模，浇筑两侧侧沟混凝土。

7.5 浮置板道床施工

浮置板减振道床是近年来在国内地铁领域中广泛采用的一种新型道床形式，它包含基础垫层、隔离层、隔振器、浮置板、剪力铰、顶升等工程内容。

浮置板减振道床设置目的是减振与降噪。其原理是能隔断轨道结构与主体结构之间的刚性连接，充分吸收列车运行所产生的冲击能量，减少因振动而对周围结构的扰动和破坏（见图7-18）。浮置板是浮置板减振道床中的一个重要支承和传力板块，它直接承受上部重力、牵引力及其制动力，以达到减振降噪目的。北京地铁浮置板减振道床采用自振频率约14 Hz的浮置板轨道结构，对频率20~30 Hz的振动有较好的减振效果。

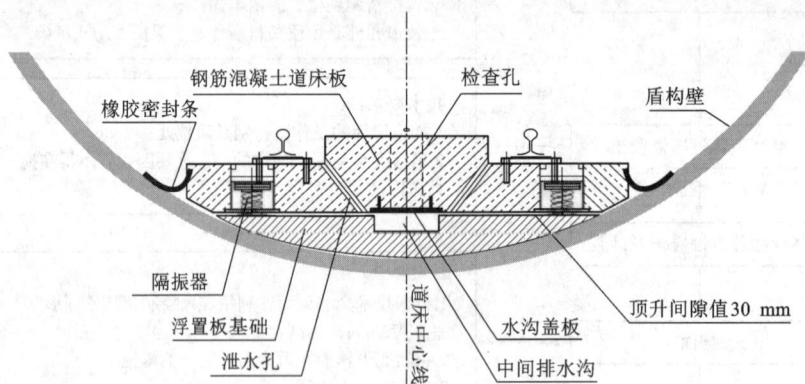

图7-18 浮置板轨道结构现场图与示意图

7.5.1　施工工艺流程

浮置板道床的施工工艺与普通整体道床相似，采用"钢筋笼"法，即在洞外组装场将钢轨、钢弹簧套筒、钢筋等组装成一体，然后用龙门吊吊至洞内轨道车上，运至铺设地点铺设。施工工艺流程如图 7-19 所示。

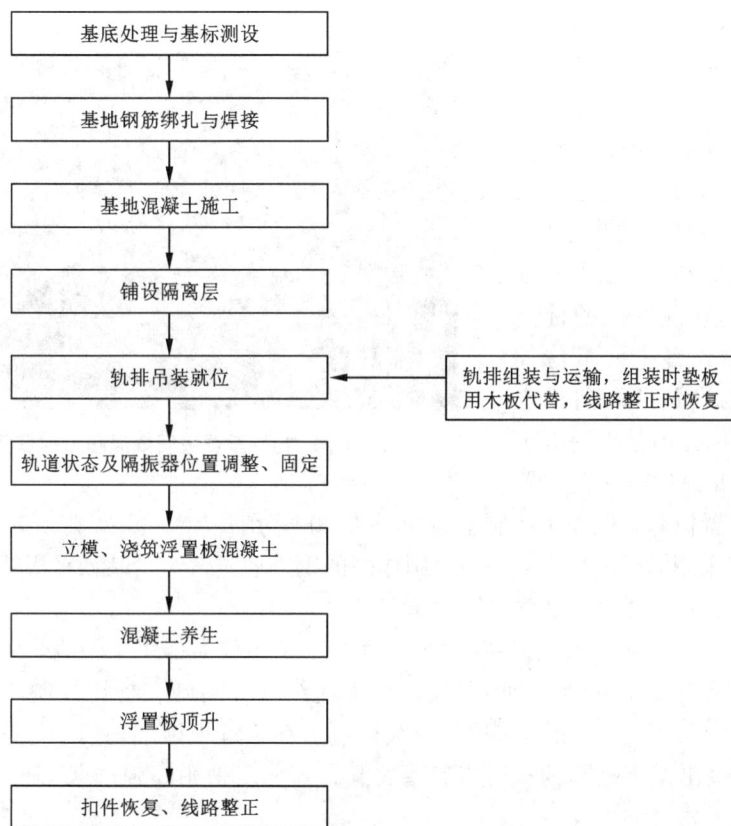

```
┌─────────────────────────┐
│   基底处理与基标测设      │
└─────────────────────────┘
            ↓
┌─────────────────────────┐
│   基地钢筋绑扎与焊接      │
└─────────────────────────┘
            ↓
┌─────────────────────────┐
│     基地混凝土施工        │
└─────────────────────────┘
            ↓
┌─────────────────────────┐
│       铺设隔离层          │
└─────────────────────────┘
            ↓
┌─────────────────────────┐      ┌─────────────────────────┐
│     轨排吊装就位          │ ←─── │ 轨排组装与运输，组装时垫板 │
└─────────────────────────┘      │ 用木板代替，线路整正时恢复 │
            ↓                     └─────────────────────────┘
┌─────────────────────────┐
│ 轨道状态及隔振器位置调整、固定 │
└─────────────────────────┘
            ↓
┌─────────────────────────┐
│   立模、浇筑浮置板混凝土   │
└─────────────────────────┘
            ↓
┌─────────────────────────┐
│       混凝土养生          │
└─────────────────────────┘
            ↓
┌─────────────────────────┐
│       浮置板顶升          │
└─────────────────────────┘
            ↓
┌─────────────────────────┐
│   扣件恢复、线路整正       │
└─────────────────────────┘
```

图 7-19　浮置板道床施工工艺流程图

7.5.2　施工操作要点

（1）测量放线及结构尺寸偏差检查。先进行调线调坡测量，布置基标，检查铺设浮置板地段的实测轨道高度同设计轨道高度、线路设计中心线同实测轨道中心线的偏差是否满足浮置板轨道设计的需要。

（2）基底处理与基标测设。

1）基底处理。浮置板道床基础混凝土表面进行清扫、打磨，确保每个隔振器下面的混凝土基础在直径 1 m 的范围内表面平整度小于±2 mm，不满足要求的部位要进行重新打磨处理，打磨范围应超出隔振器外筒底部尺寸 100 mm。利用高压水冲洗后用高压风吹清洗干净。

2）基标测设。

①轨行区接收后，测量队立即测设控制基标，将回填混凝土表面高程线引到边墙上，同

时对浮置板基础结构进行断面测量并绘制断面图。

②回填施工完成后，在回填混凝土表面测设加密基标、钢弹簧隔振器位置。基标设在线路一侧距线路中心 1.5 m 处。

③基标设置同其他地段的设置。

④基标采用膨胀螺丝锚固于结构底板上，防止松动。

（3）基础施工。

1）浮置板基础施工控制点在以控制基标为基准点的基础上，结合基础层混凝土施工曲线带超高性质的施工特点综合考虑，对浮置板基础混凝土的平面位置进行实地放大样；沿线路纵向放出水沟、左右股浮置板隔振器轴线，以及在结构上标记好基础混凝土的标高施工线。其平面位置主要考虑控制基础混凝土内设置的纵向排水沟中心线，标高以控制基础混凝土顶面为主，特别是纵向隔振器位置轴线上标高。浮置板基础混凝土控制平面如图 7-20 所示。

图 7-20　浮置板回填混凝土现场图

2）基础钢筋采用洞外制作洞内绑扎，制作好的钢筋通过汽车吊装入平板轨道车运至浮置板基础施工区段，然后再通过小龙门吊运输布设。

3）基础混凝土一次施工长度以 90~120 m 为宜，利用放大样三条轴线与钢钉方法配合高精度水准仪测量控制基础混凝土面，侧面采用上述结构标高施工标记控制。全部浇筑完成后，收光抹面不少于 2 次，抹面时采用拉弦线控制。在浮置板施工之前，对隔振器位置的标高再统一复测，高出误差范围的应予以打磨，低出部分应采用高强砂浆（环氧树脂砂浆）补足；大面应平整无翘曲。

4）为了保证隔振器外套筒施工精准，保证其在浮置板中能充分发挥隔振器自身功能性，基础混凝土施工后隔振器安装前，先用水准仪对基础混凝土面进行复测，然后用全站仪初放样定位并弹以墨线标记，再对隔振器位置标高复测、打磨或补足、准确定位。隔振器位置在直径 500 mm 范围内应保证表面平整，其平整度≤1.5 mm，垂向公差为 0~5 mm。

5）基础混凝土浇筑完成通过监理工程师认证后铺设隔离层，隔离薄膜采用 1 mm 厚的聚乙烯塑料薄膜，薄膜接缝处采用胶带粘接。

6）为了保证道床排水的畅通，整体道床与浮置板道床排水通过在断面变换处设置横向水沟过渡。

（4）浮置板施工。

1）铺设隔离层。浮置板道床基础混凝土表面处理干净后，在浮置板基础和隧道边墙及施工好的隧道仰拱混凝土位置铺上厚度不小于 1 mm 的隔离层，以防止浇筑浮置板时新的混凝土和下部黏结在一起，这样当顶升浮置板时，隔离层在边墙两侧应高于弹簧浮置板道床高度，方便下一道工序施工。

2) 放置隔振器外套筒。根据设计图纸，在隔离层上按设计位置标出安装隔振器的准确位置，外套管放好后，用硅胶等物把基础密封好，以保证外套管的位置并防止水泥浆渗入。隔振器外套筒安放位置公差为±3 mm。

3) 铺设轨道。将钢轨及扣件运至现场后人工架轨，在钢轨的轨腰用白油漆标记出垫板的间距。在施工现场将 25 m 的标准轨、轨下橡胶垫板、铁垫板及铁垫板下部的和橡胶垫板同等厚度的模板通过螺旋道钉、玻璃钢套管和扣件挂在下承式钢枕调轨支承架下(每隔 4 块垫板安装 1 个支撑架，并错开弹簧套筒的位置)组成轨排。轨排调整时，要求轨顶标高低于设计 40 mm，预留顶升高度，调整完毕后将钢轨位置固定。

4) 钢筋绑扎。当所有隔振器外套管放好并固定后，根据设计要求绑扎钢筋和剪力铰，剪力铰定位保证准确。在隔振器外套管周围绑扎钢筋时，避免移动外套管。同时为防止浇筑混凝土时外套管浮起和移动，需将外套管的吊耳和上部钢筋连在一起。

在钢筋绑扎前检查塑料隔离薄膜，对损坏的进行修补，绑扎结构钢筋和防迷流钢筋时，将防迷流端子引出。绑扎专用的排杂散电流钢筋作为收集网。

杂散电流专用钢筋搭接处采取两面焊接，焊缝高度不小于 6 mm，搭接长度不小于钢筋直径的 6 倍。每根排杂散电流纵向钢筋均与所有排杂散电流横向钢筋焊接，焊接时应采取临时防护措施，保证焊接飞溅物不烧穿下面铺设的隔离层。

5) 支立模板。浮置板端模采用木模，钢轨沟槽的侧模采用特制定型钢模，两侧钢模用角钢支撑固定，钢模通过角钢与轨道上部的型钢固定成整体，模板接缝用油腻子嵌平，立完后的模板需平直圆顺。用泡沫塑料等材料放置于相邻浮置板之间的端模内，用以形成构造缝。

6) 混凝土浇筑。浮置板道床混凝土可采用混凝土搅拌运输车运送到相关下料口，直接泵送至作业面就地现浇。浮置板的混凝土浇筑到外套筒的上边缘，使浮置板的上表面要比设计标高低 40 mm(即轨道标高低 40 mm，预留浮置板以后顶升高度)。每块浮置板的浇筑保证一次完成，避免冷接缝而削弱浮置板的强度，混凝土采用插入式振荡器振捣，特别是外套筒附近处，加强振捣。

灌注浮置板混凝土时先将含垫板在内的轨道扣件用塑料袋整个包封起来，防止混凝土污染扣件。

根据设计和试验确定的时间，对道床表面进行二次压平、抹光，确保道床表面平整、横坡符合设计要求，用麻袋覆盖及时浇水养护，并不少于 7 d，在混凝土强度达到 5 MPa 时拆除侧墙和水沟模板。混凝土强度达到设计强度 100%后进行顶升。

7) 更换垫板。当混凝土强度达到设计强度的 75%以上后，拆除钢轨和铁垫板的道钉螺栓，把铁垫板下的临时木垫板更换为标准橡胶垫板，按标准要求组装好。

(5) 浮置板清理与顶升。隔振器主要由三部分组成：外套筒(浇筑在浮置板内)、弹簧阻尼内筒及内筒上的高度调整垫板(见图 7-21)。作用原理：弹性元件放在下支承板上，其垂直力由上

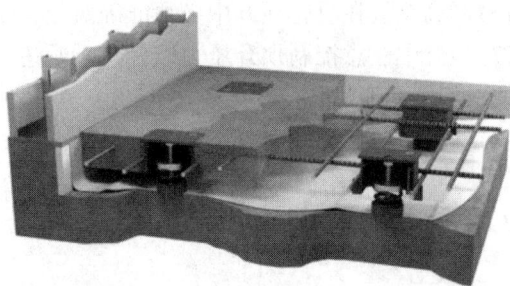

图 7-21　浮置板隔振器内部结构示意图

支承板直接或通过调整垫板传到下挡环上，然后传到外套筒上。利用专用液压顶来推动上支承板向下压缩弹簧，以此使浮置板上升。

7.5.3 施工注意事项

1）整体道床轨道施工的轨长、轨缝、曲线超高、混凝土标号均应符合设计规定。

2）浮置板钢筋笼，纵横向钢筋按要求绑扎搭接，防迷流要求焊接，并用万能表进行电路测试，每一根纵向钢筋的电阻值应不大于计算电阻值。

3）基标埋设应牢固，精度符合要求，对于有疑问或松动的基标严禁使用；施工中注意保护基标，如发现基标损坏，应及时修补。

4）道尺使用前应校正，精度允许偏差为（+0.5，0）mm，严禁使用未经校正的道尺。

5）在回填层底板及侧墙铺设隔离层薄膜时，薄膜接缝处采用胶带粘接。要求接缝应粘接牢固，不开胶、不漏浆。工作人员在其上施工作业时，必须轻拿轻放，防止损坏。

6）安装模板前要复查道床标高及轨道中心线位置，以确保现浇浮置板模板安装正确、牢固，允许偏差为：位置±5 mm，垂直度2 mm；施工中严禁发生跑、胀模现象。

7）混凝土抗压试件留置组数应足够评定其强度。

8）钢筋的保护层满足设计要求，不得小于30 mm。

9）安装隔振器位置的混凝土表面一定要平整，平整度要求为±2 mm/m²，不满足要求的必须进行打磨处理。注意基础用硅胶等物密封。

10）模板清理要干净、安装要牢固、模板安装后必须均匀喷洒脱模剂且均匀以确保外观质量。

11）浮置板顶升时注意顶升方向，同时注意避免顶升过程中由于高度不均匀引起板内产生弯矩和剪力，防止板与板之间的剪力铰受力变形。

12）注意浮置板混凝土施工完成后检查线性变化标高线，套筒周围混凝土超出时应进行打磨。

13）混凝土泵启动后，注意润管检查，确认混凝土泵和输送管内无异物后再泵送混凝土，随浇筑进程拆下的泵管须立即清理集中堆放。

14）浮置板道床清理时检查井内垃圾必须清理完毕，清理过程中尽量对隔振器套筒少扰动（尽量避免直接用力或器物接触隔振器外套筒）并用水从大里程端向小里程试冲水沟，保证中心排水沟畅通。

15）隔振定位销安装误差：+3 mm，严禁将弹簧隔振器倒放。

16）调高垫板在每轮顶升中必须准确对位，保证锁定孔竖直对齐。

17）顶升中注意控制顶升压力以控制前后左右顶升速度，严格控制顶升方向，避免剪力铰受力不均引起变形。

18）橡胶密封条必须安装牢固防止松动。

7.6 道岔道床施工

道岔是轨道两线交叉处使车辆能安全又顺利转入他轨的线路连接设备，在线路交叉频繁的车站被大量使用。每一组道岔由转辙器、岔心、两根护轨和岔枕组成。其中交叉渡线道岔更为复杂，是轨道线路中集中实现两道相互转换行走的道岔。道岔区域的工作量大，工序复杂，尤其是隧道内的施工空间有限，施工过程中比较困难。

7.6.1 施工方法

通过加密基标，把道岔岔位及高程通过与基标之间的平面与空间关系表示出来，通过测设得知基标点与道岔的水平和高程差，利用L尺和支撑架配合使用，定出道岔中线和轨面高程，通过吊挂短岔枕、利用精调小车调整道岔几何尺寸、浇筑混凝土等工序，将短岔枕连同整个道岔固定在混凝土道床内，使道岔铺设符合设计及规范要求。

整体道床道岔可提前预铺也可以现场组装，地下线道岔从下料口将道岔料倒送至施工地点，人工进行架轨，安装混凝土短岔枕，调轨，浇筑混凝土支墩，最后拆除钢轨支撑架，经各专业联合隐蔽检查后，浇筑道床混凝土并养护。

7.6.2 施工工艺流程

现以单开道岔为例说明整体道床道单开岔施工工艺流程(见图7-22)。

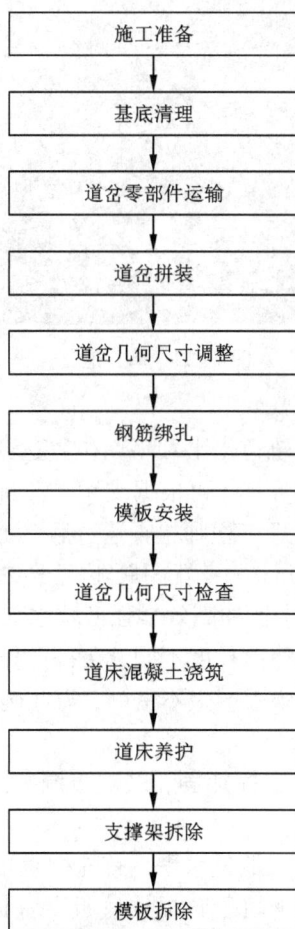

施工准备

↓

基底清理

↓

道岔零部件运输

↓

道岔拼装

↓

道岔几何尺寸调整

↓

钢筋绑扎

↓

模板安装

↓

道岔几何尺寸检查

↓

道床混凝土浇筑

↓

道床养护

↓

支撑架拆除

↓

模板拆除

图 7-22 单开道岔施工工艺流程图

7.6.3　主要操作要点

（1）施工准备。施工前，先进行线路复测，设置道岔控制基标，并在地面进行道岔的试装，经检查确认零件齐全、位置正确后，方可分组装车，运至施工地点。运装时将尖轨与基本轨捆牢避免尖轨损坏。

（2）基底处理。基底用人工以空压机配合进行密集凿毛，凿坑深 5～10 mm，坑距 30～50 mm，凿毛完毕后清扫杂物垃圾，并用高压水或高压风将结构底板冲洗干净。

（3）现场拼装。以单开道岔为例说明其现场组装方法。在材料堆场组装整组道岔，并对各部分分组编号（见图 7-23）。按"1，4""2，3""5，6""7""8""9，10，11""12，13"的组合方式分为七部分（依次编号为①②③④⑤⑥⑦）。试拼合格确认无误后，在每根钢轨轨顶用白油漆标出岔枕中心位置，然后用汽车运至投料口，吊车吊运至距离工作面最近位置，人工倒运至工作面进行组装。组装时在岔位上安装钢轨支撑架和轨距拉杆，并将各组钢轨连接，挂上混凝土岔枕。

图 7-23　单开道岔

先调整直线基本轨组①②，使轨道水平和平面位置达到设计要求，然后根据直线基本轨确定直线④⑤⑥的位置。直股调整完毕，再根据支距，将曲线基本轨③调整就位，最后将曲线轨组⑦调整就位。经自检并报监理工程师检查通过后，灌注支承墩混凝土。

支承墩设于短枕下，顶宽为 50 cm，设置间距不大于支撑架间距。为提高支承墩混凝土早期强度，缩短施工时间，混凝土中掺加高效早强型减水剂。

辙叉护轨部分，钢轨两侧岔枕伸出长度不同，在自重作用下，岔枕悬臂较长一侧产生下坠，扣件微小的活动空间使岔枕与垫板产生不密贴，为此施工中采用特制岔枕水平调节器调节岔枕水平。

每组钢轨架设调整后，设钢管支撑加固，以防止调整后的钢轨因连动或意外碰撞发生变形。

根据基标用直角道尺和万能道尺调整水平。首先把直角道尺架在基本轨上，通过支承架调整，使直角道尺水准气泡居中。钢轨位置根据底板上基标调整，并根据中线用轨距校核，之后用万能道尺将另一股直轨位置定出并调整水平。用支距控制曲线基本轨位置，调整就位然后用道尺控制水平及中线，定出侧股的准确位置。为固定轨距和加强道岔的整体性，钢轨组装完时在适当位置安装特制轨距拉杆。

（4）材料组织与运输。道岔组拼完成后，在每根钢轨轨顶用白油漆标注出岔枕中心位置，然后分组装车运至投料口，吊机分批将其吊入洞内。洞内用小型机动车辆牵引天平运输车，将道岔钢轨及零件运至铺设地点。运输时将尖轨与基本轨捆牢，避免尖轨受损。在岔位上安装专用轨排支承架和轨距拉杆，并将各组钢轨连接，挂上混凝土岔枕。

（5）轨道状态调整与控制。

1）轨道状态调整。轨道状态调整时以基标为控制点，先用直角道尺调整直股钢轨，利用单开道岔岔前控制基标，确定道岔的平面位置。以直轨为基准，用直角道尺首先调整直股钢轨的位置。

轨道状态调整工艺流程如图 7-24 所示。

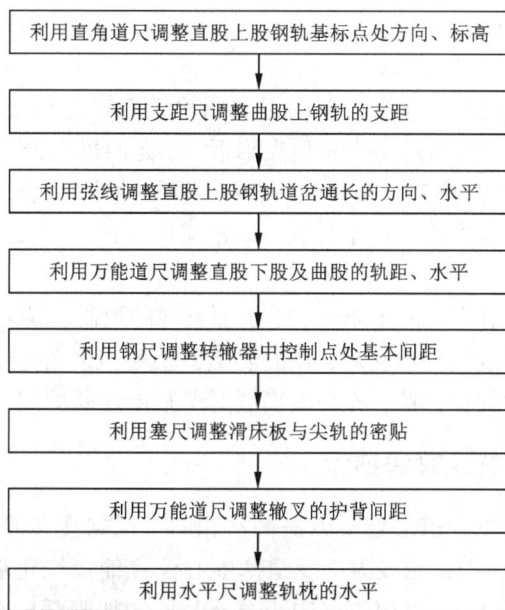

利用直角道尺调整直股上股钢轨基标点处方向、标高
↓
利用支距尺调整曲股上钢轨的支距
↓
利用弦线调整直股上股钢轨道岔通长的方向、水平
↓
利用万能道尺调整直股下股及曲股的轨距、水平
↓
利用钢尺调整转辙器中控制点处基本间距
↓
利用塞尺调整滑床板与尖轨的密贴
↓
利用万能道尺调整辙叉的护背间距
↓
利用水平尺调整轨枕的水平

图 7-24　轨道状态调整工艺流程图

2）轨道状态控制精度。道岔按设计位置进行调整。其精度符合下列规定：

①道岔里程位置允许误差为 ±15 mm。

②导曲线圆顺，支距正确，其允许偏差为 1 mm，附带曲线用 10 m 弦量，连续正矢差允许误差为 1 mm。

③水平及高程：道岔全长范围内高低差不超过 2 mm，高程允许偏差为 ±1 mm。

④轨距：尖轨尖端处轨距允许误差为 ±1 mm。

⑤转辙器部分，尖轨连接牢固，搬动灵活，尖轨与基本轨密贴，其间隙不应大于 1 mm；9 号道岔尖轨在第一连接杆处的动程不小于 152 mm。

⑥护轨头部外侧至辙岔心作用边之间距离为 1391 mm，允许偏差为 0~+2 mm，至翼轨作用边之间距离为 1348 mm，允许偏差为 0~−1 mm。

⑦轨面平顺,滑床板在同一平面内,轨撑与基本轨密贴,其间隙不应大于0.5 mm。

⑧道岔范围内各接头以及与轨道连接处轨面无错台,轨头内侧应直顺无错牙,其允许误差为0.5 mm。

⑨轨缝:允许偏差为0~+1 mm。

(6)道岔混凝土浇筑与养护。道岔混凝土施工同普通整体道床一样,分两大块进行,先施工中间道床部分,再施工两侧水沟部分。中间道床部分采用"混凝土支墩"法施工,即每隔4个短轨枕施工一个混凝土支墩,将短轨枕"包"住(支墩混凝土必须将短轨枕埋入3~5 cm),待支墩混凝土强度达到5 MPa后,拆除支撑架,安装两侧模板,灌注道床混凝土。

1)模板安装。整体道床混凝土侧模采用组合钢模,安装模板前对道床标高及轨道中心线位置进行复查,以确保模板安装正确,模板安装允许误差±10 mm。模板安装位置与整体道床相似,距水沟内边100 mm。

2)浇筑道床混凝土。道岔混凝土支墩达到5 MPa后,拆除支撑架,道岔各部位状态尺寸全面检查符合要求后,浇筑道床混凝土。

道床混凝土采用商品混凝土,投料口附近的用输送泵输送到浇筑部位;远离投料口的,用料斗装混凝土,用轨道平板车运至浇筑地点附近,小龙门吊配合人工浇筑。

混凝土灌注过程中经常检查轨道状态,发现问题及时处理,振捣时岔枕四周加强捣固,混凝土灌筑后对道床表面多次进行压平抹光,确保道床表面平整度,横坡符合要求,随后喷洒养护液进行养护。

3)混凝土养护。洞内道床混凝土施工,受水源条件的限制,混凝土养护采用养护液养护。道床混凝土施工结束且混凝土面压实后,在混凝土已初凝但混凝土面未干时喷洒养护液,在混凝土面上形成一层连续的保护膜,养护液喷洒时严禁出现漏洒现象。

7.6.4 整体道床交叉渡线铺设

整体道床交叉渡线与单开道岔施工方法基本相同。根据交叉渡线上长、短轴上的基标,拉出长短、轴的轴线,然后根据弦线方向及道岔中心位置铺设锐角辙叉、钝角辙叉及连接短轨,装上接头螺栓,组成菱形,再用道岔中心基标和两侧加密基标控制、调整4组单开辙叉的位置和方向,按图纸铺设4个角的单开道岔,其施工方法基本同单开道岔。

其施工工艺及操作要点如下:

施工前首先根据线路基标及交叉渡线设计图纸测设菱形中心、菱形长短轴及4组9号辙叉理论交点等控制桩,然后按图纸散料,经技术人员核对无误后将短轨枕、垫板、垫片、轨距块及扣件等与辙叉及钢轨进行组装。

(1)辙叉部分的铺设。用支撑架将交叉渡线中部的8组辙叉及其连接钢轨调至设计高程。各辙叉挂线后使其叉心理论交点与相应的控制桩的拉线重合。联接辙叉与钢轨的夹板,找正辙叉前后方向后装上轨距拉杆。

检查菱形长短轴及4条斜边的长度;在适当位置立模浇筑支墩。

(2)交叉渡线中单开道岔的铺设。交叉渡线中包含4组单开道岔,其辙叉已随菱形交叉铺设完毕,因此只需铺设转辙及连接部分。转辙部分轨件多,空间少,且滑床板及护轨部分为偏心短枕,采用钢轨支撑架已无法调平滑床板。施工时用小型螺旋千斤顶配合钢轨支撑架,用千斤顶调平短轨枕及滑床板,施工程序和要求如下:

1）当转辙器部分曲直两基本轨的高程、方向、水平及轨距设定后，安装上拉杆及加长拉杆，连接部分除设拉杆保持轨距外，导曲线外股钢轨应在适当位置设置短拉杆以保持支距。

2）将尖轨与基本轨进行分解，把一侧尖轨拨至轨道中部支撑架上；滑床板下的轨枕依靠扣件及滑床台下的弹片扣件悬挂在基本轨轨底，调平轨枕前稍放松弹条螺母。

3）在轨枕底部里端中轴线附近放入千斤顶，滑床台面上设置水平尺，千斤顶升起的同时拧紧弹条螺母，要求滑床台面上水平尺保持水平。当弹条中部与钢轨接触时确保滑床台面水平。

4）转辙器一侧的轨枕经上述方法逐一调平后，用拉线检查同侧14块滑床台，台面在同一水平面上后方可打入弹片上的销钉；将尖轨拨回滑床台上，进行静态检查，首先使尖轨靠拢基本轨，若工厂生产的尖轨质量符合制造标准，则尖轨轨头刨切部分应与基本轨轨头密贴，尖轨轨底与滑床台间不应有较大空隙，若尖轨符合以上要求后，即可安装辙跟扣件及夹板，进行另一侧尖轨部分轨枕的调整。

5）当两侧尖轨下的轨枕均调整完毕后，与道岔连接部分一并选择合适位置浇筑支墩，至此交叉渡线的安装调整工作基本完成，经全面自检及工程师复查认可后，即可浇筑其整体道床。

6）当整体道床混凝土终凝后，尖轨安装上拉连杆，作动态检查，安装拉连杆时，因尖轨、拉连杆及其接头铁等均可能存在公差，在设计、制造时准备调整片，以便现场根据实际情况增减拉连杆两端的调整片，但现场人员不能认为尖轨与基本轨密贴不良就随意设置调整片，一方面盲目增减调整片，反复装拆，浪费工时，另一方面造成尖轨变形，不能取得良好效果。施工时首先计算各拉连杆中心处两尖轨轨头间距，按此间距设置调整片，既省工又能保证道岔良好的技术状态，提高施工效率。

7.7　洞内长轨焊接施工

7.7.1　工艺流程

盾构隧道内长轨焊接通常采用移动式钢轨接触焊，其施工工艺流程如图7-25所示。

7.7.2　型式试验

型式试验是为了验证产品能否满足技术规范的全部要求所进行的试验。它是新产品鉴定中必不可少的一个环节。只有通过型式试验，该产品才能正式投入生产。

（1）型式试验的主要目的。通常在钢轨焊头试生产，采用新轨型、新钢种及调试工艺参数或周期性生产检验结果不合格时需进行型式试验，以检查焊头的焊接质量，检验工艺参数的合理性。

（2）型式试验的主要内容。型式检验包括的主要项目及其取样数量如表7-4所示。

```
┌─────────────────────────┐
│   待焊接钢轨端头除锈打磨   │
└─────────────────────────┘
            ↓
┌─────────────────────────┐
│     焊接设备焊前检查      │
└─────────────────────────┘
            ↓
┌─────────────────────────┐
│          对轨           │
└─────────────────────────┘
            ↓
┌─────────────────────────┐
│          夹轨           │
└─────────────────────────┘
            ↓
┌─────────────────────────┐
│         闪光焊接         │
└─────────────────────────┘
            ↓
┌─────────────────────────┐
│          顶锻           │
└─────────────────────────┘
            ↓
┌─────────────────────────┐
│          推瘤           │
└─────────────────────────┘
            ↓
┌─────────────────────────┐
│         粗打磨          │
└─────────────────────────┘
            ↓
┌─────────────────────────┐
│    焊接接头超声波探伤     │
└─────────────────────────┘
            ↓
┌─────────────────────────┐
│          正火           │
└─────────────────────────┘
            ↓
┌─────────────────────────┐
│    焊后调直、精细打磨     │
└─────────────────────────┘
            ↓
┌─────────────────────────┐
│       数据记录及分析      │
└─────────────────────────┘
```

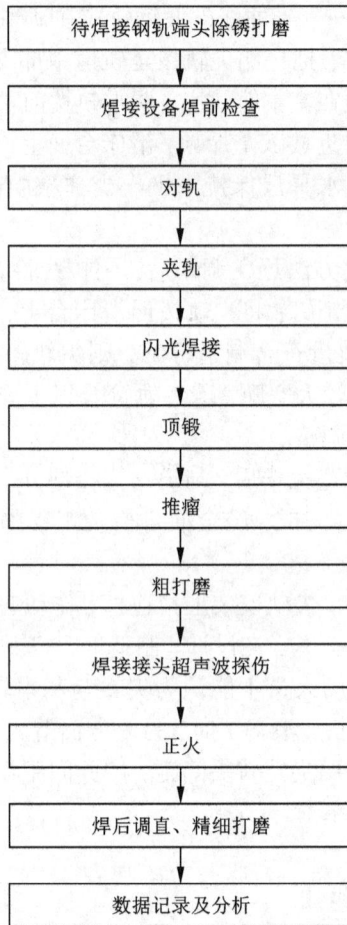

图 7-25 移动式钢轨接触焊施工工艺流程图

表 7-4 型式检验主要项目及检验数量 (接触焊)

序号	项目	数量		备注
		型式检验	周期性生产抽检	
1	静弯	15	0	每组 5 根
2	落锤	符合现行规范要求	5	每组 5 根
3	疲劳	3	0	每组 3 根
4	探伤	每根焊头	每根焊头	
5	金相	利用第 9 项试件做一个	0	
6	硬度	2	2	
7	外观	15	5	
8	抗拉	2	0	
9	冲击	2	0	
10	断口	利用第 1~3 项试件	利用第 2 项试件	

（3）型式试验的方法。

1）静弯试验。试验时以 5 根为一组，将试件置于跨距为 1.0 m 的支座上，焊缝居中并承受集中荷载，其中 4 根试件轨头受压，按上表要求荷载逐步加至 1373 kN；另一根反向布置，使轨头受拉，荷载逐步加至 1226 kN，若试件不折断则该组试件判定为合格。荷载及要求如表 7-5 所示，静弯试验布置如图 7-26 所示。

表 7-5　接触焊接试件静弯破断荷载

受力状态	钢轨类型	
	60 /（kg·m⁻¹）	挠度/mm
轨头受压	1373（140）	≥20
轨头受拉	1226（125）	≥15

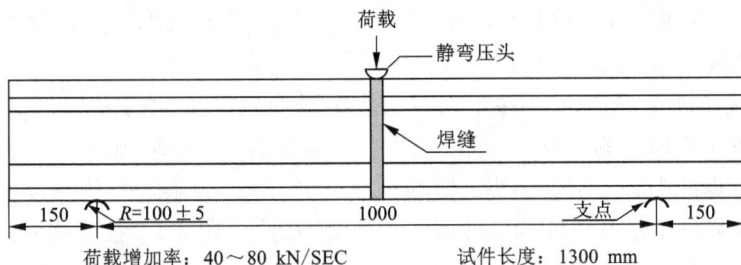

图 7-26　静弯试验布置示意图（单位：mm）

2）落锤试验。落锤试验是对钢轨焊接质量检测的一个重要试验项目，钢轨焊接试件的落锤高度如表 7-6 所示。

表 7-6　接触焊接试件落锤试验落锤高度

钢轨类型	锤头质量/kg	落锤高度/m	
		锤击一次	锤击二次
U75V（60 kg/m）	1000	5.2 m	3.1 m

试件长度应大于 1.2 m，取 5 根试件为一组，在轨温为 0~40 ℃时，按表 7-6 规定的同一高度和次数锤击，试件不折断为合格。

试验时，将试件轨头向上置于跨距为 1.0 m 的支座上并使焊缝居中。落锤试验机设备应符合《钢轨焊接技术条件》（TB/T 1632—2005）附件 B 的规定。落锤试验如图 7-27 所示。

3）疲劳试验。按照《钢轨焊接技术条件》（TB/T 1632—2005）的要求，试件置于跨距为 1 m 的疲劳试验机上，轨头向上，跨中焊缝处承受疲劳载荷，载荷比为 0.2。取 3 根试件为一组，疲劳试件经过 200 万次疲劳载荷的作用无折断为合格（委托铁科院做）。

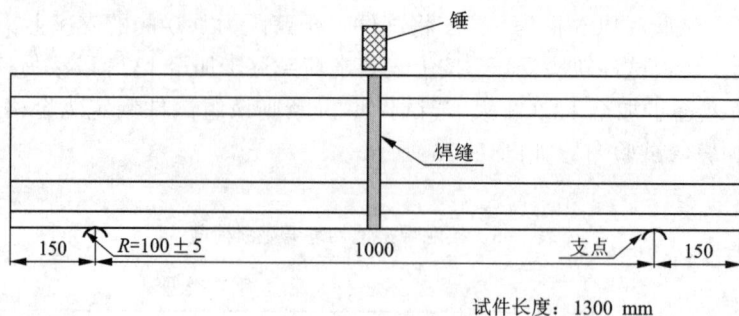

图 7-27 落锤试验示意图(单位: mm)

4)探伤。探伤采用超声波探伤仪进行,由持二级或二级以上无损检测证书的专业人员对每根焊头进行检测,每天使用探伤仪前应用荷兰试块对探伤仪进行校准。

5)金相组织及晶粒度检验。金相组织及晶粒度检验在冲击试件上进行,其试验方法应符合《金属平均晶粒度测定方法》(GB 6394)的规定。焊缝、焊热影响区及母材的金相组织分别按轨头、轨腰及轨底部位选取;晶粒度试验则只取轨头部分。

6)硬度试验。硬度纵断面试件包括焊缝、热影响区和钢轨母材三部分,试件长度为170 mm,自焊缝中心向两侧各为85 mm,按梅花形布置共取 1 组轨顶面、7 组纵向硬度值;横断面试件应取自焊缝中心。试件的纵、横断面应磨光并用5%硝酸酒精液浸泡。在焊缝、热影响区与母材交界线上及其之间的区域测试点的间距为 3~10 mm,按量测方法选用,必要时可加密布点。硬度试件采用洛氏硬度计测量,其试验方法应符合《金属洛氏硬度试验方法》(GB 230)的要求。

7)断口检查。对于接触焊而言,断口检查主要是检查灰斑的面积及有无过烧、未焊透等缺陷的存在。焊透断口允许有少量灰斑,单个灰斑面积不得超过 10 mm²,灰斑总面积不得超过 20 mm²。相邻两灰斑间隙小于较小灰斑的尺寸时,应将两灰斑之间的区域与两个灰斑合并计算面积。若有灰斑露头出现,应将灰斑面积加倍计算。

断口检查应利用落锤或静弯试验的试件以放大镜配合肉眼进行观察,其方法应符合《钢材断口检验法》(GB 1814)的要求。

8)抗拉试验及冲击试验。试件的取样位置、编号应符合《钢轨焊接技术条件》(TB/T 1632—2005)的规定。钢轨焊头抗拉试样尺寸加工及试验方法按照《金属拉伸试验方法》(GB 228)和《金属拉伸试验试样》(GB 6397)有关规定执行;钢轨焊头冲击试样尺寸加工及试验方法按《金属夏比(U 型缺口)冲击试验方法》(GB 2106)有关规定执行。

(4)型式试验的结果。由于接触焊的参数繁多,以连续闪光焊为例,其主要参数一般包括:预闪时间、预闪量,高压闪光时间、电压、电流回馈限值,低压闪光时间、电压、电流回馈限值、烧化速度,加速闪光时间、电压、电流回馈限值、末速,有电顶锻时间、无电顶锻时间、顶锻量,等等,且参数之间虽具有一定的共性但系统性不强,所以往往进行多次试验方可确定一组工艺参数。所得到的工艺参数经监理工程师签认后即可投入洞内钢轨焊接施工,并在生产中不得随意更改。

7.7.3　工艺要点

(1)焊前准备。

1)钢轨焊前检查。对钢轨的外观尺寸、外观质量逐根进行检查,检查时应翻轨进行,不能只检查钢轨头部。对弯曲的应进行调直处理,使钢轨全长范围内,轨头和侧面平面直顺,不得有硬弯、弯曲和扭转。

钢轨两端 1 m 范围内垂直面及平面不直度不大于 0.5 mm。对钢轨端面在垂直或水平面方向上垂直度大于 0.5 mm 的,应用锯轨机重新锯轨,待冷却后重新测量。

对达到标准的钢轨进行全面探伤,严重扭曲、有裂纹、重皮、夹渣、结疤等有缺陷者剔除不用,对合格的钢轨进行打磨除锈。

2)焊机焊前检查。焊机的保养和维修必须符合焊机及附属设备保养维修规则,并制定相应的安全操作规程,报监理工程师、业主批准后,严格执行。焊机的各项参数经工艺试验确定,报监理认可后,不得随意改动。操作者在开机前,应对焊机主机、辅机、水冷却系统、液压系统、制冷系统、供电室等作最后检查,再由工长复查确认,一切正常方可开始进行焊轨工作。

(2)轨端及钳口部位打磨。将钢轨扣件松开,放置滚筒和垫木,对待焊钢轨端面及钢轨与接触焊机导电钳口部位的接触处进行除锈和打磨。打磨要在焊轨前 24 h 之内进行,超过此时间或被油水玷污时,必须重新打磨处理。要求打磨后的钢轨表面呈金属光泽且不得有锈斑,除锈打磨对母材的打磨量不得超过 0.2 mm。

(3)对轨与焊接。钢轨轨端及钳口部位打磨合格后,开始焊接。在滚筒上进行对轨,使焊缝对正焊机钳口中心位置,两钢轨左右或高低错牙均不得超过 0.5 mm(刀口尺检查)。对轨合格后,启动液压系统夹轨,随后激活数据采集系统,进入焊接程序,依次经过各个闪光阶段后进行顶锻并完成推瘤动作。

全部焊接动结束后,立即启动液压系统,将焊机机架张开到足够大的程度,起升焊机使之离开焊头一定距离。迅速除去推瘤焊渣,并对焊机各部位和接头进行检查,同时清洁焊机内部和钳口。如果钢轨与钳口接触处有电击伤,则该焊头判定为不合格需切掉重焊,同时对钳口进行处理,直至换钳口,方可再焊。合格的焊头应根据数据采集系统的屏显号码统一进行编号。

(4)粗打磨。轨道车移位进入下一个焊接循环后即可开始粗打磨,粗打磨利用角磨机对焊缝及附近轨头侧面、轨脚和轨底进行打磨。粗打磨要求使焊缝表面无突然起伏,以便进行超声波探伤。

(5)焊接接头超声波探伤。每个钢轨焊头均应进行超声波探伤。应在焊缝处温度降低至 50 ℃ 以下后方可进行探伤,冷却可以用浇水法进行,但浇水前钢轨温度不得高于 250 ℃。在经打磨过的钢轨轨底、轨腰、轨头上均匀涂抹探伤专用油作为耦合剂,然后用探头进行探伤,并做好记录。探伤结果不得大于 $\phi 3$ 当量人工平底孔伤,否则应将该焊头切除重焊。

(6)焊后接头正火。正火,又称常化,是将钢材或铸铁工件加热奥氏体化后,从炉中取出在空气中或喷水、喷雾或吹风冷却的金属热处理工艺。其目的是使晶粒细化和碳化物分布均匀化。

接头正火主要目的是使焊接过程中产生的较大的珠光体和铁素体的晶粒细化,使焊缝达到与母材相接近的晶相组织,增加其韧性。

正火时,焊头温度应降至 500 ℃ 以下,然后用氧气-乙炔加热器将焊缝加热,轨头加热至表面温度不高于 950 ℃,轨底脚加热至表面温度不高于 830 ℃,再自然冷却。正火时应严格控制温度,如果正火时局部温度过高,钢轨可能会产生局部过烧现象,从而影响钢轨的机械性能,特别是冲击韧性。正火温度太低将起不到细化晶粒的作用,正火温度采用红外测温仪控制,同时作好正火记录。

(7)钢轨调直、精细打磨。待焊缝正火完毕后,温度降低到 300 ℃ 以下时,对钢轨进行调直处理,要求使用 1 m 刀口尺检查时(焊缝居中):水平方向工作边的不平直度不大于 0.5 mm,垂直方向的不平直度不大于 0.5 mm,拱量应限制在 0.5~1.0 mm 范围内。

焊接接头冷却至常温后进行精细打磨,精细打磨采用仿形钢轨打磨机进行,局部不平整处用扁平锉或细砂皮纸纵向打磨,直至符合规定。打磨时应注意控制节奏,不得因打磨过快使局部析出马氏铁而发黑、发蓝。打磨应纵向进行,不得出现横向打磨痕迹,打磨面应平整有光泽。

(8)数据的记录及分析。每完成一个焊接接头,应将相关数据、信息等资料收集、整理,同时加以分析、存档。

洞内长轨焊接各工序位置关系如图 7-28 所示。

图 7-28 洞内钢轨焊接施工图

7.7.6 焊接接头的检验

(1)超声波探伤:每个钢轨焊头均应进行超声波探伤检查。

(2)钢轨焊头外观检查。

1)钢轨焊头应纵向打磨平顺,不得有低接头,用 1 m 直尺测量钢轨焊头的不直度,允许误差应符合相关规定(见表 7-7)。

表 7-7　钢轨焊头不直度允许误差表

焊头部位	接触焊（固定）
轨顶面	+0.3 0
轨头内侧工作面	0.3
轨底	+1.0 0

2）钢轨焊头轨顶面及侧面应预打磨，轨头及轨底上圆角在 1.0 m 范围内应圆顺，无横向打磨痕迹，母材打磨深度不超过 0.5 mm。

3）接触焊焊头在轨底上表面焊缝两侧各 150 mm 范围内及距两侧轨底角边缘各为 35 mm 的范围内应打磨平整。表面粗糙度 R_a 的最大允许值为 12.5 μm。

4）在焊缝两侧各 100 mm 范围内，表面无明显的压痕、碰痕、划伤缺陷。焊头不得有电击伤。

7.7.7　无缝线路轨道状态的调整与控制

（1）无缝线路的锁定。由于钢轨焊接工作全部在地铁隧道内进行，洞内温度较恒定（介于 20~30 ℃，符合规范要求的锁定轨温范围），且昼夜温差较小（通常昼夜温差小于 10 ℃），故而无缝线路在锁定前无需进行应力放散的工作，但锁定过程中应注意左右股钢轨基本在同一时段内进行，确保左右股钢轨锁定轨温温差小于 5 ℃，并做好锁定轨温的记录。

（2）位移观测。无缝线路锁定后，立即做好位移观测标记，观测纵向位移。在钢轨内侧腹部或隧道侧墙上，用白油漆注明锁定日期及锁定轨温，位移观测标记为永久性标记，不得随意改动。

（3）施工注意事项及要求。

1）锁定轨温及长轨条始、终端落槽时的轨温均在设计中和温度范围内，左右股长轨条锁定轨温差不超过 5 ℃，在曲线上外股轨条锁定温度不得高于内股。

2）长轨道端相错量不大于 40 mm。

3）位移观测桩埋设齐全、牢靠，观测标记清楚。

4）无缝线路铺设后，5 d 后的观测无缝线路纵向位移、伸缩区两端位移量不大于 20 mm，中桩位移量不大于 5 mm。

5）要求与缓冲区钢轨接头轨面及内侧平齐，误差不大于 1 mm。

6）在温度范围内测量，缓冲区钢轨接头的轨缝在 2~9 mm。否则需锯掉长轨条端部，重新钻眼安装接头夹板。

复习思考题

1. 为什么要进行铺轨基地建设？如何进行建设？
2. 简述铺轨基标测设的基本程序。
3. 简述地铁道床的作用及种类。
4. 简述普通整体道床施工步骤与流程。
5. 简述整体道床混凝土施工及模板安装顺序。
6. 简述浮置板道床施工步骤与流程。
7. 简述道岔道床施工步骤与流程。
8. 简述洞内长轨焊接施工工艺要点。

第8章 城市轨道交通施工风险分析

8.1 地铁施工风险分析

8.1.1 地铁施工风险概述

风险是指不利事件或事故发生的概率(频率)及其损失的组合。

地铁工程作为一个复杂的系统性工程,在建设中可能存在的风险多种多样,根据不同的分类方法可以分成以下几种:

(1)按照地铁工程的组成部分考虑:车站工程风险、区间工程风险、机电设备安装工程风险、车辆试车风险。

(2)按照地铁工程的建设流程考虑:勘察风险、设计风险、施工风险和监测风险。

(3)按照引发损失的原因考虑:自然灾害风险、意外事故风险。

(4)按照事故类型考虑:基坑滑移、倾覆、隆起、管涌,隧道塌方、涌水,火灾,水淹,电气故障、机械故障造成的车辆或建筑物的损失,等等。

(5)按照具体损失的类型考虑:人员伤亡、环境影响、经济损失、工期延误、社会影响等。

在不同分类方法中的风险其实是相互共存的,如各种自然灾害和意外事故就会存在于地铁工程各部分,在勘察、设计和施工过程中也会发生各种意外事故。各种风险的风险特点见表8-1。

在表8-1所列的意外事故风险指标中,主要考虑了主观风险,实际发生事故的频率和损失程度还和当地的地质水文情况密切相关。

在地铁建设安装完成后,地铁工程进入运营阶段,面临的风险主要为火灾和水灾。

(1)火灾:电气设备线路老化、短路、机械碰撞摩擦引起的火花、乘客携带易燃易爆物品、地铁内的商铺或和地铁相通的商业空间发生火灾等因素,均会引起隧道结构及其中的机电设备发生火灾,造成财产损失和人员伤亡。地铁火灾的特点是高温高热、排烟困难、散热慢、扑救困难、疏散困难。

(2)水灾:地面洪涝灾害积水回灌、地下水渗漏进入隧道或车站内,可以使设备元器件受潮浸水损坏,引起车辆运行事故;严重者甚至可以引起建筑结构的移位变形,造成大量财产破坏。

表 8-1 各种风险的风险特点

风险指标		车站基坑			区间线路				旁通道	机电设备	车辆
		挡土支护结构	止水结构	支撑结构	明挖法	盖挖法	新奥法	盾构法			
自然灾害	地震	C/Ⅱ	C/Ⅱ	C/Ⅱ	C/Ⅱ	C/Ⅱ	C/Ⅱ	C/Ⅱ	C/Ⅱ	C/Ⅱ	C/Ⅱ
	洪水	C/Ⅲ	C/Ⅲ	C/Ⅲ	C/Ⅲ	C/Ⅲ	C/Ⅱ	C/Ⅱ	C/Ⅱ	C/Ⅳ	C/Ⅲ
	风暴	D/Ⅰ	D/Ⅰ	D/Ⅰ	D/Ⅰ	D/Ⅰ	D/Ⅰ	D/Ⅰ	D/Ⅰ	D/Ⅰ	D/Ⅰ
意外事故	地质勘察	B/Ⅲ	B/Ⅲ	B/Ⅲ	B/Ⅲ	B/Ⅲ	B/Ⅲ	C/Ⅳ	C/Ⅳ	D/Ⅰ	D/Ⅰ
	设计	C/Ⅳ	C/Ⅳ	C/Ⅳ	C/Ⅳ	C/Ⅳ	C/Ⅳ	C/Ⅳ	C/Ⅳ	C/Ⅲ	C/Ⅲ
	施工	A/Ⅲ	A/Ⅲ	A/Ⅲ	A/Ⅲ	A/Ⅲ	A/Ⅲ	C/Ⅳ	C/Ⅳ	B/Ⅲ	B/Ⅲ
	监测	A/Ⅲ	A/Ⅲ	A/Ⅲ	A/Ⅲ	A/Ⅲ	A/Ⅲ	A/Ⅲ	A/Ⅲ	B/Ⅱ	B/Ⅱ
	火灾	D/Ⅰ	D/Ⅰ	D/Ⅰ	D/Ⅰ	D/Ⅰ	D/Ⅰ	D/Ⅰ	D/Ⅰ	B/Ⅱ	B/Ⅳ

注：A 频繁发生；B 多次；C 可能；D 不大可能。Ⅰ影响轻微；Ⅱ略有损失；Ⅲ中等损失；Ⅳ致命损失。

8.1.2 风险发生概率与损失等级估计

（1）分析内容。风险分析的主要对象是单个风险因素，主要包括以下几个方面的内容：

1）在查明项目活动在哪些方面、哪些地方、什么时候可能存在风险的基础上，对识别出来的风险因素尽可能量化，估算风险事件发生的概率。

2）估计风险后果的大小，确定各风险因素的大小以及轻重缓急顺序。

3）对风险出现的时间和影响范围进行确认。

4）在风险识别确定后，即可进行风险分析，主要是根据风险发生的概率和风险影响的严重程度来对风险进行分析。

（2）可能性与损失等级划分。

1）可能性等级。根据《城市轨道交通地下工程建设风险管理规范》（GB 50652—2011），风险发生可能性等级宜采用概率（频率）表示，具体等级标准如表 8-2。

表 8-2 工程风险概率等级标准

等级	1	2	3	4	5
可能性	频繁的	可能的	偶尔的	罕见的	不可能的
概率或频率值	>0.1	0.01~0.1	0.001~0.01	0.0001~0.001	<0.0001

2)损失等级。考虑风险损失不同的严重程度,建立风险损失的等级标准,不同风险承险体(工程自身、第三方或周边区域环境)的定量风险损失等级标准见表8-3。

表8-3 工程风险损失等级标准

等级	A	B	C	D	E
严重程度	灾难性的	非常严重的	严重的	需考虑的	可忽略的

3)经济损失等级。经济损失等级标准按建设风险引起的直接经济损失费用划分为五级,直接经济损失是指工程风险事故发生后所造成工程项目发生的各种直接费用总称,包括:工程建设的直接费用及事故修复所需的各种费用等,直接经济损失等级的定义采用直接经济损失费用总量表示,工程本身和第三方的直接经济损失等级标准见表8-4。

表8-4 工程本身和第三方直接经济损失等级标准　　　　　　单位:万元

等级	A	B	C	D	E
工程本身	>1000	500~1000	100~500	50~100	<50
第三方	>200	100~200	50~100	10~50	<10

4)人员伤亡等级。包括工程建设人员伤亡和第三方伤亡。工程建设人员伤亡是指与工程直接相关的各类建设人员,在参与施工过程中所发生的伤亡,根据人员伤亡的类别和严重程度,具体等级基准见表8-5。

表8-5 工程建设人员伤亡和第三方人员伤亡等级标准

等级	A	B	C	D	E
建设人员	死亡(含失踪)10人以上	死亡(含失踪)3~9人,或重伤10人以上	死亡(含失踪)1~2人,或重伤2~9人	重伤1人,或轻伤2~10人	轻伤1人
第三方	死亡(含失踪)1人以上	重伤2~9人	重伤1人	轻伤2~10人	轻伤1人

5)工期损失等级。工期损失是指工程风险事故引起工程建设延误的时间,针对不同的工程类型、规模和工期,根据关键工期延误量,工期延误采用两种不同单位进行分级,短期工程(建设工期2年以内,含2年)采用天表示,长期工程(建设工期2年以上)采用月表示,具体等级标准见表8-6。非合理性的工期提前所引起的工程损失也可参考此标准执行。

表 8-6 工期延误等级标准

等级	A	B	C	D	E
长期工程	延误大于 9 个月	延误 6~9 个月	延误 3~6 个月	延误 1~3 个月	延误少于 1 个月
短期工程	延误大于 90 天	延误 60~90 天	延误 30~60 天	延误 10~30 天	延误少于 10 天

6) 周边区域环境影响损失等级。工程施工引起的周边区域环境影响包括：自然环境污染与社会转移安置等，具体等级标准见表 8-7。

表 8-7 周边区域环境影响损失等级标准

等级	A	B	C	D	E
影响范围及程度	涉及范围非常大，周边生态环境发生严重污染或破坏	涉及范围很大，周边生态环境发生较重污染或破坏	涉及范围大，区域内生态环境发生污染或破坏	涉及范围较小，邻近区生态环境发生轻度污染或破坏	涉及范围很小，施工区生态环境发生少量污染或破坏

7) 社会信誉损失等级标准。任何灾害或事故的发生都会引起社会负面压力，严重影响公众和政府对工程建设的良好意愿，从而导致工程建设参与单位发生社会信誉损失。社会舆论与公众评价对地铁及地下工程的建设进展影响巨大，社会信誉损失是建设参与单位潜在风险损失的重要部分。社会信誉损失与不同风险事故的后果密切相关，特别是造成第三方损失或对周边区域环境造成损害，将会引起严重的社会信誉损失。社会信誉损失具体等级标准见表 8-8。

表 8-8 社会信誉损失等级标准

等级	A	B	C	D	E
影响程度	恶劣的，或需紧急转移安置 1000 人以上	严重的，或需紧急转移安置 500~1000 人	较严重的，或需紧急转移安置 100~500 人	需考虑的，或需紧急转移安置 50~100 人	可忽略的，或需紧急转移安置小于 50 人

8.1.3 地铁施工风险等级标准

(1) 风险等级标准。根据风险发生的可能性和造成的损失，工程建设风险等级标准划分为四级，并符合相关规定，见表 8-9。

(2) 接受准则。依据风险管理规范，建议不同等级风险应采用不同的风险控制处置措施，各等级风险的接受准则及控制对策见表 8-10。

表 8-9 风险等级标准

可能性等级 损失等级		A	B	C	D	E
		灾难性的	很严重的	严重的	较大的	可忽略的
1	频繁的	特级	特级	特级	特级	I级
2	可能的	特级	I级	I级	II级	III级
3	偶尔的	I级	II级	III级	III级	IV级
4	罕见的	II级	III级	III级	IV级	IV级
5	不可能的	III级	III级	IV级	IV级	IV级

表 8-10 风险接受准则

等级	接受准则	处置原则	控制方案	应对部门
I级	不可接受	必须采取风险控制措施降低风险，至少应将风险降低至可接受或不愿接受的水平	应编制风险预警与应急处置方案，或进行方案修正或调整等	政府主管部门、工程建设各方
II级	不愿接受	应实施风险管理降低风险，且风险降低的所需成本不应高于风险发生后的损失	应实施风险防范与监测，制定风险处置措施	
III级	可接受	宜实施风险管理，可采取风险处理措施	宜加强日常管理与监测	工程建设各方
IV级	可忽略	可实施风险管理	可开展日常审视检查	

（3）风险分级。

1）有相关文件时按文件标准分级。地铁施工风险分级按当地建设主管部门有关文件规定进行，例如，以《北京市轨道交通工程建设安全风险技术管理体系》（试行）的分级原则进行分级，情况如下：

①自身风险工程根据工程特点分为一、二、三级，见表 8-11。

表 8-11 自身风险工程分级标准

自身风险工程		风险等级	级别调整
工法	内容		
明挖法	基坑开挖深度≥25 m	I级	
盾构法	盾构隧道轴线较长范围处于非常接近状态或上下交叠		

续表8-11

自身风险工程		风险等级	级别调整
工法	内容		
明挖法	基坑开挖深度18~25 m；基坑宽度≥30 m；异性基坑、过街顶管或其他非开挖施工通道	Ⅱ级	
盾构法	盾构进出洞覆土深度≥12 m（地下三层车站）或隧道最大覆土深度≥20 m或最小覆土深度≤1D（D为盾构直径）；盾构隧道轴线较长范围处于接近状态的并行或上下交叠；掘进距离≥1500 m或隧道轴线半径≤350 m		
明挖法	基坑开挖深度5~18 m	Ⅲ级	如遇以下情况风险等级需上调：基坑平面复杂、偏压等；开挖范围分布较厚的粉砂性土；开挖面处于砂、粉性土层或基坑开挖面与承压水层顶板间隔水层厚度小于2 m；软弱黏性土层较厚；承压水设计降深在10 m以上；地下障碍物复杂，如废弃建构筑物、拔桩处理及暗浜等
盾构法	较长范围处于较接近状态的并行或交叠盾构隧道		如遇以下情况风险等级需上调：盾构进出洞影响区域分布有砂、粉性土和承压水；盾构掘进面为复杂地层，包括承压水砂层、黏、砂土交界等；盾构掘进区域存在沼气层、古道河等；地下障碍物复杂，如废弃建构筑物、桩基及暗浜等
明挖法	除上述情况外	Ⅳ级	如遇以下情况风险等级需上调：基坑平面复杂、偏压等；开挖范围分布较厚的粉砂性土；开挖面处于砂、粉性土层或基坑开挖面与承压水层顶板间隔水层厚度小于2 m；软弱黏性土层较厚；承压水设计降深10 m以上；地下障碍物复杂，如废弃建构筑物、拔桩处理及暗浜等
盾构法	除上述情况外		如遇以下情况风险等级需上调：盾构进出洞影响区域分布有砂、粉性土和承压水；盾构掘进面为复杂地层，包括承压水砂层、黏、砂土交界等；盾构掘进区域存在沼气层、古道河等；盾构穿越大的河流、湖泊等；地下障碍物复杂，如废弃建构筑物、桩基及暗浜等

②环境风险，根据工程特点和周边环境特点分为特、一、二、三级，见表8-12。

表8-12　环境风险工程分级标准

环境风险工程		风险等级	级别调整
描述	新建轨道交通与周边环境关系		
盾构法下穿既有轨道交通线路、铁路等	下穿	Ⅱ级	线间距小于12 m时可上调一级
盾构法上穿既有轨道交通线路	上穿		盾构法线间距小于2倍盾构直径时可上调一级
明挖法邻近既有轨道交通线路	非常接近范围内（隧道两侧距离小于0.7倍开挖深度）		其他邻近程度根据具体情况可降低一级
盾构法邻近既有轨道交通线路	非常接近范围内（隧道两侧距离小于0.7倍开挖深度）		其他邻近程度根据具体情况可降低一级
明挖法、盾构法邻近重要桥梁	邻近，强烈影响区（穿越距离小于2.5倍桩径，其破裂面影响桩长大于1/2）		盾构法可降低一级；其他邻近程度根据具体情况可降低一级
盾构法下穿重要既有建构筑物	下穿，显著影响区（隧道两侧0.5倍埋深范围内）		其他影响区范围结合建筑物特点可进行调整
明挖法邻近重要既有建构筑物	邻近，强烈影响区（邻近距离小于1.0倍开挖深度，且破裂面影响基础面积大于1/2倍开挖深度或者地基压力扩散角在基坑范围内）		其他邻近程度根据具体情况可降低一级
盾构法下穿重要市政管线	下穿		具体还应根据河流、湖泊水量、水深等因素进行具体调整
明挖法邻近既有轨道交通线路	下穿，强烈影响区（隧道两侧0.5倍埋深范围内）	Ⅲ级	强烈影响区外一般可降低一级
盾构法邻近既有轨道交通线路	非常接近范围内（隧道两侧距离0.7~1.0倍开挖深度）		其他邻近程度根据具体情况可降低一级
明挖法、盾构法邻近重要桥梁	邻近，强烈影响区（穿越距离大于2.5倍桩径，其破裂面影响桩小于1/2且大于1/3）		盾构法可降低一级；其他邻近程度根据具体情况可降低一级
盾构法下穿重要既有建构筑物	下穿，一般影响区（隧道两侧0.7倍埋深以外）		
明挖法邻近既有轨道交通线路	邻近，强烈影响区（邻近距离大于1.0倍开挖深度，且破裂面影响基础面积小于1/2且大于1/3）		其他邻近程度可降低一级

续表8-12

环境风险工程		风险等级	级别调整
描述	新建轨道交通与周边环境关系		
盾构法下穿重要市政管线	下穿,显著影响区(隧道两侧0.5~0.7倍埋深范围内)	IV级	强烈影响区外一般可降低一级;其他工法可根据情况上调一级
盾构法下穿一般市政道路及其他市政基础设施的工程	下穿,显著影响区(隧道两侧0.5~0.7倍埋深范围内)		强烈影响(隧道两侧0.5倍埋深范围内)区根据具体情况可上调一级
明挖法、盾构法邻近一般既有建构筑物、重要市政道路的工程	邻近,显著影响区(隧道两侧0.5~0.7倍埋深范围内)		强烈影响(隧道两侧0.5倍埋深范围内)区根据具体情况可上调一级
盾构法下穿一般市政管线	下穿,显著影响区(隧道两侧0.5~0.7倍埋深范围内)		强烈影响(隧道两侧0.5倍埋深范围内)区根据具体情况可上调一级

2)无相关文件时的分级原则。对于风险管理体系没有特别明确的,按下列原则执行:

①对于下穿重要市政管线类的风险工程(雨水、污水、上水、燃气、热力等),采用暗挖法施工时,管线与地铁结构净距 $h<3M$,按一级风险源考虑;管线与地铁结构净距 $3M<h<10M$ 时,主干管按一级,其他按二级;管线与地铁结构净距 $h>10M$ 时,主干管按二级,其他按三级考虑,对于新改移管线一律按三级考虑;盾构工法降一级。

②明挖基坑临近重要管线距离小于 $3M$ 按二级考虑;大于 $3M$ 时按三级考虑;对于新改移管线一律按三级考虑。

8.1.4 常用分析方法

风险分析有很多种方法,可分为定性分析方法、定量分析方法和半定量分析方法。

(1)定性分析方法主要包括:专家调查法(包括智暴 Brain storming、德尔菲法 Delphi 等)、"如果……怎么办"法(if...then)、失效模式及后果分析法(failure mode and effect analysis,FMEA)等;

(2)定量分析方法包括:模糊综合评判法、层次分析法(analytic hierarchy process,AHP)、蒙特卡罗模拟法(Monte-Carlo)、控制区间记忆模型(controlled interval and memory model,CIM)、神经网络方法(Neutral Network)等风险图法;

(3)半定量分析方法主要包括:事故树法(或称故障树法,fault tree analysis,FTA)、事件树法(Event Tree Analysis,ETA)、影响图方法、原因—结果分析法、风险评价矩阵法,以及各类综合改进方法,如:专家信心指数法、模糊层次综合评估方法、模糊事故树分析法、模糊影响图法等综合评估方法。

8.1.5　施工风险因素

地铁的建设阶段是发生财产损失、人身伤亡等各种意外事故的高发期，对于一个具体的地铁工程，此方面的风险分析应该从五个方面入手，分别是地理位置、工程地质、施工方法、周边建筑物及管线和风险单位的划分。

（1）地理位置。

1）地震情况：主要考虑工程所在地是否为地震多发地区，历史统计资料情况等。另外，要考虑隧道的埋深情况。就地下工程而言，在同样的地震力水平加速度作用下，其结构产生的振幅将远小于同样处于地面以上的结构的振幅。即在相同的地震力作用下，地下结构的损坏程度大大低于地面结构。

2）气象水文：要综合考虑建设地区的气象水文情况，如最高与最低气温、雨季与旱季时间、洪水与暴雨情况、附近河流的防洪与除涝标准、工程本身的防范措施等。

3）其他自然灾害：对地下工程直接影响相对小，可从权威机构的风险分级、该地区的受灾历史等方面着手分析。

（2）工程地质。工程地质条件是指工程建筑所在地区地质及环境各项因素的综合。

1）岩土类型：这是最基本的工程地质因素，主要是指按岩土的成因类型、沉积年代、力学性质等进行分类。不同的岩土类型，其物质组成、结构构造不同，基本性质存在差异，从而决定了它的工程特性也不同。

2）地质构造：是指构造运动使岩层发生变形和变位后所遗留下来的产物，常见的有褶皱、断层和节理。尤其是时代新、规模大的新构造断裂，对工程场地的稳定起着控制作用，不容忽视。

3）地形地貌：包括地表的高低起伏状况、山坡陡缓程度、河谷宽窄及形态特征、不同地貌单元的特征及其相互关系等。地形地貌直接影响场地和线路的选择。

4）地下水条件：主要包括地下水类型、水位、水量、流向、流速、埋藏、分布、地下水的渗流对工程建筑的影响以及地下水的水质和对混凝土的侵蚀性等。

5）不良地质现象：指地表地质作用，诸如地震、滑坡、崩塌、泥石流、岩溶、河流冲刷以及风化、侵蚀等，这些不良地质现象对建筑物的稳定和正常使用构成威胁。

（3）施工方法。

1）盾构法。盾构掘进中的风险源主要有地表沉降、穿越地下障碍物、输送机喷涌、换刀风险、管片上浮等。

①地表沉降：是盾构掘进施工面临的主要风险。如地表沉降控制不当，可能造成地面下陷，甚至引起建构筑物受损。

②穿越地下障碍物：在遇到障碍物，如大石块等，容易造成盾构机较大的磨损甚至无法正常掘进。

③输送机喷涌：在常规盾构掘进过程中，由于对前方水体性质不明，或在地表水体下掘进，都可能发生螺旋输送机泥土喷涌的现象，甚至会伴随地面沉降，沿海软土地基中此类事故曾有发生过。

④换刀风险：因刀头磨损而换刀盘也是常规盾构施工的风险源之一，特别是长距离或土层性质变化大的盾构施工。

⑤管片上浮：常规盾构施工中可能存在的管片上浮风险。

2）钻爆法和新奥法。

①开挖面坍塌：指开挖面洞顶塌落。在工程开挖过程中，因操作不当、地质情况突变、开挖时间过长、支护措施不及时等可能造成开挖面坍塌，若控制不力，则可能酿成事故。开挖面坍塌以及引起的地面塌陷等，其造成的工程本身的损失并不大，但如在敏感位置施工，则可能造成的第三者责任风险较高。

②地面隆起：主要指注浆压力参数控制不当，导致地面隆起。地面隆起可能造成路面破裂以及一定程度的地基扰动；其造成的工程本身的损失很小，引起的第三者责任也相对较小。

③工作面涌水：主要指工作面上方存在水体，导致突发涌水，最终形成塌陷事故。

3）明挖法。影响基坑开挖主要是环境因素，如暴雨、水灾以及雨污水管线等。

盖挖法面临的风险与明挖法有较多类似，鉴于盖挖采用内封闭施工，暴雨水灾对其的影响较低。

（4）周边建筑物及管线。建筑物或管线分布越密集，风险度越高。

隧道施工可能引发地面沉降、甚至塌陷。在地铁施工前要对给周围建筑物带来的风险进行评估，施工方法可做相应的调整，必要时对被穿越的建筑物要做地基加固。

地下市政管网，包括给水管道、污水管道、通信管网、煤气管道等，在地铁施工前应该探明，根据实际情况或做迁移。市政管网的埋深一般在 2~3 m，而隧道埋深在 15 m 左右，隧道施工中触碰这些管网的可能性低。而在车站、竖井等基坑开挖施工中，因操作不当、安全防护工作不到位等，也可能造成对市政管网的破坏，从而引发第三者责任损失。

（5）风险单位的划分。

1）建造期内，考虑各种意外事故和水灾的损失影响范围，对于以下任何一种情况，整个地铁工程应作为一个危险单位。

①存在穿越江河、湖泊或海湾的区段；

②地铁沿线任何一点离最近的江河、湖泊或海湾的距离小于 100 m；

③地铁所在区域最近 10 年的年最大降雨量大于 1000 mm。

2）在建地铁工程每 10 km（包括车站）可以划分为一个危险单位（不小于 10 km）；车辆段另外单独划作一个危险单位。

3）在建地铁工程如果附带有部分地上段，则地上段可以单独划作一个危险单位。

4）土建和安装工程部分在建造期内存在较大重叠，相互之间的影响在所难免，在依据上述内容划分危险单位时应将二者合并考虑为一个危险单位。

8.2 风险源辨识

8.2.1 基本概念

（1）危险源。是指一个系统中具有潜在能量和物质，释放危险的、可造成人员伤害、财产损失或环境破坏的、在一定的触发因素作用下可转化为事故的部位、区域、场所、空间、岗位、设备及其位置。

（2）事故隐患。是指生产经营单位违反安全生产法律、法规、规章、标准、规程和安全生产制度的规定，或者因其他因素在生产经营活动中存在可能导致事故发生的危险状态、人的不安全行为和管理上的缺陷。

危险源本身是一种"根源"，事故隐患可能导致伤害或疾病等的主体对象，或可能诱发主体对象导致伤害或疾病的状态。

例如：装乙炔的气瓶发生了破裂。危险源是乙炔，是可能导致事故的根源；事故隐患是乙炔瓶破裂，导致事故的"状态"。

（3）危险因素。指能对人造成伤亡或对物造成突发性损害的因素。

（4）有害因素。指能影响人的身体健康，导致疾病，或对物造成慢性损害的因素。

（5）危险、有害因素的辨识。是确定危险、有害因素的存在及其大小的过程，通常两者统称为危险有害因素。

（6）危险、有害因素的产生。

1）能量、有害物质。

①能量就是做功的能力，它既可以造福人类，也可以造成人员伤亡或财产损失；一切产生、供给能量的能源和能量的载体在一定的条件下，都可能是危险、灾害因素。

②有害物质在一定条件下能损伤人体的生理机能和正常的代谢功能，破坏设备和物品的效能，也是最根本的危害因素。

2）失控。

①故障（包括生产、控制、安全装置和辅助设施等）；②人员失误；③管理缺陷；④温度、风雨雷电、照明等环境因素都会引起设备故障或人员失误。

8.2.2　危险源的分类

（1）安全科学理论对危险源的分类。

1）第一类危险源：指危险源客观存在，不能完全消除。包括：产生能量的能量源或拥有能量的能量载体、有害物质等。例如：高处作业的势能、带电导体上的电能、行驶车辆的动能、噪声的声能、激光的光能、高温作业及剧烈反应工艺装置的热能等。为了防止第一类危险源导致事故，必须采取措施约束、限制能量或危险物质，控制危险源。

2）第二类危险源：导致约束、限制能量措施失效的各种因素。包括：人的不安全行为、物的不安全状态、环境因素（如管理缺陷等）。

①人的不安全行为：是指人的行为偏离了规定的目标，或超出了允许的界限，并产生了不良的后果。

②物的不安全状态：主要表现为物的故障。故障（含缺陷）是指系统、设备、元件等在运行过程中由于性能（含安全性能）低下，而不能实现预定功能（包括安全功能）的现象。

③环境因素：环境因素引起物的故障和人的失误。

3）两类危险源的关系。第一类危险源是伤亡事故发生的能量主体，决定事故发生的严重程度；第二类危险源是第一类危险源造成事故的必要条件，决定事故发生的可能性。第一类危险源的存在是第二类危险源出现的前提，第二类危险源的出现是第一类危险源导致事故的必要条件。一起伤亡事故的发生往往是两类危险源共同作用的结果。危险源辨识的首要任务是辨识第一类危险源，在此基础上再辨识第二类危险源。能量意外释放理论认为：能量或危险物质的意外释放是伤亡事故发生的物理本质。

（2）《生产过程危险和有害因素分类代码》（GB/T 13861）对危险源的分类

《生产过程危险和有害因素分类代码》（GB/T 13861）是按导致事故和职业危害的直接原因（危害因素）对危险源进行分类：

1）物理性危险、危害因素：设备、设施缺陷；防护缺陷；电危害；噪声危害；振动危害；电磁危害；运动物危害；明火；造成灼伤的高温物质；造成冻伤的低温物质；粉尘与气溶胶；作业环境不良；信号缺陷；标志缺陷；其他。

2）化学性危险、危害因素：易燃、易爆性物质；自燃性物质；有毒物质；腐蚀性物质；其他。

3）生物性危险、危害因素：致病微生物；传染病媒介物；致害动物；致害植物；其他。

4）心理、生理性危害因素：负荷超限；体力、听力、视力、其他负荷超限；健康状况异常；心理异常：情绪异常、冒险心理、过度紧张；辨识功能缺陷：感知延迟、辨识错误；其他。

5）行为性危害因素：指挥错误；指挥失误、违章指挥；操作失误：错误动作、违章作业；监护失误；其他。

6）其他。

（3）《企业职工伤亡事故分类》（GB6441）对危险源的分类。《企业职工伤亡事故分类》（GB6441），将危险源分为16类：①物体打击；②车辆伤害；③机械伤害；④起重伤害；⑤触电；⑥淹溺；⑦灼烫；⑧火灾；⑨意外坠落；⑩坍塌；⑪放炮；⑫火药爆炸；⑬化学性爆炸；⑭物理性爆炸；⑮中毒和窒息；⑯其他伤害。

8.2.3 危险源的辨识方法

目前，国内外已经开发出的危险源辨识方法有几十种之多，如经验分析法、分析材料性质、生产条件分析方法、作业条件危险性评价、系统安全评价方法、安全检查表、预危险性分析、危险和操作性研究、故障类型和影响性分析、事件树分析、故障树分析等。这些方法都是根据不同的对象和要求开发出来的。它们有各自特点，也有各自的适用范围或局限性，应针对系统的具体情况选择适当的方法，也可采用多种方法结合起来对系统进行分析，取长补短，取得更加可靠的结果。

（1）必备资料。城市轨道交通地下工程建设风险辨识前应具备以下基础资料：

1）工程周边水文地质、工程地质、自然环境及人文、社会区域环境等资料；

2）已建线路的相关工程建设风险或事故资料，类似工程建设风险资料；

3）工程规划、可行性分析、设计、施工与采购方案等相关资料；

4）工程周边建（构）筑物资料；

5）工程邻近既有轨道交通及其他地下工程等资料；

6）可能存在业务联系或影响的相关部门与第三方等信息。

（2）一般危险源的辨识。可直接按《生产过程危险和有害因素分类与代码》（GB 13861—2009）进行辨识。

（3）直观经验分析法。

1）对照经验法：对照有关标准、法规、检查表或依靠人员分析的观察分析能力，借助经验和判断能力直观地对评价对象的危险、有害因素进行分析的方法。

2)类比法：利用相同或相似工程系统或作业条件的经验和劳动安全卫生的统计资料类推、分析评价对象的危险、有害因素。

（4）分析材料性质和生产条件分析法：通过分析材料性质和生产条件中的毒性、物理性质、燃烧或爆炸特性及作业条件分析的方法。

（5）作业条件危险性评估方法（LEC 法）：当无法直接判定或直接不能确定是否为重要危险因素时，采用此方法，评价是否为重要危险因素。

这是一种具有潜在危险性环境中作业时的危险性半定量评价方法。它是用于系统风险率有关的 3 种因素指标值之积来评价系统人员伤亡风险大小，这 3 种因素是，L 为发生事故的可能性大小；E 为人体暴露在这种危险环境中的频繁程度；C 为一旦发生事故将会造成的损失后果。

取得这 3 种因素的科学准确的数据是相当烦琐的过程，为了简化评价过程，采取半定量计值法，给 3 种因素的不同等级分别确定不同的分值（见表 8-13），再以 3 个分值的乘积 D 来评价危险性的大小，即：

$$D = LEC$$

D 值大，说明该系统危险性大，需要增加安全措施，或改变发生事故的可能性，或减少人体暴露于危险环境中的频繁程度，或减轻事故损失，直至调整到允许范围。风险值大小一般所对应的危险级别如表 8-14 所示。

表 8-13　作业条件因素分数值

L		E		C	
分值	事故发生的可能性	分值	暴露于危险环境的频繁程度	分值	发生事故产生的后果
10	完全可以预料	10	连续暴露	100	大灾难，许多人死亡
6	相当可能	6	每天工作时间内暴露	40	灾难，数人死亡
3	可能，但不经常	3	每周一次，或偶然暴露	15	非常严重，一人死亡
1	可能性小，完全意外	2	每月一次暴露	7	严重，重伤
0.5	很不可能，可以设想	1	每年几次暴露	3	重大，致残
0.2	极不可能	0.5	非常罕见地暴露	1	引人注目，需要救护
0.1	实际不可能				

表 8-14　作业条件危险性评估值

D 值	危险程度
>320	极其危险，不能继续作业
160~320	高度危险，要立即整改
70~160	显著危险，需要整改
20~70	一般危险，需要注意
<20	稍有危险，可以接受

8.3 地铁施工常见风险源辨识

8.3.1 一般地铁车站风险源识别

表 8-15　一般地铁车站的风险源

工作名称	风险事件	风险源
桩基础	承载力不能满足要求	勘察不完全、设计失误、施工时孔底沉渣过多
	塌孔	不良地质
	遇到障碍物	钻孔点数少
地下连续墙	槽段壁面不稳定，大面积坍方	不良地质、泥浆不合适、地面超载
	地下连续墙渗漏水甚至涌土、喷砂	接头形式选择不当、刷壁不彻底
	钢筋笼吊放不到位	槽壁塌方
	遇到障碍物	勘探不到位
地基加固	加固失效引起坑底隆起，周边地表变形过大	勘察错误、设计错误、施工时水泥用量不足
降水	降水引起周围地面沉降	降水方案不合理、不重视信息施工
土方开挖及支撑（顺作）	支撑失稳	设计错误、支撑连接方式不可靠
	承压水突涌	地质勘察失误、降水方案错误、降水效果不好
	坑底隆起	基坑暴露时间过长
	基底扰动	地下水位发生变化、垫层浇筑不及时
	周边建筑物变形过大	支护体系变形、施工超挖、坑边超载、围护结构不合理、降水过快
	围护结构损伤	挖土机破坏围护结构
	基坑坍塌	暴雨、地震、围护结构失效、施工工序错误、监测数据不力
主体结构	楼板浇筑时失稳	施工管理不当、施工方案错误
	车站结构纵向变形过大	设计错误、施工方案错误、不均匀沉降
	混凝土开裂	养护不合理、混凝土质量差
	拱顶开裂	设计对地质分析不足、不均匀沉降、混凝土施工控制不当
	防水层质量失效	防水材料质量问题、防水层厚度不足、防水层保护不当
	车站整体上浮	设计计算不当、地质勘察错误、施工降水减压措施不力

8.3.2 一般盾构区间风险源识别

表 8-16 一般盾构区间的风险因素

类别	风险事件	风险因素
盾构出洞	拆除封门时出现涌土、流砂	封门外侧加固土体强度低、地下水发生变化、封门外土体暴露时间太长
	洞口土体流失	洞口土体加固效果不好、洞口密封装置失效、掘进面土体失稳
	盾构推进轴线偏离设计轴线	盾构基座变形、盾构后靠支撑发生位移或变形、出洞推进时盾构轴线上浮
	后盾系统出现失稳	反力架失效、负环管片破坏、钢支撑失稳
盾构掘进	遇见障碍物	
	掘进面土体失稳	正面土压力选择不当、地质条件发生变化、施工人员违规操作、掘进速度、出土速度、施工机械出现故障
	地面隆起变形	纠偏量过大、出土不畅、掘进速度设置不当
	江底塌陷	覆土厚度不够
	盾构内出现涌土、流砂、漏水	地质条件发生变化、施工参数选择不当、发生机械故障
	盾尾密封装置泄漏	密封装置失去弹性、密封油脂压注量太少、盾尾刷刷毛发生翻卷、密封油脂质量不合格
	盾构沉陷	地层空洞、软弱地层(如暗浜)、掘进面失稳(如出现流砂、管涌)、盾构停顿
	盾构掘进轴线偏离设计轴线	施工测量出现差错或误差太大、超挖欠挖盾构纠偏不及时或不到位、地质条件发生变化、盾构推进力不均衡
管片工程	管片破损	管片运输过程发生碰撞或掉落、管片堆放时发生碰撞;管片吊运时发生碰撞、拼装时管片与盾尾发生磕碰;管片凹凸榫错位、封顶块与邻接块接缝不平、邻接块开口量不够、施工操作不当、盾构推进时管片受力不均衡
	管片就位不准	
	螺栓连接失效	
	管片接缝渗漏	管片纵缝出现内外张角或前后喇叭(缝隙不均匀,止水条失效)、管片碎裂、密封材料失效
隧道注浆	注浆管堵塞	长时间没有注浆、注浆管没有及时清洗、浆液含砂量太高、浆液沉淀凝固、双液注浆泵压力不匹配
	注浆压力低	
	注浆质量不合格	
	二次注浆不及时	

续表8-16

类别	风险事件	风险因素
机械设备	盾构刀盘轴承失效	刀盘轴承密封失效、封腔的润滑油脂压力小于开挖面平衡压力、轴承润滑失效、轴承断裂
	刀盘与刀具出现异常磨损	遇到障碍物
	盾构内气动元件不工作	系统存在严重漏气点、气动控制阀的阀杆发生锈蚀、气动元件发生疲劳断裂(气压太高,回位弹簧过载)
	数据采集系统失灵	压力传感器损坏、集成电路出现故障、数据处理系统出现故障、数据存储系统出现故障、操作人员操作不当
	管片拼装系统失效	拼装机卡具失效、拼装机旋转装置失效、拼装机液压系统失效
隧道进洞	盾构姿态突变	接收基座中心夹角轴线与推进轴线发生偏差、管片脱出盾尾后建筑空隙没有及时填充
	洞口土体流失	洞口土体加固效果不好、洞口密封装置失效、掘进面土体失稳
	盾构基座变形	盾构基座的中心夹角与隧道轴线不平行、盾构基座整体刚度或稳定性不够、盾构基座受力不均匀、盾构基座固定不牢靠
	偏离目标井或对接错位	盾构轴线偏差太大、纠偏距离太小
联络通道	管片开裂、渗漏	管片质量不合格、管片拼装存在缺陷、开口部位支撑体系失效、开口部位土体加固效果不好、管片注浆质量不合格、隧道出现不均匀沉降
	出现涌土、流砂或涌水	地基加固效果不好、地质条件发生突变、地下水位发生变化、施工工艺不合理、支护体系失效
	开挖面土体失稳	地基加固效果不好、地质条件发生突变、地下水位发生变化、施工工艺不合理
	支护结构失稳	地质条件发生突变、支护结构强度低、施工人员违规操作

8.3.3 高架桥梁风险源识别

表8-17 高架桥梁施工的风险源

风险类别	风险事件	风险源
钻孔灌注桩施工	钻孔灌注桩施工扩孔或塌孔	护筒顶高出地面小于0.3 m,地表雨水流入孔内,使泥浆比重降低,造成塌孔;护筒顶高出水面不足1.0~2.0 m或稳定后的承压水位小于2.0 m容易造成塌孔;陆上护筒底部和四周未用黏土填实;或者钻孔附近有其他振动源;在松土层中,钻进速度太快,可能造成坍孔;同一墩相邻桩的间距太小时,同时进行相邻两根桩的施工,容易造成孔下坍孔而两根桩"串孔"事故;下放钢筋笼时,由于晃动过大,钢筋笼碰撞孔壁,孔壁局部坍塌,坍土掉入孔底,使孔底沉淀过厚

续表8-17

风险类别	风险事件	风险源
钻孔灌注桩施工	钻杆折断	用水文地质或地质钻探小孔径钻孔的钻杆来作桥梁大孔径钻孔灌注桩用，其强度、刚度太小、容易折断；钻进中选用的转速不当，使钻杆所受的扭矩或弯曲等应力增大，因而折断；钻杆使用过久，连接处有损伤或接头磨损过甚；地质坚硬，进尺太快，使钻杆超负荷工作孔中出现异常，突然增加阻力而没有及时停钻
	钻孔灌注桩缩孔	钻锥补焊不及时；地层中有软弱土(俗称橡皮土)，遇水膨胀后使孔径缩小
	钻孔漏浆	在透水性强的砂砾流砂中，特别是在有地下水流动的地层中钻进时，稀泥浆向孔壁处漏失；护筒埋置太浅，回填土夯实不够，致使刃脚漏浆；护筒制作不良，接缝不严密，造成漏浆；水头过高，水柱压力过大，使孔壁渗浆
	钻孔孔身偏斜弯曲	钻孔过程中未认真观察、检查桩孔是否倾斜；发现倾斜，但未及时加以处理
	钻孔灌注桩钢筋笼偏斜事故	下放钢筋笼时，未对准桩孔中心；对准中心，但下放后未对钢筋笼加以固定，钢筋笼受导管等碰撞后移位，使其中心偏离桩中心过大
	钻孔灌注桩钢筋笼质量事故	钢筋笼下放前，未严格检查验收；下放前未检查节段间接头质量
承台施工	大体积混凝土浇筑质量	混凝土浇筑初期未采取措施导出热量，使混凝土产生压应力；混凝土硬化冷却收缩时，混凝土内部产生裂缝
	钢筋质量事故	钢筋保护层过大或过小；钢筋材料不合格；钢筋错位；同一截面钢筋接头过多；绑扎扣松开或焊接虚焊、漏焊；钢筋间距偏差过大；钢筋偷工减料
	承台分层浇筑裂缝	浇筑时施工缝处理不严格
立柱施工	立柱模板晃动或倾倒	大风以及机械不慎撞击
	立柱环形裂缝	柱顶局部范围内混凝土不密实
	立柱钢筋笼尺寸偏大或偏小	钢筋笼尺寸偏大，混凝土保护层厚度达不到要求，影响结构的耐久性；钢筋笼尺寸偏小，影响立柱的抗弯能力，危及结构安全
	高墩钢筋吊装困难	高空吊装过程中，钢筋骨架变形或难以安装就位，调整困难
	立柱外观病害	立柱混凝土转角处不规整、不平滑容易形成角线；漏浆而产生麻面，影响结构外观；立柱模板周转次数太多，模板接缝处变形，表面不平，破损等情况越来越严重，难以保证其几何尺寸，特别是外观质量，比如漏浆、砂痕、麻面、表面凹凸等现象；立柱模板的横向接缝处理不当，接缝处结合不良，漏浆，产生麻面、蜂窝、错台等，甚至影响立柱的使用功能；由于局部混凝土不能振捣到位，而形成混凝土不密实，表面蜂窝、麻面或颜面不一致
	钢筋质量事故	钢筋保护层过大或过小；钢筋材料不合格；钢筋错位；同一截面钢筋接头过多；绑扎松扣或焊接虚焊、漏焊；钢筋间距偏差过大；钢筋偷工减料

续表8-17

风险类别	风险事件	风险源
搭设支架、支架预压、主梁浇筑	主梁支架失效	支架设置在不稳定的地基上；地基不处理，或处理不均匀；随意加大步高；扣件螺栓没有拧紧；用料选材不严；支架未按规范要求架设
	混凝土浇筑过程中模板走样	材料缺陷；选料不当；施工不规范；模板强度不足，稳定性不够
现浇梁纵向和横向预应力张拉	纵向预应力管道堵塞	波纹管与接头套管的套管长度不足，在混凝土浇筑或振捣时接头脱开，堵孔；波纹管固定筋间距太大，浇筑混凝土时波纹管上浮或偏离位置造成拉脱接头和堵孔；波纹管质量不好（壁薄、强度小、材质差），密封性能差，在施工中破裂、渗漏、进浆造成堵孔；波纹管附近有尖锐的钢筋端头或预埋件，在当混凝土浇筑中波纹管上下浮动或偏位时很容易碰到尖锐物，一旦破裂进入灰浆即造成堵孔；灌注混凝土过程中，波纹管被振捣棒捣破漏浆造成堵孔；灌注混凝土过程中，波纹管被振捣棒捣成死弯致使钢筋束不能穿过；在钢筋骨架焊接过程中，焊渣滴落烧破波纹管导致渗漏进浆造成堵孔
	预应力锚具碎裂，夹片锚弹出	锚具（锚板、锚垫板、夹片）热处理不当，硬度偏大，导致钢材延性下降太多，在高应力作用下发生脆性断裂；锚具本身有裂纹、砂眼、夹杂等隐患或因热处理淬火、锻压等原因产生裂缝源，在受到高应力的集中作用时裂缝发展导致碎裂
	纵（横）向预应力滑丝、断丝	钢材材质不均匀或严重锈蚀；锚固口处分丝时交叉重叠；操作过程中没有做到孔道、锚固、千斤顶三对中，造成钢丝偏离中轴线，受力不均，个别钢丝应力集中；油压表失灵，造成张拉力过大；千斤顶未按规定校验；锚固锥孔与夹片之间有夹杂物；力筋和千斤顶卡盘内有油污；锚下垫板喇叭口内有混凝土和其他残渣；锚具偏离锚下垫板；锚具质量有问题，由于其硬度不足、不匀而产生变形；锚具当工具锚使用时，由于使用不当，已造成损坏后又被当作工作锚
	沿纵向预应力管道裂缝	曲线型的纵向预应力张拉过大
	预应力钢筋张拉伸长量偏差过大	预应力筋的实际弹性模量与设计采用值相差较大；孔道线形与实际线形相差较大，以致实际的预应力摩阻损失与设计计算值有较大差异，或实际孔道摩阻参数与设计取值有较大出入；初应力采用值不适合或超张拉过多；张拉钢索过程中锚具滑丝或钢绞线内有断丝；张拉设备未做标定或表具读数离散性过大
	预应力筋张拉过程中混凝土板崩裂	未严格按照图纸进行该区段的普通钢筋和预应力施工，与设计图纸有所偏差；设计中顶（底）板压应力取用过高，未考虑应力空间分布不均匀特性；预应力管道偏离设计位置；顶（底）板脱模过早，混凝土强度不够
	锚固区混凝土局部开裂	锚固区几何尺寸不规则，预埋在混凝土中的锚垫板与预应力束轴线不垂直；锚下加固钢筋数量不足，位置不准确，布置不合理；锚下混凝土振捣不密实或混凝土强度未达到设计要求
	底板在合龙束张拉过程中崩裂	未严格按照图纸进行该区段的普通钢筋和预应力施工，与设计图纸有所偏差；设计底板压应力取用过高，未考虑应力空间分布不均匀特性；预应力管道偏离设计位置；底板脱模过早，混凝土强度不够

8.3.4　一般车站风险防范处置预案

表 8-18　一般车站的风险应对措施

类别	风险事件	风险应对措施
桩基础	承载力不能满足要求	对没有钻孔的地层剖面,而对其地基质量又有怀疑的地段,应进行补充勘察;在灌注混凝土时,防止孔壁泥土坍下,形成桩身夹泥导致承载力不能满足要求;严格按照规范施工,保证清孔的可靠性;有质量问题的桩,应会同设计人员共同研究处理,根据工程地质条件、上部荷载及桩所处的结构部位,采取补桩处理
	塌孔	保持泥浆浓度,并使孔内水位经常高于孔外水位;及时处理钻孔过程中出现的孔位偏移或孔身倾斜;对于严重倾斜的桩孔,应用素填土死夯实,同设计人员协商,改变桩位,或重新钻孔;对于轻度坍孔,可加大泥浆比重和提高水位后继续钻进;当严重坍孔时,用黏土、泥膏投入后,待孔壁稳定后采用低速重新钻进,清孔完后应立即灌注混凝土
	遇到障碍物	及时处理钻孔过程中的石头、混凝土等大块障碍物;设置石块破碎机,将块石破碎到粒径 10 mm 以下,以便泥浆泵排出;采用先进的勘探技术,或多种勘探技术综合应用,及时查出不良地层或障碍物
地下连续墙	槽段壁面不稳定,大面积坍方	在极软弱的易坍方土层和松砂层,对软弱地基进行加固;防止槽壁渗漏以及施工不慎而造成槽内泥浆面降低;降雨使地下水位急剧上升时,采取合理措施保证槽壁的稳定;加强泥浆的管理,根据土质情况合理调整配合比,加大泥浆的比重、黏度,并提高泥浆水头,使泥浆排出与补给量平衡;选择适当的单元槽段长度,在地面浇混凝土地坪和加强导墙结构;塌孔较严重时,可用优质黏土回填坍塌处,重新挖槽
	地下连续墙渗漏水甚至涌土、喷砂	对于浇灌混凝土时的局部坍孔,可将沉积在混凝土上的泥土用吸泥机吸出,继续浇筑;根据土质条件及周边环境的要求,选择合适的接头形式;清槽时,对上段接缝混凝土面用钢丝刷或刮泥器将泥皮、泥渣清理干净后,再进行下一道工序的施工;当渗水量不大时,采用防水砂浆进行修补即可;当渗水量较大时,可根据水量的大小,用短钢管或胶管引流,周围用砂浆封住,然后在背面用化学灌浆修补,最后堵住引流管;当漏水孔很大时,用土袋堆堵,然后用化学灌浆封闭,阻水后再拆除土袋
	钢筋笼吊放不到位	防止地下连续墙的混凝土浇灌时绕流,并做好事先准备,保证后续槽段钢筋笼的顺利吊放;对成槽垂直度进行检测;对插入标高不能满足要求的钢筋笼,会同设计人员及时进行处理
	遇到障碍物	及时处理成槽过程中的石头、混凝土等大块障碍物;设置石块破碎机,将块石破碎到粒径在槽宽以下,以便抓斗清障;采用先进的勘探技术,或多种勘探技术综合应用,及时查出不良地层或障碍物
地基加固	加固失效	详细调查开挖范围的地质条件;对地层采用合理、有效的加固处理方法;选择合理、有效的施工工艺

续表8-18

类别	风险事件	风险应对措施
降水	降水引起周围地面沉降	挖土前，要进行降水以保证坑内的良好施工条件。降水可对坑内土体进行压密，有利于基坑稳定性；但有两个副作用，一是对工程桩产生附加压应力，二是对周围环境产生附加位移；详细调查开挖范围的地质条件；对地层采用合理、有效的降水方法；选择合理、有效的施工工艺
明挖顺筑法土方开挖及支撑	支撑失稳	考虑温度的影响。在缺乏测试资料时，对钢筋混凝土支撑，可暂加20%轴力，对钢管支撑还宜适当增加，设计时要有足够的安全系数；立柱主要是支承支撑结构自重和可能的施工荷载，需考虑其不利的偏心作用的因素；立柱设计要有足够的强度、刚度和入土深度，满足抗压和抗拔的要求，以避免立柱的沉降或隆起对支撑的稳定性的影响；重视局部的设计，如连系杆件、节点以及细部等
	承压水突涌	详细调查隧道开挖范围的地质条件；对地层采用有效的加固处理方法；降低地下水位，减小地下水对开挖面土体的影响；选择合理、有效的施工工艺
	坑底隆起	采取可靠合理的坑内土体加固措施；基坑开挖过程是基坑开挖面的卸荷过程，因卸荷而引起坑底土体的上隆，应在施工前进行理论计算和预测
	基底扰动	按照设计和规范的要求进行施工
	周边建筑物变形过大	根据基坑邻近建筑物(或构筑物)及管线，合理确定保护等级；严格规定时限、控制每步开挖的空间和无支撑暴露时间；施加支撑预应力、缩小钢支撑间距；坑内土体加固、以大口径井点降水改善土质、减少地层位移；对基坑变形做好理论预测，并在现场加强监测与反馈分析；事先考虑到对重要构筑物的保护，采取局部加深墙体措施，使基坑工程顺利进行；充分考虑基坑开挖对地面位移的影响，上海地区一般时间达3个月之久；对于邻近建筑同时施工时，设计时必须考虑互相影响的各种不利因素，各单位作好协调工作；开挖中充分利用时空效应规律，沿纵向按限定长度逐段开挖，在每个开挖段分层、分小段开挖，随挖随撑；按规定时限开挖及安装支撑并施加预应力，按规定时限施工底板钢筋混凝土，减少地下连续墙的无支撑暴露时间；对于有支撑的围护结构，必须遵守先撑后挖，严禁超挖以及分层开挖而高差不宜过大的原则；贯彻施工技术规范，操作规范，实行全质量管理，保证工程质量和安全生产；控制开挖段两头的土坡坡度，经边坡稳定分析定出安全坡度，并注意及时排出流向土坡的水流，防止滑坡；科学合理安排施工顺序和施工计划，组织连续、均衡、有节奏的生产，保证人力物力充分发挥作用，加快建设速度；上海地区实测数据表明：基坑开挖对地下连续墙有较严重的影响范围(约为基坑开挖深度的2倍)，在这些影响范围为事先需考虑保护措施
	周边建筑物坍塌、管线损坏	事先考虑到对重要构筑物的保护，采取局部加深墙体措施，使基坑工程顺利进行；充分考虑基坑开挖对地面位移的影响，上海地区一般时间达3个月之久；当基坑周边有构筑物或地下管线需要重点保护时，在基坑开挖施工的全过程实施工程监测；应仔细研究市政工程管线布置图，摸清地下障碍情况(尤其注意管线最新变更情况)，力求使工程进行前后，不至于因施工荷载而导致地下管线发生变形而失效、发生事故，对于管线密集区域，应要求施工单位进行变形监测，预防出现由于地下给排水管、煤气管、电气管、通信管线损坏而造成的断水、断电、断气、通信中断等恶性事故

续表8-18

类别	风险事件	风险应对措施
明挖顺筑法土方开挖及支撑	围护结构损伤	按照施工顺序和施工计划，确定合理的支撑拆除顺序，避免支撑拆除的无序、混乱
	基坑坍塌	合理全面考虑荷载情况；合理全面评估周边环境条件；车站长条形基坑开挖施工根据工程地质条件、坑周环境条件、围护结构条件等做好施工组织设计，精心施工，以确保基坑稳定、工程安全、环境安全；重视信息化施工，监测工作既是检验设计理论的正确性和发展设计理论的重要手段，又是及时指导正确施工避免事故发生的必要措施。出现危险象征时，应予密切注意事态的发展，同时，必须准备紧急抢救措施；在分析报警问题时，应把水平位移大小和位移速率结合起来；基坑开挖对周围环境影响的位移问题，要把位移大小和速率结合起来，考察其发展的趋势，还要考察影响对象的重要性和承受性，采取不同的处理措施；查清和排干基坑内的贮水体、水管，事先充分配置好排除基坑积水的排水设备，以保证基坑开挖面不浸水，防止开挖土坡被暗藏积水冲塌，引发基坑失稳；在基坑开挖中，对地下连续墙接缝或墙面出现的水土流失，要及时封堵，以减小坑周的地面沉降和防止基坑一侧水土流失引发挡土墙倾斜及基坑坍塌事故；根据前一段开挖期间监测到的岩土变位等各种行为表现，及时捕捉大量的岩土信息，及时比较勘察、设计所预期的性状与监测结果的差别，对原设计成果进行评价并判断施工方案的合理性；通过反分析方法计算和修正岩土力学参数，预测下一段工程实践可能出现的新行为、新动态，对后续的开挖方案与开挖步骤提出建议，对施工过程中可能出现的险情进行及时的预报，当有异常情况时立即采取必要的工程措施，将问题抑制在萌芽状态，以确保工程安全
主体结构	楼板浇筑时失稳	模板支架在施工前应该先进行设计和结构计算；模板支架系统应根据不同的结构类型及模板类型，选配合适的模板系统；支架系统应进行必要的验算和复核，确保其可靠、稳固、不变形
	车站结构纵向变形过大	根据车站结构形式，合理设置诱导缝；温差引起的温度应力一般是车站内部结构纵向内力的主要组成部分，设计时需合理考虑；软弱地基土在基坑施工中由各种因素引起的回弹和再压缩量，可根据同类工程的实测资料，采用类比的方法进行近似计算
	混凝土开裂	大面积地下室合理考虑后浇缝的留置位置、方法及后浇缝处的防水处理；合理设计混凝土配合比，并严格计量控制，混凝土的早期干缩可通过在混凝土终凝前，对暴露表面的混凝土材料进行二次抹压和凝固后的浇水养护等措施来解决；合理处理结构构件的支承连接构造，以及配置必要的构造钢筋。缩短结构的长度或设置结构的伸缩缝，以及施工过程设置后浇带等亦是防止因干缩导致结构开裂的有效措施；选用水化热较低的水泥品种；通过掺用外加剂来减少水泥用量，混凝土浇筑采取分层、分块方案；适当增加钢筋配置和通过养护控制内外温差等技术措施；施工过程必须严格控制施工荷施，必要时采取临时加固措施或通过与设计人员协商，采取结构的局部加强措施；一旦发现混凝土结构的受力裂缝，就应立即采取防止裂缝进一步开裂而导致结构、构件破坏的临时紧急措施，并会同有关方面的人员，具体分析研究裂缝的性质、原因和解决办法

续表8-18

类别	风险事件	风险应对措施
主体结构	拱顶开裂	采用微膨胀混凝土后浇带和低水化热级配的混凝土；地下连续墙底部注浆加固减少不均匀沉降；由混凝土干缩、温差引起的结构纵向拉应力以及不均匀沉降引起的结构弯曲拉应力，设置横向缝给予释放从而防止缝之间的混凝土开裂；应增加车站上角点附近顶板及内衬墙的纵向筋配筋率
	防水层质量失效	地下室防水材料的选用应考虑技术能力、施工季节等因素；根据裂缝渗漏水量和水压大小，采取促凝胶浆或氰凝灌浆堵漏
	车站整体上浮	根据车站结构形式及地下水位，合理设置抗拔桩；重视施工过程中的抗浮计算；在底板下采用经济合理的倒滤层排水措施

8.3.5　一般盾构区间风险防范处置预案

表 8-19　一般盾构区间的风险应对措施

风险类别	风险事件	风险应对措施
盾构出洞	拆除封门时出现涌土、流砂	创造条件使盾构尽快进入洞口，并对洞门圈进行加固封堵，如双液注浆、直接冻结等；加强监测，观测封门附近、工作井和周围环境的变化；加强工作井的支护结构体系
	洞口土体流失	洞口土体加固应提高施工质量，保证加固后土体强度和均匀性；洞门密封圈安装要准确，在盾构推进的过程中要注意观察，防止盾构刀盘的周边刀割伤橡胶密封圈；密封圈可涂牛油增加润滑性；洞门的扇形钢板要及时调整，改善密封圈的受力状况；在设计、使用洞门密封时要预先考虑到盾壳上的凸出物体，在相应位置设置可调节的构造，保证密封的性能
	盾构推进轴线偏离设计轴线	盾构基座中心夹角轴线应与隧道设计轴线方向保持一致，当洞口段隧道设计轴线处于曲线状态时，可考虑盾构基座沿隧道设计曲线的切线方向放置，切点必须取洞口内侧面处；对基座框架结构的强度和刚度进行验算，以满足出洞时盾构穿越加固土体所产生的推力要求；控制盾构姿态，尽量使盾构轴线与盾构基座中心夹角轴线保持一致；盾构基座的底面与始发井的底板之间要垫平垫实，保证接触面积满足要求；在推进过程中合理控制盾构的总推力，使千斤顶合理编组，避免出现不均匀受力
	后盾系统出现失稳	对体系的各构件必须进行强度、刚度校验，对受压构件一定要作稳定性验算。各连接点应采用合理的连接方式保证连接牢靠，各构件安装要定位精确，并确保电焊质量以及螺栓连接的强度；尽快安装上部的后盾支撑构件，完善整个后盾支撑体系，以便开启盾构上部的千斤顶，使后盾支撑系统受力均匀

续表8-19

风险类别	风险事件	风险应对措施
盾构掘进	遇见障碍物	对开挖面前方 20 m 超声波障碍物探测，及时查出大石块、沉船、哑炮弹；附设从密封舱隔板中向工作面延伸的钻机，破除障碍物；设置石块破碎机，将块石破碎到粒径 10 mm 以下，以便泥浆泵排出；选择有经验的勘察单位，采用先进的勘探技术，或多种勘探技术综合应用；加密地质勘探孔的数量，准确定位障碍物的位置
	掘进面土体失稳	正确地计算选择合理的舱压，舱压应采用静止水土压力的 1.2 倍左右；掘进由膨润土悬胶液稳定，水压力可以精细调节。膨润土悬胶液由空气控制，随时补偿正面压力的变化；流砂地质条件时，要及时补充新鲜泥浆。事前检验泥浆物理性质，包括流变试验、渗透试验、成泥膜的检验。测定固体颗粒的密度、泥浆密度、屈服应力、塑性黏滞度、颗粒大小分布。泥浆可渗入砂性土层一定的深度，在很短时间内形成一层泥膜。这种泥膜有助于提高土层的自立能力，从而使泥水舱土压力泥浆对整个开挖面发挥有效的支护作用。对透水性小的黏性土可用原状土造浆，并使泥浆压力同开挖面土层始终动态平衡；控制推进速度和泥渣排土量及新鲜泥浆补给量；超浅覆土段，一旦出现冒顶、冒浆，随时开启气压平衡系统
	地面隆起变形	详细了解地质状况，及时调整施工参数；尽快摸索出施工参数的设定规律，严格控制平衡压力及推进速度设定值，避免其波动范围过大；按理论出土量和施工实际工况定出合理出土量
	盾构内出现涌土、流砂、漏水	采用全封闭、高度机械化、自动化的现代化盾构机；正确地计算选择合理的舱压；控制推进速度和泥渣排土量及新鲜泥浆补给量；设置气压平衡系统
	盾尾密封装置泄漏	严格控制盾构推进的纠偏量，尽量使管片四周的盾尾空隙均匀一致，减少管片对盾尾密封刷的挤压程度；及时、保量、均匀地压注盾尾油脂；控制盾构姿态，避免盾构产生后退现象；采用优质的盾尾油脂，要求有足够的黏度、流动性、润滑性、密封性能
	盾构沉陷	加密地质勘探孔的数量，确定不良地层的位置，分析对盾构掘进施工的影响；对开挖面前方 20 m 进行地质探测，及时查出不良地层或障碍物；定期检查盾构机，使盾构机保持良好的工作性能，减小掘进施工时盾构机出现故障的发生概率；合理地组织施工，并对施工人员进行专业培训和安全教育，确保各施工环节的正常运转，减少产生质量或安全问题
	盾构掘进轴线偏离设计轴线	在推进施工过程中，对每一环都必须提交切口、盾尾高程及平面偏差实测结果，并由此计算出盾构姿态及成环隧道中心与设计轴线的偏差。将测量结果绘制成隧道施工轴线与设计轴线偏差图，一旦发现有偏离轴线的趋势，必须及时告知施工工程师采取及时、连续、缓慢的纠偏方法。每推进 100 环，请专业测量队伍用高精度经纬仪和水准仪进行三角网贯通测量校核

续表8-19

风险类别	风险事件	风险应对措施
管片工程	管片破损	行车操作要平稳,防止过大的晃动;管片使用翻身架翻身,或用专用吊具翻身,保证管片翻身过程中的平稳;地面堆放管片时上下两块管片之间要垫上垫木;设计吊运管片的专用吊具,使钢丝绳在起吊管片的过程中不碰到管片的边角;采用运输管片的专用平板车,加设避振设施;叠放的管片之间垫好垫木;工作面储存管片的地方放置枕木将管片垫高,使存放的管片与隧道不产生碰撞;管片运输过程中,使用弹性的保护衬垫将管片与管片之间隔离开,以免发生碰撞而损坏管片;在起吊过程中要小心轻放,防止磕坏管片的边角;管片拼装时要小心谨慎,动作平稳,减少管片的撞击;提高管片拼装的质量,及时纠正环面不平整度、环面与隧道设计轴线不垂直度、纵缝偏差等质量问题;拼装时将封顶块管片的开口部位留得稍大一些,使封顶块能顺利地插入;发生管片与盾壳相碰,应在下一环盾构推进时立即进行纠偏;每环管片拼装时都对环面平整情况进行检查,发现环面不平,及时地加贴衬垫予以纠正,使后拼上的管片受力均匀;及时调整管片环面与轴线的垂直度,使管片在盾尾内能居中拼装
	管片就位不准	加强施工管理;定期检查管片拼装系统
	螺栓连接失效	提高管片拼装质量,及时纠正环面不平或环面与隧道轴线不垂直等,使每个螺栓都能正确地穿过螺孔;严格控制螺栓的加工质量,定期抽查,发现问题及时更换。不符合质量要求的螺栓应退换;加强施工管理,做好自检、互检、抽检工作,确保螺栓穿进及拧紧的质量;对螺栓和螺母进行材质复检,检验合格后才能使用
	管片接缝渗漏	提高管片的拼装质量,及时纠正环面,拼装时保证管片的整圆度和止水条的正常工况,提高纵缝的拼装质量;拼装前做好盾壳与管片各面的清理工作,防止杂物夹入管片之间;环面的偏差及时进行纠正,使拼装完成的管片中心线与设计轴线误差减少,管片始终能够在盾尾内居中拼装;管片正确就位,千斤顶靠拢时要加力均匀,除封顶块外每块管片至少要有2只千斤顶顶住;盾构推进时骑缝的千斤顶应开启,保证环面平整;对破损的管片及时进行修补,运输过程中造成的损坏应在贴止水条以前修补好;对于因为管片与盾壳相碰而在推进或拼装过程中被挤坏的管片,也应原地进行修补,以对止水条起保护作用;控制衬垫的厚度,在贴过较厚衬垫处的止水条上应按规定加贴一层遇水膨胀橡胶条;应严格按照粘贴止水条的规程进行操作,清理止水槽,胶水不流淌以后才能粘贴止水条
隧道注浆	注浆管堵塞	单液注浆:停止推进时定时用浆液打循环回路,使管路中的浆液不产生沉淀。长期停止推进,应将管路清洗干净;拌浆时注意配比准确,搅拌充分;定期清理浆管,清理后的第一个循环用膨润土泥浆压注,使注浆管路的管壁润滑性良好;经常维修注浆系统的阀门,使它们启闭灵活。 双液注浆:每次注浆结束都应清洗浆管,清洗浆管时要将橡胶清洗球取出,不能将清洗球遗漏在管路内引起更严重的堵塞;注意调整注浆泵的压力,对于已发生泄漏、压力不足的泵及时更换,保证两种浆液压力和流量的平衡;管路中存在分叉的部分,清洗球清洗不到,应经常性用人工对此部位进行清洗

续表8-19

风险类别	风险事件	风险应对措施
机械设备	盾构刀盘轴承失效	设计密封性能好、强度高的土砂密封,保护轴承不受外界杂质的侵害;密封壁内的润滑油脂压力设定要略高于开挖面平衡压力,并经常检查油脂压力;经常检查轴承的润滑情况,对轴承的润滑油定期取样检查
	刀盘与刀具出现异常磨损	设气压进出闸门,局部气压下进入密封舱排障,对刀盘维修
	盾构内气动元件不工作	安装系统时连接好各管路接头,防止泄漏;使用过程中经常检查,发现漏点及时处理;经常将气包下的放水阀打开放水,减少压缩空气中的含水量,防止气动元件锈蚀;根据设计要求正确设定系统压力,保证各气动元件处于正常的工作状态
	数据采集系统失灵	经常检查数据采集系统;对操作人员进行培训;对数据系统进行保养;设置数据系统的保护装置
	管片拼装系统失效	盾构接收基座要设计合理,使盾构下落的距离不超过盾尾与管片的建筑空隙;将进洞段的最后一段管片,在上半圈的部位用槽钢相互连结,增加隧道刚度;在最后几环管片拼装时,注意及时对管片的拼装螺栓复拧,提高抗变形的能力;进洞前调整好盾构姿态,使盾构标高略高于接收基坐标高
隧道进洞	盾构姿态突变	盾构接收基座要设计合理,使盾构下落的距离不超过盾尾与管片的建筑空隙;将进洞段的最后一段管片,在上半圈的部位用槽钢相互连结,增加隧道刚度;在最后几环管片拼装时,注意对管片的拼装螺栓及时复紧,提高抗变形的能力;进洞前调整好盾构姿态,使盾构标高略高于接收基坐标高
	洞口土体流失	洞口土体加固应提高施工质量,保证加固后土体强度和均匀性;洞口封门拆除前应充分做好各项进、出洞的准备工作;洞门密封圈安装要准确,在盾构推进的过程中要注意观察,防止盾构刀盘的周边刀割伤橡胶密封圈;密封圈可涂牛油增加润滑性;洞门的扇形钢板要及时调整,改善密封圈的受力状况;在设计、使用洞门密封时要预先考虑到盾壳上的凸出物体,在相应位置设置可调节的构造,保证密封的性能;盾构进洞时要及时调整密封钢板的位置,及时地将洞口封好;盾构将进入进洞口土体加固区时,要降低正面的平衡压力
	盾构基座变形	盾构基座形成时中心夹角轴线应与隧道设计轴线方向一致,当洞口段隧道设计轴线曲线状态时,可考虑盾构基座沿隧道设计曲线的切线方向放置,切点必须取洞口内侧面处;基座框架结构的强度和刚度能克服出洞段穿越加固土体所产生的推力;合理控制盾构姿态,尽量使盾构轴线与盾构基座中心夹角轴线保持一致;盾构基座的底面与始发井的底板之间要垫平垫实,保证接触面积满足要求
	偏离目标井或对接错位	盾构机有可靠的轴线定位,如:激光导向、陀螺仪定位系统;可靠的地面三角网及井下引进导线系统,每 50 m 设吊架(栏)对轴线跟进测量;每环衬砌测量与设计轴线的偏差;发现偏差及时缓慢纠偏;两盾构地下对接,盾构进工作井前 100 m 反复对比测量,确保对接及出洞精度;测量仪器,包括全站仪,水准仪,精度高,经常校验

续表8-19

风险类别	风险事件	风险应对措施
联络通道	管片开裂、渗漏	加强对进场管片的检查，对不合格管片进行更换；加强管片拼装时的质量控制，避免出现管片破损；支撑体系必须具有足够的强度和刚度，支撑体系检查不合格不得拆除管片；对加固区土体施工进行全过程控制，拆除管片前，对加固土体进行检测；控制管片注浆质量、注浆压力和注浆量
	出现涌土、流砂或涌水	详细调查隧道开挖范围的地质条件；对地层采用有效的加固处理方法；降低地下水位，减小地下水对开挖面土体的影响；选择合理、有效的施工工艺
	开挖面土体失稳	合理选择地基加固方案；加强地基加固施工管理；事先掌握开挖范围的地址变化情况；合理预测地下水位变化情况；选择合理、先进的开挖工艺
	支护结构失稳	事先详细掌握周围地层条件，对不良地层进行加固处理；检查支护结构强度，对支护结构进行强度和变形验算，必要时进行试验；加强现场管理，增强现场人员的风险意识

8.3.6　高架桥梁风险应对措施

表 8-20　高架桥梁的风险应对措施

风险类别	风险事件	风险应对措施
钻孔灌注桩施工	钻孔灌注桩施工扩孔或塌孔	护筒顶应高出地面 0.3 m 或水面不足 1.0~2.0 m。当孔内有承压水时，应高于稳定后的承压水位 2.0 m 以上。当处于潮水影响地区时，应高于最高施工水位 1.5~2.0，并应采用稳定护筒内水头的措施；陆上护筒埋设时，在护筒底部夯填 0.5 m 厚黏土，必须分层夯打密实。放置护筒后，在护筒四周对称均衡的夯填黏土，防止护筒变形或位移，夯填应密实不渗水，施工便道、吊机、发电机等的位置应与孔保持一定距离，尤其在地下水有淤泥质黏土之类的软弱土层时更应注意。当发现护筒下沉、孔口塌陷时，应尽快撤离钻机，回填孔位，重新埋设护筒；熟练掌握钻机的性能和桩基的地址情况，在地质层次变化处钻进的速度要放慢，松土层内要放慢，若有不均匀的情况，靠钻头慢慢磨平；同一墩相邻桩间距太小时，不能同时进行两根桩的施工，应等相邻桩水下混凝土灌注完毕且有一定强度后才开工；下放钢筋笼时晃动不能过大，应平稳、小心进行。若孔底沉淀过厚，应进行清孔。若孔底沉淀厚度仍达不到要求，则要将钢筋笼提出孔井，重新钻头钻动、清孔
	钻杆折断	通过计算决定选钻杆直径和管壁厚度；不使用弯曲严重的钻杆，要求各节钻杆的连接和钻杆与钻头的连接丝扣完好，以螺套连接的钻杆接头要有防止反转松脱的固锁设施；钻进过程中应控制进尺速度，遇到坚硬、复杂的地质，应认真仔细操作；钻进过程中要经常检查钻具各部分的磨损情况和接头强度是否足够，不合要求者，及时更换；在钻进中若遇异物，须经处理后再钻进；如已发生钻杆折断事故时，可从掉落钻杆打捞上来，并检查原因，换用新或大钻杆继续钻进

续表8-20

风险类别	风险事件	风险应对措施
钻孔灌注桩施工	钻孔灌注桩缩孔	及时补修磨损的钻头；地层中有软塑土要使用失水率小的优质泥浆护壁并须快转慢进，并复钻两三次；或者使用卷扬机吊住钻锥上下、左右反复扫孔以扩大孔径
	钻孔漏浆	凡属于第一种情况的回转钻机应使用较黏稠或高质量的泥浆钻孔，冲击钻可加稠泥浆或回填黏土掺片石、卵石反复冲击增强护壁；属于护筒漏浆的，应按有关护筒制作与埋设的规范规定处理。如接缝处漏浆不严重，可设潜水工用棉絮堵塞，封闭接缝。如漏水严重，应挖出护筒，修理完善后重新埋设
	钻孔孔身偏斜弯曲	司钻人员、质检工程师、监理工程师等应认真观察钻孔的钻杆有无倾斜或冲绳有无偏位；每根桩成孔后，应用"检孔器"检查孔径和垂直度。"检孔器"可采用外径 D 等于设计桩径、高度为 $3\sim4D$ 的圆钢筋笼，要求有一定的刚度，以免变形，将其中心对准钻孔中心，吊入孔内，如上下各处均无挂阻，则说明桩径竖直，桩径合格。对长桩、大直径桩等应该用专用测斜仪测定；发现桩孔有倾斜时，应及时修正。偏斜不大时，可提起钻锥，慢慢磨进、扫孔。当用此方法无效时，必须回填片石或高强度混凝土等，再进行钻进，如此反复进行，直到纠正为止
	钻孔灌注桩钢筋笼偏斜事故	下放钢筋笼时，应对准桩孔中西，并且应垂直下放；钢筋笼外侧四周必须有足够数量的保护层装置：如圆环混凝土预制块或耳朵形钢筋，其竖向间距为 2 m，横向圆周不得少于 4 处；下放完钢筋笼后，在孔口应对其固定，以免受施工机具碰撞或灌注水下混凝土钢筋笼上浮，而钢筋笼中心偏拉过大
	钻孔灌注桩钢筋笼质量事故	应严格执行各道工序的自检、监理抽检程序，每一道程序完成后，必须由质检工程师检验合格并报监理工程师验收合格后，才能进入下一道工序；质检工程师、监理工程师必须认真仔细地检查钢筋笼的各项指标：直径、根数、间距、长度、焊接质量等，并且要详细记录好检查数据；2 节以上钢筋笼时，焊接好后必须通知质检工程师、监理工程师验收合格后才能下放。焊接接头应按规范要求将相邻主筋的焊缝错开
承台施工	大体积混凝土浇筑质量	保证混凝土原材料质量，配合比较严格按照规范，保证混凝土制备质量；混凝土运输、浇筑时严把关，避免出现离析、分层等不良现象；混凝土达到强度要求后再拆除模板、张拉预应力钢筋、张拉程序严格控制；保证混凝土浇筑过程的连续性，不可出现混凝土方量不足、电力中断等意外事故；混凝土养护要及时，养护时间要保证，强度不足时荷载要控制；大体积混凝土浇筑过程中安装冷却装置
	钢筋质量事故	受力钢筋的混凝土保护层厚度应符合设计要求，其允许偏差应符合设计要求；检查每批钢筋出厂质量证明书或试验报告单；钢筋不应有锈蚀，否则应做好除锈工作；加强施工，技术管理和质量监督，混凝土浇筑时要防止碰歪钢筋；钢筋配料时，要认真考虑满足规范中同截面接头错开的要求；从事钢筋焊接的操作人员，应有特殊工种作业对应的等级合格证；混凝土浇筑前要对钢筋质量进行验收，着重检查受预应力管道等影响断开钢筋的补强
	承台分层浇筑裂缝	一般小承台要求一次浇筑完成；高承台必须分层浇筑时其施工缝处理要求尤其严格。除了凿毛、清洗干净以外还应增设凹形槽，并埋设槽钢、工字钢或剪力筋，而且上下层浇筑间隔不能过长，以免后浇的混凝土出现裂缝

续表8-20

风险类别	风险事件	风险应对措施
立柱施工	立柱模板晃动或倾倒	模板安装完毕连接好，并经复测、对中后，相邻两墩柱之间用钢构件固接，其余各方面用缆风绳固定好，再进行对中检查，反复调整，复核设计后锚定；禁止将施工脚手架与模板支撑体系紧贴或连在一起
	立柱环形裂缝	在安装立柱模板时，应比设计柱标高高出20~30 cm。浇筑到墩柱上部时，应严格控制水灰比不能过大，振捣均匀，不可过振；如果浇完后有砂浆和水分浮在表面，宜在混凝土初凝前及时清理出去，以减少凿除的工作量；拆模后墩顶端部有环向裂纹的部分应凿除掉。若凿除后墩柱标高不够，可在浇筑盖梁前增加一节立柱模板，与盖梁一起浇筑
	立柱钢筋笼尺寸偏大或偏小	在制作钢筋笼撑圈时，要准确控制尺寸，主筋要顺直，箍筋在使用前要进行预拉调直，以免局部弯曲而侵占保护层；在安装时，要严格放样，复核，以免中心不对中，而偏向一边，造成保护层一边薄一边厚
	高墩钢筋吊装困难	钢筋骨架先在地面上制作成片架，并依安装位置和顺序逐片编号，摆放在适当的位置上待吊装；采用专门吊装的能在空中一定范围内自由转动并有辅助吊骨架转动设施的吊机(最好是塔吊或改进的扒吊机，配卷扬机)，按设定的工艺程序承建起吊安装；吊机安装应稳固，钢丝绳应试吊检查；卷扬机刹车要灵敏，整个起吊系统在吊装前要进行试吊，发现问题及时调整
	立柱外观病害	竖向接缝不要设置在拐角处，而是设在立柱侧面；严格规定模板的周转次数。按立柱的数量和进度要求加工模板，使模板周转次数均匀。到了一定程度，则要更换或采取休整措施；尽量减少接缝，6~8 m以下的立柱，宜一次性装模浇筑；高墩分次浇筑时，为了防止新旧混凝土接缝处结合不密贴、漏浆或错台，第一节浇筑完以后，应直接在第一节模板上方对接第二节模板，但要注意养护和第一次混凝土的龄期；立柱浇筑高度超过4 m，就应使用串筒导浆，并有人下到模板内振捣。如果立柱内没有交错的箍筋，为了便于操作，可报经设计代表和监理同意后，将闭合成环的箍筋变更为分股绑扎成环，在浇筑混凝土过程中，有振捣人员每绑扎一段，再浇筑一段，需注意检查绑扎质量
	钢筋质量事故	受力钢筋的混凝土保护层厚度应符合设计要求，其允许偏差应符合设计要求；检查每批钢筋出厂质量证明书或试验报告单；钢筋不应有锈蚀，否则应做好除锈工作；加强施工，技术管理和质量监督，混凝土浇筑时要防止碰歪钢筋；钢筋配料时，要认真考虑满足规范中同截面接头错开的要求；从事钢筋焊接的操作人员，应有特殊工种作业对应的等级合格证；混凝土浇筑前要对钢筋质量进行验收，着重检查受预应力管道等影响断开钢筋的补强

续表8-20

风险类别	风险事件	风险应对措施
搭设支架、支架预压、主梁浇筑	主梁支架失效	仔细检查支架杆件的材质、尺寸、铺板、栏护、连接等，保证杆件质量和连接可靠；支架系统要求专业的设计技术人员进行设计计算，并请相关单位对支架系统进行全面的结构复核验算，确保安全；严格控制支架上面的临时堆载、规范管理；临时设施的拆除必须编制详细的安全技术方案并对结果进行安全验证；支架搭设前按规范要求对地基进行处理；采用沙袋方法进行预压时，如果遭遇阴雨天气，应及时对沙袋进行防雨处理，防止沙袋吸水造成重量增加，引起垮塌事故；施工中应随时检查支架和模板，发现异常状况应及时采取措施
	混凝土浇筑过程中模板走样	施工前根据设计图纸的构件大小和高度，确定模板的品种，混凝土的浇筑工艺；通过计算确定模板用料，计算时应考虑施工临时荷载的作用，保证足够的强度、刚度和稳定性；模板使用前要进行检查和修整，合格后方可使用，安装好后再检查，用嵌缝材料修补缝隙和孔洞
现浇梁纵向和横向预应力张拉	纵向预应力管道堵塞	穿束时应先用软管通过；保证波纹管的质量、套管套接长度、定位钢筋质量位置等，振捣过程要注意保护波纹管；在压浆过程中如出现堵孔现象，应用高压力把孔内已压入的浆液冲洗干净，找到堵孔位置处理后再重新进行压浆；对于可能压浆堵孔的情况，在预应力筋穿束时应该注意，如果穿束时不顺畅，或是预先穿筋的孔道在浇筑混凝土后抽动困难，说明孔道内部十分通畅，必须在张拉前准确测该位置(张拉后便无法量测)，并做好记录。一旦压浆发现堵孔，则应根据压浆进浆数量和事先量测记录，准确判定堵孔位置，并在该位置增设注浆孔或排气孔，对该孔进行二次补浆，直至孔内浆液密实
	预应力锚具碎裂，夹片锚弹出	加强对锚夹具的出厂和工地检查，锚夹具的技术要求应符合 B/T 14370—2000 预应力筋用锚夹具和连接器类锚具的要求，有缺陷、隐患或热处理后质量不稳定的产品一律不得使用；立即更换有裂缝和已碎裂的锚具，同时对同批量的锚夹具逐个进行检查，确认合格后才能使用；预应力张拉过程中注意要求操作工人严格按照有关规定进行，避免夹片弹出造成人员伤亡
	纵(横)向预应力滑丝、断丝	尽量降低管道摩阻，减少断丝滑丝，降低应力损失；断丝滑丝后要重新张拉；预应力施工过程中要求现场操作严格按照有关规定进行
	沿纵向预应力管道裂缝	严格控制张拉应力，不可超张拉；一旦出现斜裂缝，应停止张拉，检查原因，排除不利因素后才能继续施工
	预应力钢筋张拉伸长量偏差过大	每批预应力筋均应复验，并按实际弹性模量修正其计算延伸值；校正预应力孔道的线形；按照预应力筋的长度和管道摩阻力确定合适的初应力值和超张拉值；检查锚具和预应力筋有无滑丝或断丝；校核测力系统和表具；如预应力筋的断丝率已超过规范规定，则应更换该预应力筋
	预应力筋张拉过程中混凝土板崩裂	严格按设计位置将底板上的波纹管及防崩钢筋牢固定位。定位钢筋与防崩钢筋的两端务必与顶(底)板上、下层钢筋可靠连接；采取有效措施，确保混凝土质量，特别是顶(底)板和齿板处；预应力束张拉严格控制张拉质量，混凝土的强度和弹性模量要达到设计要求

续表8-20

风险类别	风险事件	风险应对措施
现浇梁纵向和横向预应力张拉	锚固区混凝土局部开裂	按图纸要求施工，保证锚垫板的位置和方向正确，锚固区加固钢筋网足够，安装位置准确，绑扎牢固，螺旋筋位置准确；提高锚固区的混凝土浇筑、振捣质量，待混凝土达到设计要求的强度后，再进行张拉；锚固区混凝土爆裂破坏后，要对松散的部分进行认真彻底的凿除、清理，按设计要求进行恢复和加固
	底板在合龙束张拉过程中崩裂	严格按设计位置将底板上的波纹管及防崩钢筋牢固定位。定位钢筋与防崩钢筋的两端务必与底板上、下层钢筋可靠连接；采取有效措施，确保混凝土质量，特别是底板和齿板处；预应力束张拉严格控制张拉质量，混凝土的强度和弹性模量要达到设计要求；如设计中底板压应力较高，可以考虑采用合龙束分批张拉的措施，即合龙过程中张拉一批，待桥面铺装完成后再张拉一批；降低合龙初期底板应力。中跨合龙后及时进行孔道灌浆

复习思考题

1. 地铁施工风险主要有哪些？有何特点？
2. 风险分析的主要对象是什么？主要包括哪些内容？
3. 地铁施工风险分级原则是什么？
4. 地铁施工风险因素主要有哪些？
5. 何谓危险源？危险源的种类有哪些？
6. 危险源的辨识方法有哪些？
7. 举例说明地铁施工常见风险源。

参考文献

[1] 李明华. 道路与铁道工程施工技术[M]. 长沙：中南大学出版社，2012.

[2] 刁心宏，李明华. 城市轨道交通概论[M]. 北京：中国铁道出版社，2009.

[3] 李明华. 铁道及城市轨道养护维修[M]. 北京：中国铁道出版社，2014.

[4] 高大钊，赵春风，徐斌. 桩基础的设计方法与施工技术[M]. 北京：机械工业出版社，1999.

[5] 应惠清. 土木工程施工[M]. 上海：同济大学出版社，2001.

[6] 李晓江. 城市轨道交通技术规范实施指南[M]. 北京：中国建筑工业出版社，2009.

[7] 城市轨道交通工程质量安全检查指南，建质[2012]68号，2012.

[8] 地铁设计规范：GB 50157—2003[S].

[9] 城市轨道交通地下工程建设风险管理规范：GB 50652—2011[S].

[10] 地下铁道工程施工及验收规范：GB 50299—1999[S].

[11] 地铁工程监控量测技术规范：DB11/490—2007[S].

[12] 盾构法隧道施工与验收规范：GB 50446—2008[S].

[13] 中华人民共和国建设部. 关于国家标准《地下铁道工程施工及验收规范》局部修订的公告，2003 第
187 号.

[14] 地铁盾构机技术规程：DGJ08—2009[S].

[15] 城市公共交通分类标准：CJJ/114—2007[S].

[16] 水泥搅拌桩规范：QB/BY 10301—2003[S].

[17] 地铁设计规范：GB 50157—2013[S].

[18] 煤矿井巷工程施工规范：GB 50511—2010[S].

图书在版编目(CIP)数据

城市轨道交通工程施工技术／黄大维，李明华编著.
—长沙：中南大学出版社，2024.5
ISBN 978-7-5487-5752-8

Ⅰ．①城… Ⅱ．①黄… ②李… Ⅲ．①城市铁路—铁
路施工—高等职业教育—教材 Ⅳ．①U239.5

中国国家版本馆 CIP 数据核字(2024)第 058544 号

城市轨道交通工程施工技术
CHENGSHI GUIDAO JIAOTONG GONGCHENG SHIGONG JISHU

黄大维　李明华　编著

□出版人	林绵优
□责任编辑	刘　辉
□责任印制	唐　曦
□出版发行	中南大学出版社
	社址：长沙市麓山南路　　　邮编：410083
	发行科电话：0731-88876770　　传真：0731-88710482
□印　　装	长沙超峰印刷有限公司

□开　　本	787 mm×1092 mm 1/16	□印张 22	□字数 558 千字
□版　　次	2024 年 5 月第 1 版	□印次 2024 年 5 月第 1 次印刷
□书　　号	ISBN 978-7-5487-5752-8
□定　　价	68.00 元